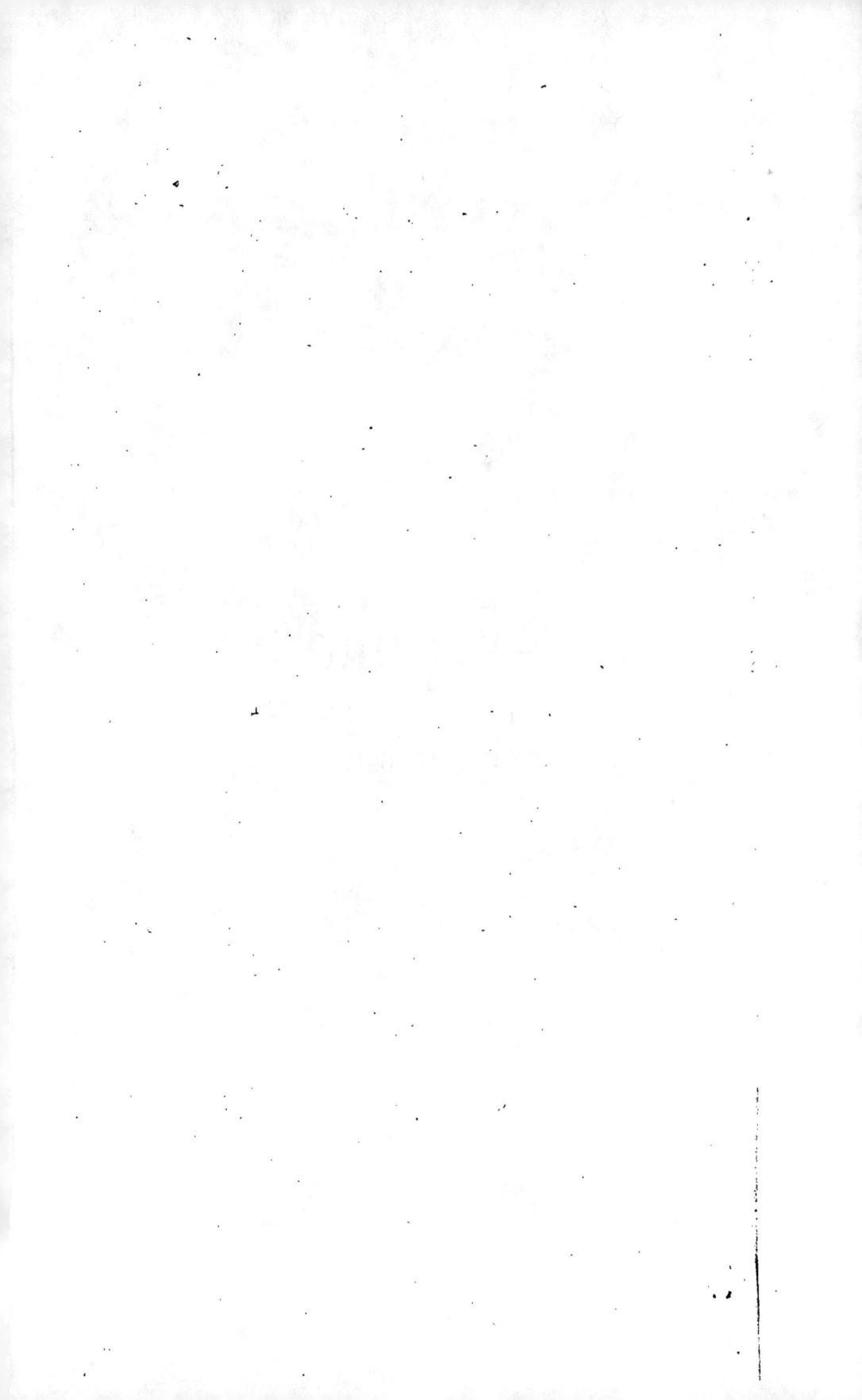

DE

LA PSYCHOLOGIE

DE SAINT AUGUSTIN.

TYPOGRAPHIE DE G. SILBERMANN, PLACE SAINT-THOMAS, 3.

DE

LA PSYCHOLOGIE

DE SAINT AUGUSTIN,

PAR

FERRAZ,

PROFESSEUR DE LOGIQUE AU LYCÉE IMPÉRIAL DE STRASBOURG.

PARIS,

DURAND, ÉDITEUR, RUE DES GRÈS, 7.

1862.

PRÉFACE.

L'histoire a négligé trop longtemps les ouvrages des grands écrivains religieux, pour se renfermer dans l'étude des productions purement profanes. Il faut qu'elle se dirige, — on l'a compris de nos jours, — d'après des principes plus larges, et qu'elle soumette à son examen impartial tous les travaux comme toutes les institutions du passé : autrement il y aurait dans l'ensemble de ses résultats une lacune considérable, et le tableau qu'elle trace de la pensée humaine resterait incomplet et inachevé. A quoi servirait, en effet, d'analyser les écrits d'un Dion Chrysostome et d'un Thémiste, ceux d'un Macrobe et d'un Libanius, qui furent ou de simples artisans de paroles ou de pâles représentants d'une époque évanouie, si l'on dédaignait les ouvrages d'un Origène et d'un Augustin, en qui toute la vie intellectuelle et morale de leur temps se résuma d'une manière si éclatante ?

Nous savons combien il est difficile de toucher à ces livres presque sacrés, sans s'exposer à se faire accuser, par les âmes religieuses, d'une témérité coupable, et par les esprits indépendants, d'une timidité indigne de la science. Mais nous croyons que le libre examen et le respect ne sont pas à ce point inconciliables, qu'on ne

puisse pratiquer l'un sans abjurer l'autre. On peut être,
suivant nous, dévoué aux idées nouvelles et partisan du
siècle présent, sans méconnaître la grandeur de la religion et les merveilles des siècles passés. Nous en avons
pour garant un écrivain illustre, le prince de la critique
contemporaine. Avec cette même plume qui avait si
admirablement reproduit les traits tout modernes de
Montesquieu et de Buffon, de Rousseau et de Mme de
Staël, n'a-t-il pas fait revivre les mystiques figures
d'Athanase et de Grégoire, de Jérôme et d'Augustin,
sans que la différence des sujets ait altéré en rien
l'exactitude et la fidélité des tableaux? Nous serions
heureux qu'on retrouvât dans notre essai la haute im-
partialité qui règne dans ses chefs-d'œuvre.

DE
LA PSYCHOLOGIE

DE SAINT AUGUSTIN.

———

CHAPITRE PREMIER.

DE LA PSYCHOLOGIE DE SAINT AUGUSTIN EN GÉNÉRAL.

Nous avons choisi saint Augustin pour objet de ce
travail, parce qu'il est le plus philosophe d'entre les
Pères, et nous nous sommes attaché à sa psychologie
de préférence aux autres parties de sa philosophie,
parce qu'elle a été beaucoup moins étudiée, et qu'elle
n'est ni moins intéressante, ni moins remarquable.

L'auteur des *Confessions* possédait, en effet, toutes
les qualités qui font l'observateur ingénieux et profond,
et les circonstances dans lesquelles il se trouva placé
développèrent encore en lui ce qu'on appellerait de nos
jours le sens psychologique. Doué de l'intelligence la
plus heureuse et de la sensibilité la plus exquise, il
aiguisa, par la culture des lettres et la philosophie, la
pénétration naturelle de son esprit, en même temps
que les plaisirs, auxquels il se livra avec ardeur, l'ini-
tièrent à ces mystères du cœur que l'expérience est
seule capable de révéler. Quand ses passions encore fré-

missantes, mais déjà domptées, lui laissèrent quelque
relâche, il se mit à s'étudier curieusement lui-même,
dans le double but de connaître les blessures qu'elles lui
avaient faites et de s'en guérir. Jamais depuis Aristote,
bien qu'avec des dispositions fort différentes, on n'avait
porté sur notre constitution morale un regard aussi
scrutateur, ni éclairé d'un jour si vif ses vices et ses
misères.

Augustin n'a pas composé un traité spécial de psychologie, à moins qu'on ne veuille donner ce nom à
son livre sur la *Grandeur de l'âme;* mais il a répandu
dans tous ses ouvrages une foule de vues fines et élevées
sur la nature humaine toutes les fois qu'il a senti le besoin d'y chercher la raison dernière de quelque grande
vérité morale ou religieuse.

C'est, en effet, un des caractères de la psychologie
de ce Père d'être souvent mêlée à sa théologie et à sa
morale, et d'y être profondément engagée. Quand il
veut savoir si ses anciennes passions conservent encore
beaucoup d'empire sur son âme, afin d'aviser au moyen
de secouer leur joug, il les passe en revue dans le plus
grand détail, et observe comme psychologue ce qu'il
combat comme moraliste; quand il rejette la théorie
de la réminiscence qu'il avait autrefois admise avec
Platon, ce sont des raisons théologiques, au moins
autant que philosophiques, qui le portent à le faire.
S'il reconnaît trois espèces de concupiscence, celle de
la chair, celle des yeux et l'orgueil, c'est qu'il trouve
cette division dans l'Évangile; si, après avoir examiné
les différentes solutions que l'on a données à la ques-

tion de l'origine de l'âme, il incline à penser que cette
substance est produite par voie de génération, c'est
que cette opinion lui paraît plus facile à concilier avec
le dogme du péché originel. Augustin ne s'occupe donc
pas toujours de la psychologie pour elle-même; il s'en
occupe souvent en vue d'autre chose, mais il n'est pas
impossible, même alors, d'isoler l'élément psychologique des autres éléments avec lesquels il se trouve
mêlé et d'en faire une étude spéciale. C'est ainsi que,
dans un réformateur contemporain fort différent de
saint Augustin sous tous les autres rapports, on trouve,
pour servir de fondement à des spéculations sociales,
une théorie des passions dont l'auteur n'a jamais prétendu faire une œuvre distincte, mais que l'histoire
de la philosophie peut cependant dégager et apprécier
comme théorie purement psychologique.

Sans doute la psychologie ainsi faite ne ressemble
pas de tout point à la psychologie telle qu'on la comprend généralement aujourd'hui. Quand elle a une
question à résoudre, elle s'arrête, non pas à la solution qui lui paraît la plus vraie en elle-même, mais à
celle qui lui paraît la plus conforme à un système religieux ou à un système social donné; elle prend pour
mobile de ses recherches, au lieu du calme et noble
désir de savoir, des sentiments vifs et passionnés que la
politique et la religion connaissent, mais que la science
ne connaît pas. S'il y a à cela des inconvénients graves,
il y a aussi quelques avantages qui ne sont pas à dédaigner. Souvent la passion est un obstacle, quelquefois
cependant elle est une force; souvent elle obscurcit

l'intelligence, quelquefois cependant elle l'éclaire. Qui oserait dire que le pur amour de la vérité aurait autant fait pour l'étude des langues orientales que les ardeurs de l'esprit théologique et les discussions soulevées par l'exégèse? De même, qui oserait prétendre que la pure raison aurait provoqué sur le libre arbitre et sur la grâce des travaux aussi profonds que la passion religieuse? Ainsi la psychologie et la philologie, qui semblent les plus pacifiques de toutes les sciences, ont quelquefois grandi comme les autres au milieu des orages.

Dieu et l'âme, voilà les deux objets auxquels aspire constamment la pensée de saint Augustin et qu'elle brûle de saisir : « *Noverim me, noverim te*[1], » s'écrie-t-il dans le feu de ses désirs. Quant à la nature, il croit, avec la plupart de ses contemporains, qu'elle ne vaut pas la peine d'être étudiée. De la science de Dieu et de celle de l'homme, l'une est plus relevée et plus sublime, l'autre est plus facile et plus aimable[2]. Dieu est au-dessus de nous, et il y a quelquefois de la témérité à s'interroger sur son essence; nous, nous ne sommes pas au-dessus de nous-mêmes, et on serait mal venu à nous détourner de nous étudier par ces paroles bien connues : « Que nous importe ce qui nous surpasse? *Quod supra nos, quid ad nos?* » La connaissance de Dieu suppose celle de l'homme, mais la connaissance de l'homme n'implique pas celle de Dieu. Cela revient à dire, dans le langage de notre temps, qu'en philosophie la méthode psychologique est préférable à la mé-

[1] *Solil.*, l. II, c. 1.
[2] *De Ord.*, l. II, c. 18.

thode ontologique. « La philosophie, dit Augustin, se pose deux questions : l'une sur l'âme, l'autre sur Dieu. La première nous donne la connaissance de nous-mêmes, la seconde celle de notre origine.... L'une convient à ceux qui apprennent encore, l'autre à ceux qui savent déjà. Tel est l'ordre qu'il faut suivre dans l'étude de la philosophie, si l'on veut devenir capable de comprendre l'ordre des choses [1]. »

Quel est le but de cette connaissance de l'âme qui préoccupe si fort Augustin? Quel est, en d'autres termes, le sens du fameux précepte : connais-toi toi-même?

Tous ceux qui l'ont formulé ne l'ont pas entendu ni motivé de la même manière. Socrate n'y voyait guère, si l'on s'en rapporte à Xénophon, qu'une recommandation faite à l'homme de s'étudier individuellement et une règle de sagesse pratique. Si chacun connaissait clairement ses qualités et ses défauts, il cultiverait les unes, déracinerait les autres, règlerait ses entreprises sur ses facultés et ne tenterait rien dont il ne fût capable : voilà à peu près ce que Socrate voulait dire quand il conseillait à l'homme de s'étudier lui-même ; mais le côté général et scientifique de ce précepte semble lui avoir un peu échappé [2]. Au contraire, quand tel philosophe contemporain, M. Cousin ou M. Jouffroy, par exemple, m'engage à m'étudier moi-même, que me demande-t-il? Il me demande de chercher à saisir en moi les traits communs à l'espèce tout entière, et assigne pour but à mon activité la création d'une science

---

[1] *De Ord.*, l. II, c. 18.
[2] Xénoph., *Mém.*, l. IV, c 7.

nouvelle qui soit à l'homme ce que la physique est à la
nature, de telle.sorte que, l'homme une fois connu,
je puisse agir sur lui presque aussi sûrement que le
physicien agit sur les corps.

Entre ces deux conceptions de la connaissance de
l'homme dont l'une est le germe de la science, et dont
l'autre en est le plein épanouissement, se placent plusieurs conceptions intermédiaires.

Dans la conception platonicienne, le côté moral et
individuel domine encore [1]. Platon veut que l'homme se
connaisse, afin qu'il puisse prendre soin de lui-même
et se perfectionner. Il doit étudier, non pas l'âme tout
entière, mais sa partie la plus haute, celle dans laquelle
réside la raison et la sagesse. C'est, on le voit, placer
la connaissance de ce qui doit être au-dessus de celle
de ce qui est, la connaissance de l'idéal au-dessus de
celle du réel ; c'est subordonner, comme on dirait aujourd'hui, la psychologie à la morale. Cependant la psychologie platonicienne est en progrès sur la psychologie
socratique : le côté théorique s'y laisse mieux voir. Nous
devons nous étudier, suivant Platon, pour nous diriger
dans la vie, mais aussi pour nous distinguer de notre
corps qui est à nous, sans être nous, et pour nous
convaincre que l'homme est, non le corps, mais ce qui
se sert du corps, c'est-à-dire l'âme. Au lieu de restreindre les investigations de chaque psychologue à
l'étude de lui-même, il lui donne pour objet le genre
humain tout entier, et veut qu'on applique les connais-

---

[1] Voir le premier Alcibiade, *passim*.

sances ainsi acquises à la direction, non plus d'un homme, mais d'une agglomération d'hommes. C'est ainsi que, dans le *Phèdre*, il invite l'orateur à étudier l'âme en général, puis les différentes espèces d'âmes en particulier, afin d'arriver, par la connaissance des ressorts qui les font mouvoir, à les gouverner à sa fantaisie.

Augustin comprend la connaissance de soi-même à peu près comme Platon, et les idées qu'il développe sur ce sujet dans son livre de la *Trinité* ont une parenté manifeste avec celles que le philosophe athénien avait émises dans l'*Alcibiade*. Une âme, sans être juste, dit Augustin, peut, en se repliant sur elle-même, non-seulement se connaître, mais connaître la justice. Elle la voit, non pas comme une qualité qui lui est propre, mais comme un principe qui doit régir ses actes, et qui est moins en elle qu'au-dessus d'elle. En outre, à mesure que l'âme s'étudie, elle apprend à régler sa vie sur la connaissance de sa nature et à se coordonner avec l'ensemble des choses, soumise au Dieu qui est au-dessus d'elle et dominant les êtres qui sont au-dessous. Elle comprend qu'elle doit se tenir en garde contre le penchant déréglé qui la porte vers ces derniers; autrement, à force d'aimer les corps, elle deviendrait incapable de s'en distinguer, et de concevoir sa propre essence [1]. Ici, le point de vue psychologique commence à s'ajouter au point de vue moral. Car, dans la pensée d'Augustin, la connaissance de l'âme n'est pas seulement un moyen de l'améliorer, mais encore un moyen d'établir sa spiritualité d'une manière solide

---

[1] *De Trin.*, l. VIII, c. 6.

et inébranlable. C'est en remarquant la différence profonde qui sépare les phénomènes de conscience et les
phénomènes sensibles, qu'il arrive à distinguer le principe des uns de celui des autres. C'est également sur
des données psychologiques, c'est-à-dire sur les vérités
immuables révélées par la raison et aperçues par la
conscience, qu'il s'appuie pour affirmer l'immortalité
du sujet dans lequel ces vérités résident, et qui leur
est analogue. De plus, les règles éternelles de justice,
de vérité, de beauté qui sont au dedans de nous lui
servent à asseoir sur leurs fondements naturels la morale, la logique, l'esthétique, et à s'élever jusqu'à cet
être premier en qui la justice, la vérité, la beauté ont
leur éternelle substance. Ainsi la psychologie de saint
Augustin, bien qu'il ne se rende pas compte de ce fait
aussi nettement qu'un moderne, est la base de sa philosophie tout entière.

De tous les philosophes qui ont précédé Descartes,
Augustin est peut-être celui qui a eu l'idée la plus
claire de la connaissance de l'âme par l'âme, et qui a
distingué le plus nettement les phénomènes psychologiques des phénomènes extérieurs. Il s'est exprimé là-
dessus avec la dernière rigueur et la dernière exactitude.

Un homme qui a la foi, fait-il remarquer, connaît sa
foi. Il ne la connaît pas par l'intermédiaire des organes,
comme les objets qu'il voit, ni par le moyen des images
corporelles, comme les objets dont il a entendu parler;
il ne la connaît pas comme il connaît la foi d'un autre,
indirectement et par voie de supposition : connaître
ainsi, ce serait croire et non pas savoir. Il connaît sa

foi directement, immédiatement, certainement, comme ce qu'il y a au monde de plus positif et qui lui est le plus intime [1]. L'objet de sa foi est peut-être absent, sa foi est présente; l'objet de sa foi est peut-être extérieur, sa foi est intérieure; l'objet de sa foi est peut-être faux et chimérique, sa foi est vraie et réelle [2].

On le voit, cette distinction de l'intérieur et de l'extérieur, du subjectif et de l'objectif, dont la philosophie moderne s'est tant occupée, Augustin la formule avec une netteté parfaite; ce mot *conscience*, que Malebranche a plus tard remis en honneur, Augustin l'emploie en lui donnant une acception aussi claire, aussi précise qu'on pourrait le faire de nos jours. Il reste même au-dessus de l'illustre oratorien en ce qu'il conserve à la conscience toute sa valeur et toute son autorité, et qu'il lui rapporte d'autres idées que des idées vagues et confuses.

Augustin distingue en outre la manière dont l'homme connaît son âme de celle dont il connaît les âmes des autres, la connaissance par conscience de la connaissance par conjecture. C'est encore un point sur lequel il a inspiré et devancé le philosophe de l'Oratoire [3].

Je ne connais, dit-il, l'âme en général que parce que je connais mon âme en particulier [4]. Or la connaissance de mon âme ne m'est fournie ni par les sens ni

---

[1] *Eam tenet certissimâ scientiâ, clamatque conscientia* (*De Tr.*, l. XIII, c. 1).

[2] *De Trin.*, l. XIII, c. 1, 2.

[3] *Rech. de la Vér.*, l. III, 2e part., c. 7.

[4] « *Undè enim mens aliquam mentem novit, si se non novit?* » (*De Tr.*, l. IX, c. 3).

par l'entendement opérant sur les données des sens :
elle est due à un sentiment intérieur qui me fait connaître sûrement et sans intermédiaire le principe par
lequel je connais tout le reste. La connaissance des
autres âmes n'est ni aussi directe ni aussi certaine,
et on ne peut l'attribuer qu'à une sorte de raisonnement
par analogie. Ayant remarqué que je me meus, et qu'il
y a en moi un principe qui est la cause de mes mouvements, quand je vois d'autres êtres se mouvoir, je suis
naturellement enclin à rapporter leurs mouvements à
un principe du même genre ; car je ne saurais plonger
mes regards dans d'autres âmes, ni pénétrer jusqu'à
elles pour les saisir. C'est sur les actes qui les manifestent que je me fonde pour affirmer leur existence ;
et, si elles restaient inactives, elles seraient pour moi
comme si elles n'étaient pas [1]. C'est ainsi que j'arrive
à connaître, non-seulement les âmes de mes semblables, mais encore celles des animaux ; c'est ainsi
que toutes les réalités du monde spirituel, depuis les
plus hautes jusqu'aux plus humbles, se révèlent à moi [2].

Ainsi Augustin n'est pas de ceux qui, comparant le
principe pensant à l'organe de la vue, prétendent qu'il
ne saurait se voir directement, bien qu'il voie tout le
reste, et proposent de substituer à l'observation décla-
rée impossible de l'âme par l'âme, l'observation de
l'âme dans ses diverses manifestations extérieures [3]. Il

---

[1] *De Trin.*, l. VIII, c. 6 ; l. IX, c. 3.
[2] *De Lib. arb.*, l. III, c. 23.
[3] « *Neque enim, ut oculus corporis videt alios oculos, et se non
videt; ita mens novit alias mentes et ignorat semetipsam.... semetipsam per semetipsam novit* » (*De Trin.*, l. IX, c. 3).

a entrevu que ce dernier procédé suppose le premier, et que les signes par lesquels les âmes se découvrent à nous nous seraient complétement inintelligibles, si nous n'avions commencé par connaître notre âme propre, sans compter que l'un de ces procédés ne peut nous mener sûrement au but, tandis que l'autre nous y conduit d'une manière certaine.

Augustin regarde donc l'observation interne comme la meilleure méthode à suivre pour se connaître. Cependant il ne se dissimule pas les difficultés qu'elle peut offrir. Il sait bien que l'esprit humain est plus porté à considérer les phénomènes sensibles que les phénomènes spirituels, et que ce n'est jamais sans effort qu'il se détourne du spectacle des corps pour se replier et se retenir au dedans de lui-même. Il n'ignore pas qu'il est bien peu d'hommes assez avancés dans la pratique de la réflexion pour pouvoir saisir l'âme par l'âme[1]. Les enfants, en particulier, dont l'esprit est comme enseveli dans les sens, lui en paraissent tout à fait incapables. Leur âme, éprise des objets extérieurs qui l'enchantent d'autant plus qu'ils sont encore nouveaux pour elle, se connaît sans doute vaguement, mais elle ne se pense pas[2].

Aussi, tout en accordant à l'observation intérieure la première place dans l'organisation de la science de l'homme, Augustin ne néglige pas l'observation ex-

---

[1] « *Paucis licet ipso animo animum cernere* » (*De Quant anim.*, c. 14).

[2] « *Non ignorare se potest, sed cogitare se non potest* » (*De Trin.*, l. XIV, c. 5).

térieure et les ressources qu'elle peut lui fournir. Ses
ouvrages sont remplis d'anecdotes qui montrent avec
quelle curiosité naïve il considérait les choses qui se
passaient autour de lui, et quel parti il savait tirer des
faits les plus vulgaires pour éclairer les mystères de
notre nature. Tantôt c'est sa mère qui se laisse aller
à l'intempérance durant sa jeunesse et qui vient rendre
témoignage par son exemple à la force de l'habitude;
tantôt c'est son ami Alype qui est amené malgré lui à
prendre plaisir à un spectacle cruel, et qui fait voir
par là combien sont fragiles nos plus fermes résolutions;
tantôt ce sont des enfants qui, en coupant en morceaux
un insecte dont les tronçons se mettent à courir çà et
là, donnent à Augustin l'occasion de traiter de l'unité
du principe de la vie. Mais le plus souvent ce sont les
petits détails de sa propre existence, sa répugnance
à étudier le grec, un larcin d'adolescent, qui pro-
voquent ses réflexions et le conduisent peu à peu à se
sonder jusqu'au fond de l'âme.

Augustin n'est pas de ces moralistes chez lesquels
l'homme disparaît dans l'écrivain, et qui se bornent à
étaler des maximes abstraites et générales, sans nous
initier aux circonstances particulières d'où leur expérience personnelle a eu occasion de les dégager. Il
nous retrace ce qui lui est arrivé, à lui et aux personnes
avec lesquelles il s'est trouvé en rapport, et nous fait
passer par la même voie qu'il a suivie pour s'élever à
ses théories ingénieuses. Cette méthode a, suivant
nous, un grand charme et n'est pas sans avantages.
Au lieu de recevoir de notre auteur ses principes tout

faits, nous avons le plaisir de les chercher avec lui, et
nous sommes d'autant mieux en état de les comprendre
et de les contrôler que nous connaissons les particularités sur lesquelles il les appuie. En outre, notre attention est bien autrement éveillée, quand on lui donne
pour objet un homme concret et vivant que quand on
l'appelle sur l'homme en général, c'est-à-dire sur une
froide abstraction. Que sera-ce si cet homme vivant est
celui-là même qui nous parle, s'il nous raconte son existence tout entière, s'il nous met dans la confidence de
ses sentiments les plus intimes, s'il nous expose à nu
ses vices, ses passions et les mille nœuds dont elles le
tiennent enlacé? Il nous attachera, il nous captivera au
suprême degré, parce que, comme le fait remarquer
excellemment M. Cousin, on n'est jamais plus intéressant que quand on parle des choses auxquelles on s'intéresse, et que, fût-on un saint, on ne s'intéresse à rien
tant qu'à soi-même. C'est pourquoi certaines parties de
la psychologie augustinienne, celles surtout qui ont trait
aux passions, ont été de tout temps fort populaires et
ont beaucoup contribué à l'éducation du sens intérieur,
non-seulement chez les philosophes, mais encore chez
tous les hommes qui lisent.

Pour trouver un moraliste qui ait mis à ce point sa
personne dans ses œuvres, et qui se soit emparé aussi
puissamment des esprits, il faut descendre jusqu'à
Pascal. Augustin et Pascal! Quelle ressemblance n'y
a-t-il pas entre ces deux hommes malgré des différences inévitables! Leur histoire à l'un et à l'autre est,
avant tout, une histoire intérieure, et c'est par là

qu'elle nous captive. C'est l'histoire de deux âmes, non
point de deux âmes calmes, paisibles, sans autre souci
que celui de la science, comme celle de Descartes qui
s'est aussi racontée elle-même, mais de deux âmes par-
tagées entre leurs bons et leurs mauvais sentiments,
en proie à tous les troubles et à toutes les agitations
de notre pauvre nature, et, après une lutte suprême,
plus déchirante et plus belle que toutes celles de nos
théâtres, se vouant au bien tout entières et sans réserve.
Cette scène mystique du jardin de Milan, si pleine de
sanglots et de larmes, de vives aspirations vers l'idéal
chrétien et de brusques retours en arrière, où Augustin finit par être terrassé par la grâce et se relève
en homme nouveau, est-elle plus émouvante pour qui
sait deviner par l'imagination les grands drames du
cœur que ces simples paroles de Pascal conservées
jusqu'à son dernier jour dans un papier cousu sur ses
vêtements : « Joie, pleurs de joie, renonciation totale et
douce...?» A douze siècles d'intervalle, c'est le même
accent, le même cri. Seulement l'âme d'Augustin est
plus expansive et plus communicative; celle de Pascal,
plus réservée et plus contenue.

C'est la passion qui a fait d'Augustin un moraliste et
un psychologue. D'autres penseurs, en voyant la raison
humaine se précipiter par toutes les voies à la recherche
de la vérité, puis tomber dans des contradictions sans
issue, finissent par se demander en quoi consiste cette
raison si avide de la vérité et si impuissante à l'atteindre,
et ce que c'est que l'homme qu'elle éclaire si mal. Cette
dernière question, qu'ils s'adressent dans les incertitudes

de leur esprit, Augustin se la pose dans les orages de
son cœur. Après avoir maintes fois remarqué qu'il se
détourne du bien qu'il aime, et qu'il recherche le mal
qu'il hait, il se demande ce que c'est que cette volonté
capricieuse, inconséquente que le bien attire et qui se
porte vers le mal, et il s'efforce de comprendre l'être
incompréhensible qui en est doué. Comment sommes-
nous donc faits? Ce problème, qui enveloppe la psychologie tout entière, Augustin y arrive par le chemin de
la morale, tandis que la plupart des philosophes y aboutissent par celui de la logique.

A-t-il montré, en essayant de le résoudre, toute
l'exactitude, toute la circonspection, toute la précision
désirables? c'est un point sur lequel il est permis de
discuter. Leibniz trouve dans ses écrits une foule d'an-
ticipations vérifiées par la philosophie moderne; mais
elles sont, à ses yeux, des intuitions d'un esprit plein
de feu et de mouvement, plutôt que des vues claires et
bien démêlées [1]. Ce qu'il y a d'incontestable, c'est qu'il
a déployé, dans l'examen de ces questions difficiles,
une intelligence primesautière, une divination heureuse, une inspiration féconde dont la plupart des modernes n'approchent pas. Augustin avait au service de
son esprit cette incomparable richesse de cœur qui
n'est pas moins utile à l'organisation des sciences morales qu'à la vie morale elle-même, car on ne peut
réduire en théorie ce que l'on ignore. Il abonde en

---

[1] « *Ex calore magis et impetu quàm ex luce nata* » (*Nouvelles
lettres et opuscules inédits*, de Leibniz, par M. Foucher de Careil,
p. 328).

F. 2

grandes pensées, parce qu'il abonde en grands sentiments, et qu'à une certaine hauteur l'amour et la connaissance se confondent.

Quant aux différentes questions que la psychologie
se pose, Augustin les groupe de la manière suivante :
il veut savoir quelle est l'origine de l'âme, quelles sont
ses qualités, quelle est sa grandeur, pourquoi elle a été
envoyée dans le corps, quel est son état quand elle y
est descendue, et enfin quelle est sa destinée une fois
qu'elle en est sortie[1]. Nous voudrions, pour rester
fidèle au plan de notre auteur, traiter successivement
et dans l'ordre où il les énumère les six points qu'il
indique; mais, comme lui-même ne les traite pas tous,
ou les traite fort inégalement, nous serons obligé de
n'accepter sa classification qu'en lui faisant subir quelques modifications assez graves. Nous nous occuperons
d'abord de la question de l'origine de l'âme, puis de
celle de sa nature; la vaste question des facultés de
l'âme, avec ses nombreuses subdivisions, viendra ensuite; enfin nous terminerons, comme Augustin le fait
lui-même, par la question de l'immortalité de l'âme et
de sa destinée.

On nous rendra la justice de croire que nous n'ignorons pas ce que d'illustres contemporains ont pu dire
sur la nécessité d'étudier les phénomènes et les facultés
de l'âme avant d'étudier son essence; sur la convenance
qu'il y a de placer les recherches relatives à la nature

---

[1] « *Quæro igitur unde sit anima, qualis sit, quanta sit, cur corpori fuerit data, et cùm ad corpus venerit qualis efficiatur, qualis
cùm abscesserit* » (*De Quant. an.*, c. 1).

d'une chose avant celles qui ont trait à son origine. Mais nous n'avons pas cru pouvoir, sans manquer à la fidélité historique, prêter à notre auteur une méthode qui n'était pas la sienne, et un plan peu conforme à celui qu'il avait lui-même tracé. Nous avons dû, autant que les matériaux laissés à notre disposition nous l'ont permis, reconstruire la psychologie d'Augustin, en reproduisant avec une scrupuleuse exactitude, non-seulement les détails secondaires, mais encore et surtout les grandes lignes du monument.

CHAPITRE II.

DE L'ORIGINE DE L'AME.

La philosophie moderne s'est assez peu occupée, du moins jusqu'à ces derniers temps[1], de l'origine de l'âme, et n'a élevé sur ce sujet aucun système qui mérite de rester dans la mémoire des hommes; soit qu'absorbée par l'étude de l'âme telle qu'elle est et de sa destinée future, elle n'ait pu avoir qu'un médiocre souci de son état antérieur; soit que placée, avec ses habitudes nouvelles de rigueur et d'exactitude en face d'un problème pour la solution duquel les données lui faisaient défaut, elle ait désespéré de le résoudre et l'ait regardé comme surpassant l'esprit humain.

Il n'en fut pas de même de la philosophie qui rem-

[1] Voir l'ouvrage brillant et paradoxal de M. Jean Reynaud, intitulé *Terre et Ciel*.

plit de ses développements aussi riches que variés les premiers siècles de l'ère chrétienne. Plus jeune, plus inexpérimentée, plus facile à satisfaire sur les conditions de la croyance, elle se laissa emporter dans le cercle de ces audacieuses spéculations, d'un côté par le souffle puissant du platonisme qui venait de renaître sous un ciel plus ardent avec la prétention hautement avouée de dérober les secrets de Dieu même, de l'autre par les sombres légendes de la religion des Mages, qui avaient pour centre commun la mystérieuse question du principe des choses. Je ne parle pas des récits bibliques où se déroule la grande épopée de la création des êtres, des anges de lumière luttant contre les esprits de ténèbres, de notre premier père méconnaissant le commandement divin et puni de sa désobéissance jusque sur sa dernière postérité. Qui ne comprend quel ébranlement profond ces idées jetées tout à coup au milieu de la civilisation gréco-romaine durent imprimer aux esprits, sous quel jour nouveau elles durent faire envisager les problèmes psychologiques et en particulier celui de l'origine de l'âme? On se demandait avec une âpre curiosité comment, à quelle époque, cette substance avait été créée et pourquoi elle avait été emprisonnée dans une enveloppe mortelle.

Tantôt on recueillait les réponses assez divergentes qui, parties des grandes écoles de la Grèce, se croisaient encore dans l'air, et on faisait naître, suivant l'expression de Tertullien, une hérésie d'une philosophie; tantôt on s'inspirait de quelque texte choisi dans les livres saints, on l'interprétait avec une subtilité in-

génieuse et on en dégageait une doctrine plus conforme
au dogme révélé. C'est ainsi que les Manichéens et les
Priscillianistes ressuscitaient la croyance stoïcienne que
les âmes sont formées de la propre substance de Dieu ;
c'est ainsi qu'Origène soutenait, avec les disciples de
Pythagore et de Platon, qu'elles avaient vécu autrefois
dans le ciel d'une vie plus heureuse, mais qu'ayant
péché, elles avaient été précipitées, suivant la gravité
de leurs fautes, dans telle ou telle partie du monde
corporel ; c'est ainsi que Tertullien, Apollinaire et la
plupart des occidentaux prétendaient qu'elles se trans-
mettaient de père en fils par voie de génération ; pendant que d'autres voulaient que Dieu créât chaque
jour, pour animer les corps nouvellement conçus, des
âmes nouvelles [1]. Cette dernière opinion était vivement
défendue par deux correspondants d'Augustin, saint
Jérôme et saint Optat, évêque d'Afrique. Nous allons
voir quelle position prit dans ce débat le grand docteur.

I.

L'âme est-elle une partie de Dieu ? Est-elle consubstantielle à lui, comme le proclament également les
Manichéens et les Priscillianistes ? Saint Augustin avait
dû le croire durant les neuf ans qu'il professa les erreurs de Manès ; mais écoutons l'argumentation vigoureuse qu'il dirigea contre cette doctrine, une fois qu'il

[1] *Hieron. Marcell. Aug. op. Epist.* CLXV, c. 1.

se fut converti à une philosophie plus élevée et à une
religion plus pure.

Dieu, dit-il, est un être immuable, incorruptible, et
nulle faiblesse, nulle privation n'est compatible avec
son essence. Si donc l'âme était une parcelle de la divinité, elle serait placée au-dessus de la sphère du
changement, de la corruption, de la limitation, et le
temps, qui transforme tous les êtres créés, n'aurait sur
elle aucune prise. Aussi incapable de gagner que de
perdre, de s'élever que de déchoir, elle possèderait en
elle-même toutes les perfections dans une plénitude
invariable et immobile [1].

Or cet état n'est pas le sien. Il suffit, pour nous en
convaincre, de jeter les yeux sur la société qui nous
environne ou de descendre par la pensée au fond de
nous-mêmes. L'âme varie d'un homme à un autre. Elle
juge mieux dans l'homme d'esprit que dans l'homme
stupide, dans l'homme éclairé que dans l'homme sans
instruction. Que dis-je? Elle varie dans le même homme
et ne reste pas un seul instant la même. Tantôt elle
sait, tantôt elle ignore; tantôt elle se souvient, tantôt
elle oublie; aujourd'hui elle veut, demain elle ne veut
pas; elle oscille entre la folie et la sagesse, entre la
crainte et le courage sans pouvoir se fixer nulle part.
Prenez ce qu'il y a de plus excellent, de plus admirable
dans notre nature, sa perfectibilité : vous y trouverez
encore des marques de la mutabilité qui nous caractérise. Un homme fait des progrès : y a-t-il rien de plus
beau? Que s'ensuit-il cependant? Qu'il pense mieux

_____

[1] *De Mor. Manich.*, l. II, c. 11.

après qu'avant? Or ce qui admet le plus et le moins est sans contredit changeant et muable [1].

Faire l'âme consubstantielle à Dieu, c'est transporter la mutabilité particulière aux créatures jusque dans le sein du Créateur, c'est offrir aux adorations des hommes un Dieu qui change et se corrompt, qui endure les misères de notre humanité et en subit les défaillances; un Dieu auquel tous les vols, toutes les impuretés, tous les adultères qui se commettent sur la terre doivent être renvoyés comme à leur véritable auteur [2].

« En vain ceux qui prétendent que l'âme est une parcelle de la divinité disent-ils que ces souillures et ces difformités morales que nous voyons dans les scélérats, que cette infirmité et cette faiblesse que nous apercevons dans tous les hommes ne proviennent pas d'elle, mais du corps. Qu'importe la source de la maladie, puisque, si l'âme était immuable, il n'y aurait pas pour elle de source de maladie possible? Car, dès qu'une chose est réellement immuable et incorruptible, rien de ce qui l'approche ne saurait la changer ni la corrompre.... Une nature n'est pas immuable, quand de quelque manière, pour quelque cause et dans quelque partie d'elle-même que ce soit, elle est susceptible de changement. Or il n'est pas permis de concevoir Dieu autrement que comme doué d'une immutabilité réelle et souveraine. Donc l'âme n'est pas une partie de Dieu [3]. »

Il est difficile, on en conviendra, de pousser plus

[1] De Civ. Dei, l. VIII, c. 6. Serm. CCXLI, c. 2.
[2] De Gen. ad litt., l. VII, c. 2. De Mor. Man., l. II, c. 11. Serm. CLXXXII, c. 4.
[3] Epist. CLXVI, c. 2.

vivement ses adversaires et de leur fermer plus complétement toutes les issues. En principe, Augustin a évidemment raison contre l'opinion qu'il combat, et ses
arguments seraient encore valables aujourd'hui contre
les systèmes qui sont entachés de panthéisme et qui
admettent l'émanation d'une manière ou d'une autre;
mais, en fait, est-il suffisamment fondé à attribuer
une telle opinion aux disciples de Manès?

Un écrivain du siècle dernier[1] a soutenu que la
doctrine qu'attaque saint Augustin n'était pas la véritable doctrine des Manichéens, et que le champion du
catholicisme leur prête gratuitement des idées qui n'é-
taient pas les leurs, afin de les mettre en contradiction
avec eux-mêmes et de les battre plus facilement.

Quand on voit qu'au rapport de Fortunat et de Félix,
adversaires de saint Augustin, et au rapport de saint
Augustin lui-même, les Manichéens rangeaient parmi
leurs dogmes celui de l'incorruptibilité divine, et ne
voulaient pas que Dieu eût tiré de lui-même quelque
chose de corruptible[2], on a, en effet, quelque peine à
se persuader qu'ils regardassent l'âme comme une partie
de Dieu, et qu'ils ne sentissent pas qu'entre cette opinion et la précédente il y avait une incompatibilité
radicale. Mais, d'un autre côté, on a bien plus de
peine à croire avec Beausobre que saint Augustin, qui
avait passé neuf ans dans la secte des Manichéens, ait
pu se tromper sur leurs doctrines au point de leur

---

[1] Beausobre, *Histoire critique de Manichée et du manichéisme.*

[2] *De Actis cum Fel. Manich.* — « *Quod nihil ex sese corruptibile
proferatur.* » *Cont. Fort. Disp.* 1.

faire dire que l'âme est une partie de Dieu, si telle n'était pas leur véritable opinion. Dans ce cas, comment comprendre que les adversaires d'Augustin, au lieu de protester contre l'idée de la corruptibilité de Dieu qu'il leur fait envisager comme la conséquence nécessaire de leurs principes sur l'origine de l'âme, n'eussent pas nié nettement ces principes mêmes et déclaré qu'ils n'avaient rien de commun avec le manichéisme?

Si l'âme n'a pas été tirée de la substance divine, a-t-elle été tirée d'une substance corporelle? Augustin discute aussi, mais plus brièvement, cette seconde hypothèse, sur laquelle il aura occasion de revenir à propos de la spiritualité de l'âme.

L'âme étant simple et indivisible de sa nature ne saurait avoir son principe dans le corps [1]. Elle n'a été formée ni par la réunion des quatre éléments, la terre, l'eau, l'air et le feu, ni par la réunion de quelques-uns d'entre eux seulement; car tout ce qui peut être réuni peut être séparé, et rien de ce qui est composé n'est indécomposable [2]. Elle n'a pas non plus un seul élément pour principe, l'air ou le feu, par exemple, qui sont des corps plus subtils que les autres; car l'air et le feu ont beau être subtils, ils sont pourtant des corps. Or que tout corps puisse être changé en tout autre, il s'est rencontré des gens pour le prétendre; mais qu'un corps soit susceptible d'être converti en une âme, c'est ce que personne n'a encore osé soutenir [3].

---

[1] *De Qu. an.*, c. 1.
[2] *De Gen. ad litt.*, l. VII, c. 12.
[3] *De quant. anim.*, c. 1. *De Gen. ad litt.*, l. VII, c. 12.

L'âme de l'homme n'a donc été formée ni de la substance divine ni d'une substance corporelle, c'est dire qu'elle n'a été faite de rien, et que Dieu l'a produite par un simple acte de sa volonté toute-púissante [1]. Pour saint Augustin la question de l'origine de l'âme n'est qu'un point de vue particulier de la question plus générale de l'origine des choses, et il résout également ces deux questions par le principe de la création *ex nihilo*.

Il reste à savoir quand l'âme a été produite; si c'est dans le temps, comme on le croit d'ordinaire, ou si c'est dans l'éternité, comme certains platoniciens, entre autres Porphyre, ont essayé de l'établir. L'unique raison que ces philosophes allèguent en faveur de l'éternité de l'âme, c'est que ce qui n'aura pas de fin ne peut pas avoir eu de commencement.

Augustin les combat en leur opposant l'autorité de Platon et en leur montrant qu'ils sont infidèles à la doctrine de ce maître respecté. Lorsqu'il décrit dans le *Timée* le monde et les dieux subalternes qui sont l'œuvre de Dieu, ce grand homme déclare formellement que ces dieux ont commencé, mais qu'ils ne périront point, et que la volonté du Créateur les fera subsister à jamais. Pour lever cette difficulté, les platoniciens ont recours à une distinction curieuse. Il ne s'agit pas ici, suivant eux, d'un commencement de temps, mais d'un commencement de cause. Imaginez un pied posé de toute éternité sur la poussière; l'empreinte qu'il

---

[1] *De An. et ej. orig.*, l. I, c. 4.

tracerait serait faite par lui, et serait cependant éternelle comme lui. Il en est de même, disent-ils, du monde et des dieux créés relativement au Dieu suprême : ils sont les éternels effets de cette cause éternelle.

Augustin ne se paie point de cette distinction, et, après avoir essayé de mettre les platoniciens en contradiction avec Platon, il cherche à les mettre en contradiction avec eux-mêmes. Seulement son argumentation ne paraîtra peut-être pas très-rigoureuse, car il passe d'un genre à un autre et conclut des accidents à la substance. N'admettent-ils pas, dit-il, qu'au terme de cette vie misérable l'homme jouira d'une béatitude sans fin? Or cette béatitude aura commencé. Comment donc peuvent-ils prétendre que ce qui n'a point de fin ne saurait avoir eu de commencement [1]?

De la théorie de Porphyre sur l'origine de l'âme il n'y a qu'un pas à une quatrième théorie qui est protégée par le grand nom d'Origène et qu'Augustin expose et discute à peu près de la manière suivante :

Les âmes ont-elles joui dans le ciel d'une existence antérieure à celle-ci, et l'ont-elles perdue en s'éloignant de Dieu par le péché? Cet éloignement les a-t-il conduites jusqu'à la terre qu'elles habitent aujourd'hui, et ont-elles été enfermées, en expiation de leurs crimes, dans les corps qui leur servent de demeures comme dans autant de prisons, les plus coupables dans des corps plus pesants, les moins coupables dans des corps plus légers?

Augustin répugne à le croire. S'il en était ainsi,

---

[1] *De Civ. Dei*, l. X, c. 31. *Serm.* CCXLI, c. 8.

Dieu, en produisant ce système de corps qu'on appelle
le monde, aurait été mu, non par le désir de faire des
choses bonnes, mais par celui d'en réprimer de mauvaises, et il faudrait chercher la raison d'être de la
création dans sa justice sévère plutôt que dans sa bonté
ineffable. Combien l'Écriture parle plus dignement du
Créateur, quand elle nous le montre contemplant dans
un ravissement divin la réalisation de sa pensée éternelle, et déclarant que chacun de ses ouvrages est
bon! Qu'est-ce à dire, sinon que le monde est sorti
admirable de beauté des mains de l'auteur des choses,
et que le péché du premier homme en a seul altéré la
sublime ordonnance? Encore cette altération n'est-elle
pas tellement profonde que le bien ne l'emporte de
beaucoup sur le mal dans l'univers, et que la souveraine sagesse ne puisse convertir ce mal lui-même en
bien et le faire tourner, comme les ombres dans un
tableau, à la beauté de l'ensemble.

En outre, si les corps les plus pesants sont échus,
comme le prétend Origène, aux esprits les plus pervers,
et les corps les plus légers aux esprits les moins coupables, comment se fait-il que les démons aient des
corps aériens, et que l'homme, dont la corruption est
bien moindre, que l'homme, même avant son péché,
ait été emprisonné dans un corps terrestre?

En troisième lieu, un système n'est-il pas jugé quand
l'auteur est amené par ses principes à soutenir que s'il
n'y a qu'un seul soleil dans le monde, cela vient, non
de ce que le suprême artiste, de ce que le père des
êtres a trouvé cette combinaison plus favorable que

toute autre à la beauté et à l'utilité de l'univers, mais
de ce qu'une âme a mérité par ses péchés d'être enfer-
mée dans ce globe de feu? A ce compte il faudrait dire
que, si plusieurs âmes s'étaient rendues coupables des
mêmes fautes, Dieu aurait lancé deux, trois, que dis-
je? cent soleils dans les espaces du firmament.

Ajoutons, dit Augustin, qu'à cette doctrine se rattache la croyance, non-seulement que l'âme a traversé
un cercle indéfini d'existences antérieures pour arriver
à son état actuel, mais encore qu'elle reprendra, après
un certain nombre de siècles, le fardeau de ce corps
corruptible. Or n'est-ce pas là une opinion tout à fait
insoutenable? Si nous l'admettons, il n'est pas un seul
juste dont l'avenir doive nous laisser sans inquiétude;
car il n'en est pas un seul qui ne soit exposé à être
précipité du sein du bonheur dans un abîme de misères. Si, en effet, l'âme a péché avant d'entrer dans
le corps, qui nous assure qu'elle ne péchera pas après
en être sortie [1]?

Quelque disposé que nous soyons, en notre qualité
d'historien et de commentateur, à donner raison à notre
auteur contre tous les autres, nous avouons ingénûment
que les arguments de saint Augustin contre Origène ne
nous paraissent pas tous également démonstratifs.

Nous l'approuvons fort quand il relève dans Origène
quelques-unes de ces singularités qu'on trouve chez
tous les inventeurs de systèmes, chez tous les esprits
vraiment créateurs, et qui semblent l'accompagnement
obligé de leurs conceptions puissantes. Ce soleil qui a

---

[1] *De Civ. D.*, l. XI, c. 23. *Epist.* CLVI, c. 9.

été formé tout exprès pour servir de prison à une âme
déchue. et qui sert accessoirement de flambeau à la
terre, ces créatures qui ont un poids proportionnel à
leur malice et qu'on peut par conséquent apprécier
avec la dernière exactitude en les mettant dans une balance, ce sont là de menus détails que nous abandon-
nons à saint Augustin et contre lesquels il peut aiguiser
les traits de sa verve moqueuse. Mais, quand il prétend
que la création est sortie pleine de beauté des mains de
Dieu, et qu'il a été porté à faire des choses bonnes par
sa souveraine bonté, il ne dit rien qu'Origène n'ait dit
lui-même; car, s'il est une proposition qui revienne
souvent sous la plume de cet illustre écrivain, c'est que
les créatures étaient, dans le principe, douées de toutes
les perfections. Quand Augustin ajoute que c'est le péché seul qui a porté le trouble au sein de ces natures
merveilleuses, il abonde encore dans le sens d'Origène.
Il place sur cette terre et attribue au premier homme
une faute qu'Origène fait remonter jusqu'au ciel et rapporte aux êtres angéliques; mais dans un cas comme
dans l'autre, c'est toujours par un abus de la liberté
de la part des créatures raisonnables que le mal a fait
invasion dans le monde. Quant à la disposition de Dieu
à convertir ce mal en bien, Origène songe si peu à la
nier, que sa philosophie tout entière n'est pas autre
chose que la théorie des moyens employés par la suprême sagesse pour relever tous les êtres mauvais de
leur déchéance et les faire remonter jusqu'au principe
du bien.

Qu'il ait admis une série d'existences, les unes antérieures, les autres postérieures à celle-ci, à travers lesquelles l'homme s'élève ou s'abaisse tour à tour, suivant qu'il use bien ou mal de son libre arbitre, c'est un point incontestable; mais que cette doctrine, couronnée d'ailleurs par la croyance au retour de tous les êtres, sans en excepter les réprouvés et le diable lui-même, dans le sein d'un Dieu juste et clément, soit plus effrayante que celle du petit nombre des élus et de l'éternité des peines, c'est ce qu'Augustin a tort de prétendre. La doctrine d'Origène n'est pas orthodoxe, il faut bien en convenir, mais ce n'est pas une raison pour l'accuser d'être cruelle et épouvantable.

II.

Si Augustin rejette d'une manière absolue, et en s'appuyant sur des raisons plus ou moins solides, les quatre théories que nous venons d'exposer, il en est quatre autres entre lesquelles il hésite à faire un choix.

Les deux premières ne sont, comme l'opinion des platoniciens et celle d'Origène, que des variétés de la doctrine de la préexistence.

Dieu a-t-il créé simultanément toutes les âmes à l'époque de la création de l'univers, et les tient-il en réserve dans quelque asile mystérieux d'où il les tire successivement, pour les envoyer dans nos corps au moment de notre naissance, avec la mission de réhabiliter cette chair maudite en la soumettant aux lois éternelles de l'ordre?

Cette première hypothèse a, aux yeux d'Augustin,

l'avantage de se concilier parfaitement avec le texte
sacré qui déclare que Dieu, après avoir créé l'univers
en un laps de temps déterminé, a suspendu son activité ineffable pour rentrer dans son repos. Cependant
elle peut donner lieu à de graves objections. La première, c'est que Dieu, ayant envoyé lui-même l'âme
dans le corps, il est responsable de l'ignorance et de
l'infirmité qui résultent pour elle de ce nouvel état; la
seconde, c'est que l'âme ayant obéi en entrant dans le
corps à un ordre divin, a fait ainsi acte de justice, et
que l'on ne peut pas dire dès lors qu'elle n'a ni mérité
ni démérité avant de naître. En songeant à cet acte,
dont le caractère libre et méritoire est pourtant assez
équivoque, Augustin hésite à admettre une théorie
semblable. Il s'arrête sur une pente qui lui paraît
dangereuse et craint de se laisser glisser dans l'origé-
nisme[1].

La seconde hypothèse, tout en offrant les mêmes
avantages que la première au point de vue théologique,
n'est point sujette aux mêmes inconvénients. D'après
cette théorie, l'âme, créée depuis l'origine du monde,
cèderait en s'incarnant, à un penchant naturel, et prendrait spontanément le corps pour demeure. Dans ce
cas, les misères de la condition terrestre ne seraient
point imputables à la divinité et l'âme n'aurait point
mérité avant de naître, puisqu'elle n'aurait point eu à
obéir. D'ailleurs, quoi de plus raisonnable que d'admettre que l'âme cède, en entrant dans le corps, à un

---

[1] *De Lib. arbit.*, l. III, c. 20. *Epist.* CLXVI, c. 3. *De Gen. ad litt.*, l. VII, c. 25.

penchant naturel, comme elle fait en y restant? Ces deux penchants ne seraient ainsi que deux formes différentes d'un même sentiment, qui est l'amour de la vie [1].

Voilà certainement une hypothèse ingénieuse et qui semble s'accorder à merveille avec les principes de la raison et les lois de la nature. Ne paraît-il pas, en effet, plus conforme à la sagesse divine et à ses procédés ordinaires au sein de l'univers, d'avoir créé à la fois tous les corps et toutes les âmes, que d'avoir produit d'abord tous les corps et de produire ensuite les âmes les unes après les autres, à peu près comme un ouvrier qui, au lieu de construire et de monter une fois pour toutes une machine, reviendrait à chaque instant sur son œuvre et y ferait mille additions successives? Cependant cette espèce de préexistence, où couve une vie sourde, confuse, endormie, et dont un mouvement instinctif, inconscient, involontaire, doit marquer le réveil, paraît encore à Augustin trop analogue à la préexistence telle que l'avait conçue Origène et avant lui les philosophes grecs.

C'est pourquoi il passe à une troisième hypothèse, qui est celle de la création successive des âmes. Quelque plausible que cette hypothèse paraisse au premier abord, elle prête, comme les autres, le flanc aux objections et Augustin ne les lui épargne pas.

Comment attribuer, dit-il, aux âmes des enfants le péché originel, si elles ne tirent pas leur origine d'Adam

---

[1] *De Gen. ad litt.*, l. VII, c. 27.

F.

qui l'a commis et si elles n'ont reçu de notre premier
père que leur enveloppe corporelle? Que répondre à
Pélage, quand il dit: «Si nous n'avons pas reçu par
voie de génération l'âme qui nous vivifie, mais seulement cette chair pécheresse, notre chair seule mérite
d'être punie. Car il est injuste qu'une âme née aujour-
d'hui, et qui n'a rien de commun avec Adam, porte la
peine d'une faute si ancienne. On ne saurait accorder
que Dieu, qui nous remet nos propres péchés, nous
impute le péché d'autrui[1].»

Que dire de l'extrême diversité intellectuelle qu'on
remarque entre les enfants, et de la stupidité dans laquelle quelques-uns sont plongés? car il est des enfants
si épais et si lourds, qu'ils ne peuvent apprendre les
choses les plus simples, et qu'ils ressemblent plus à
des bêtes qu'à des hommes. Comment osera-t-on prétendre que des âmes récemment sorties des mains de
Dieu soient dans un état si grossier? On répondra peut-
être que c'est le corps qui est cause de leur abrutissement, et que c'est de lui que vient tout le mal. «Mais,
dit spirituellement saint Augustin, l'âme a-t-elle donc
choisi son corps, et a-t-elle fait par mégarde un mauvais choix? ou bien, forcée d'entrer dans un corps,
parce qu'elle était forcée de vivre, et une nuée d'âmes
l'ayant gagnée de vitesse et ayant accaparé les corps
les meilleurs, n'en a-t-elle point trouvé d'autre qui
fût disponible? A-t-elle fait pour le corps comme on
fait pour une place au spectacle, a-t-elle pris, non pas

---

[1] *Epist.* CXC, c. 6.

celui qu'elle a voulu, mais celui qu'elle a pu [1] ?» Peut-
on admettre une théorie qui donne lieu à des difficultés
aussi graves et qu'on ne réussit pas mieux à lever?

La dernière hypothèse que développe saint Augustin
se distingue de la précédente, en ce qu'elle n'attribue
à Dieu que la création des âmes du premier couple
humain, et qu'elle fait sortir toutes les autres âmes de
celle d'Adam par voie de génération ou de transmission. La facilité avec laquelle cette hypothèse semble
se concilier avec le dogme de la chute lui vaut, sinon
la préférence, ce serait trop dire, au moins la faveur
de saint Augustin [2].

S'il n'y a que deux âmes qui aient été créées par
Dieu, et si toutes les autres dérivent de celle d'Adam
par voie de génération, la transmission de la tache
originelle s'explique parfaitement, et sans que la justice
divine reçoive aucune atteinte. L'âme de notre premier
père s'étant, par un acte de sa libre volonté, frappée de
déchéance, les âmes qu'elle a engendrées ont dû naître
tout naturellement dans l'état de dégradation où elle
était elle-même [3].

Cependant saint Augustin n'ignore pas les objections
qui s'élèvent contre cette théorie; il est même le premier à les faire connaître avec une candeur vraiment
philosophique. Ces objections sont trop caractéristiques
au double point de vue de la science et de l'histoire,
pour qu'on ne nous permette pas de les citer malgré

---

[1] *Epist.* CLXVI, c. 6.
[2] *De Gen. ad litt.*, l. X, c. 23.
[3] *De Lib. arb.*, l. III, c. 20.

les détails physiologiques qu'elles renferment. La psychologie aurait mauvaise grâce à affecter plus de pru-
derie que la physiologie sa sœur, et que la théologie
elle-même :

« Quel entendement humain, écrit saint Augustin à
saint Optat, pourrait concevoir que, de même qu'un
flambeau s'allume à un autre flambeau, et que la flamme
de l'un jaillit sans nuire à celle de l'autre, l'enfant reçoive par une sorte de production ou de transmission,
n'importe, une âme de l'âme de son père? Y a-t-il donc
dans l'âme une semence incorporelle qui, par des conduits mystérieux et invisibles, passe secrètement du père
dans la mère au moment de la conception? ou (chose
plus incroyable!), la semence de l'âme est-elle cachée
dans celle du corps[1]?» Quand celle-ci périt inutile,
en est-il de même de l'autre? Mais alors comment
l'âme, née d'une substance mortelle, peut-elle avoir en
partage l'immortalité? Que ces difficultés, dit Augustin, n'aient pas arrêté un matérialiste et un rêveur
comme Tertullien, qui va jusqu'à regarder Dieu lui-
même comme un corps, il ne faut pas s'en étonner,
mais elles sont bien faites pour inspirer quelques hésitations à ceux qui se piquent d'un spiritualisme sévère.

Quelle est donc, en définitive, l'opinion d'Augustin
sur l'origine et l'incarnation de l'âme? Il n'en a pas.
Dans son *Traité du libre arbitre*, dans ses lettres au
tribun Marcellin, à saint Jérôme, à saint Optat, dans
son livre sur l'*Ame et son origine*, dans son *Commentaire sur la Genèse*, dans ses *Rétractations*, dans tous

---

[1] *Epist.*, CXC, c. 4.

les ouvrages, enfin, où il s'est occupé de cette question,
à des époques fort différentes de sa longue carrière, il
fait noblement et sans fausse honte l'aveu de son ignorance. « Quand, dit-il, on soulève ces questions et
beaucoup d'autres semblables qu'aucun de nos sens ne
peut sonder, qui sont inaccessibles à notre expérience
et profondément cachées dans les abîmes de la nature,
un homme ne doit pas rougir d'avouer qu'il ignore ce
qu'il ignore réellement ; en faisant semblant de le savoir, il mériterait peut-être de ne le savoir jamais[1]. »

Mais, s'il ne sait pas positivement ce qu'il faut penser de l'origine de l'âme, il sait, au moins jusqu'à un
certain point, ce qu'il ne faut pas en penser, de sorte
qu'il arrive, en déterminant quelques-unes des erreurs
dans lesquelles on peut tomber en pareille matière, à
circonscrire et à limiter le champ dans lequel la vérité
se trouve. Il condamne formellement les quatre premières opinions que nous avons exposées et n'hésite
qu'entre les quatre dernières. On a même prétendu récemment que sur ces quatre opinions saint Augustin
aurait fini par en rejeter deux, à cause de leur parenté
avec la doctrine d'Origène. « Il n'est pas vrai, dit le
savant auteur de la *Vie future*, que saint Augustin, à
l'époque où il écrivait sa lettre à saint Jérôme, c'est-à-
dire quinze ans avant sa mort, hésitât encore entre ces
quatre hypothèses : dans cette lettre, saint Augustin ne
discute plus que deux opinions et laisse de côté les deux
autres[2]. »

[1] *Epist.*, CXC, c. 5.
[2] *La vie future*, par Th. Henri Martin, 2e édit., p. 206.

La vérité est que saint Augustin n'en discute guère qu'une seule, celle de la création successive des âmes. Pourquoi? Parce que c'était celle de saint Jérôme, et qu'il voulait l'amener à l'appuyer sur des raisons plus solides. Mais cette marche, qui lui était indiquée par le but qu'il se proposait en écrivant sa lettre, n'implique pas le rejet des opinions sur lesquelles il glisse plus légèrement. Je lis d'ailleurs dans cette même lettre à saint Jérôme, à la suite d'un rapide exposé de ces quatre hypothèses et de la doctrine manichéenne de l'émanation des âmes : « Laissant de côté cette opinion erronée et hérétique[1], je désire savoir laquelle des quatre autres doit être suivie de préférence. » S'il laissait de côté deux de ces quatre opinions, il le dirait, comme il le fait pour l'opinion manichéenne; s'il ne balançait qu'entre deux opinions, il n'en citerait pas quatre entre lesquelles il hésite à se prononcer.

On voit ce qu'il y a de modeste et en quelque sorte de négatif dans les conclusions de saint Augustin touchant l'origine de l'âme. Cependant, nous ne craignons pas de le dire, il a déployé dans la discussion de cette question des qualités qui lui font honneur comme philosophe et comme théologien. Dans un temps où le besoin d'affirmer n'avait pas de bornes, où les plus folles croyances trouvaient des sectateurs et des martyrs, où l'esprit d'examen était perdu et comme noyé dans l'immense débordement du mysticisme oriental,

---

[1] *Hoc itaque excepto hæreticæ opinionis errore, ex quatuor reliquis opinionibus quænam sit eligenda scire desidero* (*Epist.* CLXVI, c. 3).

il fallait avoir une intelligence bien trempée et véritablement philosophique pour s'abstenir de juger de ce qu'on ne savait pas et pour douter en matière douteuse. Avec quelle puissance de dialectique il presse les manichéens, et comme il leur fait voir, à la lumière de la vraie et pure conception de Dieu, que notre être imparfait et changeant n'est point une partie de cet être auguste et immuable, et que la substance divine ne saurait déchoir de sa majesté souveraine jusqu'aux misères de notre humanité ! Avec quel vif sentiment du dogme chrétien et de ses exigences impérieuses il sait résister à ses sympathies involontaires pour le platonisme rajeuni des Plotin et des Porphyre, et y faire le départ du vrai et du faux ! Et quand il rencontre sur son chemin cette grande construction élevée par l'esprit systématique d'Origène, où l'explication de l'âme n'est qu'un fragment de l'explication universelle des choses, avec quelle vigueur il s'efforce de la renverser en opposant à cette audacieuse conception de la vie une conception qui lui paraît plus rationnelle et plus conforme aux attributs divins ! Il n'y a pas jusqu'à sa double polémique contre Tertullien et saint Jérôme, où il ne répande une abondance d'aperçus quelquefois singuliers, mais toujours ingénieux, qui révèlent une pensée remarquablement féconde et active.

Sans doute on trouvera, en se plaçant au point de vue ecclésiastique, qu'Augustin n'a pas été aussi heureux sur cette question que sur beaucoup d'autres. Il n'a pas devancé cette fois par ses libres explications les décisions immuables de l'Église, et n'a pas fait de sa

pensée personnelle la pensée de la chrétienté tout
entière. Ce n'est pas lui, c'est saint Thomas, ce sont
les conciles qui ont établi, à peu près comme un article
de foi, qu'entre la simplicité et la génération des âmes
il y a une incompatibilité radicale, absolue; car une
âme, disent-ils, ne peut en engendrer une autre qu'à la
condition de la tirer d'elle-même, et elle ne peut la tirer
d'elle-même qu'à la condition d'être composée et divisible. Dire, en effet, qu'elle la produit sans la tirer de
sa substance propre, c'est sortir de l'idée de génération
pour entrer dans celle de création et attribuer à l'âme
une puissance que Dieu s'est réservée à lui seul comme
son apanage inaliénable.

Mais à une époque où ces arguments en faveur de la
création successive des âmes et contre leur génération
n'avaient point encore été développés dans toute leur
force, saint Augustin pouvait-il faire autre chose que
ce qu'il a fait? Au lieu de se renfermer dans une pru-
dente réserve à l'égard des théories contraires qui se
disputaient l'empire des esprits, devait-il, comme saint
Jérôme, s'attacher ardemment à l'une ou à l'autre au
risque de s'attacher à une erreur? De celui qui laisse
mûrir les questions et n'essaie de les résoudre que
quand il a des données suffisantes, et de celui qui en
tente prématurément la solution, sa tentative fût-elle
d'ailleurs couronnée de succès, — quel est le véritable
sage? Quant à nous, nous avouons qu'entre l'ardent
solitaire qui se prononce sans balancer sur un sujet
aussi obscur que celui de l'origine de l'âme, condamnant
sans ménagement aucun, avec un dogmatisme superbe

ceux qui ne pensent pas comme lui, et l'évêque philosophe qui, se souvenant, non sans à propos, des leçons
de l'Académie, sait suspendre son jugement entre des
doctrines dont il voit nettement le fort et le faible, —
nos préférences ne sauraient hésiter un instant, et que
c'est au dernier qu'elles sont acquises.

CHAPITRE III.

DE LA SPIRITUALITÉ DE L'AME.

Une autre question qui dut préoccuper de bonne
heure l'esprit curieux et investigateur du grand évêque
d'Hippone, une question qu'en sa double qualité de
philosophe et de chrétien il dut agiter avec une ardeur
peu commune, c'est celle de la spiritualité de l'âme.
On ne peut pas être un philosophe sérieux sans se
demander si l'homme est simplement le corps qui
frappe nos regards, ou si dans l'intérieur de cet édifice
merveilleux, mais caduc, habite un hôte divin et immortel; car, suivant la manière dont on résout cette
question, toute l'existence humaine change de face et
apparaît sous un jour différent. On ne peut pas être un
chrétien éclairé et qui cherche à se rendre compte de
ses croyances, sans discuter la croyance à l'âme spirituelle; car elle sert à la fois de fondement à nos devoirs
et à nos espérances, et c'est sur elle que la vie présente
et la vie future reposent.

Cette question avait provoqué dans l'antiquité de
longs et mémorables débats et donné lieu aux solutions

les plus opposées. Pleins de dédain pour les fugitives réalités de cette terre, et emportés, pour parler leur langage, sur les ailes de la pensée et de l'amour vers les hautes régions du monde invisible, les platoniciens avaient profondément distingué l'âme du corps, et considéré la première de ces deux substances comme la partie maîtresse et dirigeante de l'homme. Les Épicuriens, au contraire, exclusivement confiants dans le témoignage des sens et peu disposés à admettre autre chose que ce qui se voit et se touche, avaient nettement proclamé que tout ce qui n'est pas matière ne se conçoit pas et n'est qu'un pur néant.

Ce problème, qu'avait agité librement et sans parti pris la raison indépendante des philosophes, s'imposa à l'Église naissante quand elle se mit à raisonner ses croyances, et partagea ses docteurs les plus illustres. Pendant que le plus grand nombre admettait la distinction de l'âme et du corps, quelques-uns d'entre eux ne voyaient dans l'âme qu'une substance matérielle et qui ne diffère du corps par aucun caractère spécifique. La solution spiritualiste prévalut et dut prévaloir comme la seule qui fût susceptible de s'adapter à la religion nouvelle, et de faire corps avec l'ensemble de ses dogmes. Mais saint Augustin est peut-être de tous les Pères celui qui l'a développée avec le plus d'ampleur et qui l'a discutée de la manière la plus forte et la plus rationnelle. Tantôt il s'occupe de la nature de l'âme pour elle-même, tantôt il l'étudie pour en tirer des lumières propres à éclaircir les ténèbres qui dérobent à sa pensée la nature de Dieu. Mais, dans un cas

comme dans l'autre, son esprit subtil, ingénieux, fécond
en ressources, prodigue les vues neuves et inattendues,
multiplie les raisonnements solides et les raisonnements frivoles, empruntant non-seulement à la psychologie, mais encore à la géométrie, à la grammaire,
quelques-uns des matériaux qu'il met en œuvre, et
rendant toutes les sciences qu'il connaît tributaires de
sa foi.

Il s'est occupé de ce problème dans le traité de la
Grandeur de l'âme, qui est un de ses premiers écrits,
et il l'a repris plus tard dans plusieurs autres de ses
ouvrages, l'étudiant chaque fois avec une ardeur nouvelle et une pénétration croissante.

Bien que le traité de la *Grandeur de l'âme* soit con-
sacré presque tout entier à établir la spiritualité du
principe pensant, ce n'est pas, en effet, dans cet ouvrage d'Augustin qu'il faut aller chercher les preuves
les plus invincibles de cette vérité. Composé au début
de la vie philosophique et religieuse de l'auteur, il se
ressent encore un peu des habitudes de l'école, et les
subtilités et les longueurs dans lesquelles se perd quelquefois la discussion trahissent une pensée qui n'est
pas suffisamment maîtresse d'elle-même. Si l'on veut
voir ce sujet traité d'une manière précise et rigoureuse,
il faut lire d'autres écrits du saint docteur et particulièrement le dixième de ses livres sur la *Trinité*. Là il
n'agite la question en quelque sorte qu'épisodiquement;
car il n'établit la spiritualité de l'âme que comme un
degré pour s'élever à la connaissance de Dieu; mais
quelle argumentation serrée ! quelle maturité vigou-

reuse dans ces pages qu'admirait Malebranche, et que
ni lui ni Descartes n'ont surpassées !

I.

Il fonde, comme le feront plus tard ces penseurs
éminents, la doctrine de la spiritualité de l'âme sur
une théorie de la connaissance, qui contient à la fois la
preuve de cette vérité et l'explication de l'erreur contraire. Il donne ainsi à l'esprit une pleine et entière sa-
tisfaction, car l'esprit (je parle de celui des hommes
qui réfléchissent) ne se repose en toute sécurité dans
ses croyances qu'autant qu'il s'est rendu compte des
croyances opposées et qu'il a compris comment des intelligences élevées ont pu s'y laisser séduire.

Ce qui altère la pure notion que l'âme a d'elle-même
et la porte quelquefois à se regarder comme un être
corporel, c'est, selon saint Augustin, l'amour qu'elle a
pour les corps et le commerce intime et journalier
qu'elle entretient avec eux. Elle s'est tellement éprise
des objets extérieurs et s'est unie à eux, par une longue
habitude, d'une union si intime et si profonde, qu'elle
n'a plus la force de s'en déprendre et de s'en séparer[1].
Quand elle revient en elle-même pour se considérer et
se connaître, elle ne peut, à la vérité, introduire les
corps avec elle dans son for intérieur, dans la région
des choses incorporelles et invisibles, mais elle se

---

[1] «Elle ne pense, pour ainsi dire, que corps; et, se mêlant tout à
fait avec ce corps qu'elle anime, à la fin elle a peine à s'en distinguer» (Boss., *Conn. de Dieu et de soi-même*, c. 5, § 1er).

complaît à rouler en elle-même les images qu'elle s'en est une fois formées. Ces images légères, qui se jouent capricieusement dans sa fantaisie, finissent par lui paraître les seules idées dignes de ce nom, et leurs objets les seuls objets réels. Telle est la source féconde de laquelle s'épanchent toutes les erreurs qu'elle commet sur sa propre nature[1]. Incapable d'écarter les représentations des choses qu'elle a perçues, de s'isoler, de se saisir toute seule par un acte pur de l'intelligence, elle en vient à croire qu'elle est un de ces corps qui seuls, à ses yeux, possèdent quelque réalité. Aussi la première démarche d'une âme sincèrement désireuse de se connaître doit être de repousser cet essaim tourbillonnant d'images trompeuses, et de chercher à se saisir dans son essence véritable avec le secours de cette faculté supérieure qu'on appelle par excellence l'entendement, et qui juge et de ces images et de tout le reste. En se cherchant de cette manière, elle verra que si les hommes se trompent sur sa nature, ce n'est pas qu'elle ne leur soit toujours présente; c'est qu'ils y ajoutent d'autres éléments, sans lesquels ils ne savent plus rien concevoir, et ne voient que du corporel là où il y a du corporel et de l'incorporel tout ensemble.

Suivant saint Augustin, l'âme se connaît plus clairement et mieux qu'une foule d'autres choses touchant lesquelles elle n'élève pas le moindre doute : mieux que les Chérubins et les Séraphins, qu'elle n'a jamais vus et qui lui sont connus uniquement par la foi; —

---

[1] *De Trin.*, l. X, c. 5.

mieux que les dispositions mentales de nos semblables,
qui échappent également à nos sens et à notre raison,
et que nous nous bornons à présumer d'après les signes
extérieurs qui les manifestent, ce qui est encore croire
et non pas savoir, — mieux que notre propre figure, car
notre figure est absente relativement à notre regard,
elle n'est pas là où il peut se diriger, et nous ne la
connaissons qu'indirectement et au moyen du miroir
qui la réfléchit. L'âme, au contraire, étant toujours
présente à l'âme, se connaît directement; elle ne croit
pas seulement à elle-même, elle se sait elle-même
d'une manière certaine et inébranlable [1].

On reconnaît dans ces réflexions, par lesquelles Augustin prépare ses lecteurs à concevoir la pure idée de
l'âme en détournant leur esprit des objets corporels et
de leurs grossières images, le procédé que suivra un
jour avec tant d'éclat l'immortel auteur des *Méditations*. Quand Descartes déclare qu'il fermera les yeux,
qu'il se bouchera les oreilles, qu'il tiendra tous ses
sens inactifs pour ne considérer que sa pensée et le
sujet pensant, quand il distingue si nettement l'image
et l'idée et reproche si vivement à Hobbes d'oublier
cette distinction essentielle, quand enfin il affirme que
l'âme nous est mieux connue que tout le reste, il faut
convenir que, s'il ne marche pas sur les traces d'Augustin, il se rencontre avec lui de la manière la plus
surprenante. D'ailleurs, ils prennent l'un et l'autre le
seul chemin qui conduise sûrement au spiritualisme:

[1] *De Trin.*, l. X; c. 5, 6, 7.

celui de l'observation interne. Tant qu'on se borne à considérer l'âme pour ainsi dire du dehors ou à spéculer sur sa nature, on est exposé à la confondre soit avec les êtres corporels, soit avec la substance divine. Ce n'est que du moment qu'on l'envisage directement, en elle-même et dans l'ensemble des phénomènes *sui generis* dont elle est le théâtre, qu'on arrive à se convaincre que ces phénomènes ne ressemblent à rien de ce que nous connaissons et que leur substance a également un caractère à part qui la distingue de toutes les autres substances.

Cette connaissance directe de l'âme par l'intelligence pure est, aux yeux d'Augustin, une preuve positive de sa spiritualité et il devance encore sur ce point l'auteur des *Méditations*.

Si l'homme, dit-il, écarte les images qui lui viennent par les organes des sens et qu'il s'examine attentivement lui-même, il verra qu'il y a en lui des choses qu'il connaît de la manière la plus claire et la plus incontestable. Il sait, par exemple, qu'il vit, qu'il comprend, qu'il se souvient, qu'il veut; ce sont là des faits dont il est bien obligé de convenir et qu'il ne saurait révoquer en doute. Car, s'il doute, il vit; s'il doute, il se souvient des raisons qu'il a de douter; s'il doute, il comprend qu'il doute; s'il doute, il veut être certain. Celui-là même qui doute de tout le reste, ne doit pas douter de ces faits intérieurs, parce que sans eux il ne pourrait douter de rien.

Ainsi je vis, je me souviens, je comprends, je veux. Mais quel est le principe de toutes ces opérations?

Quelle est la substance à laquelle elles se rapportent?
C'est ici que les dissentiments et les incertitudes commencent. Suivant les uns, cette substance serait de
l'air; suivant d'autres, du feu; d'après ceux-ci, elle
serait le cœur; d'après ceux-là, le cerveau.

Cependant l'âme se connaît, et on ne peut connaître
une chose quand on en ignore la substance. Si donc
l'air, le feu ou quelqu'autre corps était la substance de
l'âme, l'âme le saurait; elle se connaîtrait aérienne,
ignée, étendue, en un mot, comme elle se connaît pensante, et attribuerait sans hésiter à un sujet corporel
sa vie et son entendement, sa mémoire et sa volonté.

De plus, si elle était quelqu'un des corps que nous
avons énumérés, elle ne se connaîtrait point de la
même manière que les autres réalités sensibles. Elle
n'aurait pas besoin de recourir à ces simulacres de
l'imagination au moyen desquels elle se représente,
quand ils sont absents, les corps précédemment perçus.
La substance de l'âme étant ce qui lui est le plus présent et le plus intime, elle penserait à elle-même d'une
manière intuitive et immédiate, comme elle pense à sa
vie et à sa mémoire, à son entendement et à sa volonté.
Car elle saisit ces opérations en elle, et ne les imagine
point hors d'elle comme les objets qui tombent sous les
sens. Si l'âme ne se prend pour aucun de ces objets,
cela seul qui reste, une fois ces objets éliminés, est
l'âme elle-même[1]. Ce qui revient à dire, comme dira
un jour Descartes : « Je suis une chose qui pense, c'est-

---

[1] *De Trin.*, l. X, c. 10.

à-dire une chose qui doute, qui entend, qui conçoit, qui affirme, qui nie, qui veut, qui ne veut pas, qui imagine aussi et qui sent[1]. »

Après cette démonstration fondée sur la simple notion de l'âme et des phénomènes qui se succèdent, en quelque sorte, à sa surface, en voici une autre qui repose plus particulièrement sur la notion de l'un de ses principaux attributs : c'est, malgré des différences de forme assez caractéristiques, l'argument célèbre chez les modernes sous le nom de *preuves de la spiritualité de l'âme tirée de son unité*.

L'âme n'est point un corps; car un corps a de la longueur, de la largeur, de la profondeur; il a des parties les unes plus grandes, les autres plus petites, qui tiennent plus ou moins de place suivant leur grandeur respective, et dont chacune est moindre que le tout et tient une place moindre. Or il n'en est point ainsi de l'âme. On ne peut la morceler ni réellement ni même mentalement. On ne conçoit pas qu'il y ait dans le doigt une partie de l'âme plus petite que dans le bras, parce que le doigt est plus petit que le bras. L'âme est partout de la même grandeur; car elle est partout tout entière.

Elle est présente à la fois à tout le corps et à chacun de ses membres, non pas d'une présence locale, mais d'une présence de vie et d'action. Sans cela, elle ne sentirait pas tout entière les modifications qui ne se produisent pas dans le corps tout entier, et néanmoins

[1] Deuxième méditation.

F.   4

il est positif qu'elle les sent. Quand le pied souffre,
l'œil le remarque, la langue le dit, la main s'y porte.
Comment cela pourrait-il se faire, si la partie de l'âme
qui est dans chacun de ces organes ne sentait pas aussi
dans le pied, et comment pourrait-elle y sentir si elle
n'y était pas? Si l'on pique, aussi légèrement que l'on
voudra, de la chair vive, bien que cette piqûre ne soit
sentie que sur un point du corps, l'âme tout entière la
sent. Pourquoi un phénomène qui ne se produit point
dans le corps tout entier modifie-t-il l'âme tout entière,
sinon parce qu'elle est tout entière présente sur ce
point? Cependant elle reste aussi présente aux autres
parties du corps, elle continue à les animer, et cela
est tellement vrai que, si un phénomène analogue au
premier se produit en même temps sur un autre point
du corps, elle sent tout entière et simultanément les
deux phénomènes : preuve évidente qu'elle est tout entière dans toutes les parties du corps tout entier, et
tout entière dans chacune d'elles. Mais cela ne pourrait
avoir lieu si elle y était étendue, comme nous voyons
que les corps sont étendus dans l'espace, leurs plus
petites parties occupant des espaces plus petits, et les
plus grandes des espaces plus grands. Donc, l'âme ne
ressemble en rien à la terre, à l'eau, à l'air, au feu,
aux différents corps qui frappent nos regards. Aussi
n'est-elle perçue par aucun de nos sens; il n'est donné
qu'à la seule intelligence de s'en faire une idée et de la
connaître[1].

[1] *Epist.* CLXVI, c. 2. *Contr. Manich.*, c. 16. *De immort. anim.*,
c. 16.

Cette preuve n'a pas été inventée par saint Augustin. Il en a pu trouver le germe dans plusieurs philosophes antérieurs, et, en particulier, comme on en a fait la remarque[1], dans l'illustre chef de l'école d'Alexandrie: «Si l'âme, comme le corps, dit Plotin, avait plusieurs parties différentes les unes des autres, on ne verrait pas, quand une des parties sent, une autre partie éprouver la même sensation; mais chaque partie de l'âme, celle qui est dans le doigt, par exemple, éprouverait les affections qui lui sont propres, en restant étrangère à tout le reste et demeurant en elle-même[2].»

Il est seulement à regretter que saint Augustin, qui développe avec une si grande supériorité cette pensée à peine indiquée dans le philosophe alexandrin, ne lui ait pas emprunté aussi les pensées suivantes dont la belle démonstration de Bayle[3] et sa curieuse hypothèse d'un globe intelligent ne semblent être que la reproduction: «Sans doute, dit Plotin, une impression sensible nous vient par les yeux, une autre par les oreilles; mais il faut qu'elles aboutissent toutes deux à un principe un (ἕν τι). Comment, en effet, prononcer sur la différence des impressions sensibles, si elles ne convergent toutes ensemble vers le même principe?... Si celui-ci était étendu, il pourrait se diviser comme l'ob-

---

[1] Cette remarque a été faite par M. Bouillet, le savant traducteur de Plotin. Les notes qui enrichissent son ouvrage nous ont fourni beaucoup d'indications précieuses, et nous ont mis sur la voie de plus d'un curieux rapprochement.

[2] *Enn.* 4e, l. II, § 2. Trad. de M. Bouillet.

[3] *Dictionn.*, art. Leucippe.

jet sensible : chacune de ses parties percevrait ainsi une des parties de l'objet sensible, et rien en nous ne saisirait l'objet dans sa totalité. Il faut donc que le sujet qui perçoit soit tout entier *un* [1]. »

Augustin n'établit pas seulement la spiritualité de l'âme en se fondant sur l'idée de l'âme elle-même, et sur l'idée de son unité ; il n'est pas un des phénomènes dont elle est la cause ou le théâtre, mouvements, sensations, imaginations, conceptions, qui n'implique, à ses yeux, un principe incorporel.

Nul corps, dit-il, ne saurait se donner à lui-même, ni donner aux autres le mouvement et le sentiment ; quand ces deux phénomènes apparaissent quelque part, on peut dire sans crainte : l'âme est là. Ils sont des signes non équivoques de sa présence. Or tout homme se meut et se sent. Donc il y a une âme dans tout homme.

Les pieds marchent, les mains travaillent, les yeux regardent, les oreilles écoutent, la bouche s'ouvre, la langue se remue pour articuler des sons. Pourquoi ? Parce que tous ces organes obéissent au commandement de l'âme. Elle est là pour recevoir leurs dépositions et leur transmettre ses volontés. Mais qu'elle vienne à disparaître, les yeux ne sont plus que des fenêtres inutiles et qui ne servent à personne ; les oreilles, des tuyaux où bourdonnent inécoutés de vains sons ; la langue, un instrument dont le musicien ne joue plus ; le corps enfin, une demeure qui tombe, parce que

---

[1] *Enn.* 4e, l. VII, § 6. Trad. de M. Bouillet.

l'hôte qui l'habitait s'est retiré. C'est ce qu'exprime le nom même qu'on lui donne : cadavre vient du mot latin *cadere*[1].

Autre chose est donc l'âme elle-même, autre chose sont les organes au moyen desquels elle entre en rapport avec les choses corporelles. Cela ressort non-seulement de l'inertie irrémédiable à laquelle ces organes sont réduits quand elle les abandonne pour toujours, mais encore de l'impuissance où ils sont d'exercer ou de régler leurs fonctions, quand elle se retire d'eux quelques minutes pour se plonger dans une méditation profonde. Dans ces moments-là, l'œil, bien qu'il soit ouvert et dans son état normal, ne voit pas les objets qui sont placés devant lui. Que dis-je ? Le corps s'arrête tout à coup au milieu d'une promenade commencée, les pieds restent immobiles et comme attachés au sol. Pourquoi cela, sinon parce que l'âme, absorbée en elle-même, a négligé de donner au corps ses ordres accoutumés ? Si la concentration de l'esprit devient un peu moins intense, on ne restera plus, pour ainsi dire, cloué sur place ; mais on oubliera peut-être encore où l'on va, d'où l'on vient ; on passera, sans s'en apercevoir, devant une maison où l'on avait dessein d'entrer. A quoi attribuer les désordres qui se produisent alors dans nos actes de locomotion ? Évidemment à ce que l'âme, repliée en elle-même, ne fait point attention à la partie centrale du cerveau qui lui annonce les divers mouvements corporels. Identifiez

---

[1] *Serm*. CCXLI, c. 2.

l'âme avec les organes, ce pouvoir qu'elle a de s'abstraire du commerce des corps pour contempler les
choses invisibles devient tout à fait inexplicable[1].

Pour être inspirées par l'auteur du *Phédon* et par
celui des *Ennéades*, ces réflexions n'en sont pas moins
dignes de remarque. Elles font voir, suivant nous, avec
évidence, que l'homme se comportant quelquefois tout
autrement qu'un corps soumis à l'influence des autres
corps, il faut qu'il y ait en lui un principe véritablement incorporel.

Un esprit peu facile à convaincre, Fontenelle, avait
été frappé de la force de cet argument : « Tous les
mots, dit-il, font sur l'oreille et le cerveau des impressions semblables. Comment donc se fait-il que certaines
paroles nous laissent indifférents, tandis que d'autres
excitent notre joie ou notre indignation, nous atten-
drissent ou nous irritent ? C'est que, indépendamment
de l'action physique sur le cerveau, les mots produisent
une impression sur un principe indépendant du corps,
une âme immatérielle. »

Augustin raisonne sur la sensation à peu près comme
sur le mouvement. Sentir, dit-il, est une modification
non du corps, mais de l'âme, et qui a sa source tantôt
dans l'âme elle-même, tantôt dans le corps. L'âme
souffre quelquefois toute seule sous l'influence d'une
cause invisible pendant que le corps est en bon état et
n'éprouve aucune perturbation : c'est ce qui arrive dans
la tristesse. Mais le corps ne saurait souffrir sans l'âme,

---

[1] *De Gen. ad litt.*, l. VII, c. 8, 20.

ou plutôt il ne souffre jamais à proprement parler : c'est l'âme qui souffre en lui et qui localise sa propre douleur dans la partie du corps qui a été lésée. La sensation ne pouvant se produire sans l'âme, la seule existence de la sensation est un indice assuré de l'existence de l'âme[1].

Pour bien comprendre cette preuve et l'apprécier à sa juste valeur, il faut songer que le fait organique le plus élevé et le fait de la sensation sont séparés par un abîme, et qu'on ne peut les attribuer à la même substance. Qu'y a-t-il de commun, demande Bossuet[2], entre le mouvement d'un nerf, qui ressemble si fort à celui d'une corde, et le plaisir? Quel rapport y a-t-il entre la séparation des chairs, si semblable dans un vivant et dans un mort, et la douleur? Que voit-on dans l'agitation du sang, si analogue à celle d'une liqueur quelconque, qu'on puisse assimiler à la colère? Bossuet a raison. Ce sont là des phénomènes qui diffèrent du tout au tout. Les uns sont sensibles, les autres sont suprasensibles; les uns nous sont connus indirectement et par l'intermédiaire des sens extérieurs, les autres nous sont révélés directement et par le moyen du sens intime. En voilà assez pour qu'on doive rapporter les premiers à un être corporel et les seconds à un être spirituel.

Admettez avec Condillac que tous les phénomènes moraux se ramènent à la sensation, vous serez encore obligé de reconnaître l'existence d'un être spirituel, puisque la sensation est un phénomène spirituel. Le spi-

---

[1] *De Civ. D.*, l. XIV, c. 15; l. XXI, c. 3; *De Gen. ad litt.*, l. III, c. 5.
[2] *Conn. de Dieu et de soi-même*, c. 3, art. 22.

ritualisme est la conséquence forcée, non-seulement du rationalisme, mais du sensualisme lui-même. C'est ce qu'un médecin philosophe de notre temps a établi avec l'autorité que lui confèrent de remarquables travaux : « Entre les faits de cette dernière espèce (les faits organiques), dit M. Lélut, et la sensation, il y a un hiatus tout aussi infranchissable que l'est celui qui les sépare des manifestations intellectuelles supérieures. Il résulte évidemment de là que la philosophie de la sensation, tout incomplète et erronée qu'elle est, ne peut pas plus que celle du fait de conscience être donnée pour point de départ au matérialisme [1].»

Augustin se sert des images mêmes qui obscurcissent l'âme et lui dérobent sa propre spiritualité pour la mettre plus complétement en lumière, et fait tourner au triomphe de la vérité ce qui semblait devoir assurer sa défaite. Qu'est-ce, dit-il, en définitive, que ces images qui ont été reçues et conservées dans ma mémoire et qui me représentent, lors même que j'ai les yeux fermés, que dis-je ? lors même que je dors d'un sommeil plus ou moins profond, le ciel, la terre, la mer, les espaces sans bornes au milieu desquels je suis perdu comme un atome ? Si ces images reproduisaient leurs objets en petit, et si elles étaient proportionnées à l'exiguïté de mon corps, je pourrais dire qu'elles sont corporelles et que c'est mon corps qui les contient. Mais non : elles sont égales, pour l'étendue, aux objets qu'elles représentent ; et cependant, malgré leur innom-

---

[1] M. Lélut (de l'Institut). *Phrénologie*, p. 339, 2e édit.

brable multitude et leur grandeur démesurée, je les
roule au-dedans de moi, moi qui n'occupe qu'un point
dans cet immense univers. Si elles sont étendues, ce
n'est donc pas d'une étendue matérielle, et, si elles sont
présentes en moi, ce n'est pas d'une présence locale,
de manière à tenir une place plus ou moins grande;
moi, de mon côté, je ne suis point un simple récep-
tacle où elles viennent s'accumuler, et qui se resserre
ou se dilate suivant leur nombre et leur volume. Ces
images, que l'on nomme corporelles à cause de leurs
objets, sont donc incorporelles, si on considère leur
nature; par conséquent, le sujet qui les contient et
dont elles sont des modifications doit être incorporel
également. Bien plus, ce sujet est une puissance active,
une force vivante, qui, au lieu de recevoir passivement
ces images, les tire d'elle-même, les agrandit ou les
diminue, les étend ou les restreint, les multiplie ou les
réduit à un petit nombre, leur fait, en un mot, subir
toutes les transformations et toutes les combinaisons
possibles[1].

Le raisonnement de saint Augustin consiste, comme
on voit, à établir que, le mode de production et d'existence de ces images au sein de notre âme étant contraire à toutes les lois de la physique, notre âme et
ces images elles-mêmes n'ont rien de commun avec les
corps et sont d'une nature spirituelle.

On a remarqué que Plotin avait dit avant saint Augustin, en parlant du sujet pensant: « On ne saurait le

---

[1] *Contr. Epist. Manich.*, c. 17. *De An. et ej. orig.*, l. IV, c. 17.

faire en quelque sorte coïncider avec l'objet sensible (comme des figures égales posées l'une sur l'autre[1]). » C'est là sans doute le germe du raisonnement si richement développé par saint Augustin ; mais, il faut en convenir, ce n'est qu'un germe.

Bossuet a dit plus tard : « Je connais au vrai la hauteur et la longueur d'un portique, lorsque je l'imagine telle qu'elle est.... Quand on aurait supposé que nous connaîtrions l'étendue qui est dans les corps par l'étendue qui serait dans l'âme, il resterait toujours à expliquer comment cette petite étendue qu'on aurait mise dans l'âme pourrait lui faire comprendre et imaginer l'étendue mille fois plus grande d'un portique[2]. » C'est la pensée d'Augustin sous une forme plus précise et moins brillante.

Si ces images qui représentent à notre esprit les corps et les espaces qu'ils occupent, n'ont pas en nous une existence locale, à combien plus forte raison en est-il de même des autres modifications internes qui n'ont rien de commun avec les corps ! La charité, la bonté, la douceur, la joie, la continence sont en nous, sans que nous soyons capables d'assigner un siége spécial à chacune d'elles ; elles se réunissent en un seul point, sans que nous puissions dire qu'elles y sont à l'étroit et qu'elles se gênent mutuellement. Vous avez de la charité et vous ne sauriez m'indiquer du doigt où elle est, et vos yeux ne l'ont jamais vue ; votre esprit seul

---

[1] *Enn.* 4º, l. VII, § 6. Trad. de M. Bouillet.
[2] Boss., *Traité du lib. arbitre*, c. 4.

est en état de la saisir. Vous dites que cette charité est grande, et jamais vos regards n'en ont mesuré la circonférence, ni calculé la masse. Vous ajoutez qu'elle est entrée dans votre cœur, qu'elle vous parle intérieurement, et il vous est impossible de me rien dire sur sa démarche, et vous êtes obligé de convenir que son langage ne ressemble point à celui qui se compose de sons et de paroles qui remuent l'air [1]. Il est permis de croire qu'ici encore Augustin s'est inspiré de la lecture des *Ennéades:* « La beauté, la justice, avait dit Plotin, n'ont pas non plus d'étendue, je pense ; il doit en être de même de leur conception. Ces choses ne peuvent être saisies et gardées que par la partie indivisible de l'âme. Si celle-ci était corporelle, où existeraient les vertus, la prudence, la justice, le courage ? [2] »

Que dire, ajoute Augustin, de la lumière même qui nous permet de distinguer toutes ces choses, qui nous empêche de confondre les objets de l'opinion avec ceux de la science, les objets de l'imagination avec ceux de la mémoire, les objets des sens avec ceux de la raison ? Cette lumière n'a pas une existence locale et n'est pas répandue dans l'espace, comme celle du soleil et des autres corps lumineux. Cependant la réalité en est aussi incontestable que celle des objets qu'elle éclaire et que nous ne connaissons que par elle. Cette lumière suppose, à son tour, un œil intérieur auquel elle est appropriée, une faculté spéciale pour laquelle elle est

---

[1] *Epist.*, CXLVII, c. 16, 17. *Contr. Manich.*, c. 18.
[2] *Enn.* 4°, l. VII, § 8. Trad. de M. Bouillet.

faite et dont la fonction est de prononcer souverainement et sans appel sur le vrai et sur le faux. Or cette faculté, supérieure non-seulement aux objets physiques, mais encore aux autres pouvoirs qui président à notre vie intellectuelle, nous ne saurions nous la représenter par aucune image sensible. Vous parlez sans cesse de sa grandeur. Hé bien! essayez de la localiser dans l'espace, de l'étendre et de l'enfler à votre fantaisie; vous reconnaîtrez bientôt l'inutilité de vos efforts. Ce qui fait sa grandeur, ce n'est pas une étendue matérielle incompatible avec sa nature, mais la dignité de la fonction qu'elle remplit dans notre économie morale[1].

La conclusion à tirer de ces dernières considérations c'est, dans la pensée de saint Augustin, que l'intelligence qui saisit la vérité et la vérité qui est saisie par l'intelligence étant également incorporelles, il y aurait de l'absurdité à ne pas regarder aussi comme incorporel l'être qui possède l'intelligence et en qui la vérité réside.

II.

Après avoir établi — on a vu avec quelle vigueur — la spiritualité de l'âme humaine, Augustin se pose à ce sujet plusieurs objections.

Si l'âme, dit-il, est distincte du corps, ne serait-ce pas qu'elle est tout simplement un cinquième élément distinct des quatre éléments vulgairement reconnus?

---

[1] *Epist.*, CXX, c. 2.

A cette objection il répond : oui et non. Oui, si l'on entend par là une substance *sui generis*, qui n'a ni longueur, ni largeur, ni profondeur ; non, si l'on entend par là un objet qui ait des parties distinctes les unes des autres et telles que chacune d'elles soit plus petite que le tout.

Ne serait-elle point, ajoute Augustin, à défaut du corps, l'harmonie du corps lui-même et l'organisation des parties qui le composent ? En aucune manière. Car l'âme est d'autant plus éclairée et plus parfaite qu'elle se soustrait plus complétement à l'influence du corps, pour se retirer et se replier en elle-même. Or, si l'âme était l'harmonie du corps, c'est-à-dire, en définitive, un de ses attributs, comment se perfectionnerait-elle en se séparant plus ou moins de son sujet, et se perfectionnerait-elle d'autant plus qu'elle s'en séparerait davantage ? C'est pourtant ce qui arrive. Quand l'âme veut connaître Dieu, se connaître elle-même, ainsi que les énergies qui lui sont propres, quand elle veut enfin saisir le vrai d'une prise ferme et inébranlable, que fait-elle ? Se tourne-t-elle vers la lumière qui éclaire ses yeux ? Non. Elle s'en détourne au contraire. Cette lumière serait pour elle, non un secours, mais un obstacle ; car elle l'empêcherait de se replier sur elle-même et de s'éclairer de la lumière intérieure qui y brille. Comment l'âme pourrait-elle être corporelle, quand les corps en général, et quand le corps le plus pur de tous, qui est la lumière, entravent, au lieu de les faciliter, ses diverses opérations [1] ?

[1] *De Gen. ad litt.*, l. VII, c. 14.

« Une chose, ajoute Augustin, qui n'aurait pas sa nature propre, qui ne serait pas une substance, mais un attribut inséparablement uni au corps, de la même manière que la couleur et la forme, ne s'efforcerait point de se détourner du corps pour saisir les choses intelligibles, ne les percevrait pas d'autant mieux qu'elle pourrait mieux s'abstraire des choses sensibles et ne deviendrait pas par cette vue même meilleure et plus parfaite. Car ni la forme, ni la couleur, ni l'harmonie même du corps, qui n'est que le mélange des quatre éléments dont ce corps est composé, ne peuvent se détourner de lui à qui elles sont inséparablement unies comme à leur sujet. Mais l'âme contemplant des choses qui sont conçues comme étant toujours de la même manière, cela fait assez voir qu'elle est unie à elles d'une façon merveilleuse, toujours la même et incorporelle, c'est-à-dire qui n'a rien de commun avec l'étendue[1]. »

On reconnaît ici, comme ailleurs, l'inspiration de l'auteur du *Phédon* et de celui des *Ennéades*. La vigoureuse argumentation de ces deux maîtres n'a rien perdu, et ce n'est pas un petit éloge, sous la plume de leur disciple.

L'âme n'est donc pas un corps, elle est un esprit. Mais comment concevoir l'existence d'une substance spirituelle ? Qu'est-ce qu'une chose qui n'a ni longueur, ni largeur, ni profondeur, aucune des dimensions de l'espace ? N'est-ce pas un pur néant ? En aucune sorte.

---

[1] *De imm. an.*, c. 10.

La justice a-t-elle les mêmes propriétés que les corps?
Peut-on la qualifier de longue, de large, de profonde?
Cependant qui oserait dire que la justice n'est rien? La
simplicité est si loin d'être identique au non-être,
qu'elle est, au contraire, la marque de la perfection
de l'être. Dieu est une substance incorporelle; s'ensuit-
il qu'il soit une substance chimérique? Spiritualiser
l'âme, ce n'est donc pas l'anéantir, puisque Dieu, qui
est spirituel, possède l'être dans toute sa plénitude.
Qu'y a-t-il de plus parfait parmi les objets de la géométrie? Ce n'est ni le triangle, ni même le carré, ni
même le cercle, ni même la ligne: c'est le point.
Pourquoi? A cause de sa simplicité et de son unité. Or,
si le point qui est absolument inétendu, qui ne possède
aucune des dimensions de l'espace, l'emporte sur la
ligne et sur les différentes figures qui possèdent une
ou plusieurs de ces dimensions, pourquoi l'âme, malgré sa simplicité, n'aurait-elle pas plus de réalité que
le corps et ne serait-elle pas le principe de sa vie et de
ses mouvements[1]?

L'excellence et la perfection ne se mesurent pas sur
la grandeur matérielle. L'éléphant est plus grand que
l'homme. Cependant il faudrait être de la famille de ce
quadrupède, pour soutenir qu'il est plus sage. L'âne est
moins intelligent que l'abeille, — c'est du moins l'opinion d'Augustin; — on n'oserait toutefois prétendre qu'il
est moins grand, sans se faire soi-même taxer d'ânerie.
L'œil de l'aigle est plus petit que celui de l'homme;

---

[1] *De. Qu. an.*, c. 3, 4 *et sq. De An. et ej. orig.*, l. IV, c. 42.

combien néanmoins n'est-il pas plus perçant! Quand cet oiseau superbe plane dans les airs à des hauteurs où, malgré la lumière éclatante qui l'inonde, notre œil a peine à l'apercevoir, ni le lièvre tapi sous les broussailles, ni le poisson recouvert par les flots n'échappent à ses regards. Si donc la grandeur ne contribue en rien ni à la perfection des corps, ni à l'excellence des organes qui perçoivent les choses matérielles, comment serait-elle nécessaire à la perfection de l'âme et à l'excellence de la raison, dont la propre fonction est de saisir les choses invisibles [1]?

Si l'âme n'a rien de commun avec la grandeur, comment se fait-il qu'elle grandisse ou semble grandir avec l'âge tout comme le corps? L'enfant qui commence à bégayer a une intelligence moindre que certains animaux; mais, à mesure que le temps coule, que ses organes se développent, son intelligence se développe aussi d'une manière surprenante.

Pour résoudre cette objection, il suffit de remarquer que ceux qui la font se paient de mots, et prennent des métaphores plus ou moins justes pour des raisons solides. Ils confondent la qualité avec la quantité, la perfection avec la grandeur proprement dite, qui en est tout à fait distincte. Un cercle peut être plus petit qu'une autre figure de géométrie : il ne laissera pas d'être plus parfait. Pourquoi? Parce qu'il a plus de symétrie, et que tous les points de sa circonférence sont à une égale distance du centre.

---

[1] *De Quant. an.*, c. 14.

La perfection est donc une chose; et la grandeur, une autre. Or, quand on dit que l'âme croît, qu'elle se développe, on veut dire, non qu'elle acquiert à un plus haut degré les diverses dimensions de l'étendue, mais qu'elle gagne en perfection. C'est ainsi qu'un homme qui emploie les mots de *longanimité* et de *grandeur d'âme*, ne songe pas à l'extension locale de l'âme, mais à certaines dispositions morales que ses yeux ne voient pas, et que son esprit néanmoins saisit à merveille.

On insistera peut-être, dit saint Augustin, et on allèguera les variations qui se remarquent dans les forces de l'homme. Les forces de l'homme sont comme ses sens: elles ont besoin du corps pour s'exercer, mais elles sont des facultés de l'âme et non du corps; car un objet inanimé est totalement dépourvu de forces. Or nos forces vont en augmentant de l'enfance à l'adolescence, de l'adolescence à la jeunesse, et elles déclinent ensuite, quand la vieillesse commence. Est-il possible que les forces, qui sont des facultés de l'âme, croissent et décroissent, et que l'âme ne croisse et ne décroisse pas également?

Cette difficulté s'évanouira d'elle-même, si l'on développe les sens complexe du mot *forces*, et si l'on en démêle les diverses acceptions. Les forces d'un homme dépendent de trois choses: 1° de la masse de son corps, car en vertu des lois générales de la matière, un corps plus petit cède à un plus grand; 2° du jeu des nerfs qui sont, en quelque sorte, les machines avec lesquelles on fait mouvoir la masse du corps; 3° de l'énergie de l'âme

F.   5

elle-même qui est le principe du mouvement. Si donc un homme est plus fort à un âge qu'à un autre, on n'en saurait conclure démonstrativement que son âme est devenue plus grande; car cette augmentation de forces peut provenir, soit de l'augmentation de la masse corporelle, soit de la souplesse acquise par les organes qui servent à la remuer[1].

Telles sont les principales raisons que saint Augustin oppose aux objections élevées contre la spiritualité de l'âme.

Nous ne voulons pas reprendre et examiner en détail chacun des points de cette vive discussion où le brillant rhéteur de Tagaste s'enivre de ses propres raisonnements, et déploie une subtilité qui aurait fait envie à un Grec du siècle de Périclès ou à un philosophe du moyen âge. Quelques observations seulement.

Les considérations qu'Augustin emprunte à la géométrie pour établir la spiritualité de l'âme, suivant en cela les traditions de l'école platonicienne, sont loin de lever toutes les difficultés que cette question présente. De plus, l'assimilation qu'il fait entre l'âme et le point n'est pas sans péril, et semble militer en faveur de la doctrine qu'il combat. Un matérialiste pourrait le prendre au mot et lui dire: « J'admets notre rapprochement entre l'âme et le point. Mais le point n'est rien de réel, c'est une pure conception de l'esprit. Donc il en est de même de l'âme.» Augustin aurait dû distinguer, comme le fit plus tard Leibniz, le point

---

[1] *De Quant. anim.*, c. 16, 17, 18, 19, 20, 21, 22.

métaphysique du point physique et du point mathéma-
tique. « Les points physiques, dit le philosophe de
Hanovre, ne sont indivisibles qu'en apparence, les
points mathématiques sont exacts, mais ne sont que
des modalités : il n'y a que les points métaphysiques ou
de substance.... qui soient exacts et réels[1].» D'où il conclut que c'est la métaphysique, et non pas la physique
ni les mathématiques, qui est la véritable science de la
réalité et de la vie.

En outre, partir, comme Augustin, du principe que
l'excellence d'un être ne se mesure point sur sa grandeur, pour en conclure que l'âme peut être sans étendue
et pourtant d'une nature excellente, c'est raisonner
d'une manière peu exacte. La seule conséquence légitime qu'il soit permis d'en tirer, c'est que l'âme peut
être à la fois d'une perfection et d'une petitesse extrêmes.
De ce que l'exiguité de la matière n'est pas un obstacle
à la perception, comme Augustin le fait voir par
l'exemple de l'œil de l'aigle, il ne s'ensuit pas que
l'absence de toute matière n'en soit pas un ; car la perception peut dépendre de l'organisation de la matière,
et dès que la matière disparaît complétement, il n'y a
plus d'organisation possible.

Ajoutons qu'en exposant l'objection tirée de ce qu'on
appellerait aujourd'hui les rapports du physique et du
moral, Augustin lui ôte beaucoup de sa force, et qu'il
se perd en y répondant dans une foule de subtilités. Il
institue une discussion presque sans valeur pour la

_____
[1] *Monadologie.*

science, là où il aurait pu faire un travail d'un intérêt
éternel. Car, s'il est un sujet intéressant et en lui-même
et dans ses relations avec la spiritualité de l'âme, c'est
sans contredit le parallélisme, pour ainsi dire invariable, des phénomènes physiologiques et des phénomènes moraux, qui fait qu'on est si vivement tenté de
les dériver les uns et les autres d'un seul et même
principe. L'habile professeur de Milan et de Rome
avait-il donc oublié les beaux vers de Lucrèce qui sont
dans toutes les mémoires, et qui ont souvent fait chan-
celer — les esprits sincères en conviendront — les
convictions les plus fermes et les mieux établies?
Qu'est-ce que cette âme, disait le grand poëte romain,
dont les états divers correspondent si exactement à
ceux du corps? Faible et incertaine comme lui, durant
la période de l'enfance, forte et vigoureuse comme lui,
à l'époque de sa robuste maturité, elle s'affaiblit et
décline comme lui, au dernier âge de la vie; car, à
mesure que la machine cède aux assauts répétés du
temps, le jugement chancelle et l'esprit s'égare. Qu'est-ce
que cette âme qui est malade de toutes les maladies du
corps, qui a le délire quand celui-ci a la fièvre, qui
tombe et s'affaisse avec lui dans une léthargie commune? Qu'est-ce que cette âme que les fumées du vin
vont troubler jusque dans sa mystérieuse demeure, et
dont la sagesse et la raison s'obscurcissent sous l'action
d'un simple liquide[1]?

Augustin est d'autant moins excusable de n'avoir pas

---

[1] Lucret., *De nat. rer.*, l. III, v. 446.

discuté ces objections que de son point de vue, elles
sont beaucoup plus faciles à résoudre que du point de
vue cartésien. Quand on demande à Descartes, qui
creuse un abîme entre la matière et l'esprit, comment
les états qui se produisent dans l'une de ces substances ont leur contre-coup dans l'autre, que peut-il
répondre? Rien de plausible et de vraiment scientifique.
Il lui faut, pour se tirer d'embarras, recourir à un coup
de théâtre et faire descendre Dieu du ciel. Mais Augustin ne professe pas un spiritualisme aussi exagéré et
aussi abstrait; il croit que l'âme est profondément engagée dans le corps, et qu'elle est le principe, non-
seulement de la pensée, mais encore de la vie. Il aurait
donc pu répondre aux objections de Lucrèce, que les
fonctions physiologiques de l'âme une fois troublées, ce
trouble se communique naturellement aux fonctions
psychologiques, parce que ces deux espèces de fonctions, étant exercées par le même sujet, se pénètrent
réciproquement, et exercent les unes sur les autres une
action et une réaction constantes.

Ces réserves faites, nous ne pouvons qu'admirer tant
de pages d'une beauté sévère, où se déploie avec une
rare puissance d'abstraction et une force logique peu
commune le génie spiritualiste d'Augustin. Il faut remonter jusqu'à Plotin et descendre jusqu'à Descartes
pour trouver ce redoutable problème de la spiritualité
de l'âme soulevé par un esprit aussi net et aussi vigoureux, et envisagé sous toutes ses faces avec une attention aussi opiniâtre et aussi pénétrante.

CHAPITRE IV.

DE LA NATURE DE L'AME.

I.

Un illustre philosophe moderne croit avoir suffisamment déterminé la nature de l'âme en la distinguant du corps et en disant qu'elle est une substance pensante, tandis que le corps est une substance étendue. Saint Augustin conçoit l'âme d'une manière beaucoup plus juste et plus profonde : « L'âme, dit-il, est une substance qui participe à la raison et qui est faite pour régir un corps [1].»

C'est là une définition qui mérite, comme celles de Platon et d'Aristote, d'être examinée avec le plus grand soin, et dont chaque terme veut être mûrement pesé.

Dire que l'âme est une *substance*, c'est dire qu'elle n'est point un simple mode, subsistant dans un sujet, et sans existence qui lui soit propre, c'est dire qu'elle n'est point comme les corps, qui n'ont qu'une ombre d'existence, parce qu'ils sont composés, multiples, et que la composition et la multiplicité excluent l'être véritable, c'est dire enfin qu'elle se rapproche, par sa simplicité et son unité, de la Monade suprême, et qu'elle en est comme une imitation.

---

[1] *Substantia quædam rationis particeps, regendo corpori accommodata (De Quant. anim.,* c. 13).

C'est ainsi que Fardella et Leibniz, son maître,
comprennent la pensée de saint Augustin : « Platon,
dit le grand philosophe allemand, a très-bien vu qu'il
n'y a de vraies substances que les âmes, mais que les
corps sont dans un écoulement perpétuel. Augustin a
perfectionné et agrandi cette doctrine en prenant pour
règle la philosophie chrétienne; les scolastiques ont
suivi ses traces, mais sont restés loin derrière lui [1].»

Quand Augustin ajoute ces simples paroles *qui participe à la raison*, il exprime à merveille l'essence de
l'âme humaine; car il exprime un attribut fondamental
et sans lequel elle ne serait pas ce qu'elle est, un attribut premier, et que tous les autres, tels que la pensée,
la volonté libre, la moralité, la parole supposent; un
attribut différentiel; car, d'un côté, la raison sépare
l'âme humaine de l'âme de la brute; et, de l'autre, la
participation à la raison la distingue de l'Être suprême,
qui, au lieu de participer simplement à la raison, est
la raison même, et possède en propre ce que chacun
de nous n'a que par emprunt. Dieu n'a pas besoin
d'être éclairé; il est à lui-même sa propre lumière.
L'âme, n'étant point sa lumière à elle-même, ne peut
être éclairée que par son rapport avec Dieu, soleil
intelligible, qui éclaire les esprits, comme le soleil sensible éclaire les corps.

Si l'âme est une substance qui participe à la raison,
non-seulement elle est distincte des corps, mais elle se
rapproche de Dieu, sans s'identifier néanmoins avec lui;

---

[1] *Lettres et Opuscules*, publiés par M. Foucher de Careil, 1857. —
Deuxième lettre à Fardella, p. 326.

car il reste toujours entre elle et lui la distance qui
sépare ce qui est par autrui de ce qui est par soi; une
cause seconde, de la cause première. Ainsi, ces seuls
mots bien compris ferment la porte et au matérialisme
et au panthéisme.

Ce n'est pas tout. L'âme est faite, suivant Augustin,
pour régir le corps, — *regendo corpori accommodata.*—
Qu'est-ce à dire? Qu'elle est une force, comme Leibniz
la définira un jour; c'est ce que le mot *regendo* nous
fait entendre, et que sa destinée n'est pas de vivre hors
du corps, comme les platoniciens l'avaient prétendu,
mais dans le corps, ainsi que l'avait soutenu Aristote.
Le corps, en effet, n'est pas une prison dans laquelle
elle est renfermée, mais un instrument fait pour elle,
comme elle est faite pour lui, *accommodata.*

L'âme, outre son union avec la raison souveraine,
en a donc une autre avec les organes: elle doit à la fois
régler ceux-ci et se laisser régler par celle-là. C'est de
cette double union que Malebranche parle si noblement
dans la préface de la *Recherche de la vérité,* en recom-
mandant aux hommes de resserrer la première et de
relâcher la seconde, s'ils tiennent à leur perfection et
à leur félicité, et en appuyant ses vues et ses conseils
sur l'autorité de saint Augustin.

Cette définition a, selon nous, un autre mérite: c'est
de contenir en germe la psychologie de saint Augustin
tout entière; car toutes les grandes fonctions de l'âme
se ramènent, d'après lui, à la connaissance et à l'amour,
et il n'y a que deux espèces d'amour et de connaissance:
l'amour et la connaissance du corporel, avec lequel

elle est unie par les sens; l'amour et la connaissance
du divin, avec lequel elle communique par la raison.
Aussi, je ne crains pas de le dire, cette définition,
déjà remarquable à tant d'autres titres, l'est encore en
ceci, qu'elle est la psychologie de saint Augustin en
abrégé, comme sa psychologie est cette même définition développée.

La définition d'Augustin a été reproduite avec quelques modifications par plusieurs philosophes modernes,
entre autres par Bossuet : « Nous pouvons définir l'âme
raisonnable, dit le grand évêque de Meaux, substance
intelligente née pour vivre dans un corps et lui être
intimement unie. L'homme tout entier est compris
dans cette définition, qui commence par ce qu'il y a de
meilleur, sans oublier ce qu'il y a de moindre, et fait
voir l'union de l'un et de l'autre [1]. »

On remarquera que le mot *intelligente*, dont Bossuet
se sert, est moins expressif que les mots *rationis particeps* qu'avait employés saint Augustin, et qu'il caractérise moins heureusement la doctrine commune à
saint Augustin et à Bossuet sur les rapports du verbe
divin et de l'âme humaine. En disant que l'âme est née
pour vivre dans un corps et lui être intimement unie,
Bossuet laisse également flotter sa pensée dans une
sorte d'indétermination. Il évite de se prononcer,
comme le fait nettement Augustin, sur la question de
savoir si l'âme est le principe de la vie et de la pensée
tout ensemble, ou si elle est le principe de la pensée

[1] *Conn. de Dieu et de soi-même*, c. 4, § 1.

seulement. En même temps, il ne tient nul compte de cet attribut de la force, qui doit être regardé comme le principe constitutif, non-seulement de l'âme humaine en particulier, mais encore de toute âme quelle qu'elle soit.

On ne saurait adresser ce dernier reproche à la définition de Platon, dont Augustin s'est peut-être inspiré : « L'âme est ce qui se sert du corps »; mais on pourrait lui reprocher de ne point marquer la nature propre de l'âme, ni ses rapports avec Dieu, ni ses relations précises avec le corps. Elle n'indique pas, en effet, si l'âme se sert du corps par hasard et accidentellement, ou parce qu'elle est faite tout exprès pour cela, *regendo corpori accommodata*.

La définition de M. de Bonald : « L'âme est une intelligence servie par des organes, » dont on a fait de nos jours tant de bruit, a tous les défauts de celle de Platon, dont elle n'est qu'une altération, et un autre qui lui est propre. Dire que l'âme est une intelligence servie par des organes, n'est-ce pas, en effet, faire de l'âme quelque chose de purement inerte et passif, et méconnaître l'activité qui est son attribut essentiel ?

II.

Parmi les attributs qui découlent immédiatement de la seule notion de l'âme, il faut placer en première ligne la simplicité. Mais comment l'âme peut-elle sentir dans tout le corps, si elle ne s'étend pas dans le corps tout entier; et, si elle s'y étend, comment peut-elle être simple? Entre l'étendue et la simplicité n'y a-t-il pas. contradiction?

Que l'âme sente dans tout le corps, c'est pour Augustin un fait d'expérience, qu'il se garde bien de contester ; qu'elle soit simple, c'est une vérité non moins indubitable, puisqu'elle ne sent pas dans les différentes parties du corps par différentes parties d'elle-même, mais tout entière.

Augustin aurait pu s'en tenir là. Il aurait pu se borner à constater ces deux faits inexplicables peut-être, comme beaucoup d'autres, mais, à ses yeux, réels et incontestables. Il voulut aller plus loin, et chercha à rendre plausibles, par des analogies tirées du sens de la vue, les modifications éprouvées par l'âme là où elle n'est pas présente. Quand l'œil perçoit un objet, est-ce un objet présent ou un objet absent qu'il perçoit? Un objet absent; car un objet qui serait présent, qui serait dans l'œil même, ne serait pas perçu le moins du monde, et son absence est la condition nécessaire de sa perception. Si donc l'œil, le plus noble de nos organes, connaît à distance, au moment où l'âme le fait servir à ses opérations, les diverses modifications des corps, comment l'âme, de laquelle il tient la faculté de voir, comment l'âme, qui lui est bien supérieure, ne pourrait-elle pas connaître les modifications de son propre corps, sans être étendue dans le corps tout entier[1]?

A l'exemple des Alexandrins, Augustin s'élève contre

---

[1] *De Quant. an.*, c. 30. *De Ver. Rel.*, c. 10. *Epist.*, CLXVI, c. 2.

ceux qui se représentent l'âme comme une substance
d'une étendue égale à celle du corps, et qui s'imaginent
qu'elle est contenue en lui, de la même manière qu'un
fluide ou un liquide est contenu dans une outre. Il distingue soigneusement, après Plotin, la présence par
action de la présence locale, et, tout en admettant l'une,
il rejette l'autre. Loin que l'âme soit contenue dans le
corps, on pourrait presque dire que c'est le corps qui
est contenu en elle. Elle le pénètre, comme un agent
pénètre la matière sur laquelle il exerce ses opérations [1].

Mais, si l'âme n'est pas étendue, comment se fait-il
qu'elle soit divisible, à tel point que, si on coupe en
morceaux certains animaux, chaque partie de leur
corps reste animée d'une portion de leur vie totale?
C'est l'objection qu'Aristote s'était déjà adressée dans
le *Traité de l'âme,* et qui a depuis si fort préoccupé
Reimarus et beaucoup d'autres.

Quand nous étions enfants, dit Augustin, nous pre-
nions plaisir à considérer, avec un mélange d'étonnement et de curiosité, des queues de lézards, qui palpi-
taient encore quelque temps après avoir été coupées.
Que faut-il penser de ces phénomènes? Notre auteur
est d'abord tenté d'y voir, comme on l'a fait quelquefois depuis, des mouvements contractiles plutôt que
des mouvements vitaux, et de les expliquer par l'action
d'un fluide, qui imprimerait aux organes, en se reti-
rant, une dernière commotion, laquelle irait diminuant,

---

[1] *De Quant. an.,* c. 5.

à mesure que le fluide diminuerait lui-même. Mais un fait qui se présente à sa mémoire, et qu'il raconte avec beaucoup de vivacité et de charme, l'empêche de s'en tenir à cette explication.

Il était à la campagne, dans la Ligurie, avec quelques jeunes gens dont il dirigeait l'instruction. Ceux-ci aperçurent, pendant qu'ils étaient couchés par terre, un insecte rampant et ayant une multitude de pieds : c'était une espèce de ver de forme allongée. L'un d'entre eux, l'ayant frappé de son stylet, qu'il tenait par hasard à la main, le coupa en deux. Alors les deux tronçons se mirent à fuir avec la même vélocité qu'auraient pu faire deux animaux différents. Étonnés de ce prodige et curieux d'en savoir la cause, nos écoliers apportèrent ces tronçons vivants à Augustin et à Alype, qui ne furent ni moins surpris ni moins émerveillés de les voir courir çà et là sur la table. L'un d'eux, ayant été touché avec le stylet, se tordait vers la partie souffrante, pendant que l'autre, sans rien sentir, continuait ses mouvements d'un autre côté. Curieux de pousser l'expérience jusqu'au bout, ils coupèrent l'insecte, ou plutôt les insectes, en une multitude de parties. Celles-ci se mirent alors à se remuer sur la table de telle manière que, si les témoins de ce spectacle n'eussent pas été eux-mêmes les auteurs de ces mutilations, et n'eussent pas vu les blessures encore toutes fraîches, ils auraient pu croire qu'ils avaient devant les yeux des insectes nés séparément et ayant toujours vécu de leur vie propre.

Saint Augustin avoue, avec sa franchise ordinaire,

que ce fait est embarrassant et difficile à concilier avec
l'indivisibilité, l'inétendue et la simplicité de l'âme;
mais il ne croit pas qu'un ver de terre, suivant son expression, doive faire crouler tout l'édifice de ses raisonnements. Quand une fois on a prouvé solidement
une chose, il ne faut pas la rejeter à la première difficulté qui se présente; car cette difficulté peut tenir à
la faiblesse de notre esprit, et serait peut-être levée par
un plus habile que nous. Sans prétendre dissiper tous
les doutes par des raisons sérieuses, il cherche à les
éclaircir par d'ingénieuses comparaisons.

Le mot, dit-il, est à peu près à l'idée ce que le corps
est à l'âme. Or il est possible que le mot soit divisé et
réduit aux syllabes qui en sont les éléments, sans que
l'idée soit anéantie et cesse de donner un sens aux différentes parties du mot auxquelles elle était jointe.
Donc il se peut aussi qu'après la dissolution du corps,
l'âme continue à subsister dans chacune des parties
que la mort a séparées. Il est des mots qui périssent
tout entiers, quand on les divise; car l'idée qui les animait disparaît entièrement : tel est le mot *sol*. Mais il
en est d'autres qui, une fois divisés, conservent encore,
après cette division, quelque chose de l'idée qui les faisait vivre. Si je coupe en deux le mot *lucifer*, la première partie du mot recouvrira encore une idée, et la
seconde aussi. Chacune d'elles sera, comme les tronçons de notre vermisseau de tout à l'heure, animée et
vivante. Cependant qu'est-ce qui a été divisé? Ce n'est
pas l'idée, qui n'occupe aucun lieu et qui est en soi indivisible, comme l'âme elle-même, mais le mot, qui

seul est réellement divisible, parce que seul il occupe
une place dans le temps, comme le corps occupe une
place dans l'espace[1].

Cette réponse d'Augustin est très-jolie et très-ingé-
nieuse, mais elle est loin d'être concluante et démons-
trative. Pourquoi? Parce qu'elle repose sur une assimilation qui manque d'exactitude. L'âme n'est pas
précisément au corps ce que l'idée est au mot, quoi
qu'en dise saint Augustin. Entre l'âme et le corps il y
a une union naturelle et objective; entre l'idée et le
mot il n'y a qu'une liaison conventionnelle et subjective, et ce qui est vrai de l'une peut fort bien n'être pas
vrai de l'autre. Hypothèse pour hypothèse, je préfére-
rais encore à l'idée d'Augustin celle de Leibniz, qui
voit dans chaque être une multitude de monades subordonnées à une monade centrale, si bien que dans le
cas où le corps est divisé, la monade dirigeante continue à régir une partie du corps, tandis que dans les
autres parties telle ou telle monade dominante s'empare du pouvoir régulateur laissé vacant.

Toutefois, si l'âme est simple, elle n'a pas, suivant
saint Augustin, une simplicité pleine et entière. Elle
est plus simple que les corps, car elle ne s'étend point
comme eux dans l'espace et n'a point comme eux des
parties telles que les plus grandes tiennent une plus
grande place, et les moindres une place moindre[2]. Mais
elle est véritablement multiple, en ce sens qu'elle est

[1] *De Quant. anim.*, c. 32, 33.
[2] *De Trin.*, l. VI, c. 6.

le sujet de la joie et de la tristesse, de la mémoire et
de l'intelligénce, du désir et de la crainte, et d'une foule
d'autres modifications, qui peuvent se trouver en elles
ou toutes ensemble, ou les unes sans les autres, ou à
des degrés divers. C'est ainsi que, dans un corps, autre
chose est la grandeur, autre chose la couleur, autre
chose la figure, et que, l'une de ces qualités venant à
diminuer, les autres ne diminuent pas nécessairement
pour cela. L'âme n'est donc pas parfaitement simple :
si elle ne change pas dans l'espace, comme le corps,
elle change comme lui dans le temps[1]. Il n'y a de parfaitement simple que Dieu seul, parce qu'en Dieu seul
la bonté est identique à la sagesse, la grandeur à la
béatitude et que tous ses attributs sont son être même[2].

III.

Saint Augustin ne se borne pas à établir la simplicité
de l'âme ; il démontre encore, et de la manière la plus
claire et la plus concluante, son indissoluble unité.

Tout le monde connaît les pages gracieuses de la
République, du *Timée* et du *Phèdre*, dans lesquelles
Platon sépare si fortement les divers éléments de notre
nature, qu'on a pu croire avec quelque vraisemblance
qu'il n'admettait pas seulement trois facultés de l'âme,

---

[1] *Mutari autem animam posse, non quidem localiter, sed tamen
temporaliter, suis affectionibus quisque cognosit. Corpus vero et
temporibus et locis esse mutabile, cuivis advertere facile est. De
Ver. Relig.*, c. 10.

[2] *De Civ. D.*, l. XI, c. 10.

mais trois âmes distinctes. Cette multiplicité de l'être humain, qui n'était sans doute dans le philosophe grec qu'un jeu d'imagination et un caprice d'artiste, fut chez les Manichéens une croyance arrêtée et une doctrine sérieuse. Ils professèrent nettement l'opinion que, dans chaque homme, coexistent deux âmes différentes : l'une, issue d'un principe mauvais, toute charnelle et naturellement portée au vice ; l'autre, née de Dieu, partie détachée de sa substance, et de laquelle dérivent toutes les nobles pensées et tous les actes de vertu. A leurs yeux, il y avait lutte entre ces deux âmes, comme entre la lumière et les ténèbres, comme entre le bon et le mauvais principe.

Témoin de ce combat du bien et du mal, dont le monde a été de tout temps le théâtre, et qu'il a si grandement décrit dans la *Cité de Dieu*, témoin de cet autre combat que ses bonnes et ses mauvaises inclinations se livraient en lui-même, et dont il a reproduit dans les *Confessions* l'ardent tableau, Augustin avait longtemps regardé le manichéisme comme l'explication la plus raisonnable que l'on pût donner de ces faits en apparence réfractaires à toute espèce d'ordre et de loi. Mais, quand ses yeux se furent ouverts à la lumière du spiritualisme platonicien et chrétien, il prit à partie ses anciens amis, et les réfuta avec une rare vigueur, en leur opposant ce que nous appellerions aujourd'hui l'autorité de la conscience et les données de la psychologie.

S'il y avait en nous autant de natures que de volontés contraires, ce ne serait pas deux natures, mais une multitude de natures différentes qu'il faudrait admettre

au dedans de nous. Quand un homme est partagé entre
la volonté de se rendre à leur assemblée et celle d'aller
au théâtre, les Manichéens ne manquent pas de dire :
Voilà un homme qui a une volonté louable et une volonté blâmable, et, par conséquent, une âme bonne et
une âme mauvaise. D'où pourraient venir, sans cela, ses
incertitudes et ses hésitations? — Mais, si quelqu'un de
nous, réplique Augustin, se demande s'il doit aller à
l'église ou au théâtre, que diront-ils? Que la volonté
qu'il a d'aller au théâtre est mauvaise, et que celle qui
le porte à se rendre à l'église est bonne. Ils s'en garderaient bien; car, à leurs yeux, la fréquentation de
nos temples est une chose criminelle. Il faudra donc
qu'ils disent qu'il y a en lui, dans ce moment-là, non
pas une bonne et une mauvaise volonté, mais deux
mauvaises volontés, et, par conséquent, deux âmes
mauvaises.

Quand un homme délibère s'il fera périr son ennemi
par le fer ou le poison, où est la bonne, où est la mauvaise volonté? Ses deux volontés ne sont-elles pas
mauvaises également? Si un homme hésite pour savoir
s'il ira au cirque ou au théâtre, s'il ira voler ou s'il ira
commettre un adultère, son âme n'est-elle pas partagée
entre quatre volontés différentes, mauvaises les unes
et les autres? On devrait donc admettre alors, en se
plaçant au point de vue des Manichéens, quatre substances mauvaises, qui se feraient la guerre au dedans
de lui. Même raisonnement pour le cas où l'âme incli-
nerait à la fois, et dans le même temps, vers un certain
nombre de buts également louables; à chaque inclina-

tion correspondrait une âme spéciale, et toutes ces âmes seraient également bonnes. On voit donc que le principe sur lequel les Manichéens s'appuient, pour établir qu'il y a deux âmes en chacun de nous, devrait les conduire à en admettre une infinité, ce qui est absurde.

Il est vrai que nous pouvons vouloir plusieurs choses différentes et même contraires. Quelquefois les biens célestes nous plaisent, comme les seuls biens réels, et nous tendons vers eux, entraînés par leur immortel attrait, et dans le même temps les biens terrestres nous retiennent par l'appât du plaisir, par les liens de l'habitude, et nous sommes tentés de nous abaisser jusqu'à ces biens inférieurs. Mais ces deux volontés, dont nous sentons en nous le conflit, résident, sans être pleines et entières ni l'une ni l'autre, dans une seule et même âme, et c'est précisément pour cela que leur divergence et leur opposition la déchirent et la font cruellement souffrir.

Ainsi, de ce que, quand je délibère, j'incline tantôt du bon côté, tantôt du mauvais, il ne faut pas conclure la dualité, mais plutôt l'unité de l'âme, qui, par son libre arbitre, peut suivre à son gré telle ou telle direction. Je sens, en pareil cas, que c'est un seul et même moi qui envisage les deux partis entre lesquels je balance, et qui fait choix de l'un ou de l'autre. A cette raison toute psychologique, dont chacun peut sentir la valeur, l'adversaire des Manichéens ajoute un argument théologique, qui a bien aussi son importance. Il est plus conforme, suivant lui, à la saine notion de la divinité de reconnaître deux espèces de choses bonnes, bien qu'à des degrés différents, également dérivées de Dieu et agissant les unes sur la partie supérieure, les autres sur la partie inférieure de notre âme, que d'admettre deux âmes, dont la première serait bonne et viendrait d'un bon principe [1], et dont la seconde serait mauvaise et découlerait d'un principe mauvais.

S'il n'y a qu'une seule âme pour nos penchants divers, il n'y en a qu'une non plus pour nos divers sens et nos diverses facultés. C'est une remarque que saint Augustin avait faite avant Bossuet [2]. La mémoire, dit-il, l'intelligence, la volonté ne sont pas trois vies, mais une seule vie; elles ne sont pas trois âmes, mais une seule et même âme. Quand il parle, à l'exemple d'Aristote, de l'âme séminale, de l'âme sensitive et de l'âme raisonnable dans l'homme, ce n'est pas qu'il lui attribue trois âmes différentes; il ne lui reconnaît qu'une âme unique, mais une âme possédant à la fois la propriété qui fait végéter la plante, celle qui fait sentir l'animal et celle qui fait raisonner l'homme. L'âme humaine, — il le dit en propres termes et avec une précision peu commune, — l'âme humaine est à ses yeux une par son essence; elle n'est multiple que par ses fonctions, — *in essentia simplex, in officiis multiplex*, — et l'âme qui régit le corps n'est pas distincte de l'âme qui pense [3].

---

[1] *Conf.*, l. VII, c. 10.

[2] *Conn. de Dieu et de soi-même*, c. 1, § 20.

[3] *Hoc corpus inspirata anima regit, eademque rationalis. De Trin.*, l. III, c. 2; l. X, c. 11. *Conf.*, l. X, c 7.

S'il arrive à saint Augustin de dire qu'il y a dans l'homme trois choses, le corps, l'âme et l'esprit, il ne faut pas trop se hâter de voir dans cette proposition le dualisme psychologique des Manichéens, ses anciens maîtres. Cette interprétation serait en contradiction avec tout ce qui précède. En s'exprimant ainsi, il considère l'esprit comme cette partie de l'âme qui pense, par opposition à celle qui anime le corps. Aussi dit-il formellement ailleurs : « Il n'y a rien dans l'homme, à considérer sa substance et sa nature, que le corps et l'âme [1]. »

Il est impossible de réfuter le dualisme psychologique d'une manière plus péremptoire que ne l'a fait plus haut saint Augustin. Reconnaissons toutefois, pour rendre hommage à la vérité, et pour ne pas surfaire notre auteur, que ses vues sur l'unité de l'âme avaient été déjà, sinon démontrées, au moins exposées fort clairement par plusieurs philosophes antérieurs, et, en particulier, par Porphyre et par saint Grégoire de Nysse.

« Comment, dit le premier, peut-on dire que l'âme est indivisible et qu'elle a trois parties ?... On résout cette difficulté en disant que l'âme est indivisible en tant qu'on la considère dans son essence et en elle-même, et qu'elle a trois parties en tant qu'unie à un corps divisible elle y exerce ses diverses facultés dans diverses parties. En effet, ce n'est pas la même faculté qui réside dans la tête, dans la poitrine et dans le foie. Donc, si l'on a divisé l'âme en plusieurs parties, c'est

---

[1] *Serm.*, 150. *De verbo.*

en ce sens que ses diverses fonctions s'exercent en diverses parties du corps[1].»

Saint Grégoire, combattant la doctrine d'Origène sur la distinction du principe spirituel et du principe animique, remarque également qu'il n'y a pas, dans l'homme, plusieurs âmes différentes et résidant en différentes parties du corps humain, mais qu'il n'y en a qu'une seule, à la fois raisonnable et sensible[2].

IV.

Non-seulement Augustin n'admet pas que chacun de nous ait deux âmes, mais il ne paraît pas même bien certain que chacun de nous en ait une, ni que le principe qui nous anime soit distinct de celui qui anime l'ensemble des choses et que les philosophes nomment l'âme universelle. Pour lui, comme pour les Alexandrins, l'individualité de la personne humaine, qu'il reconnaît parfois nettement, semble d'autres fois une question. Au lieu de se demander s'il y a plusieurs âmes en chacun de nous, il faudrait donc commencer par se demander s'il y en a plusieurs dans le monde. Dire qu'il n'y en a qu'une, c'est prétendre qu'une seule et même âme peut être à la fois heureuse dans un homme et malheureuse dans un autre, ce qui paraît impossible; soutenir qu'il n'y en a qu'une, et qu'en même temps il

---

[1] *Traité des fac. de l'âme.* Trad. de M. E. Lévêque (Plotin de M. Bouillet, t. Ier, p. XCII).

[2] *De opif. homin.*, c. XIV.

y en a plusieurs, c'est vouloir se livrer de gaîté de cœur
à la risée générale; mais, d'un autre côté, avancer
qu'il y a plusieurs âmes, c'est s'exposer, sinon aux
railleries d'autrui, au moins au mépris de soi-même[1].

Augustin touche ici, sans l'approfondir, à une question qui avait vivement préoccupé le génie de Platon et
celui de Plotin, et qui avait inspiré à Virgile[2] des vers
pleins d'éclat et de grandeur. L'univers, pris dans sa
totalité, est-il un animal immense, contenant toutes
choses dans son ample sein, et mu par un principe
interne d'une infatigable activité et d'une fécondité
inépuisable? La constance des mouvements de ce vaste
corps s'explique-t-elle, comme la constance des mouvements du corps humain, précisément par la présence
d'une âme, mais d'une âme universelle, produite, elle
aussi, par le Dieu suprême, et imitant, par l'immuable
régularité de son action, l'immutabilité souveraine de
son auteur? Que penser de cette âme que le poëte
latin désignait sous le nom de *Jupiter*, quand il disait:
« *Jovis omnia plena*, » et que d'illustres philosophes
nous représentent comme une émanation de Saturne,
c'est-à-dire, suivant eux, de la pleine et pure intelligence, et qu'ils nous montrent se répandant partout,
depuis le centre de la terre jusqu'aux parties les plus
reculées du ciel?

A toutes ces questions, souvent agitées par la philosophie platonicienne, Augustin déclare prudemment

---

[1] *De Quant. anim.*, c. 32.
[2] *Enéide*, l. VI, v. 726.

qu'il n'a rien à répondre, et qu'il ne possède pas pour les résoudre des données suffisantes. Ce qu'il sait, c'est qu'il y a une sagesse souveraine, qui rend sages toutes les âmes par voie de participation, et que si l'âme du monde existe, c'est à elle qu'elle emprunte sa sagesse. Ce qu'il ne sait pas moins certainement, c'est que le monde — qu'il possède une âme ou non — est distinct de ce Dieu qui fait régner, par le moyen des âmes, la constance et la fixité dans l'univers, parce qu'il en est seul le principe intarissable et la source éternelle[1].

Descendant du tout à ses parties, de l'univers aux globes d'or qui en éclairent les insondables profondeurs, Augustin se demande s'ils se meuvent tout seuls dans l'espace, ou bien s'il y a des esprits qui président à leurs révolutions ; si ces derniers les animent comme autant de principes de vie, de la même manière que nos âmes animent nos corps, ou s'ils leur sont présents sans les pénétrer, et s'ils agissent sur eux sans se mêler à leur substance.

Saint Augustin déclare franchement qu'il lui est aussi impossible de résoudre ces questions que les précédentes. Tout ce qu'il croit pouvoir assurer, à cause de l'idée qu'il se fait de la perfection de Dieu et de l'ordre universel, c'est que, si les corps célestes sont animés par des substances angéliques, ils n'ont pas été formés pour leur servir de prisons, mais pour faire

---

[1] *De Civ. D.* l. XIII, c. 16, 17. *De Cons. Ev.*, l. I, c. 23. *Retr.*, l. I, c. 5, 11.

éclater dans toute sa splendeur la sagesse de l'éternel ouvrier[1].

Sans doute, cette question de l'âme cosmique et des âmes sidérales peut paraître aujourd'hui singulière et bizarre; mais qu'on la dépouille de ses formes particulières et locales pour en saisir le sens profondément général et humain, et on verra que c'est une des plus importantes que la philosophie se soit jamais posée. Elle revient à se demander si le monde est une vaste machine morte et inerte, où tout se meut par des ressorts plus ou moins compliqués, ou si c'est un tout actif et vivant dont la matière est le corps, dont l'esprit est l'âme, et qui épanche de son sein, sans s'épuiser jamais, tous les phénomènes qui remplissent le temps et l'espace de leur développement merveilleux; c'est la question du mécanisme et du dynamisme. Elle revient encore à se demander si chaque être a une vie particulière et distincte, un principe qui le sépare des autres et l'individualise, ou s'il n'est qu'une partie inséparable de l'univers, comme nos membres sont des parties inséparables de nos corps, et si sa vie se confond avec la vie universelle; c'est, sinon la question du panthéisme, au moins une question qui n'en diffère pas beaucoup. Si l'on peut reprocher quelque chose à saint Augustin, ce n'est donc pas de s'être posé cette question, qu'il avait reçue du reste des mains des écoles antérieures, mais de n'avoir pas essayé de la résoudre. Il en résulte qu'après avoir établi — on a vu avec quelle

---

[1] *Lib. ad Oros.*, c. 8, 11. *De Gen. ad litt.*, l. II, c. 18.

force — la simplicité et l'unité de l'âme, il laisse planer quelques doutes sur son individualité et sa personnalité.

V.

Mais Augustin se relève admirablement, quand il essaie de faire ressortir la dignité de l'âme et son excellence. Soit qu'elle se borne à animer quelques parcelles de matière, soit qu'elle se rapproche de Dieu par la pensée et par l'amour, l'âme est bien supérieure à tous les objets corporels. La lumière elle-même, le plus brillant de tous les corps, est au-dessous du principe qui fait mouvoir le dernier des insectes. Augustin s'extasie avec la même grâce que le fera un jour Malebranche[1], son disciple, sur les merveilles qu'offre à nos yeux une simple mouche. Elle est bien petite, dira-t-on! Oui, mais elle est vivante. Qu'est-ce qui anime des membres d'une telle exiguité? Qu'est-ce qui pousse çà et là, suivant ses appétits naturels, cet imperceptible corpuscule? Quand elle court, qu'est-ce qui meut ses pieds en cadence? Quand elle vole, qu'est-ce qui produit et règle le mouvement de ses petites ailes? Il y a vraiment bien de la grandeur dans cette petitesse! Et cette grandeur, c'est l'âme qui en est le principe et la cause[2].

Le cheval qui s'égare, ajoute-t-il ailleurs, est au-dessus de la pierre qui ne s'égare point, parce que

---

[1] Malebr., *Rech. de la vér.*, l. I, c. 6.
[2] *Lib. de duab. anim. contr. Manich.*, c. 4, 5.

celle-ci n'a ni sentiment ni mouvement qui lui soit propre. L'homme qui s'enivre reste supérieur, malgré son état de dégradation, à un objet inanimé, si excellent qu'il soit, parce que l'homme, même dans l'état d'ivresse, ne perd point cette âme qui fait la dignité de sa nature[1].

Voilà une âme corrompue, vicieuse, pécheresse. Je la blâme et la reprends vivement pour sa perversité et ses écarts. Voilà un corps sain, vigoureux, bien fait. J'admire ses belles proportions et je suis ravi de sa grâce. Que l'on me demande, après cela, ce que je préfère de ce que j'ai blâmé et de ce que j'ai loué, je répondrai (chose singulière!) que c'est ce que j'ai blâmé, c'est-à-dire l'âme pécheresse. Comment se fait-il donc que je préfère ce que je blâme à ce que je loue? Le voici. Je blâme cette âme, parce qu'elle n'est pas ce qu'elle devrait être, et qu'elle n'atteint pas la perfection compatible avec son essence. Je loue ce corps, parce qu'il a les qualités de son espèce et autant de perfection qu'il en peut avoir. Mais je préfère celle-ci à celui-là, parce que son essence prise en elle-même est infiniment supérieure, et qu'une substance qui vit, qui sent, qui pense, qui veut, qui est capable de connaître Dieu et de pratiquer le bien, surpasse de beaucoup, lors même qu'elle est viciée, les substances corporelles qui sont dépourvues de ces nobles attributs[2].

Pour s'élever à la perfection que sa nature comporte, l'âme humaine passe par une série d'évolutions que

[1] *De Lib. arb.*, l. III, c. 5.
[2] *Enarr. in psal.*, CXLV.

saint Augustin décrit avec complaisance, et qui ont plus d'une fois été décrites depuis. Toutes les vies diverses, dont l'épanouissement riche et varié constitue la vie de l'homme, sont greffées, en quelque sorte, sur la vie végétative (*animatio*). La vie sensitive (*sensus*) s'y ajoute immédiatement; puis vient la vie active et industrieuse qu'Augustin appelle *ars*, comprenant l'ensemble des arts et des travaux qui forment, par leur réunion, la civilisation proprement dite. La quatrième vie est la vie morale (*virtus*), qui consiste à lutter contre les passions et à subordonner à la raison toutes les parties inférieures de notre nature. A cette vie pleine de noblesse et de dignité, mais essentiellement orageuse et militante, succède une vie plus calme et plus douce (*tranquillitas*), où l'âme, victorieuse désormais de ses instincts rebelles, se repose au sein de son triomphe. Mais non contente de régner sur les éléments de son être qui tiennent au corps et qui tendaient à la rabaisser au niveau du reste de la nature, l'âme cherche à s'élever vers Dieu et à jouir de sa vue bienheureuse (*ingressio*). Enfin elle arrive, et c'est le septième degré de son mouvement constamment progressif et ascensionnel, à contempler cet être suprême dont la vue fait à la fois la perfection et le bonheur de ceux qui le contemplent (*contemplatio*[1]).

A côté de cette échelle mystique, dont les premiers degrés sont empruntés à Aristote, les derniers à Platon et aux Alexandrins, Augustin en place une autre

---

[1] *De Quant. an.*, c. 33.

beaucoup plus simple. Il ramène toutes les fonctions de l'âme, que nous venons, d'énumérer à trois fonctions principales, auxquelles les autres sont subordonnées : à la vie animale, à la vie humaine proprement dite, à la vie divine; à ce que l'âme fait dans le corps, à ce qu'elle fait en elle-même, à ce qu'elle fait en Dieu[1].

Après avoir cité avec admiration cette dernière classification d'Augustin, un auteur distingué de notre temps remarque que tous les travaux de Maine de Biran ont abouti à la restaurer[2]. Puis il ajoute que, si ce grand métaphysicien, au lieu de pratiquer les penseurs du dix-huitième siècle durant sa jeunesse, s'était initié à la connaissance de la philosophie chrétienne, il se fût épargné cinquante années de tâtonnements, et aurait, dès le début de sa carrière, connu clairement cette théorie capitale qui ne lui apparut qu'au terme de sa vie. Le Père Gratry a raison, mais il devrait ajouter, pour être juste envers tout le monde et pour rendre à chacun ce qui lui appartient, que cette détermination des principales fonctions psychologiques n'est pas l'œuvre de saint Augustin, et que Maine de Biran aurait pu la trouver toute faite dans un ouvrage purement profane, dans les *Ennéades* de Plotin, auquel l'illustre évêque d'Hippone n'avait pas dédaigné de l'emprunter.

Quoi qu'il en soit, on ne peut voir sans une sorte de plaisir saint Augustin, un des plus âpres contempteurs de notre nature, en relever, comme il le fait dans les

---

[1] *Quid anima in corpore valeret, quid in seipsâ, quid apud Deum* (*De Quant. an.*, c. 33).

[2] *De la conn. de l'âme*, par le P. Gratry. *Préface.*

pages précédentes, l'excellence et la grandeur. En le voyant mettre l'âme vivante si fort au-dessus des corps bruts et inanimés, et l'âme pensante, même avilie et dégradée, si fort au-dessus des êtres les plus parfaits de la création matérielle, on songe involontairement aux pages magnifiques dans lesquelles ses plus illustres disciples ont dépeint, en traits immortels, la dignité morale de l'homme. Malebranche, exaltant la raison et la justice, aux dépens de la force et des autres qualités corporelles, et reprochant à Homère de n'avoir pas vu qu'en faisant son héros si agile, il ne lui donnait que la qualité caractéristique des chevaux et des chiens de chasse; Pascal, préférant à la masse inintelligente de l'univers la pensée d'un être chétif que cet univers écrase, et opposant à toutes les forces de la nature un simple roseau, mais un roseau pensant; Malebranche et Pascal ne sont-ils pas dans le même courant d'idées qu'Augustin, et ne reproduisent-ils pas, en leur donnant une physionomie nouvelle, les sentiments qu'il avait exprimés?

CHAPITRE V.

DES FACULTÉS DE L'AME. — DE LA VIE. — DES SENS.

I.

Parmi les questions qui semblent nées de l'esprit de réflexion et du besoin de rigueur particuliers aux âges modernes, et qui ont souvent préoccupé de nos jours une curiosité savante, une des principales est celle de savoir quelle méthode on doit suivre pour déterminer les facultés de l'âme. Il faut posséder, à un degré peu commun, l'habitude de se replier sur soi-même pour se demander, non-seulement comment on est constitué moralement, mais encore comment il faut s'y prendre pour le savoir. S'interroger à ce sujet, ce n'est plus simplement réfléchir, c'est réfléchir sur ses réflexions.

Or cette question que nous croyons si nouvelle, et qui tient, en effet, plus de place dans la psychologie d'aujourd'hui que dans celle d'autrefois, saint Augustin l'a entrevue, et en a même essayé une solution assez analogue à celles que l'on en a données depuis. Suivant lui, nous connaissons directement nos opérations, mais nous ignorons nos facultés. Il n'aurait pas eu beaucoup à faire, comme on voit, pour conclure que si nous voulons connaître celles-ci, il faut étudier celles-là.

Nous savons, dit-il, que nous nous souvenons, que nous connaissons, que nous voulons; mais la puissance de notre mémoire, de notre intelligence, de notre volonté nous échappe complétement. Il raconte qu'il avait dans sa jeunesse un ami, nommé Simplicius, dont la mémoire était véritablement surprenante. Il s'avisa un jour, avec d'autres camarades, de lui faire réciter Virgile en l'interrogeant tantôt sur un chant, tantôt sur un autre. Simplicius récitait, récitait toujours, et il était impossible de prendre sa mémoire en défaut. Même épreuve sur les discours de Cicéron, et même succès. Comme ses amis s'émerveillaient de ce prodige, Simplicius jura qu'il ne se serait

jamais cru capable de faire ce qu'il avait fait, avant
d'avoir été mis à l'épreuve. C'était dire qu'il n'avait bien
connu sa mémoire en puissance qu'après l'avoir connue
en acte.

Par contre, souvent certaines personnes présument
qu'elles se souviendront d'une chose et s'abstiennent
de l'écrire ; mais tout à coup elle leur échappe en leur
laissant le regret de ne l'avoir point confiée au papier,
sauf à revenir peut-être au moment où elles y penseront
le moins. L'homme ne connaît donc pas directement
sa mémoire, puisqu'il ne peut juger directement ni de
sa force ni de sa faiblesse.

Même observation relativement à l'intelligence. Que
de fois, dit Augustin, ne m'est-il pas arrivé de croire
que si je l'appliquais à une certaine question j'en trou-
verais bien vite la solution ! Je l'y applique, en effet,
et je ne réussis pas. D'autres fois, on me pose une
question qu'à première vue je me crois incapable de
résoudre, et un, instant après, je la résous sans peine.

Que dire de la volonté, dans laquelle réside ce qu'on
nomme le libre arbitre ? Quand Pierre déclarait qu'il
voulait mourir pour le Sauveur, il le voulait certainement, et ne cherchait pas à tromper Dieu par des pro-
messes menteuses ; mais il ignorait la force de sa volonté,
et, lui qui connaissait le Fils de Dieu, ne se connaissait
pas lui-même. Nous sommes tous comme lui sur ce
point. Nous savons ce que nous voulons et ce que nous
ne voulons pas dans un moment donné ; mais notre
volonté en elle-même, son degré d'énergie, les tentations
qu'elle peut et celles qu'elle ne peut pas surmonter, ce

sont là des choses qui nous sont profondément inconnues[1].

Saint Augustin avait sans doute, comme tous les
penseurs éminents, des vues plus ou moins arrêtées et
précises sur le nombre des facultés de l'âme et sur la
manière dont elles peuvent être groupées; mais on ne
trouve ces vues exposées nulle part avec une certaine
rigueur et un certain ensemble. Ce n'est qu'en re-
montant aux sources, auxquelles directement ou indirectement il a dû puiser, et en rapprochant quelques
passages épars dans ses écrits, qu'on peut arriver à
connaître plus ou moins nettement la doctrine de ce
philosophe sur cette question importante.

Platon avait admis dans l'âme deux parties : la partie
raisonnable et la partie irraisonnable, en d'autres
termes, les sens et la raison, attribuant aux sens les
idées et les affections qui naissent dans l'âme par suite
de ses rapports avec le corps, et à la raison celles que
l'âme tire d'elle-même et auxquelles le corps n'a aucune
part. Aristote jugea cette classification peu satisfaisante
et l'enrichit de plusieurs facultés nouvelles. Suivant
lui, l'âme possède la faculté nutritive, la faculté sensitive, la faculté motrice, l'appétit, l'entendement et la
volonté. Plusieurs philosophes modernes, ou plutôt
contemporains, ont, à leur tour, modifié la liste d'A-
ristote. Ils ont supprimé la faculté nutritive et la faculté
motrice, et fait rentrer la faculté sensitive dans l'entendement, ne laissant ainsi subsister parmi les facultés

[1] *De An. et ej. orig.*, l. IV, c.

F.

7

de l'âme que l'entendement, la volonté et l'appétit, qui
est la source des modes affectifs, et qu'on nomme plus
ordinairement inclination, amour ou sensibilité. Au
lieu de fonder leur classification, comme le remarque
très-bien un célèbre psychologue [1], sur le fait, important d'ailleurs, de l'intervention du corps dans une
partie des actes de l'âme, ils l'ont fondée sur un caractère qui leur a paru plus important encore, la différence
de nature des facultés elles-mêmes. Il s'agit de savoir
quelles sont celles de ces facultés qu'Augustin a recon-
nues, et s'il s'est arrêté à l'une ou à l'autre de ces
classifications.

A considérer isolément quelques-uns des passages
où il parle des facultés de l'âme, on serait tenté de
croire qu'il en réduit singulièrement le nombre. Dans
son *Traité du libre arbitre* [2], il dit au sujet de l'homme,
qu'il est, qu'il vit, qu'il comprend, ce qui revient à lui
accorder simplement deux facultés, celle de vivre et
celle de penser, car l'être est moins une faculté que la
substance même à laquelle les facultés se rapportent.
Mais qu'on ne s'en tienne point à ce premier texte, et
qu'on fasse de nouvelles recherches dans les œuvres
de notre auteur : on y trouvera ou étudiées ou au moins
mentionnées toutes les facultés énumérées par Aristote.
Dans la *Cité de Dieu*, il ne se borne pas à parler de la
vie et de l'intelligence, il parle encore des sens, et dit
que Dieu nous a donné à la fois la vie séminale, la vie

---

[1] M. Garnier, *Traité des facultés de l'âme*, l. II, c. 2.
[2] *De Lib. arb.*, l. II, c. 3.

sensible et la vie intellectuelle[1]. Ailleurs, il veut que le mouvement spontané soit, avec le sentiment, ce qui caractérise le règne animal, et, par conséquent, l'homme qui en fait partie[2]. Ailleurs, enfin, il attribue à l'âme la volonté ou l'amour, qui ne sont à ses yeux qu'une seule et même chose[3], à peu près, du reste, comme aux yeux d'Aristote; car, pour Aristote, la volonté n'est qu'une forme de l'appétit : c'est l'appétit en tant qu'il s'accorde avec la raison. Augustin met cette faculté nouvelle sur la même ligne que l'intelligence, et en fait une des grandes fonctions de l'être humain. Il y a plus, il reconnaît, avec Aristote, que les degrés supérieurs de l'être supposent les degrés inférieurs, mais que la réciproque n'est point vraie. On ne peut penser sans vivre et sans être, mais on peut être sans penser et même sans vivre. Un cadavre est, mais il ne vit pas; un animal vit, mais il ne pense pas; l'homme est, vit et pense tout ensemble[4].

Mais, si saint Augustin reconnaît les mêmes facultés qu'Aristote, il faut convenir qu'il en est qu'il se borne à indiquer, telles que la faculté nutritive et la faculté motrice, et qu'il semble ainsi préparer les réductions opérées par les modernes. Quant aux autres facultés, il les groupe quelquefois à la manière d'Aristote et de

---

[1] *Bonis et malis essentiam cum lapidibus, vitam seminalem etiam cum arboribus, vitam sensualem etiam cum pecoribus, vitam intellectualem cum solis angelis dedit.* (*De Civ. D.*, l. V, c. 11).

[2] *De Gen. ad litt.*, l. VII, c. 16.

[3] *D. Civ. D.*, l. XI, c. 26.

[4] *De Lib. arb*, l. II, c. 3.

Platon, donnant aux sens un rôle à la fois affectif et cognitif, et réunissant les sensations, les perceptions, les imaginations et les passions sous le nom de *vie sensitive*, sauf à rapporter à la vie rationnelle et la connaissance et l'amour de l'intelligible. Mais ordinairement sa classification se rapproche de celle des modernes, et se fonde sur la nature même de nos opérations. Connaître et aimer, voilà pour lui les deux grandes fonctions de la vie psychologique. Les anciens en avaient, selon lui, très-bien vu l'importance. C'est pourquoi ils divisèrent la science tout entière en physique, logique et morale, et donnèrent pour objets à la première l'être, à la seconde la connaissance, à la troisième l'amour. Mais, dans la connaissance, il faut distinguer le sentir et le savoir[1], les sens et la raison. Entre ces deux facultés se placent la mémoire et l'imagination, dont l'une conserve, et dont l'autre combine les données des sens, et qui touchent déjà l'une et l'autre à la vie rationnelle. Augustin les désigne quelquefois sous le nom générique de *Spiritus*[2], et fait de la connaissance spirituelle quelque chose d'intermédiaire entre les perceptions des sens et les idées de la raison. Quant à l'amour, il peut, comme la connaissance, se rapporter soit au sensible, soit à l'intelligible, et se divise en concupiscence ou amour du monde, et en charité ou amour de Dieu. C'est ainsi que Malebranche, un des plus illustres disciples de saint Augustin, dis-

---

[1] *Aliud est sentire, aliud scire. De Quan. an.*, c. 29.
[2] *De Gen. ad litt.*, l. XII, c. 8, 24.

tingua plus tard, dans la partie intelligente de l'âme, les sens, l'imagination, l'entendement pur, et, dans sa partie sentante, les passions, qui naissent de notre union avec le corps, et les inclinations, qui sont produites par notre union avec Dieu.

On le voit, si la classification d'Augustin n'a rien de bien original, elle est assez vaste pour contenir dans ses cadres toutes les observations de détail que fera cet esprit sagace et pénétrant. De plus, elle évite, précisément parce qu'elle est un peu indécise et flottante, le défaut qu'on peut reprocher à des théories plus systématiques et plus rigoureuses, qui est soit de confondre la partie sentante et la partie intelligente de l'homme, soit de ne pas distinguer suffisamment l'élément inférieur et l'élément supérieur de notre nature, tant dans le phénomène de l'amour que dans celui de la connaissance.

Après avoir reproduit brièvement quelques-unes des idées toutes péripatéticiennes d'Augustin sur la vie, nous étudierons successivement avec lui les sens, la mémoire, l'imagination et la raison; nous passerons ensuite à la question de l'amour en général, puis à celles de l'amour du monde et de l'amour de Dieu, et nous terminerons cette partie de notre travail en exposant quelques-unes des vues de notre auteur sur la liberté, qui tient à la fois, suivant lui, de la connaissance et de l'amour.

II.

L'âme n'est pas seulement pour Augustin ce qu'elle sera un jour pour Descartes, le principe de la pensée, elle est encore celui de la vie ; elle est, à ses yeux, la source commune d'où découlent tout ensemble les phénomènes physiologiques et les phénomènes moraux. Augustin est ce qu'on nomme de notre temps un *animiste*.

L'âme, dit-il, vivifie par sa présence ce corps terrestre et mortel, le ramène à l'unité et l'y maintient, sans lui permettre de s'écouler et de dépérir ; elle distribue à tous les membres, dans une juste mesure, les aliments qui leur conviennent et préside à la fois à la génération et à la croissance[1].

Mais, en attribuant à l'âme les phénomènes vitaux, Augustin n'a garde de lui attribuer la connaissance claire et consciente de ces phénomènes et des organes au moyen desquels elle les produit. Il évite ainsi l'écueil contre lequel devait plus tard se briser l'animisme de Stahl. Autant la sphère de la pensée lui paraît lumineuse et éclatante, autant celle de la vie lui semble obscure et ténébreuse. L'âme, suivant lui, connaît plus facilement l'extérieur du corps avec les yeux que l'intérieur par elle-même. Et cependant est-il une seule partie intérieure du corps à laquelle elle ne soit pas présente, et qu'elle n'anime pas comme principe de vie ?

[1] *De Quant. an.*, c. 33.

Eh bien, tout ce qu'elle en sait c'est par les yeux et non par elle-même qu'elle l'a appris. Tant il est vrai qu'il lui est plus aisé de vivifier le corps que de le connaître! L'âme est dans le corps, et elle ignore comment il est fait. Elle ignore si le cerveau est le principe des sensations, le cœur celui des mouvements, ou s'il faut également rapporter au cerveau ces deux classes de phénomènes. Elle agit dans le corps, et elle ne sait pas ce qu'elle y fait; elle ignore pourquoi elle meut les nerfs à volonté, et pourquoi les veines battent, qu'elle le veuille ou qu'elle ne le veuille pas. C'est une chose bien extraordinaire, dit Augustin, que je connaisse ce qui se passe dans le ciel, à une distance prodigieuse et sans que j'y prenne la moindre part, et que je ne sache pas ce qui se passe si près de moi; que dis-je? en moi, et ce que je fais moi-même. Je connais le mouvement du soleil, depuis son lever jusqu'à son coucher, et je ne connais pas le mouvement de mes organes, à partir du moment où j'ai dit : Je veux remuer mon petit doigt, jusqu'à celui où mon petit doigt se remue[1].

Il est impossible d'établir par des réflexions plus justes, et de faire sentir par de plus vives images, quelle différence il y a entre la sphère d'action de l'âme et celle du moi, comme on dirait aujourd'hui, et de mieux montrer combien la première est plus étendue que la seconde. Augustin n'aurait admis ni le principe de Des-

---

[1] *De An. et ej. or.*, l. IV, c. 5, 6.

Voir dans Fénelon la traduction de ce remarquable passage. *Tr. de l'exist. de Dieu*, 1re partie, ch. 2.

cartes, qui fait de la pensée l'essence de l'âme, ni celui de M. Jouffroy, qui ne rapporte à l'âme que les phénomènes de conscience.

Du reste, la vie, la nutrition, la croissance, la génération ne sont pas particulières à l'homme[1]. Elles lui sont communes avec les animaux, et même avec les plantes. Il suffit, pour jouir de ces propriétés, de posséder ce qu'Augustin appelle une âme *séminale* et que d'autres ont quelquefois nommé âme végétative[2].

Entre l'âme séminale et l'âme humaine, n'y a-t-il pas d'autres fonctions communes? Les plantes n'ont-elles point avec nous d'autres ressemblances? Quand nous les voyons là attachées au sol par leurs racines, n'avons-nous aucune raison de croire qu'il y a une âme à la fois mouvante et sentante qui circule et s'agite emprisonnée sous leur écorce[3]? C'est là une conception qui a inspiré à Virgile quelques beaux vers; au Tasse un épisode brillant dont elle fait tout le pathétique, et qui, après avoir été soutenue sans succès par Campanella, à l'époque de la renaissance, a trouvé, de nos jours, plus d'un défenseur dans la poétique et rêveuse Allemagne. Du temps d'Augustin, à une époque où le naturalisme ancien avait encore beaucoup d'empire, elle était un des principaux dogmes des Manichéens. Ils allaient jusqu'à prétendre que les plantes voyaient, entendaient, étaient douées de connaissance et avaient une âme raisonnable comme la nôtre.

[1] *De Quant. an.,* c. 33.
[2] *De Civ. D.,* l. V, c. 11.
[3] *De Gen. L. imp.,* c. 5.

Augustin ne se donne .pas la peine de discuter la question de l'intelligence et du sentiment dans les plantes, et traite fort durement la secte grossière et impie, comme il l'appelle, qui transforme les végétaux en êtres sensibles et intelligents. Il faut, suivant lui, tenir de la souche[1] encore plus que les arbres dont on prend la défense, pour s'imaginer que la vigne souffre quand on cueille ses grappes, et que les plantes, en général, souffrent, entendent, voient quand on les coupe.

A-t-on jamais vu, dit-il, dans un langage peu démonstratif peut-être, mais plein d'éclat et de richesse, a-t-on jamais vu le sentiment de la douleur se manifester dans un arbre blessé, comme dans un animal, par un mouvement quelconque? Bien plus, quel est pour un arbre l'état le plus parfait? C'est celui où il est couvert de feuilles, paré de fleurs, chargé de fruits. Or, c'est en émondant avec la cognée le luxe de ses rameaux, qu'on lui procure tous ces biens. S'il sentait le tranchant du fer, comme les Manichéens le prétendent, il sécherait de langueur, après avoir été ainsi mutilé, et exhalerait lentement sa vie par tant de cruelles blessures, au lieu de prendre plaisir à recouvrir les parties blessées de pousses verdoyantes[2].

S'il n'est pas vrai de dire que les arbres sont doués de sentiment, il n'est guère plus exact de prétendre qu'ils ont en eux un principe de locomotion. Sans

[1] *Magis lignea quàm sunt ipsæ arbores quibus patrocinium præbet* (De Quant. an., c. 33).
[1] *De Mor. Manich.*, l. II, c. 17.

doute ils se meuvent sous l'action d'une force extérieure, quand, par exemple, ils sont battus des vents;
ils se meuvent même sous l'influence d'une cause tout
intérieure, qui leur donne leur croissance et leur
forme, lorsque le suc que leurs racines pompent dans
les entrailles de la terre circule dans leur tige et dans
leurs rameaux. Mais ce n'est pas là un mouvement
spontané, comme celui qui caractérise les êtres sen-
tants, et qui leur permet de se diriger à leur fantaisie.
Si nous n'avions pas ce mouvement en quelque sorte
végétatif, ni nos corps, ni nos ongles, ni nos cheveux
ne pourraient croître et se développer; mais, si nous
n'en avions pas d'autre que celui-là, on pourrait à
peine dire que nous avons une âme vivante; car c'est
le sentiment et le mouvement spontané qui sont les in-
dices les plus irrécusables de la présence de l'âme et
de la vie [1].

III.

Outre la vie purement végétative que nous partageons
avec les plantes, et que saint Augustin caractérise par le
mot *animatio*, nous en possédons une autre, en commun avec les animaux, qu'il appelle *sensus*. Elle est
déjà d'un ordre plus élevé que la précédente, et les
opérations des sens, de la mémoire, de l'imagination
en sont, au point de vue de la connaissance, les fonctions principales. Sentir, par le toucher, le froid et le

---

[1] *De Gen. ad litt.*, l. VII, c. 16. *De Gen. ad litt.*, *Lib. imp.*, c. 5.

chaud, le rude et le poli, le pesant et le léger, le dur et le mou; saisir les innombrables nuances des couleurs et des sons, des saveurs et des odeurs, par l'action des organes de la vue et de l'ouïe, du goût et de l'odorat; retenir toutes ces perceptions une fois acquises et les combiner de mille manières, soit durant la veille, soit durant le sommeil, ce sont là, en effet, les principaux caractères qui distinguent les êtres sensibles et animés de ceux que leurs racines attachent à la terre[1].

Pourquoi suis-je disposé à attribuer aux bêtes, comme à moi, les opérations de la vie sensitive et une âme qui en soit le principe? Augustin répond à cette question d'une manière plus poétique et aussi nette que Condillac le fera un jour, et produit, en faveur de l'existence de l'âme des bêtes, un raisonnement par analogie auquel il est difficile de résister. Je leur attribue une âme, dit-il, parce que je vois qu'elles se meuvent, et que tous leurs mouvements sont appropriés à leur conservation; car le plus ordinairement elles se portent vers ce qui leur est utile, et se détournent de ce qui leur est nuisible. Pourquoi encore? Parce qu'elles souffrent, et que leur souffrance est l'indice assuré d'un principe qui lutte énergiquement contre la destruction, et qui tend avec effort à maintenir dans leur unité et leur intégrité normales tous les éléments qui les composent. Les mouvements convulsifs auxquels elles se livrent, les cris désespérés qu'elles font entendre aux approches de la mort, ne sont-ils pas des témoignages certains

[1] *De Quant. an.*, c. 33.

d'une douleur vivement sentie, des preuves péremp-
toires d'un principe spirituel qui en est le siége[1] ? En
outre, plusieurs de leurs actes attestent, non-seulement qu'elles connaissent les choses, mais encore
qu'elles s'en souviennent, qu'elles les imaginent, toutes
fonctions dont le corps, réduit à lui seul, est totalement incapable. Ne voit-on pas tous les jours les chevaux reprendre, sans se tromper, le chemin de l'écurie,
les chiens reconnaître leurs maîtres, après une longue absence, ou aboyer, pendant leurs songes, contre les images
sans consistance qui voltigent dans leur fantaisie[2] ?

On voit que saint Augustin est bien loin d'admettre
l'automatisme tel que Descartes le professera plus tard.
Il place un principe immatériel, non-seulement dans
l'animal, mais encore dans la plante. «Ce principe,
dit-il, que les quadrupèdes et les oiseaux ont en commun avec nous, par lequel ils peuvent regagner leurs
demeures et leurs nids, et retenir les images de tous les
objets corporels, ne ressemble nullement à un corps[3].»
— «L'âme, dit-il ailleurs, lors même que l'on ne considère point en elle la faculté par laquelle elle comprend
la vérité, mais cette faculté inférieure par laquelle elle
vivifie le corps et sent dans le corps, l'âme n'est ni étendue ni matérielle[4].»

---

[1] *De Lib. arb.*, l. III, c. 23. *De Mor. Manich.*, l. II, c. 17.

[2] *Contr. Epist. Man.*, c. 17.

[3] *Nullo modo cuiquam corpori simile est. De Gen. ad litt.*,
l. VII, c. 21.

[4] *Nullo modo invenitur locorum spatiis aliqua mole distendi.
Contr. Manich.*, c. 16.

Ainsi, Augustin est tout à fait spiritualiste en zoologie, s'il m'est permis d'employer cette expression ; car il reconnaît à la fois dans les animaux des phénomènes spirituels et une substance spirituelle qui en est le principe. Il se distingue par là et des cartésiens qui méconnaissent à la fois en eux la pensée et le principe pensant, et de leurs adversaires qui, tout en leur accordant la pensée en un certain degré, leur refusent un principe pensant distinct de la matière.

Il faudrait donc beaucoup de bonne volonté pour interpréter dans le sens cartésien les idées de l'illustre docteur. Aussi, malgré les passions et les illusions que l'esprit de système engendre, les cartésiens les plus déterminés n'ont-ils jamais osé invoquer purement et simplement son autorité à l'appui de leur hypothèse. Ils ont constamment recouru à quelque détour. André Martin[1], plus connu sous le pseudonyme d'Ambrosius Victor, cherche à prouver, dans sa *Philosophia christiana*, que, si Augustin n'a pas admis l'hypothèse de l'animal-machine, c'est qu'il a été inconséquent, car ses principes devaient l'y conduire tout droit. Un disciple d'André Martin, qui a fait oublier son maître, Malebranche, malgré sa propension constante à interpréter en sa faveur les doctrines d'Augustin, est obligé de reconnaître[2] que ce père attribuait aux bêtes une âme, et une âme spirituelle, et se borne à expliquer cette opinion par l'influence des préjugés du temps.

---

[1] Voir sur André Martin la savante *Histoire de la philosophie cartésienne*, par M. Bouillier, t. II, ch. 1er.

[2] *Rech. de la vér.*, l. VI, 2e part., c. 7.

Comment se fait-il donc qu'un philosophe de nos jours ait regardé Augustin comme un de ceux qui ont frayé la voie à l'automatisme de Descartes? «Descartes, dit M. Tissot, aurait dû laisser à Gomez Pércira l'idée que les animaux ne sont que de pures machines. Il y a toutefois cette excuse en sa faveur d'avoir eu pour antécédents bien moins les cyniques, les stoïciens, les péripatéticiens, les épicuriens, comme le veulent le P. Pardies et Huet, que saint Augustin et beaucoup d'autres théologiens des plus autorisés[1].» A l'appui de cette assertion, le savant écrivain cite une phrase assez significative du *De cognitione vitæ,* et renvoie en outre au traité *De spiritu et animâ.* Mais son érudition, ordinairement aussi sûre qu'étendue, est ici en défaut. Ces deux traités imprimés à la suite des œuvres d'Augustin, parce qu'ils lui ont été autrefois attribués, sont des compilations du moyen âge, et sont loin d'exprimer toujours la pensée du grand théologien.

Au lieu de séparer les bêtes de nous par un abîme, Augustin établit entre elles et nous des gradations qui n'ont rien de trop brusque ni de trop heurté. Fidèle aux doctrines du péripatétisme, il admettrait volontiers, comme le feront plus tard Leibniz, Bonnet et un illustre savant de nos jours, qu'il n'y a point d'hiatus dans la nature, et que la grande loi de continuité relie entre eux tous les êtres. En même temps que je pense, je sens et je vis; en même temps que je suis homme, je suis animal et je suis plante. Je comprends en moi, non pas *extensivement,* pour prêter à notre auteur le

---

[1] *La Vie dans l'Homme,* par M. Tissot, 2ᵉ part., l. II, c. 6.

langage de la scolastique, mais *intensivement*, tous les êtres de l'univers : je suis un monde en abrégé, un petit monde, un *microcosme*[1].

Il faut savoir gré à saint Augustin, non-seulement d'avoir reconnu l'âme des bêtes, mais encore de l'avoir distinguée de la nôtre par la prédominance de l'instinct et le peu de développement de l'intelligence. Que fait-il autre chose, en effet, quand il remarque, qu'à ne considérer que la vie sensible, plusieurs animaux nous sont supérieurs, mais que la raison nous élève bien au-dessus d'eux? Il ajoute que cette supériorité des animaux, en ce qui touche les sens, tient à ce que leur âme est plus fortement engagée dans le corps et plus exclusivement occupée de ses plaisirs et de ses peines, tandis que notre âme, à nous, s'abstrait souvent des choses corporelles pour se replier en elle-même, pour se livrer à l'exercice de la raison pure et au culte immatériel de la science. C'est aussi pour cela que l'enfant au berceau, en qui la raison n'agit point encore, a des sens plus subtils que l'homme fait et un instinct plus sûr, qui lui permet de distinguer des impressions sensibles qui échappent à ce dernier[2].

Il est vrai qu'Augustin n'a pas fait le départ, dans l'animal lui-même, des phénomènes qu'on doit attribuer à l'instinct et de ceux qui dépendent de l'intelligence. Il admire l'abeille, et la place sans hésiter au-dessus de l'âne, à cause de son habileté à construire ses alvéoles; il s'extasie sur l'adresse que l'oiseau met.

[1] *Ad Oros.*, c. 8.
[2] *De Quant. an.*, c. 14, 15, 28.

à faire son nid et sur l'harmonie merveilleuse de ses
chants, sans s'apercevoir que ce sont là des faits que
l'instinct suffit à expliquer, tandis qu'il aurait pu en
citer d'autres qui supposent déjà un commencement
d'intelligence. Du reste, il serait injuste de demander
qu'Augustin eût fait une distinction semblable, dans un
temps où les sciences naturelles étaient encore dans
l'enfance, puisque les efforts réunis des plus grands
philosophes et des naturalistes les plus éminents[1] sont
à peine parvenus aujourd'hui à la faire prévaloir.

CHAPITRE VI.

DES SENS.

Les opérations des sens qui constituent, avec celles
de la mémoire et de l'imagination, l'ensemble de la vie
sensitive, étant d'un ordre plus élevé que la simple action vitale, saint Augustin les étudie avec plus de soin
et cherche à s'en faire une idée nette et précise.

I.

Il se demande d'abord en quoi la sensation consiste,
et en essaie successivement plusieurs définitions, qu'il
discute ensuite avec une rare subtilité. *La sensation serait-elle la connaissance que l'âme acquiert d'une chose
extérieure par le moyen du corps ?* A cette question,
plus d'un contemporain répondrait peut-être affirmati-

---

[1] Voir M. Flourens : *De l'inst. et de l'intellig. des animaux.*

vement. Augustin se prononce pour la négative, et se
fonde pour cela sur des raisons aussi solides qu'ingénieuses. Quand je vois quelque part de la fumée, dit-
il, je connais qu'il y a du feu. Cependant ce feu, je ne
l'ai ni vu, ni entendu, ni senti, ni goûté, ni touché ; en
un mot, je n'en ai pas eu la sensation. La connaissance
d'une réalité extérieure est donc une chose, et la sensation une autre. Que le sujet ne saisisse pas directement
l'objet et qu'il ne devine son existence que par les réflexions que la sensation lui suggère, il y a connaissance sensible, mais non sensation ; que l'objet et le
sujet soient en présence et que le premier se révèle directement au second par la manière dont il le modifie,
il y a sensation et non pas seulement connaissance
sensible. — Il est facile de remarquer dans ces idées de
saint Augustin le germe des distinctions si claires et si
nettes de Bossuet :

«Nous pouvons donc définir la sensation, si toutefois une chose si intelligible de soi a besoin d'être
définie, nous la pouvons, dis-je, définir, la première
perception qui se fait en notre âme à la présence des
corps, que nous appelons objets, et ensuite de l'impression qu'ils font sur les organes de nos sens...... En effet, la première chose que j'aperçois, en ouvrant les
yeux, c'est la lumière et les couleurs ; si je n'aperçois
rien, je dis que je suis dans les ténèbres..... Je puis
bien ensuite avoir diverses pensées sur la lumière, en
rechercher la nature, en remarquer les réflexions et
les réfractions.... Mais toutes ces pensées ne me viennent qu'après cette perception sensible de la lumière

que j'ai appelée sensation, et c'est la première qui s'est
faite en moi aussitôt que j'ai eu ouvert les yeux[1].»

Saint Augustin se demande ensuite s'il ne faudrait
pas définir la sensation, *la connaissance qu'a l'âme des
modifications du corps.* Mais quand le corps grandit ou
qu'il vieillit, ce sont là certainement des modifications
du corps. Or il est manifeste, d'un côté, que ces modifications échappent à tous nos sens, et, de l'autre, que
l'âme les connaît. Voilà donc des connaissances de nos
modifications corporelles qui ne sont pas des sensations. C'est en voyant grands aujourd'hui des corps que
nous avons vus petits autrefois, en voyant vieux ceux
que nous avions vus jeunes, que nous conjecturons que
nos corps éprouvent, même au moment où nous par-
lons, de tels changements. Cette définition est donc
vicieuse comme la précédente : elle a trop d'étendue et
s'applique à d'autres phénomènes que les sensations.
Pour la rectifier, il faut la restreindre de telle sorte
qu'elle embrasse les sensations seulement, et qu'elle
exclue toute connaissance de nos modifications corporelles, qui est due à un travail ultérieur de l'esprit opérant sur ces premières données. La définition suivante
paraît remplir ces conditions : «*La sensation est la
connaissance que l'âme a directement des modifications
du corps*[2].»

Si les définitions précédentes comprenaient trop de
choses, celle-ci n'en comprend peut-être pas assez :

---

[1] Bossuet, *Conn. de Dieu et de soi-même*, c. 1, § 1.
[2] *Passio corporis per se ipsam non latens animam.*

elle pêche peut-être, non pas contre la propriété, mais contre l'universalité nécessaire à toute bonne définition. La sensation embrasse toutes les connaissances que l'âme a directement des modifications du corps, admettons-le. Mais n'embrasse-t-elle rien de plus? Ne disons-nous pas tous les jours que les bêtes sentent? Ne sommes-nous pas convaincus, d'un autre côté, qu'elles sont étrangères à la science, puisque la science repose sur la raison et que la raison est le privilége exclusif de l'homme? Or, si elles ne savent pas, comment peut-on dire qu'elles connaissent, et si elles ne connaissent pas, bien qu'elles sentent, comment peut-on définir la sensation une connaissance? Car c'est ce que l'on fait quand on la définit: la connaissance directe qu'a l'âme des modifications du corps. C'est que, pour être au-dessous de la science, la sensation n'en est pas moins une connaissance réelle. Sentir n'est pas savoir, mais c'est encore connaître; la connaissance est, en quelque sorte, un genre, dont la science et la sensation peuvent être considérées comme deux espèces différentes. Par conséquent, quand on dit que la sensation est la connaissance que l'âme a directement des modifications du corps, on ne s'exprime point d'une manière inexacte[1].

Si le lecteur nous a suivi un peu attentivement dans le résumé que nous avons fait de cette discussion, il doit trouver, comme nous, qu'elle a été parfaitement conduite, et qu'Augustin y montre une rigueur et une

---

[1] *De Quantitate animæ*, c. 23 et suiv.

exactitude toutes modernes. Il est impossible de mieux
se rendre compte des règles de la définition et de les
appliquer plus heureusement à l'objet à définir. Sans
doute, Platon, Aristote et beaucoup d'autres avaient
fort bien distingué, avant Augustin, la sensation de la
science ; mais je ne sache pas qu'ils en eussent précisé
la notion avec autant de justesse, et qu'ils l'eussent séparée aussi nettement des autres connaissances sensibles. Que cette définition laisse encore à désirer, et
qu'il soit difficile, en l'acceptant, d'expliquer le passage
du sujet à l'objet, je ne veux pas en disconvenir, mais
on avouera que, pour la trouver, il a fallu pénétrer
dans l'étude des phénomènes internes à une assez
grande profondeur.

La preuve que cette définition a, toutes réserves faites,
une valeur incontestable, c'est que des physiologistes
modernes, dont le nom fait autorité dans la science, ne
paraissent pas éloignés de l'admettre. Ne semble-t-elle
pas être au fond des passages suivants de Müller :

« Nous ne pouvons avoir par l'effet de causes extérieures aucune manière de sentir que nous n'ayons
également sans ces causes et par la sensation des états
de nos nerfs. » — « La sensation est la transmission à
la conscience, non pas d'une qualité ou d'un état des
corps extérieurs, mais d'une qualité, d'un état, d'un
nerf sensoriel, déterminé par une cause extérieure, et
ces qualités varient dans les différents nerfs senso-
riels [1]. »

---

[1] Voir M. Tissot : *La vie dans l'homme*, 1re partie, l. VIII, c. 4.

Ainsi, d'après ce physiologiste, nos organes seraient assez analogues à des thermomètres : ils nous indiqueraient, par leurs variations, les variations des corps extérieurs avec lesquels ils sont en rapport ; ils nous seraient connus et en eux-mêmes, et en tant que signes. Augustin ne dit pas autre chose.

II.

La nature de la sensation une fois déterminée, il s'agit de savoir quelle en est l'origine. Est-ce le corps qui la produit par son action sur l'âme, sans que celle-ci sorte de sa passivité et de son inertie ? Est-ce l'âme qui, par le déploiement de son activité propre et de son énergie interne, en est la seule et véritable cause ? Pour résoudre cette question, saint Augustin a recours, selon la coutume et suivant la tradition des philosophes idéalistes, à des principes abstraits. Le premier, c'est que l'âme est supérieure au corps ; le second, c'est que ce qui est supérieur ne saurait être modifié par ce qui est inférieur. Ces prémisses posées, il en tire aisément cette conclusion, que le corps ne saurait agir sur l'âme, ni par conséquent produire en elle le phénomène de la sensation. Prétendre que l'âme est soumise à l'action du corps, ce serait subordonner le plus parfait au moins parfait et se mettre en opposition avec les données les plus claires de la raison. Autant vaudrait dire que l'artiste, au lieu de façonner la matière sur laquelle il travaille, est lui-même façonné par elle.

Cés idées, qui seront plus tard si chères à Malebranche,
ont pour saint Augustin lui-même une telle importance que, plutôt que d'y renoncer, il renoncerait à
toute explication rationnelle de la sensation.

La théorie qu'il propose, en s'appuyant sur ces principes, est ingénieuse et profonde.

L'âme n'anime le corps que par le déploiement continuel de son activité. Sans être en rien modifiée par
lui, elle agit en lui et sur lui comme sur un être soumis à son empire. Mais son action est plus facile ou
plus difficile, suivant qu'elle rencontre dans le corps
une matière plus ou moins souple et obéissante. Quand
les corps extérieurs sont mis en rapport avec nous, ce
n'est pas sur notre âme qu'ils agissent, c'est sur notre
corps. Seulement, selon qu'ils sont conformes ou contraires à la nature et aux besoins de ce dernier, ils fa-
cilitent l'activité de l'âme ou y mettent obstacle. Or la
connaissance de cette facilité et de cette difficulté d'a-
gir s'appelle plaisir et peine, ou, d'un seul mot, sensation. Quand l'âme entraîne un corps étranger dans sa
sphère d'activité et cherche à l'assimiler au sien propre,
comme il y a d'ordinaire convenance entre ce corps et
le sien, le mouvement de l'âme en devient plus facile,
et le sentiment qu'elle en a est du plaisir. Que l'âme
soit, au contraire, privée des aliments nécessaires à la
réparation du corps, elle remplit ses fonctions d'une
manière pénible, languissante, et la connaissance
qu'elle a de ce malaise se nomme faim ou soif. Si un
homme boit ou mange avec excès, un phénomène différent, mais analogue, se produit en lui. Le fardeau

dont il est comme surchargé, engendre pour son âme une certaine difficulté d'agir; elle fait effort, elle peine et en a parfaitement conscience : il y a indigestion.

A ces remarquables considérations, que l'animisme contemporain ne désavouerait pas, si ce n'est peut-être en ce qui concerne l'impossibilité où serait le corps d'agir sur l'âme, Augustin ajoute des vues plus contestables qu'il emprunte à la physiologie de son époque, mais où se mêlent encore des idées frappantes de vérité et de hardiesse.

En temps ordinaire, dit-il, l'âme anime un élément lumineux dans l'œil, un élément aérien dans l'oreille, un élément vaporeux dans les narines, un élément humide dans le palais, un élément terrestre et comme boueux dans l'organe du toucher, et meut tous ces éléments d'un mouvement paisible. Mais, si des objets extérieurs affectent le corps et produisent dans l'homme le sentiment de quelque chose d'étranger (*nonnulla alteritate corpus afficiunt*), l'âme déploie une action plus vive sur tous les points de son corps et par tous ses organes : c'est ce qu'on nomme voir, entendre, sentir, goûter, toucher.

Quand Augustin parle de ce sentiment de quelque chose d'étranger que les objets extérieurs nous procurent en agissant sur nos organes, ne s'exprime-t-il pas avec une précision analogue à celle des modernes, qui disent que le moi se pose et pose le non-moi en subissant l'action de ce dernier, et en réagissant contre elle? Il place, comme eux, l'origine de la notion d'extériorité dans le double sentiment d'une force qui se déploie et

de la résistance qu'elle éprouve. Ses vues sur l'origine
de la sensation sont bien supérieures à celles des philosophes qui en font un phénomène purement passif,
et qui la dérivent de l'action des agents extérieurs sur
un corps qui est inerte, et sur un esprit qui ne l'est pas
moins. Augustin ne comprend point ainsi ce phénomène. Il croit, et avec raison, que les corps étrangers
agiraient en vain sur nos organes, et ceux-ci sur notre
âme, si elle n'était pas un principe actif, vivant, capable
d'être stimulé par une action extérieure et de réagir
contre cette action. C'est ce qui lui fait dire que la véritable cause de la sensation, ce n'est ni l'objet extérieur ni notre propre corps, mais notre âme elle-
même.

Lorsque le son modifie l'oreille, dit-il, ce qu'il y
a de semblable à l'air dans cet organe est ébranlé par
l'air extérieur, et l'âme qui, avant ce son, animait en
silence du mouvement vital l'organe de l'ouïe, ne cesse
pas pour cela de l'animer. Seulement ce qu'elle anime
ayant été modifié, l'action de l'âme se trouve modifiée
aussi; cependant elle est toujours une action véritable,
et le nom de passion ne saurait lui convenir en aucune
sorte. Il en est de même des autres sensations.

Les formes frappent la lumière qui est dans nos
yeux; les exhalaisons des objets se glissent dans nos
narines; les saveurs, dans notre palais; les corps solides
modifient le reste de notre corps, ou bien, dans l'intérieur de notre corps lui-même, quelque chose passe
d'un point à un autre. Alors, que fait l'âme? Elle
applique son attention aux modifications du corps déjà

existantes, et suivant la facilité ou la difficulté qu'elle éprouve à le faire, elle sent agréablement ou désagréablement. Ainsi, la sensation agréable ou désagréable qu'elle éprouve ne lui vient ni d'un corps ni d'aucune substance étrangère, mais de ses propres opérations, c'est-à-dire, d'elle-même[1]. Sentir est donc une modification active; c'est mouvoir le corps en opposition avec le mouvement qui s'y est produit; en un mot, c'est réagir. Si nous ne sentons point quand nos ongles, nos cheveux, nos os sont coupés, ce n'est pas que ces parties de notre corps soient privées de vie (comment le seraient-elles puisqu'elles se nourrissent et croissent?), mais c'est qu'elles ne sont pas assez pénétrées par un air libre, par un élément mobile pour que l'âme puisse y produire un mouvement aussi rapide que celui contre lequel elle réagit dans le phénomène de la sensation[2].

Ces idées sur l'origine de la sensation ont été empruntées par saint Augustin à Plotin, l'un de ses maîtres préférés. Le philosophe d'Alexandrie ne les avait point présentées avec cette ampleur lumineuse qui caractérise l'évêque d'Hippone; mais il les avait gravées en quelques traits précis et énergiques.

« C'est le propre de la puissance, dit-il, non d'éprouver, de pâtir, mais de déployer sa force, de remplir la fonction à laquelle elle est destinée.... En ne voulant pas croire que chaque faculté puisse connaître son

---

[1] *Cùm autem ab eisdem suis operationibus aliquid patitur, a se ipsa patitur, non a corpore* (De Musica, l. VI, c. 5).

[2] *De Mus.*, l. VI, c. 5.

objet sans en recevoir une impulsion ($\pi\lambda\eta\gamma\eta$), nous la ferions pâtir, nous ne lui ferions pas connaître l'objet placé devant elle; car c'est elle qui doit dominer l'objet au lieu d'être dominée par lui [1].»

« C'est le corps, dit-il ailleurs, qui éprouve la passion; c'est la puissance sensitive de l'âme qui perçoit la passion par ses relations avec les organes; c'est à elle que viennent aboutir toutes les sensations [2]. »

« L'âme, ajoute-t-il, sent (la brûlure), parce que la puissance sensitive, par ses relations avec les organes, en reçoit en quelque sorte le contre-coup [3].»

Des écrits de saint Augustin, cette théorie se répandit sans peine dans ceux de ses disciples. La phrase suivante d'Arnauld ne résume-t-elle pas toutes les considérations qui précèdent, et n'a-t-elle pas un caractère augustinien bien marqué?

« Il est faux de dire que toutes nos idées viennent de nos sens; mais on peut dire, au contraire, que nulle idée qui est dans notre esprit ne tire son origine des sens, sinon par occasion, en ce que les mouvements qui se font dans notre cerveau, qui est tout ce que peuvent faire nos sens, donnent occasion à l'âme de se former diverses idées qu'elle ne se formerait pas sans cela [4]. »

Toute la différence entre l'auteur du cinquième siècle et celui du dix-septième, c'est que l'un fait sentir

[1] *Enn.* 4, l. VI, c. 2. Trad. de M. Bouillet.
[2] *Enn.* 4, l. IV, c. 19.
[3] *Ibid.*
[4] *Log. de Port-Royal*, l. I, c. 1.

l'âme dans tout le corps et en fait le principe de la vie comme de la pensée, tandis que l'autre la fait sentir uniquement dans le cerveau et lui refuse toute action vitale.

Du reste, Arnauld ne dissimule point les emprunts qu'il fait à saint Augustin. Il le cite, au contraire, et se prévaut de son autorité. «....la douleur du corps, dit-il, n'est autre chose qu'un sentiment d'aversion que l'âme conçoit de quelque mouvement contraire à la constitution naturelle de son corps.

«C'est ce qui a été reconnu, non-seulement par quelques anciens philosophes, comme les Cyrénaïques, mais aussi par saint Augustin en divers endroits.

«Il dit au liv. VII de la Genèse à la lettre, chap. 19 : la répugnance que ressent l'âme de voir que l'action par laquelle elle gouverne le corps est empêchée par le trouble qui arrive dans son tempérament est ce qui s'appelle douleur [1].»

Cette doctrine a peut-être exercé sur les développements de la philosophie moderne plus d'influence qu'on ne le croit communément. Quand on admet que le corps ne peut pas agir sur l'âme, que reste-t-il à faire sinon d'admettre la réciproque pour aboutir aux théories fameuses des causes occasionnelles et de l'harmonie préétablie? Malebranche dit quelque part :

«...nous considérons comme nos biens des choses au-dessus desquelles nous sommes infiniment élevés, qui ne peuvent au plus agir que sur nos corps et produire

[1] *Log. de Port-Royal*, l. I, c. 9.

quelques mouvements dans leurs fibres; mais qui ne peuvent jamais agir sur nos âmes, ni nous faire sentir du plaisir ou de la douleur [1].»

« Les monades n'ont point de fenêtres, dit à son tour Leibniz, par lesquelles quelque chose y puisse entrer ou sortir.... ni substance, ni accident ne peut entrer de dehors dans une monade [2].»

III.

Saint Augustin ne se contente pas de déterminer l'origine de la sensation, et d'assigner à ce phénomène sa véritable cause; il insiste sur la manière dont il se forme et sur les conditions, soit physiologiques, soit psychologiques, qui sont nécessaires à sa production.

Bien que l'âme joue dans la sensation le rôle principal, le corps y joue aussi un rôle qui a bien son importance. Sans l'âme, il n'y aurait pas de sensation, puisqu'il n'appartient qu'à un être vivant de sentir, et que c'est de l'âme que le corps tient la vie; mais, sans le corps, il n'y en aurait pas davantage, puisque sans les instruments, sans les organes corporels, nous ne pourrions ni voir, ni entendre, ni sentir en aucune sorte [3]. Ici, Augustin expose des vues qui ne lui appartiennent sans doute pas en propre, mais que nous croyons devoir reproduire pour faire connaître la manière dont on

---

[1] Malebranche, *Rech. de la vérité*, l. I, c. 17.
[2] Leibniz, *Mon.*, 7.
[3] *Epist.*, CXXXVII, c. 2.

comprenait à cette époque les rapports du physique et du moral et ce qui s'en est transmis aux âges suivants.

Les médecins regardent comme une chose démontrée que les corps des animaux contiennent, outre les éléments solides qui frappent nos regards, des particules aériennes qui sont renfermées dans les poumons, comme dans des réservoirs, et qui, passant du cœur dans les artères, y coulent, comme par autant de canaux, à travers toute la machine. Ils croient aussi qu'il y a dans ces corps une matière ignée, dont les parties les plus chaudes ont leur siége dans le foie, tandis que les plus lumineuses, après s'être subtilisées autant que possible, s'élèvent vers le cerveau, qui est au corps ce que le ciel est au monde. Pour agir sur la chair, qui est une nature à la fois terrestre et aqueuse, l'âme se sert de l'air et du feu avec lesquels elle a plus d'affinité. Sans ces deux éléments, toute sensation et tout mouvement spontané seraient impossibles. — C'est, on le voit, la théorie des esprits animaux, qui doit un jour tenir tant de place dans la philosophie cartésienne.

D'autres conditions organiques sont encore nécessaires pour que la sensation ait lieu. Du cerveau partent de légers tuyaux qui aboutissent aux yeux, aux oreilles, aux narines, au palais, et, par la moelle épinière, à toutes les parties du corps, et sans lesquels nulle sensation ne saurait se produire. Les nerfs de la sensation sont distincts de ceux du mouvement : les premiers naissent de la partie antérieure du cerveau ; les seconds, de la partie postérieure. Entre ces deux parties du cerveau, il y en a une troisième qui sert de siége à la mémoire,

et qui unit l'organe par lequel l'âme connaît à celui par
lequel elle exécute[1]. Les médecins ont donné à ces trois
organes le nom de ventricules du cerveau, et prétendent que, suivant que chacun d'eux est sain ou malade,
les fonctions auxquelles il préside s'accomplissent bien
ou mal[2].

La sensation résulte donc du concours de l'âme et
du corps ainsi organisé avec les objets matériels. Toutes
les fois que je vois un objet, je puis distinguer dans ce
simple fait trois éléments qu'il importe de ne pas confondre : 1° la chose que je vois, une pierre, une flamme,
un objet quelconque, qui pouvait déjà exister avant que
d'être vu; 2° la vision elle-même, qui n'était pas encore au
moment où l'objet s'est offert à mes yeux; 3° l'attention
de l'esprit qui fixe sur l'objet le sens de la vue. Non-
seulement ces trois choses sont parfaitement distinctes,
mais encore elles sont de nature différente : l'objet est
corporel; la vision est mixte; l'attention est purement
spirituelle[3].

Dans son *Traité de la musique*, Augustin insiste sur

---

[1] *De Gen. ad litt.*, l. VII, c. 13, 15, 17, 18.

[2] Que saint Augustin ait tiré de son propre fonds ces dernières
idées, ou qu'il les ait empruntées à un autre, je me permets de les
signaler à l'attention d'un éminent philosophe et physiologiste de
notre époque, qui déclare que c'est dans Willis qu'il rencontre pour
la première fois l'affectation de l'encéphale aux facultés actives de
l'homme, et qui croit pouvoir lui attribuer l'honneur de cette vue
nouvelle. Il faut, comme on voit, en chercher l'auteur beaucoup plus
haut. (Voy. *La Phrénologie*, par M. Lélut, membre de l'Institut,
2e édit., p. 28).

[3] *De Trin.*, l. XI, c. 2.

cette distinction, et établit admirablement la différence qu'il y a entre la faculté de sentir et l'objet sensible qui la stimule et la met en éveil. Une série de sons, dit-il, comme ceux d'une eau qui tombe goutte à goutte, peut se produire dans un lieu solitaire et n'être entendue de personne. Cependant ces sons, qui ne frappent présentément aucune oreille humaine, existent à l'état de phénomènes objectifs, et leur réalité n'est nullement contestable : voilà des objets sensibles. D'un autre côté, un homme peut se trouver dans un endroit tout à fait silencieux, et ne pas entendre le bruit le plus léger. Néanmoins cet homme, qui n'entend rien en ce moment, et sur lequel les objets sensibles ne produisent aucune impression, diffère profondément d'un sourd ; sans entendre actuellement, il a la faculté d'entendre.

Que l'objet sensible et la faculté soient mis en rapport, il se produit dans le corps une modification que l'âme saisit. Cet acte par lequel l'âme saisit la modification corporelle, est la sensation de l'audition, qui prend aussi le nom de *son* et est purement subjective. Qui oserait dire que les sons engendrent en moi la faculté de les entendre ? Il est trop clair qu'ils n'engendrent pas cette faculté, mais qu'ils la supposent. Je n'aurais pas entendu ces sons s'ils n'avaient pas existé extérieurement ; mais je ne les aurais pas entendus non plus, si je n'avais pas eu la faculté de les entendre.

Augustin, comme on en peut juger, ne méconnaît point la part de l'objet dans le phénomène de la sensation, mais il ne méconnaît pas davantage celle du sujet. Il n'est pas ce qu'on nomme aujourd'hui idéaliste, puisqu'il admet que l'âme sent et qu'elle sent par suite de l'action de l'objet sensible; il n'est pas ce qu'on appelle sensualiste, car il reconnaît dans l'âme certaines prédispositions ou virtualités qui s'actualisent et se déterminent en présence des objets, mais que ceux-ci ne produisent pas[1].

Augustin couronne cette analyse si nette et si exacte par une hypothèse qu'il avait probablement prise dans Plotin, mais dont l'origine péripatéticienne n'est pas douteuse.

L'objet visible, dit-il, ne produit pas le sens de la vue, mais il l'*informe* et y trace une image de lui-même. Seulement, la forme que l'objet imprime au sens est si étroitement unie à celle de l'objet, qu'il nous est impossible de l'en distinguer. Si donc nous la regardons comme réelle, ce n'est pas d'après le témoignage de nos sens, mais sur la foi du raisonnement. Quand un anneau est encore imprimé sur la cire, qui oserait dire qu'il n'y grave pas une empreinte ? Cependant on ne la voit pas encore et les sens ne la peuvent saisir. Si on imprime un anneau sur un liquide, qui osera prétendre qu'une forme semblable à celle de cet anneau, sans être pourtant la forme de cet anneau lui-même, n'est pas empreinte sur ce liquide ? Cependant personne ne la voit, ni ne l'a vue, ni ne la verra jamais ; car elle sera effacée au moment où l'on retirera l'anneau. De même de ce que l'image de l'objet ne paraît plus dans l'organe de la vue une fois que l'objet a

---

[1] *De Mus.*, l. VI, c. 2, 3, 4.

disparu, il ne s'ensuit pas qu'elle n'y ait pas été au moment où l'objet agissait sur l'organe.

A l'appui de cette théorie, Augustin cite des faits que Bossuet a reproduits après lui, dans le premier chapitre de son *Traité de la connaissance de Dieu et de soi-même*. Quand un homme a, pendant quelques instants, considéré une lumière éclatante et qu'il vient ensuite à fermer les yeux, il voit encore devant lui de brillantes couleurs, qui diminuent insensiblement et qui finissent par s'effacer tout-à-fait. Qu'est-ce que ces couleurs, sinon les derniers vestiges de l'image qui s'était formée dans notre œil à la vue de l'objet, et qui s'est ensuite dégradée peu à peu? C'est au point que, si nous jetons les yeux sur une fenêtre au moment où nous avons encore ces couleurs dans les yeux, elle nous paraîtra toute brillante : preuve manifeste que l'image de l'objet s'était empreinte dans nos sens au moment de la vision, mais qu'elle était trop intimement unie à l'objet pour pouvoir en être distinguée facilement.

Quand je regarde un simple flambeau, et qu'au moyen d'une pression légère j'imprime à mes rayons visuels une petite déviation, je vois deux flambeaux au lieu d'un. Pourquoi cela? sinon parce que mes rayons visuels ne se dirigeant point parallèlement vers le même objet et de manière à se fondre en un seul et même regard, ils sont affectés chacun de leur côté, si bien qu'il en résulte une double image, quoique l'objet aperçu soit unique[1].

---

[1] *De Trinit.*, l. XI, c. 2.

F.

IV.

C'est ainsi que saint Augustin explique la nature,
l'origine et la formation de la sensation; mais il ne
s'en tient pas là : il réfute encore les philosophes qui
ont professé sur ce sujet des doctrines incompatibles
avec les siennes, et en particulier Démocrite et Épicure.
Il emprunte à Cicéron l'exposition de leurs idées, mais
il tire de son propre fonds les arguments dont il se
sert pour les combattre.

Suivant Démocrite et Épicure, tous les corps émettent des images qui leur ressemblent parfaitement, et
qui sont composées d'atomes d'une ténuité extrême. Ces
images, s'insinuant dans les âmes des hommes, y représentent exactement les objets dont elles sont sorties,
et c'est là ce qu'on appelle des idées.

Pour réfuter cette théorie, Augustin se demande si
ces philosophes ne conçoivent pas un grand nombre
d'objets, tels que la sagesse et la vérité, d'une manière
purement incorporelle et intelligible. S'ils ne conçoivent pas la vérité, comment en disputent-ils? S'ils la
conçoivent, quelle image en ont-ils dans l'esprit et de
quel corps leur est-elle venue? De plus, l'idée étant une
image, on ne peut avoir l'idée d'un objet tout entier
qu'à la condition d'avoir son image tout entière dans
l'âme. Or comment les images immenses des grands
corps qui nous environnent, peuvent-elles s'introduire
dans un corps si petit que le nôtre et dans une âme
plus petite encore? Comment peuvent-elles la toucher

par tous leurs points et se superposer à elle avec la
dernière exactitude, quand il y a entre ces images et
l'âme une si prodigieuse disproportion?

Enfin, avons-nous, oui ou non, l'idée d'un atome?
Répondre affirmativement, c'est nier les atomes qui
constituent, avec le vide, l'ensemble de l'univers, tel
que Démocrite et Épicure l'ont conçu; car pour que
nous ayons l'idée des atomes, il faut qu'ils émettent des
images, c'est-à-dire qu'ils cessent d'être ce qu'ils sont
par définition, des molécules indivisibles. Répondre
négativement, c'est les nier encore, car on ne saurait
admettre ce dont on n'a aucune idée. Pour sauver leur
système, ces deux philosophes devraient donc reconnaître que nous pouvons penser, ne serait-ce qu'aux
atomes, sans avoir d'images. Entre leur théorie psychologique et leur théorie cosmologique, il faut choisir, car elles sont incompatibles[1].

Bayle[2], qui n'est pas facile à contenter en matière
de raisonnements, surtout quand ces raisonnements
sont d'un Père de l'Église, Bayle trouve cette réfutation pleine de solidité. Cependant, s'il était démontré
que la théorie des images n'avait pas pour but, dans la
pensée de Démocrite et d'Épicure, d'expliquer toute la
connaissance, ni même toute la connaissance sensible,
mais seulement la connaissance que l'on acquiert par
le sens de la vue, ne s'ensuivrait-il pas que les arguments de saint Augustin, excellents pour réfuter cette

---

[1] *Epist.*, CXVIII, c. 4.
[2] Bayle., *Dict.*, art. *Démocrite.*

théorie telle qu'il la conçoit, perdent beaucoup de leur
valeur contre cette théorie telle qu'elle était réellement? Le premier et le troisième de ses arguments
n'auraient plus aucun poids; le second seul resterait
péremptoire. Or si l'on consulte Lucrèce[1], ce fidèle interprète d'Épicure, et Épicure lui-même[2], on verra que
ces philosophes expliquent par la théorie des images
les perceptions de la vue et les imaginations qui en
dépendent, mais nullement les idées qui dérivent des
autres sens. D'un autre côté, si on cherche dans Sextus
Empiricus[3] la véritable pensée de Démocrite sur ce
sujet, on y trouvera qu'il y a, suivant lui, deux espèces
de connaissances : l'une illégitime et obscure, l'autre
légitime et claire, et que la première a sa source dans
les sens. Qu'est-ce à dire, sinon qu'au-dessus des sens,
qui nous fournissent une partie de nos idées, il y a une
faculté qui nous fournit les autres, et par laquelle nous
atteignons des objets que les sens ne nous feraient jamais connaître, des objets plus subtils, comme il le dit
formellement, qui échappent à la vue, à l'ouïe, au
toucher, au goût, à l'odorat, et que, par conséquent,
aucune image ne saurait représenter?

V.

Une autre question que se pose saint Augustin est
celle de savoir où se produit la sensation. Pour trois

---

[1] *De nat. rer.*, l. IV.
[2] *Epic., Lett. à Hérod.*
[3] Sext. Empir., *Adv. Math.* VII, 139.

de nos sens, le goût, l'odorat et le toucher, il est permis d'affirmer, suivant lui, qu'elle se produit dans les organes eux-mêmes, bien qu'au sujet de l'odorat on puisse élever quelques doutes. Quant au goût et au toucher, il n'y a pas de contestation possible : ce que nous goûtons, ce que nous touchons, nous ne le sentons pas ailleurs que dans notre corps.

Mais où sentons-nous les objets de la vue et de l'ouïe? Est-ce en nous ou hors de nous-mêmes? C'est là une question pleine de difficultés et qui a embarrassé plus d'un grand métaphysicien. Clarke déclarait qu'il ne comprenait pas plus que l'âme pût agir dans un lieu où elle ne serait pas, que dans un temps où elle n'existerait pas. Malebranche pensait de même[1]. Il demandait ironiquement comment l'âme connaissait les étoiles; si elle sortait de son corps et allait se promener dans le ciel pour les saisir. Saint Augustin se pose, à peu près dans les mêmes termes, la même question et essaie ensuite de la résoudre.

« Comment, dit-il, l'âme sent-elle les objets qui sont placés hors de son corps, puisqu'elle ne vit que dans son corps? Les astres ne sont-ils pas perdus dans le ciel à d'incalculables distances de son corps? N'est-ce pas dans le ciel qu'elle voit le soleil? Voir, n'est-ce pas sentir, puisque la vue est un des cinq sens et le plus élevé de tous? Vit-elle donc dans le ciel, puisqu'elle sent dans le ciel, et que la sensation ne saurait être où la vie n'est pas? Ou bien sent-elle même où elle

---

[1] *Rech. de la Vér.*, l. I, c. 14.

ne vit pas?.... Voyez-vous que de ténèbres s'offrent à
à nous dans ce sens éclatant qu'on appelle la vue?»[1]

A ces objections ingénieuses et subtiles, saint Augustin répond à peu près de la manière suivante : La
vue sert d'intermédiaire entre moi et les objets que je
vois, comme une baguette entre moi et les objets que
je touche. Mes yeux voient là où ils ne sont pas, et
même ne voient que là où ils ne sont pas. S'ils voyaient
où ils sont et ne voyaient qu'où ils sont, ils se verraient
eux-mêmes et ne verraient qu'eux-mêmes ; car il n'y a
qu'eux-mêmes qui soient précisément là où ils sont[2].

Plotin avait dit de même : «....quand nous sentons
par la vue, nous apercevons l'objet visible et nous l'atteignons par la vue dans l'endroit où il est placé devant
nos yeux, comme si la perception s'opérait dans cet
endroit même et que l'âme vît hors d'elle.»[3]

Il semble que saint Augustin, qui s'était d'abord
contenté de cette réponse, en ait été moins satisfait
plus tard ; car il se sert des difficultés que présente ce
sujet pour prouver, en raisonnant par analogie, qu'il
faut croire aux dogmes de la religion malgré les obscurités qui les enveloppent, puisque nous trouvons des
obscurités jusque dans ce qui nous est le plus intime,
dans nous-mêmes et dans nos propres opérations[4].

N'est-il pas permis de voir dans les hésitations de
saint Augustin sur cette question une nouvelle cause

[1] *Epist.*, CXXXVII, c. 2.
[2] *De Quant. an.*, c. 23.
[3] Plotin, *Enn.* 4, l. VI, c. 1. Trad. de M. Bouillet.
[4] *Epist.*, CXXXVII, c. 2.

de l'occasionalisme de Malebranche? Il nous semble qu'après avoir nié avec saint Augustin l'action des corps sur l'âme, il a pu être conduit par la force de ses objections touchant la perception extérieure, et par l'insuffisance de ses réponses, à nier l'action de l'âme sur les corps, et à méconnaître ainsi complétement l'efficacité des causes secondes.

Chaque sens a son objet propre : la vue, la couleur; l'ouïe, le son; l'odorat, l'odeur; le goût, la saveur; le toucher, le chaud et le froid, le rude et le poli, le dur et le mou, le léger et le pesant. Mais, outre ces objets, dont chacun ne peut-être saisi que par un seul de nos sens, il y en a d'autres qui tombent à la fois sous le sens de la vue et sous celui du toucher, et qui, au lieu d'être propres à chacun de ces sens, leur sont communs à l'un et à l'autre; telles sont les formes des corps, qu'elles soient grandes ou petites, carrées ou rondes[1]. C'est, on le voit, la distinction péripatéticienne des *sensibles propres* et des *sensibles communs*.

VI.

Ces sensations, dont nous avons vu la nature, l'origine, la formation, les objets divers, quelle en est la véritable valeur? Nous font-elles bien connaître les choses auxquelles elles se rapportent? Représentent-elles avec exactitude les réalités du monde extérieur? Les

[1] *De lib. arb.*, l. II, c. 3, 7. *De Quant. an.*, c. 33.

Académiciens avaient répondu négativement à cette
question, et rejeté la certitude des sens en même temps
que les autres espèces de certitude. Bien des philosophes ont renouvelé depuis leurs audacieuses négo-
gociations et cherché à ébranler l'autorité de la connaissance sensible. Il ne faut pas trop s'en étonner. La
sensation, étant un état de l'âme, on a de la peine à
comprendre qu'elle puisse révéler un état du corps, qui
révèle lui-même un état de l'objet extérieur. Qui me
dit que mes sensations ne sont pas des modifications
purement subjectives que je projette au dehors? Pour
résoudre cette difficulté, il faudrait invoquer l'autorité
de la raison, qui nous atteste la portée objective des
sensations, en se fondant d'une part sur le principe de
causalité, de l'autre sur la coordination des sensations
elles-mêmes. Saint Augustin, qui avait longtemps professé les doctrines des Académiciens, ne les réfute point
par des arguments aussi radicaux et aussi décisifs, et
se borne à les combattre à peu près en ces termes :

Vous faites tous vos efforts, leur dit-il, pour prouver
que les choses peuvent être autres qu'elles ne nous
apparaissent; mais qu'elles ne nous apparaissent pas
réellement, c'est ce que vous n'avez jamais pu établir.
Je veux bien que ce vaste ensemble qui contient ou
semble contenir le ciel, la terre, la mer, n'ait rien de
réel et de certain; au moins est-il certain et réel qu'il
m'apparaît, et c'est à cette apparence que je donne le
nom de monde. Nierez-vous cette apparence elle-même?
Direz-vous que non-seulement rien n'est certainement,
mais que rien n'apparaît? Alors il n'y a plus d'erreur

possible; car on ne peut errer qu'en prenant l'apparence
pour la réalité. Si quelque chose apparaît, il y a quelque chose de vrai et de certain; si rien n'apparaît, il
n'y a rien d'incertain ni de faux. Donc vous avez tort de
prétendre que l'homme ne peut saisir fermement aucune vérité, et qu'il est condamné à une éternelle in-
certitude.

Saint Augustin va même jusqu'à dire avec Épicure
que les sens ne nous trompent jamais, et que nous ne
nous égarons qu'en leur faisant dire ce qu'ils ne nous
disent pas. Ce que les yeux me disent d'une rame plongée dans l'eau, est-il vrai? Parfaitement; car, puisqu'il
y a des causes qui doivent la faire paraître courbe
quand elle est plongée dans ce liquide, si elle me paraissait droite, ce serait alors que je serais fondé à
accuser mes yeux d'erreur. N'affirmez que ce qui vous
paraît, et vous ne vous tromperez jamais. Le moyen
qu'un Académicien réfute quelqu'un qui lui dit : Je sais
que ceci me paraît blanc; je sais que ce son me plaît;
je sais que cette odeur m'est agréable; je sais que cette
saveur me paraît douce; je sais que cela me paraît
froid? Mais, me dira-t-il, ces feuilles d'olivier que le
bouc recherche avec tant d'ardeur, sont-elles amères
en elles-mêmes? Je n'en sais rien. Tout ce que je puis
répondre, c'est qu'elles sont amères, je ne dis pas pour
tous les hommes, je ne dis pas même pour moi dans
tous les temps, mais pour moi en ce moment. Pour
cela, je l'affirme : je suis parfaitement sûr qu'elles me
paraissent ainsi. Portera-t-on l'impudence jusqu'à me
dire, quand je sens une saveur agréable : Peut-être que

vous ne sentez rien, et que tout cela n'est qu'un rêve?
Que ce soit un rêve, je le veux bien; mais, rêve
ou non, toujours est-il que je sens quelque chose
d'agréable [1].

Il semble que si saint Augustin avait voulu établir
solidement la certitude, non-seulement de l'interne,
mais encore de l'externe, il aurait dû transporter le
débat sur un autre terrain, et faire appel au toucher
plutôt qu'au goût et à l'odorat; car ces derniers sens
sont, je ne dirai pas entièrement subjectifs, — on a de
nos jours établi victorieusement le contraire [2], — mais
plus subjectifs que le premier. La scène si magnifi-
quement décrite par Buffon, quand il nous montre le
premier homme contemplant, sans pouvoir s'en distinguer, la merveille du monde naissant, et n'arrivant
qu'au contact d'un arbre à concevoir son existence
propre et une existence étrangère, cette scène doit se
renouveler sourdement pour chacun de nous au début
de la vie et à l'aube de l'intelligence. Pour chacun de
nous, comme pour Adam, c'est, je crois, dans l'acte
du toucher et à la lumière de la raison qu'éclatent la
distinction du moi et du non-moi et leur certitude à
l'un et à l'autre.

Il ne faut pas s'exagérer la portée des arguments par
lesquels saint Augustin défend l'autorité des sens. Il ne
cherche pas à prouver que le monde extérieur, tel que

---

[1] *Contr. Academ.*, l. III, c. 11, 12.

[2] Voir, dans le *Dict. des Sc. phil.*, l'art. *Sens*, où M. Saisset explique
admirablement la croyance à l'extériorité par la localisation de nos
sensations.

les sens nous le découvrent, est réel, mais que l'idée que nous en avons ne saurait être révoquée en doute. Or admettre qu'il y a dans l'âme un ensemble d'images, sans oser affirmer qu'elles aient des objets, et proposer de donner à cet ensemble d'images le nom de monde, ce n'est pas défendre les sens, c'est les sacrifier. Il n'est pas d'idéaliste qui ne souscrivît des deux mains à cette doctrine.

Aussi l'illustre Ritter admire fort les arguments que nous venons de citer. «Saint Augustin, dit-il, ajoute avec beaucoup de justesse que, dans cette doctrine même, nous sommes posés comme pleinement sûrs de l'existence et de la vérité du monde; car nous sommes libres de désigner par le nom de *monde* cette multiplicité de phénomènes qui se succèdent en nous et qui sont d'une certitude complète[1].» Oui, mais pourquoi changer ainsi le sens des mots et se donner l'air, aux yeux des lecteurs peu attentifs, de penser tout le contraire de ce qu'on pense? Vous voulez dire que l'existence du monde est incertaine et celle de la pensée certaine. Dites-le donc, tout uniment, au lieu de dire : le monde est certain; car par ce mot *monde* j'entends la pensée. A quoi peut servir tout ce galimatias, sinon à jeter de la confusion dans les esprits distraits, et à permettre à ceux qui soutiennent de mauvaises causes de se défendre quelque temps en s'abritant derrière des équivoques? Il y a longtemps que Descartes a comparé

---

[1] Ritter, *De la philosophie chrétienne*, t. II, p. 190. Trad. de M. Trullard.

les auteurs de ce genre à des aveugles qui cherche-
raient à attirer dans une cave ceux qui voient clair,
pour se battre contre eux dans des conditions moins
désavantageuses.

Je sais bien qu'Augustin accepte et développe les
arguments ingénieux par lesquels les Épicuriens s'efforcent de justifier les sens des erreurs qu'on leur a de
tout temps reprochées. Mais d'abord, plusieurs de ces
arguments n'impliquent que la réalité des phénomènes
internes ; ensuite, il a l'air d'en faire lui-même bon
marché et de n'être pas sûr d'avoir raison contre ses
adversaires. Il ajoute, en effet, que si les Académiciens
réfutent ses arguments en faveur des sens, il ne s'en
met pas fort en peine ; mais qu'il les défie d'infirmer
ceux qu'il tient en réserve en faveur de l'intelligence ;
car les sens, suivant beaucoup de philosophes, sont le
domaine de l'opinion ; l'intelligence seule est celui de
la science. Tous les objets que les sens corporels peuvent atteindre, et qu'on désigne sous le nom d'*objets
sensibles*, sont dans un état de mutation incessante. Or
ce qui n'a rien de permanent, ne peut être saisi d'une
prise ferme, ni être l'objet d'une connaissance vraiment
scientifique. De plus, on ne saurait admettre une chose
quand on ne peut pas la distinguer de son image. Or il
y a tant de ressemblance entre les objets qui frappent
nos sens et les images que nous nous en formons dans
le rêve et dans le délire, que nous n'avons aucun
moyen de distinguer sûrement le rêve de la réalité.
Enfin, les corps que nos yeux voient ne sont pas plus
les vrais corps que les triangles et les carrés qui frap-

pent nos sens ne sont les vrais triangles et les vrais
carrés. Il n'y a de vrais que ceux que l'esprit conçoit :
ceux que les sens saisissent n'en sont que d'imparfaites
et par conséquent de fausses imitations[1].

On voit que la doctrine de saint Augustin, relative à
la certitude des sens, est assez flottante et assez indécise : il semble que ce qu'il leur donne d'une main, il
le retire de l'autre. C'est là un trait qui lui est commun
avec la plupart des Platoniciens et aussi avec la plupart des Cartésiens. S'il n'avait pas amoindri l'autorité
des sens, s'il ne les avait pas rabaissés pour élever la
raison à leurs dépens, il ne serait pas, ce qu'il est, un
intermédiaire entre le platonisme et le cartésianisme.

Platon avait dit avant lui : «Pouvons-nous dire qu'il
y ait quelque chose d'évident, selon la plus exacte vérité, dans des choses dont aucune partie n'a jamais
existé, ni n'existera, ni n'existe dans le même état?
Comment aurions-nous des connaissances fixes sur ce
qui n'a aucune fixité? Ce n'est point de ces choses passagères dont s'occupe l'intelligence et toute science qui
s'attache à la vérité en elle-même[2].»

Plus tard, Descartes se fonda, comme lui, sur la
mutabilité des choses sensibles et sur l'impossibilité de
distinguer la veille du sommeil, pour infirmer l'autorité
des sens; comme lui, il admit l'existence de la pensée
et du sujet pensant, tout en restant un peu indécis sur
l'existence des objets pensés. Malebranche alla encore

---

[1] *De div. qu.* 83, *qu.* 9. *Solil.*, l. II, c. 18.
[2] Plat., *Philèbe*. Trad. de M. Cousin.

plus loin dans cette voie et déclara nettement que l'âme ne saisit pas directement les corps et qu'elle ne les voit que dans l'intelligence divine qui les a conçus.

VII.

Tous les sens extérieurs qu'Augustin a si curieusement étudiés sont subordonnés, selon lui, à un sens intérieur sur lequel il nous a laissé aussi des observations pleines d'intérêt et de finesse.

Dans un passage célèbre de ses *Confessions*[1], où il résume l'histoire de sa pensée philosophique et en retrace, à grands traits, la marche ascendante, saint Augustin raconte qu'il s'éleva graduellement des corps à l'âme qui sent par le moyen du corps, et de là à ce sens intérieur auquel les sens corporels rapportent les choses du dehors et qui marque la limite de l'animalité. Pour lui, ce sens intérieur est, à certains égards, le sens commun ou premier sensitif, si admirablement décrit par Aristote; c'est, à d'autres égards, le sens intime, qui devait tenir une place si considérable dans la philosophie moderne tout entière.

Aristote avait remarqué que l'homme peut comparer le blanc au doux, le noir à l'amer, et que la vue ne percevant pas l'amer et le doux, le goût ne percevant pas le noir et le blanc, la comparaison du blanc et du

---

[1] *Conf.*, l. VII, c. 17.

doux, du noir et de l'amer, ne saurait être faite par aucun de ces deux sens : de là, la nécessité d'un sens commun, seul capable de faire cette comparaison, parce que seul il sent tout ce que sentent les divers sens particuliers, et que c'est à lui que toutes leurs dépositions viennent aboutir[2].

Augustin est sur ce point de l'avis du Stagirite. Parmi nos sens extérieurs, se demande-t-il, y en a-t-il un seul par lequel nous connaissions les objets de tous les autres, et qui soit apte à faire le discernement de ce qui peut être saisi par chacun d'eux en particulier, et de ce qui tombe sous plusieurs d'entre eux? Non. La vue, l'ouïe, l'odorat, le goût, le tact ont chacun une fonction spéciale en dehors de laquelle il ne faut rien leur demander. Au-dessus de tous les sens extérieurs et particuliers, on est donc amené par la raison à reconnaître un sens intérieur et en quelque sorte central, qui préside à leurs opérations, à tous, et s'empare de leurs données.

Tout en accordant au sens intérieur une sorte de suprématie sur les sens extérieurs, Aristote laissait à ces derniers non-seulement la connaissance de leurs objets divers, mais encore la connaissance de leurs sensations respectives. Suivant lui, le même sens qui nous fait voir, nous fait aussi connaître que nous voyons. Ici, Augustin se sépare complétement d'Aristote. Il ne concède aux sens que la connaissance des objets du dehors, et

---

[2] *De an.*, l. III, c. 2, §§ 1, 2, 3. — Voir aussi le savant travail de notre ami M. Waddington, intitulé *De la psychologie d'Aristote*.

réserve au sens intérieur seul la connaissance de cette connaissance même. C'est faire du sens intérieur ce qu'on nomme aujourd'hui le sens intime ou conscience psychologique, et jeter les premiers fondements des théories que les modernes ont depuis élevées sur ce sujet. On n'en saurait douter en lisant les pensées suivantes :

La couleur est sentie par le sens de la vue, mais la sensation de la couleur elle-même n'est pas sentie par ce sens. Autre chose est la couleur; autre chose la vue que nous en avons; autre chose, enfin, le sens par lequel nous pouvons la saisir et qui existe en nous lors même qu'elle ne frappe point nos yeux. De ces trois choses, le sens, la sensation, la couleur, il n'y a que la dernière que le sens de la vue saisisse. Le sens qui me fait voir la couleur, ne me fait point voir la vue que j'en ai; celui qui me fait entendre les sons, ne me fait point entendre mon audition; celui qui me fait sentir une odeur, ne peut me faire sentir la sensation qui en résulte; celui qui me fait goûter une saveur, ne saurait me faire goûter la sensation qu'elle me cause; celui qui me fait toucher un objet, ne me fait point toucher la sensation du toucher elle-même.

N'est-ce pas dire, en d'autres termes, que les perceptions des sens ne sont pas comme leurs objets et ne peuvent être connues de la même manière? Les perceptions de la vue ne sont ni colorées ni lumineuses pour être visibles à l'œil; celles de l'ouïe n'ont pas de sonorité pour être sensibles à l'oreille; celles de l'odorat ne sentent ni bon ni mauvais, et l'organe de l'odorat

ne saurait les atteindre, celles du goût n'ont aucune
saveur qui permette au palais de les apprécier; celles
du toucher ne sont ni dures, ni molles, ni froides, ni
chaudes, et sont entièrement inaccessibles à la main et
aux autres parties du corps.

A défaut des sens extérieurs, est-ce la raison qui
nous fait connaître nos sensations? Nullement; car les
animaux, qui ne sont pas doués de raison, n'ignorent
pas plus que nous les sensations qu'ils éprouvent. « La
bête ne pourrait ouvrir l'œil et diriger son regard vers
la chose qu'elle désire voir, si, quand l'œil est fermé
ou dirigé autrement, elle ne sentait pas qu'elle ne la
voit point. Mais si elle sent qu'elle ne voit point quand
elle ne voit point, elle sent nécessairement qu'elle voit
quand elle voit, parce que le seul fait de ne pas diriger
son regard quand elle voit de la même manière que
quand elle ne voit pas, marque assez qu'elle a le sentiment de ces deux états[1]. »

Saint Augustin pose ici fort nettement une question
qui embarrasse encore aujourd'hui les psychologues,
et la résout, suivant moi, de la manière la plus plausible. Sans doute, il paraît difficile de soutenir que
l'animal est doué du sens intime, car c'est presque
dire qu'il est doué de la réflexion; mais il est bien
plus difficile de soutenir qu'il en est totalement privé,
car ce serait dire qu'il n'éprouve aucune sensation.
Qu'est-ce, en effet, qu'une sensation dont on n'a pas
conscience? N'est-il pas vraisemblable que certains

---

[1] *De lib. arb.*, l. II, c. 4.

animaux, tout en ayant une âme, ont à peine un moi;
que leur conscience vague et indistincte leur fait à
peine entrevoir, comme à travers un nuage, comme
dans un rêve, leurs états divers; mais qu'à mesure
qu'on s'élève dans l'échelle des êtres, cette conscience
va s'éclaircissant, jusqu'à ce qu'elle devienne dans
l'homme, et surtout dans l'homme adulte et cultivé,
cette opération merveilleuse qu'on nomme la réflexion?

Si le sens intérieur n'est pas identique à la raison,
pourquoi est-il regardé comme supérieur aux autres
sens? Ce n'est pas parce qu'il les connaît; car, à ce
compte, l'homme, connaissant la sagesse, serait par
cela même au-dessus d'elle. C'est parce qu'il joue à
l'égard des autres sens le rôle de modérateur et de
juge. Il appartient à ceux-ci d'apprécier les sons, les
couleurs et les autres choses corporelles, et de sentir
si elles sont agréables ou désagréables, tandis que c'est
le propre du sens intérieur de prononcer sur les fonctions mêmes des autres sens, de juger si elles s'accomplissent ou ne s'accomplissent pas, si elles s'accomplissent bien ou mal [1].

Non-seulement, suivant saint Augustin, le sens intérieur concentre les données des sens extérieurs et saisit leurs opérations, mais encore il connaît le juste et
l'injuste: le juste, par une idée intelligible; l'injuste,
par la privation de cette idée. Ici, le langage de notre
auteur nous paraît manquer d'exactitude. La conception du juste et de l'injuste, Augustin le reconnaît ail-

De lib. arb., l. II, c. 3, 4, 5, 6.

leurs, est due à la raison. Le sens intime aperçoit cette conception comme tous les autres faits psychologiques, mais il n'en est pas le principe : il saisit le fait, mais il ne l'engendre pas.

Selon saint Augustin, le sens intime révèle, en outre, l'âme à elle-même. L'âme ne peut s'ignorer, même quand elle cherche à se connaître; car, quand elle se cherche, elle le sait; et elle ne pourrait pas savoir qu'elle le sait, si elle ne se savait pas en un certain degré. Le sens intérieur lui atteste qu'elle existe, qu'elle le sait et qu'elle aime à la fois son existence et la connaissance qu'elle en a.

Non-seulement je connais ces faits, mais j'en suis certain de la certitude la plus inébranlable, car ils ne ressemblent pas à ceux du dehors, qui peuvent toujours me décevoir par une fausse apparence. Je ne perçois ceux-ci que par le moyen de certains instruments corporels, tandis que je connais ceux-là sans avoir besoin de la prunelle de l'œil, des cavités de l'oreille, ni d'aucun autre appareil organique. Je ne vois les uns qu'à travers certaines images qui les découvrent à mon esprit, tandis que nulle représentation ne m'est nécessaire pour saisir les autres. Je suis, je connais mon existence, j'aime mon existence et la connaissance que j'en ai; ce sont là des faits qui sont pour moi plus clairs que le jour. Sur ce terrain je puis défier toutes les attaques du scepticisme. Un Académicien me dira peut-être : Et si vous vous trompez! Mais je lui répondrai aussitôt : Si je me trompe, je suis, *si fallor, sum;* car on ne peut se tromper sans être. La connaissance que j'ai de mon existence et l'amour que j'ai pour mon existence et pour ma connaissance, ne sont pas des choses moins certaines que mon existence elle-même, puisqu'elles me sont connues de la même manière et par la déposition de la même faculté[1].

On a remarqué plus d'une fois l'identité du *si fallor, sum* de saint Augustin, et du *cogito, ergo sum* de Descartes, mais en ajoutant que ces deux philosophes n'ont pas tiré le même parti de cette vérité, et que Descartes en a déduit des conséquences que saint Augustin n'y avait pas aperçues. Descartes prétend que saint Augustin s'est simplement servi du fait de la pensée pour établir la certitude de notre être et pour s'élever jusqu'à la Trinité divine, tandis qu'il s'en sert lui-même pour établir la spiritualité du principe pensant. Pascal, qui n'aimait pas beaucoup Descartes, soutient cependant que, lors même qu'il aurait tiré de saint Augustin son *cogito, ergo sum*, il ne laisserait pas d'en être le véritable auteur; car il y a bien de la différence entre écrire un mot à l'aventure et faire de ce mot le fondement de toute une métaphysique. Enfin, de nos jours, plusieurs philosophes éminents, entre autres MM. Bouillier et Saisset, émettent à peu près la même opinion. Voici comment s'exprime ce dernier, dans ce beau et noble langage dont il a le secret : « Nous ne conclurons pas de ces curieuses analogies que Descartes soit le plagiaire de saint Augustin, ni qu'il faille saluer dans l'auteur de la *Cité de Dieu* le véritable

---

[1] *De Gen. ad litt.*, l. VII, c. 21. *De Civ. D.*, l. XI, c. 26, 27.

père de la philosophie moderne; car quel intervalle immense n'y a-t-il pas entre le germe à peine ébauché d'une conception métaphysique et le riche épanouissement d'un système qui embrasse Dieu, l'homme et la nature en son ample sein[1] ! »

On ne nous soupçonnera pas de chercher à déprécier des autorités de cette valeur, ni de vouloir diminuer Descartes au profit de saint Augustin; mais il nous semble que, dans la plupart des rapprochements établis entre ces deux grands hommes sur cette question, saint Augustin a été un peu sacrifié et que sa part de mérite est plus grande qu'on ne la fait généralement.

D'abord, le *si fallor, sum* n'est point un de ces mots écrits à l'aventure et dont l'auteur ne pénètre pas lui-même le sens profond. Il revient sous sa plume dans plusieurs de ses ouvrages, dans le *Traité de la vraie religion*, dans celui du *Libre arbitre*, dans celui de la *Trinité*[2]. Il lui sert, comme à Descartes le *cogito*, à arracher au scepticisme l'existence du moi et celle du monde moral. Il est pour lui le fondement inébranlable de la certitude, l'indestructible base de la logique tout entière. C'est bien quelque chose.

Il lui sert encore à déterminer, brièvement, il est vrai, et d'une manière trop peu explicite, ce qu'on nous permettra d'appeler la certitude typique qui est, pour lui comme pour Descartes, la certitude de son

---

[1] *Cité de Dieu.* Introduction, p. LXI.
[2] *De verá relig*, 39. *De libero arb.*, l. II, c. 3. *De Trin.*, l. X, c. 10.

existence personnelle. Car, s'il admet la certitude de
son amour, c'est qu'elle lui offre les mêmes caractères
que celle de son existence[1]. En d'autres termes, dans
saint Augustin comme dans Descartes, le même principe engendre la certitude et son criterium tout à la
fois.

Une troisième conséquence du principe cartésien,
c'est que l'âme nous est connue plus clairement et plus
certainement que le corps. Sur ce point, Augustin est
parfaitement d'accord avec Descartes. Par cela seul
qu'il ne doute pas du témoignage du sens intime et
qu'il doute de celui des sens extérieurs, il admet que
l'objet du premier est plus clairement et plus certainement connu que l'objet des seconds. Descartes n'a sur
saint Augustin qu'un avantage, celui de rattacher plus
fortement la conséquence à son principe.

Mais ce qui fait l'originalité de Descartes, si on veut
l'en croire, et ce qui le distingue de saint Augustin,
c'est qu'il a fait sortir du *cogito*, *ergo sum* la doctrine
de la spiritualité de l'âme. Si Descartes avait lu le
dixième livre du *Traité de la Trinité*, il aurait changé
d'opinion et serait convenu que saint Augustin l'avait
encore devancé sur ce point capital. Saint Augustin
avait vivement recommandé, avant Descartes, d'écarter toutes les idées sensibles, et de ne pas confondre
l'imagination avec l'intelligence pure, si l'on voulait
saisir l'âme dans sa véritable essence. Quand Descartes
déclare qu'il fermera les yeux, qu'il se bouchera les

---

[1] *De Civ. Dei*, l. XI, c. 27.

oreilles, qu'il se détournera de toutes les choses sensibles pour se connaître plus clairement et se rendre plus familier à lui-même [1], il reproduit, — peut-être sans le savoir, — mais enfin il reproduit une pensée exprimée plusieurs fois par saint Augustin.

« Puisqu'il s'agit de la nature de l'âme, dit le grand évêque, détournons notre attention de toutes les idées qui nous viennent du dehors par les sens corporels, et méditons plus profondément les principes précédemment posés, que les âmes se connaissent elles-mêmes, et qu'elles se connaissent d'une manière certaine [2]. » N'est-ce pas du principe que l'âme connaît ses attributs et sa substance que saint Augustin part pour établir que l'âme ne se connaissant ni comme terrestre, ni comme aqueuse, ni comme aérienne, ni comme ignée, et se connaissant comme douée d'intelligence, de mémoire, de volonté, elle est simplement une chose qui pense, qui se souvient, qui veut et qui n'a rien à démêler avec les corps [3] ?

Il est vrai que saint Augustin ne s'attache pas aussi longtemps et aussi obstinément que Descartes à ses doutes sur l'existence des corps, et qu'il la pose même implicitement quand, après avoir établi la réalité de l'intelligence, de la mémoire et de la volonté, il ajoute qu'elles ont ce que nous appellerions aujourd'hui un caractère objectif [4]; mais la différence qu'il faut bien

[1] *Médit.* 3ᵉ.
[2] *De Trinitate*, l. X, c. 10.
[3] *Idem.*
[4] *Idem.*

constater ici entre saint Augustin et Descartes, est-elle
à l'avantage de ce dernier? Descartes, faisant violence
aux faits, sépare, par une abstraction contre-nature, le
sujet pensant de l'objet pensé; il croit au premier et
doute du second, sans songer qu'il nous sont donnés
simultanément, au même titre et avec la même évidence
l'un que l'autre, et se condamne à ne pouvoir combler
l'abîme qu'il a creusé entre eux que par l'intervention
d'une sorte de *Deus ex machina*, non moins répréhen-
sible dans un système philosophique que dans une
pièce de théâtre. Saint Augustin, au contraire, accepte
le phénomène de la connaissance tel qu'il lui est offert
par l'observation; il l'admet dans son unité et dans son
intégrité essentielles, et n'a pas besoin de recourir à
l'arbitraire pour reconstituer un tout que l'arbitraire
n'a pas brisé. Car ce n'est pas seulement l'être et la
pensée, la volonté et la mémoire, mais encore l'âme et le
corps, le sujet et l'objet qui lui apparaissent réunis dans
la complexité d'un seul et même fait de conscience.

Quant à la connaisance de Dieu, je ne prétends pas
que saint Augustin l'ait rattachée aussi étroitement que
Descartes à leur principe commun; mais on conviendra
cependant que c'est par la connaissance de la pensée
humaine et de l'être humain qu'il y arrive. Pour lui,
comme pour Descartes, la psychologie est le chemin de
la théologie[1]. A chaque instant on trouve dans ses ouvrages des phrases comme celle-ci : « Garde-toi de te
répandre au dehors; rentre en toi-même; c'est dans

[1] Voir le ch. Ier du présent ouvrage, p. 6.

l'homme intérieur que la vérité habite[1].» Or cette
vérité, qu'est-elle pour lui, sinon Dieu lui-même se
communiquant à l'homme par la raison et faisant son
éducation intellectuelle et morale? C'est le maître intérieur, comme saint Augustin l'appelle et comme Malebranche et Fénelon l'ont si souvent appelé après lui.
Or ce nom seul montre assez que si nous voulons connaître Dieu, c'est en nous-mêmes, selon saint Augustin, que nous devons le chercher.

En résumé, Descartes a tiré plus directement que
saint Augustin toutes ses idées du fait complexe de sa
pensée et de son existence, et a plus fortement relié
ces idées entre elles; mais, s'il a composé un système
plus rigoureux, plus compacte que saint Augustin,
celui-ci lui a sans doute fourni directement ou indirectement plusieurs des matériaux qu'il a mis en œuvre.
Le philosophe ancien va moins loin que le moderne,
je l'accorde; mais la distance qui les sépare n'est pas
aussi grande qu'on la fait ordinairement, sans compter
que le premier a eu le mérite de frayer la route au
second.

CHAPITRE VII

DE LA MÉMOIRE.

I.

La mémoire est, suivant saint Augustin, une faculté
qui n'appartient point à tous les êtres. Placé par son

De ver. relig., c. 39.

essence pure et inaltérable au-dessus de la sphère du mouvement et de la durée, Dieu ne se souvient pas plus qu'il ne prévoit : il voit tout dans un présent indivisible et immobile. C'est l'idée de Plotin. « Comment, dit le philosophe d'Alexandrie, ce qui est identique et immuable pourrait-il faire usage de la mémoire, puisqu'il ne saurait acquérir ni garder une disposition différente, ni avoir des pensées successives, dont l'une serait présente et l'autre serait passée à l'état de souvenir [1] ? » — Quels sont donc les êtres qui se souviennent? L'homme d'abord, puis les êtres intermédiaires tant entre l'homme et Dieu qu'entre l'homme et les corps [2].

Augustin avait, dans le principe, paru disposé à refuser aux premiers, c'est-à-dire aux êtres angéliques, le don de la mémoire, pour les faire participer à l'intuition divine. Dans ses *Confessions*, il nous les montre, en effet, consacrant à Dieu toutes leurs pensées, toutes leurs affections, et restant absorbées dans la contemplation de cet objet unique, au point de ne pas même songer à leur être propre. Ils n'ont, d'après lui, ni passé dont ils puissent se souvenir, ni avenir qu'ils puissent prévoir; car ils sont, comme la divinité même, inaccessibles aux vicissitudes du temps et du changement. Aussi forment-ils, par leur réunion, ce ciel des cieux dont il est parlé dans l'Écriture, ce ciel vivant et intellectuel, qui, au lieu de voir, comme nous, les choses d'une manière partielle, énigmatique et dans

---

[1] *Enn.* 4, l. III, c. 25. Trad. de M. Bouillet.
[2] *Conf.*, l. XI, c. 11, 31.

leurs images, les embrasse toutes ensemble, en elles-
mêmes, et les contemple sans voiles dans les splen-
deurs d'une claire vision [1].

Mais, dans la *Cité de Dieu*, comme on l'a très-bien
remarqué [2], Augustin revient sur ces assertions témé-
raires, et n'accorde qu'à Dieu seul l'attribut de l'immutabilité. « Les anges, dit-il, ont existé de tout temps,
mais en ce sens que le temps a été créé avec eux pour
mesurer leurs mouvements [3]. » — S'exprimer ainsi,
n'est-ce pas leur retirer l'immutabilité, et avec elle
cette éternelle intuition qu'on leur accordait tout à
l'heure, pour leur restituer la faculté de se souvenir
de ce qui est temporel ? Que les choses périssables
tiennent moins de place dans leur mémoire que dans
celle des hommes, cela doit être; mais enfin elles n'en
sont plus entièrement exclues.

Si les anges, qui nous surpassent, ont une mémoire
qui s'attache surtout aux choses éternelles et qui imite
l'intuition divine, les animaux, qui nous sont inférieurs, en ont une qui se rapporte uniquement aux
choses passagères, et qui est d'un ordre moins relevé
que la nôtre.

Comment douter que les animaux se souviennent ?
Ne voit-on pas l'hirondelle revenir, au printemps, visiter
son nid, la chèvre regagner le bercail, comme le
poëte le remarque, guidée par sa mémoire :

  ....ipsæ memores redeunt in tecta capellæ ?

---

[1] *Conf.*, l. XII, c. 11, 13.
[2] M. Saisset. Introd. de la *Cité de Dieu*, p. XCI.
[3] *De Civ. D.*, l. XII, c. 15.

Ne lit-on pas dans les poëmes homériques que le chien d'Ulysse reconnut le héros, son maître, que ses propres sujets, ses propres amis avaient depuis long-temps oublié ? Saint Augustin observe, comme Lucrèce l'avait fait avant lui, que les chiens grondent pendant leur sommeil, qu'ils éclatent tout à coup en aboiements, et en conclut, comme cet illustre poëte, que les animaux conservent en eux-mêmes les images des objets qu'ils ont perçus, et qu'à mesure que la mémoire les leur représente, ils éprouvent des sentiments divers [1].

Aristote avait prétendu que certaines espèces sont entièrement dépourvues de mémoire. Augustin n'est pas de son avis. Il attribue de la mémoire même aux poissons, qui sont des êtres en apparence si stupides, et raconte à ce sujet une de ces anecdotes qui répandent tant d'agrément sur ses dissertations les plus abstraites. Il s'agit d'un fait dont il a été témoin, et qui s'est passé à *Bullenses Regii*. Il y avait dans ce pays une grande fontaine remplie de poissons. Tous les jours on venait les voir, et on leur jetait des aliments dont ils se saisissaient avec avidité et qu'ils se disputaient entre eux. Ces poissons se souvenaient si bien de la pitance qu'ils avaient reçue, qu'aussitôt qu'ils s'apercevaient qu'il y avait des hommes au bord de la fontaine, ils accouraient par grandes troupes et attendaient qu'on leur jetât leur nourriture accoutumée [2].

Ces observations d'Augustin sont aussi justes que

[1] *De Mus.*, l. I, c. 4. *Contr. Epist. Man.*, c. 17.
De Gen. ad litt., l. III, c. 8.

charmantes. Nous ne leur adresserons qu'un reproche, c'est de ne pas aller tout à fait au fond des choses. Notre auteur a très-bien remarqué, avec plusieurs philosophes anciens, que les animaux, bien qu'ils possèdent la mémoire proprement dite, sont dépourvus de cette mémoire plus élevée qu'on nomme réminiscence et qui dépend essentiellement de l'entendement pur. Il a parfaitement vu qu'ils ne se souviennent que des corps, et que leur mémoire, comme les autres facultés de leur esprit, n'opère que sur des images. Mais il aurait dû insister sur le caractère involontaire, instinctif et presque machinal que le souvenir affecte dans la plupart d'entre eux. Ils ne s'avisent point, en effet, de se graver certaines choses dans l'esprit de dessein prémédité, dans le but de s'en souvenir plus tard, et l'on ne s'aperçoit point qu'ils fassent effort pour retrouver une idée absente. On se figure difficilement un animal dans l'attitude de la méditation et se disant : il faut que je me souvienne de ceci ou de cela demain, — ou bien cherchant à se rappeler ce qui lui est arrivé la veille. Il se souvient, non-seulement sans raisonner, mais sans vouloir. Supprimez dans la mémoire de l'homme tout ce qui tient à la raison et à la liberté, attributs caractéristiques de notre espèce, et vous aurez la mémoire de l'animal.

Voilà quels sont les êtres qui se souviennent. Mais par quelle partie d'eux-mêmes se souviennent-ils ? En est-il de la mémoire comme de la vue, de l'ouïe et des autres sens ? Est-elle une faculté, sinon du corps seul, au moins du corps réuni à l'âme, du composé que forment ces deux substances [1] ? L'auteur des *Ennéades* s'était posé cette question avant saint Augustin, et l'avait résolue de la manière suivante : « On prétendra peut-être que la mémoire aussi est commune à l'âme et au corps, parce que sa bonté dépend de notre complexion. Nous répondrons que le corps peut entraver ou non l'exercice de la mémoire, sans que cette faculté cesse d'être propre à l'âme. Comment essaiera-t-on de prouver que le souvenir des connaissances acquises par l'étude appartient au composé et non à l'âme seule [2] ? »

Saint Augustin adopte l'opinion de Plotin ; mais il la soutient par des raisons qu'il tire de son propre fonds, et qu'il expose de la manière la plus vive et la plus originale. Je ne connais pas de philosophe qui ait marqué par des traits plus expressifs le caractère purement spirituel de la mémoire, et qui ait montré un sentiment plus net de la vie psychologique que ne le fait en cet endroit l'illustre Père.

Qu'on prononce en ma présence, dit-il, le nom de Milan ; aussitôt cette ville elle-même, telle qu'elle est, dans toute son étendue, semble se dérouler devant moi. Elle m'apparaît de la manière la plus claire et la plus circonstanciée, ainsi que les lieux qui m'en séparent. Évidemment, je la vois, non des yeux, mais de l'âme, et c'est là ce qu'on appelle se souvenir. Mon âme est-elle donc en ce moment réellement présente à Milan pour voir si distinctement cette ville ? En aucune façon.

---

[1] *De Mus.*, l. I, c. 4.
[2] Plotin, *Enn.* 4, l. III, c. 26. Trad. de M. Bouillet.

Si elle y était, elle saurait ce qui s'y passe actuellement, au lieu qu'elle sait seulement ce qui s'y est passé autrefois. Ce qui lui est présent, ce n'est donc pas Milan, mais son image. Cette image, que j'ai dans ma mémoire, ne saurait être corporelle, car elle ne pourrait, immense comme elle est, être contenue dans un corps aussi petit que le mien. Mais si elle est incorporelle, elle doit avoir pour sujet une substance qui soit elle-même incorporelle, c'est-à-dire une âme. — Donc, la mémoire réside dans l'âme et non dans le corps, ni dans le composé de l'âme et du corps [1].

II.

Tels sont les êtres qui se souviennent, et telle est la partie des êtres par laquelle s'opère le souvenir. Il s'agit maintenant de savoir à quoi le souvenir se rapporte, quelle en est la nature et quelle en est l'origine.

Il semble qu'il n'y ait qu'une réponse à faire à la première question, celle du sens commun et d'Aristote : du sens commun, qui assigne à la mémoire pour objet le passé ; d'Aristote, qui, analysant cette vue exacte, mais confuse, rapporte le présent à la sensation et à la science, le passé à la mémoire, et l'avenir à l'espérance, à l'opinion, à la divination. C'est ainsi, en effet, que saint Augustin résout la question dans le onzième

---

[1] *De Quant. an.*, c. 5. *Contr. Epist. Manich.*, c. 17.

livre des *Confessions*. « Nous avons, dit-il, la mémoire
du passé, la vue du présent, l'attente de l'avenir. » Puis
il ajoute, avec sa subtilité ordinaire, que le passé et
l'avenir ne sont rien, puisque l'un n'est plus et que
l'autre n'est pas encore, et que cependant les opérations
qui s'y rapportent sont quelque chose. La mémoire du
passé et l'attente de l'avenir ne sont pas moins réelles
que la vue du présent, bien que leur objet n'ait pas la
même réalité, et elles ne sont pas moins présentes, en
tant que phénomènes de l'âme, bien qu'elles concernent
des choses passées ou à venir [1].

En quoi consiste au juste le souvenir? A penser à ce
qu'on sait. Les diverses modifications de l'âme ne peuvent pas nous être toutes et à tout instant présentes :
de là la différence qu'il faut établir entre savoir une
chose et y penser. Le musicien, remarque excellemment
saint Augustin, sait la musique ; mais les notions relatives à cet art ne lui sont point présentes au moment
où il discute sur la géométrie : il n'y pense pas. Ces notions sont en lui comme à l'état latent, et il a besoin
d'un acte de mémoire pour les faire apparaître [2].

Cette observation n'était pas nouvelle du temps de
saint Augustin. Plotin avait dit avant lui : « Autre chose
est la pensée, autre chose la perception de la pensée.
Nous pensons toujours, mais nous ne percevons pas
toujours notre pensée [3]. » Il semblait avoir compris que
l'effacement momentané d'une partie de nos connais-

[1] *Conf.*, l. XI, c. 20.
[2] *De Trin.*, l. XIV, c. 7.
[3] *Enn.* 4, l. III, c. 30. Trad. de M. Bouillet.

sances est nécessaire à l'acquisition de çonnaissances nouvelles.

Mais saint Augustin, en reproduisant l'idée de Plotin d'une manière plus explicite, a préparé la voie au principe cartésien que l'âme n'est jamais vide de pensées, et à la doctrine leibnizienne des idées latentes[1] qu'on a tant de fois opposée à la théorie de la table rase telle que Locke l'avait développée.

Non-seulement Augustin et Leibniz admettent également que nous avons des idées dont nous n'avons pas la perception actuelle, mais encore ils s'expriment presque dans les mêmes termes sur les modifications graduelles que ces idées éprouvent. Toute la différence que je vois entre eux, c'est que le dernier les considère plus particulièrement dans leur accroissement insensible, et le premier dans leur lente dégradation. Il est inutile de reproduire le morceau de Leibniz[2], qui est dans toutes les mémoires ; je me bornerai à citer le passage de saint Augustin, que je n'ai jamais vu mentionné nulle part, et qui me paraît admirable d'originalité et de finesse.

« Il y a en nous, dit cet observateur ingénieux, beaucoup de nombres que l'oubli efface ensemble bien que peu à peu; car ils n'y demeurent pas un seul instant sans altération. En effet, ce qui, par exemple, ne se trouve plus au bout d'un an dans notre mémoire, a déjà, au

[1] Voir sur les idées latentes l'excellente *Logique* de M. Duval-Jouve, 1re part., ch. 7.
[2] Leibniz, Avant-propos des *Nouveaux essais*.

bout d'un jour, subi une diminution[1]; mais cette diminution est insensible; cependant on ne se trompe
pas en conjecturant qu'elle s'opère, parce qu'il est bien
certain que le souvenir ne s'envole pas tout entier su-
bitement la veille du jour où l'année est révolue : ce
qui nous permet de comprendre qu'à dater du moment
où il s'était gravé dans notre mémoire, il avait commencé à passer. De là vient que nous disons d'ordinaire : — Je m'en souviens un peu —, quand nous
nous rappelons une chose après un certain temps et
avant que nous l'ayons complétement oubliée[2]. »

En même temps que saint Augustin dérobe par
avance à Descartes et à Leibniz quelques-unes de leurs
vues les plus importantes, il se montre le précurseur
de Locke lui-même. Suivant lui, comme suivant le
philosophe anglais, nous devons l'idée de temps à la
réflexion, et non à la sensation, et ce que nous rappelons à notre mémoire et dont nous jugeons intérieurement, ce sont moins les objets eux-mêmes que
les idées que nous en avons eues. C'est ce qui ressort
déjà assez clairement des considérations précédentes,
et ce que les développements qui vont suivre mettront
en pleine lumière.

Quand je mesure la durée des choses extérieures, ce
ne sont pas, à proprement parler, les choses extérieures que je considère, mais les modifications qu'elles

---

[1] Locke dit également que les idées subissent un certain déchet.
Essai sur l'ent. humain, l. II, c. 10.

[2] *De Mus.*, l. VI, c. 4.

ont produites dans mon esprit[1]. Pour savoir si un son est long ou bref, je ne cherche pas à le saisir lorsqu'il est encore à venir ou lorsqu'il est déjà passé ; car dans le premier cas, il n'est pas encore, et dans le second, il n'est plus : or ce qui n'est plus et ce qui n'est pas encore échappe également à l'examen et à l'observation. Je ne puis pas non plus le saisir dans le temps où il se fait entendre ; car le temps est divisible à l'infini comme l'espace, et on ne peut pas entendre dans le même temps un son tout entier[2]. Tout son, n'eût-il qu'une ou deux syllabes, a un commencement, un milieu, une fin, et toutes ses parties ne peuvent pas m'être à la fois présentes. Juger du tout à l'audition d'une partie, ce serait prendre, non-seulement un son présent, et partant réel, mais un son passé, un son futur, c'est-à-dire de purs néants, pour objets de mon appréciation. Qu'est-ce donc que je fais quand je juge des sons? Augustin l'explique à merveille. Lorsque je mesure la durée des sons et que je juge de leur quantité, ce ne sont pas ces sons eux-mêmes que je considère, puisqu'ils sont aussi insaisissables dans le présent que chimériques dans l'avenir et dans le passé ; ce

---

[1] « La réflexion que nous faisons sur cette suite de différentes idées qui paraissent l'une après l'autre dans notre esprit, est ce qui nous donne l'idée de la *succession*; et nous appelons *durée* la distance qui est entre quelques parties de cette succession, ou entre les apparences de deux idées qui se présentent à notre esprit » (Locke, *Ess. sur l'ent. hum*, l. II, c. 14).

[2] *Ratio invenit tam localia quam temporalia spatia infinitam divisionem recipere; et idcirco nullius syllabæ cum initio finis auditur* (*De Mus.*, l. VI, c. 8).

sont les impressions qu'ils ont faites dans mon esprit, les souvenirs qu'ils ont laissés dans ma mémoire.

Pour faire comprendre cette analyse d'une incomparable finesse, Augustin a recours à un exemple. Si l'on prononce devant moi, dit-il, ce vers, *Deus, creator omnium*, je ne puis juger de la quantité de chacune des syllabes qui le composent qu'autant qu'elle a été prononcée, c'est-à-dire qu'elle est passée et évanouie. Je remarque qu'il y a dans ce vers quatre syllabes brèves et quatre longues. « Je mesure une longue par une brève, et je vois qu'elle la contient deux fois. Mais l'une se faisant entendre après l'autre, si la brève est la première, la longue la dernière, comment saisirai-je la brève et l'appliquerai-je à la longue pour la mesurer, de manière à voir que celle-ci contient deux fois celle-là, puisque la longue ne commence à résonner que quand la brève a cessé de le faire ? La longue elle-même, je ne la mesure pas en tant que présente, puisque je ne la mesure que quand elle est finie. Or pour elle, être finie c'est être passée[1]. » Ce n'est donc pas cette syllabe elle-même qui est l'objet de mon attention, quand je m'apprête à formuler mon jugement sur elle ; mais l'impression qu'elle a laissée au dedans de moi. C'est parce que je me représente avec une certaine vivacité et dans un certain ordre les impressions reçues, que j'apprécie et la durée des sons et en général toute espèce de durée. Si je ne conservais pas les images des choses antérieurement senties, je ne pourrais pas pré-

[1] *Conf.*, l. XI, c. 27.

voir celles que je dois sentir encore. C'est avec les couleurs tristes ou gaies du passé que je me peins l'avenir sombre ou brillant, et si j'induis, c'est parce que je me souviens. Ainsi, de même que les rayons visuels qui s'échappent de nos yeux nous découvrent l'espace, de même la lumière de la mémoire nous dévoile le temps[1].

Je ne veux pas rechercher en ce moment si la doctrine de saint Augustin sur le temps n'a pas un caractère idéaliste un peu trop prononcé, et si ce n'est pas refuser au temps toute réalité objective que d'en faire un simple rapport entre les phénomènes de l'âme. Qu'il me suffise de dire que saint Augustin, dans les morceaux qui précèdent, a revendiqué avec raison, au profit de la mémoire, une grande partie du domaine qu'on laisse d'ordinaire trop libéralement à la perception, et qu'il a parfaitement établi le caractère subjectif de nos souvenirs. C'est sans doute à lui qu'il faut remonter pour trouver l'origine de cette doctrine si souvent reproduite, non-seulement par Locke[2], mais encore par Royer-Collard et d'autres philosophes, que ce n'est pas des choses, mais de nous-mêmes que nous nous souvenons, et que c'est l'interne et non l'externe qui est l'objet de la mémoire.

---

[1] *Conf.*, l. X, c. 8; l. XI, c. 27. *De Mus.*, l. VI, c. 8.

[2] *Essai sur l'ent. hum.* l. II, c. 14.

III.

Augustin distingue néanmoins deux espèces de mémoire : la mémoire sensible et la mémoire intellectuelle, susceptible elle-même de plusieurs subdivisions, et les analyse l'une et l'autre de main de maître dans son livre des *Confessions.* Tout le monde connaît ces admirables pages où il a déployé toutes les ressources d'une intelligence pénétrante, d'une brillante imagination, d'un talent plein de souplesse, et où il s'est, en quelque sorte, surpassé lui-même. Ce n'est pas un psychologue qui décompose, dans un langage abstrait et sans couleur, ces phénomènes invisibles à l'œil, insaississables à la main, inaccessibles à tous les sens, qu'on appelle des souvenirs ; c'est un naturaliste qui nous les fait, pour ainsi dire, voir et toucher ; c'est un peintre qui décrit les accidents de l'âme, comme il décrirait les accidents d'un paysage, et qui les déroule devant nos yeux avec leurs nuances les plus fugitives. A force de s'intéresser à son sujet, il y intéresse tous ses lecteurs. L'homme frivole, qui n'a jamais eu d'attention que pour les petits événements de la vie sociale ; le savant, qui ne s'est jamais extasié que devant des êtres bruts et inintelligents, se surprennent pour la première fois, en lisant Augustin, à admirer le curieux spectacle du monde intérieur qu'ils portent en eux-mêmes, et le merveilleux mécanisme de leurs facultés.

Par un prodige qu'on ne saurait trop admirer, dit l'illustre écrivain, mon âme, tout incorporelle qu'elle est, contient dans sa mémoire les images des objets corporels. Elles sont là en foule dans les vastes champs, dans les palais immenses de ma mémoire, les unes telles que je les ai reçues des sens, les autres agrandies, diminuées, transformées de mille manières par le travail intérieur de mon esprit. Quand je les appelle, celles-ci arrivent tout de suite, celles-là se font longtemps attendre, comme si elles étaient cachées dans quelque recoin. Il en est qui accourent par bandes quand j'en appelle d'autres, et qui ont l'air de dire : — Est-ce nous que vous cherchez? — Je les écarte comme de la main jusqu'à ce que celles que je veux sortent de leurs ténèbres et apparaissent au grand jour. Il en est enfin qui se présentent avec une facilité merveilleuse et dans un ordre parfait, à mesure que je les réclame, les unes cédant successivement la place aux autres, et se replongeant dans leur obscurité, prêtes à reparaître quand je voudrai. En un mot, nos souvenirs, d'après saint Augustin, sont faciles ou difficiles, volontaires ou involontaires, précis ou confus, suivant les circonstances.

Il ajoute à ces observations une remarque qui n'est pas sans importance : c'est que les images qui sont en dépôt dans notre esprit n'y sont pas accumulées confusément et pêle-mêle, mais distribuées par catégories distinctes, selon les objets auxquels elles correspondent et selon les sens par lesquels elles sont entrées. Il en résulte que nous pouvons les retrouver plus facilement et les passer de nouveau en revue quand il nous en prend fantaisie. Au milieu des ténèbres les plus profondes, je fais revivre les couleurs qui ont frappé mes yeux, je les distingue parfaitement les unes des autres, et n'ai garde de les confondre. Pendant que je les repasse de la sorte en moi-même, les sons qui sont également dans mon esprit ne se jettent point à la traverse et ne troublent point ce travail de révision. Mais que je vienne à les appeler à leur tour, ils arriveront sur-le-champ dociles à mon signal. Ma langue est immobile, mon gosier muet, et cependant je chante intérieurement, et les sons les plus variés se succèdent dans ma mémoire. Je puis repasser en moi-même, et sans ouvrir la bouche, des vers ; que dis-je ? des morceaux de poésie tout entiers. Sans que les organes du toucher, du goût, de l'odorat soient modifiés le moins du monde, je me rappelle, par un simple acte de mémoire, les sensations du rude et du poli, la saveur du raisiné et celle du miel, l'odeur de la violette et celle du lis, et je les distingue parfaitement les unes des autres.

Voilà les images que je roule dans le vaste palais de ma mémoire. Le ciel, la terre, la mer y sont reproduits dans toute leur immensité, avec la multitude des objets qui ont frappé mes sens. Quel abîme que la mémoire ! Il y a là de quoi étonner et confondre celui qui se donne la peine d'y réfléchir. C'est une faculté de mon esprit, c'est mon esprit même, et cependant mon esprit ne peut s'en rendre compte : il est trop petit pour se comprendre, *animus ad habendum seipsum angustus est.* Et les hommes vont admirer les hautes montagnes, le cours majestueux des fleuves, les flots immenses de la mer, le vaste circuit de l'Océan, les révolutions des astres, et ils se laissent eux-mêmes et ne s'admirent point! Où vois-je cependant ces fleuves, ces flots, ces astres, cet Océan, qui ne sont point là, sous mes yeux, au moment où j'en parle? Où, sinon en moi-même, dans les images que je m'en suis formées [1]?

Ce ne sont pas les objets sensibles eux-mêmes qui se fixent dans ma mémoire, mais leurs seules images. Qu'un son vienne à frapper mon oreille, il a déjà retenti et passé, après avoir fait sur elle une certaine impression, que ma mémoire peut encore en conserver et en évoquer la représentation. Qu'une odeur traverse les airs et s'évanouisse après avoir affecté mon odorat, ma mémoire en garde une image que je reproduis à volonté. Un aliment que j'ai mangé est déjà dans mes intestins, où il n'a plus certainement aucun goût, que ma mémoire en conserve encore, pour ainsi dire, la saveur. Un corps que j'ai touché avec les mains peut être bien loin de moi, que ma mémoire l'imagine encore [2].

Il nous arrive certainement d'éprouver en rêve de

---

[1] *Conf.*, l. X, c. 8; l. XI, c. 27. — Saint Augustin, on le voit, a la faculté de s'étonner qu'un éminent critique de nos jours regarde avec tant de raison comme le principe de toute découverte. Il faut dire de lui comme d'un autre métaphysicien profond : « Il s'étonne de ce qui paraît tout simple à la plupart des hommes, et de ce dont l'habitude leur dissimule la complication et la merveille. Le *nil admirari*, en effet, dans le sens vulgaire, n'est pas une marque d'intelligence. La pomme qui tombe paraît toute simple au commun des hommes, elle ne le semble pas à Newton. » (M. Sainte-Beuve, art. sur *Maine de Biran*).

[2] *Conf.*, l. X, c. 9.

vives souffrances; mais de croire le matin que ce sont des corps étrangers qui ont produit sur nous de tels effets, cela ne peut venir qu'à l'esprit d'un homme qui rêve lui-même tout éveillé. Autrement il faudrait regarder comme des corps réels, et non comme de simples images, le ciel, la terre, la mer, les montagnes, les astres qui nous apparaissent durant notre sommeil [1].

Les corps restent au dehors dans le phénomène du souvenir comme dans celui de la sensation, et nous n'en avons en nous que les images. De plus, ces images, bien qu'elles représentent les corps, sont elles-mêmes incorporelles, et l'esprit, par un acte inexplicable et qui n'a point d'analogue dans le monde physique, les forme de sa propre substance [2].

Je ne remarquerai que deux choses sur cette admirable théorie de la mémoire sensible. La première, c'est que saint Augustin a observé, avant Dugald Stewart [3], que notre esprit ne conserve et ne reproduit pas seulement les images des objets visibles, mais encore les impressions des sons, des parfums et des autres objets qui frappent nos sens. Le philosophe écossais ne l'aurait nullement surpris en disant qu'on peut apprécier l'harmonie d'une pièce de vers sans la lire, et goûter le charme d'un air en le chantant en imagination; car il a dit à peu près la même chose.

---

[1] *De An. et ej. orig.*, l. IV, c. 17.

[2] *De Trin.*, l. X, c. 5.

[3] Dugald-Stewart, *Philos. de l'espr. hum.*, t. 1er, ch. 3. Trad. de M. Peisse.

Ma seconde remarque est relative à la nature des
images dont la mémoire conserve le dépôt. Dans un
récent travail sur les *Confessions* de saint Augustin[1],
on se demande si ce philosophe professe la doctrine
des idées représentatives, — c'est-à-dire sans doute
des idées considérées comme des réalités distinctes de
l'esprit et des objets, — et sans oser se prononcer
d'une manière absolue, on incline à répondre affirmativement. Pour moi, je l'avoue, je suis d'un avis opposé.
D'abord saint Augustin ne regarde pas les idées sensibles comme des images détachées des objets : c'est là
une opinion qu'on lui prête fort gratuitement. Il me
suffirait, pour l'établir, de sa réfutation du système de
Démocrite que j'ai précédemment analysée. Mais je
prends, parmi les deux ou trois textes que l'on invoque,
le plus favorable à l'interprétation que l'on préfère, et
je n'y vois nullement ce qu'on a cru y voir. « *Cum im-
primitur rei cujusque imago in memoria, prius necesse
est ut adsit res ipsa unde illa imago possit imprimi*[2]. »
On traduit : « L'impression de l'image dans la mémoire
est devancée par la présence de l'objet dont se détache
l'image.» Traduire *imprimi* par *se détache*, c'est tout
confondre. C'est identifier le système de l'émanation,
tel que Démocrite l'admet, avec celui de l'impression,
tel qu'Aristote l'expose, après avoir rejeté le système
de Démocrite. En outre, ces impressions elles-mêmes,

---

[1] *Essai sur les Conf. de S. Aug.*, par M. A. Desjardin, docteur ès-
lettres, docteur en droit, avocat à la cour impériale de Paris.

[2] *Conf.*, l. X, c. 16.

ces images des objets sensibles, Augustin a grand soin
de dire qu'elles sont spirituelles, que l'âme les forme
par son activité propre et de sa propre substance, à la
fois matière et artiste dans l'œuvre qu'elle produit[1].
Enfin, il n'a pas la prétention d'avoir levé toutes les
difficultés que l'on rencontre en abordant cette question comme en abordant tous les faits primitifs de notre
nature. Au contraire, de tous ceux qui ont agité le
grand problème des rapports du sujet et de l'objet,
comme on dirait aujourd'hui, il en est peu qui aient
eu au même degré qu'Augustin le sentiment de son
obscurité mystérieuse. Que peut-on lui demander de
plus que ces explications d'une part, cette circonspection de l'autre, à moins de lui demander de nier un
fait positif et évident, celui de l'imagination des objets
par l'esprit? Car enfin, quand j'ai vu un triangle,
comme le remarque fort bien Bossuet[2], et que je
ferme les yeux, je le vois encore par la pensée, de
même couleur, de même grandeur, de même situa-
tion, et c'est ce qui s'appelle imaginer un triangle.

VI.

Après avoir décrit la mémoire sensible, saint Augustin décrit la mémoire intellectuelle. Outre les idées

---

[1] *Imagines eorum convolvit, et rapit factas in semetipsa de
semetipsa. Dat enim eis formandis quiddam substantiæ suæ.* (De
Trin., l. X, c. 5.)

[2] Bossuet. *Conn. de Dieu et de soi-même*, ch. 1, § 5.

relatives aux choses extérieures, dit-il, ma mémoire contient dans une partie de l'âme plus reculée et plus profonde toutes les sciences que j'ai apprises, la littérature, le dialectique et les diverses questions qu'elles se posent. Elles n'y sont point à la manière des sons, des couleurs, des formes, qui restent au dehors après avoir modifié plus ou moins fortement mes organes, et ne me laissent que des simulacres à l'aide desquels je puis me les représenter : elles y sont elles-mêmes [1].

On peut se demander sur chaque objet, s'il est, ce qu'il est, quel il est. J'ai dans mon esprit les images des sons qui servent à exprimer ces trois choses ; mais ces choses elles-mêmes n'ont point d'images, et mon âme seule peut les saisir. J'ai beau passer en revue toutes les portes par lesquelles je communique avec le monde extérieur, je ne saurais voir par laquelle elles sont entrées au-dedans de moi. Mes yeux me disent : si elles sont colorées, c'est nous qui t'en avons fait le rapport ; mes oreilles : si elles sont sonores, c'est nous qui te les avons révélées ; mes narines : si elles ont une odeur, c'est nous qui leur avons donné passage ; mon goût : si elles n'ont pas de saveur, ne m'interrogez pas sur elles ; mon toucher : si elles ne sont point corporelles, je ne les ai point touchées [2].

Arnauld ne s'exprime-t-il pas sur l'origine des idées de l'être et de la pensée exactement comme saint Augustin sur l'origine des idées d'existence, d'essence et

---

[1] *Conf.*, l. X, c. 9.
[2] *Conf.*, l. X, c. 10.

de qualité? S'il n'avait pas le passage d'Augustin sous
les yeux, il devait le savoir par cœur :

« Si donc, dit-il, on ne peut nier que nous n'ayons
en nous les idées de l'être et de la pensée, je demande
par quel sens elles sont entrées; sont-elles lumineuses
ou colorées pour être entrées par la vue? d'un son grave
ou aigu pour être entrées par l'ouïe? d'une bonne ou
mauvaise odeur pour être entrées par l'odorat? de bon
ou de mauvais goût pour entrer par le goût? froides ou
chaudes, dures ou molles pour être entrées par l'at-
touchement [1] ? »

Les idées dont je parle, continue Augustin, sont en
quelque sorte inhérentes à ma nature. La première fois
que je les ai eues, je les ai admises uniquement parce
que je les voyais en moi-même. Il est vrai qu'elles
étaient dans la partie de mon être la plus reculée et la
plus mystérieuse; mais enfin je les y ai aperçues. Faire
sortir ces idées de l'état latent pour les produire à la
lumière, les tirer de leur état de dispersion et de confusion pour les recueillir [2] et les grouper, c'est précisément ce qu'on appelle penser, comme l'indique le mot
latin *cogitare*, fréquentatif de *cogere* [3].

Au nombre des idées dont nous nous souvenons par
la mémoire intellectuelle, il faut placer les rapports et
les lois des nombres et des figures, en un mot, les
idées mathématiques. En effet, ces idées ne sont dues

---

[1] *Log. de Port Royal*, 1re part., ch. 1er.

[2] *Conf.*, l. X, c. 11.

[3] Locke parle aussi quelque part d'une opération de l'esprit qu'il
nomme le *recueillement*.

ni à nos yeux, ni à oreilles, ni à aucun de nos sens.
Car il ne faut pas les confondre avec les sons qui les
expriment: ceux-ci sont autres en grec et en latin, pendant que celles-là sont les mêmes en latin et en grec.
Il n'y a nulle ressemblance de nature entre les lignes
dont j'ai l'idée et les lignes du monde extérieur: si fines,
si déliées que ces dernières puissent être, elles ne sauraient avoir servi de modèles à celles que j'ai dans l'esprit, lesquelles n'ont absolument rien de corporel [1].

Descartes et Arnauld ont renouvelé cette distinction
aussi féconde que lumineuse de l'idée de la chose et de
l'idée du son qui sert à la désigner, et l'ont opposée à
l'empirisme de Hobbes et de Gassendi:

«Qui doute, dit Descartes, qu'un Français et qu'un
Allemand ne puissent avoir les mêmes pensées ou
raisonnements touchant les mêmes choses, quoique
néanmoins ils conçoivent des mots entièrement différents [2]?»

«Que si l'on objecte, dit à son tour Arnauld, qu'en
même temps que nous avons l'idée des choses spirituelles, comme de la pensée, nous ne laissons pas de
former quelque image corporelle, au moins du son qui
la signifie, on ne dira rien de contraire à ce que nous
avons prouvé; car cette image du son de *pensée* que
nous imaginons n'est point l'image de la pensée même,
mais seulement du son; et elle ne peut servir à nous la
faire concevoir qu'autant que l'âme, s'étant accoutumée,
quand elle conçoit ce son, de concevoir aussi la pensée,

---

[1] *Conf.*, l. X, c. 11. 12.
[2] *Réponse aux* 3es *object.*

se forme en même temps une idée toute spirituelle de la pensée, qui n'a aucun rapport à celle du son, mais qui y est seulement liée par l'accoutumance[1].»

L'âme se souvient encore des diverses passions qui l'ont agitée, lors même qu'elle ne les éprouve plus et qu'elle en éprouve de toutes contraires. Qu'elle se rappelle, quand elle est dans la joie, la douleur que son corps a pu souffrir, il n'y a rien là de bien étonnant, puisque le corps et l'âme sont deux choses différentes ; mais qu'elle se souvienne de sa tristesse quand elle est dans la joie, ou de sa joie quand elle est dans la tristesse, c'est là un fait si étrange, que, s'il n'était attesté par une expérience journalière, on le tiendrait pour incroyable. Comment peut-on avoir, dit ingénieusement saint Augustin, de la joie dans l'esprit et de la tristesse dans la mémoire, puisqu'on dit indifféremment : telle chose m'est sortie de l'esprit, ou telle chose m'est sortie de la mémoire, et que, par conséquent, la mémoire est l'esprit lui-même ? L'esprit et la mémoire seraient-ils donc à l'égard des connaissances ce que la bouche et l'estomac sont à l'égard des aliments ? Seraient-ils faits, l'un pour les goûter sans les garder, l'autre pour les garder sans les goûter ? Il serait ridicule de trop presser cette comparaison, et de voir entre ces choses une ressemblance parfaite ; mais elles ne sont pas cependant sans une certaine analogie.

Poussant plus avant encore cette profonde analyse, Augustin ajoute : Qui oserait nommer la crainte ou la

---

[1] *Log.*, 1re part., c. 1.

tristesse, si le seul nom de ces sentiments suffisait
pour les exciter au dedans de lui ? Et cependant, pour
que nous parlions de ces sentiments, il faut que nous
en ayons dans la mémoire, non-seulement les noms,
mais encore les idées. Ces idées sont parfaitement distinctes des images que les sons ont imprimées en
nous par l'intermédiaire des sens. Elles ne sont point
venues du dehors, mais notre âme les a tirées de l'expérience de ses propres passions et s'en souvient ensuite, qu'elle les ait ou non confiées volontairement à
sa mémoire[1].

Suivant saint Augustin, la mémoire contient l'idée
de Dieu même, car elle contient l'idée de la vie parfaitement heureuse, de la félicité inaltérable. Cette idée
est commune à tous les hommes; car, bien qu'ils placent leur bonheur les uns dans une chose, les autres
dans une autre, tous désirent le bonheur parfait et
tous, par conséquent, en ont l'idée : on ne désire
pas ce que l'on ne connaît pas. D'où nous vient cette
idée? Avons-nous donc connu Dieu dans une vie antérieure et joui du bonheur dans sa plénitude? Avons-
nous été heureux chacun en particulier, ou l'avons-
nous été tous ensemble dans le premier homme; qui
portait en lui la longue série, la multitude sans nombre
de nos existences? Nous n'avons pas en ce moment à
nous en enquérir; mais une chose positive et certaine,
c'est que Dieu habite dans notre mémoire[2].

---

[1] *Conf.*, l. X, c. 13, 14.
[2] *Conf.*, l. X, c. 17, 20, 21, 25.

On voit quelle importance saint Augustin attache à
la mémoire. Elle est, à ses yeux, la faculté qui conserve
les idées relatives, non-seulement aux corps, mais à
l'âme, non-seulement aux vérités éternelles, mais à
l'être éternel lui-même. Elle ne contient pas seulement
ce que nous avons pensé, mais ce que nous savons
sans y avoir jamais pensé. Quand, par le mouvement
de notre pensée, nous avons découvert quelque vérité
importante, nous la confions à notre mémoire. Mais
c'est dans les profondeurs les plus reculées de notre
mémoire que nous avions trouvé d'abord la matière de
notre pensée elle-même. C'est là que s'engendre en
quelque sorte ce verbe intérieur qui n'appartient à aucune langue, science née de la science, vision née de
la vision, intelligence en acte née d'une intelligence
endormie, cachée dans la mémoire. Cette mémoire
qui est particulière à l'homme et que les animaux ne
possèdent pas, cette mémoire qui contient en elle
d'une manière mystérieuse les réalités intelligibles est,
d'après l'évêque d'Hippone, une des trois grandes facultés de l'être humain et comme le principe des deux
autres. C'est d'elle que naît l'intelligence, et la volonté
procède de l'une et de l'autre et les unit entre elles.
Ainsi, s'il est permis de comparer les choses humaines
aux choses divines, nous avons en nous une image de
l'auguste Trinité. La mémoire dans laquelle repose la
matière de la connaissance et qui est comme le lieu des
intelligibles, offre quelque ressemblance avec le Père;
l'intelligence qui en est tirée et formée, n'est pas sans
analogie avec le Fils, et l'amour ou volonté qui unit

l'intelligible à l'intelligence, a un certain rapport avec
le Saint-Esprit[1].

On a pu remarquer quelle vaste carrière se donne
la pensée de saint Augustin. Après d'humbles détails
sur la mémoire presque corporelle qui nous représente
la saveur du raisiné et celle du miel, l'odeur de la violette et celle du lis, l'illustre docteur s'est élevé graduellement jusqu'à une forme si haute de cette faculté,
qu'elle contient Dieu lui-même et n'a d'analogue qu'en
lui. A propos d'une simple fonction de l'âme, son esprit est monté peu à peu de la terre jusqu'au ciel, des
vulgarités de la nature animale jusqu'aux sublimités de
la nature divine. C'est ainsi que Platon passe sans cesse
des faits transitoires aux idées immuables, du monde
réel au monde idéal qui le domine et l'explique.

V.

Saint Augustin ne s'est occupé nulle part d'une manière spéciale des causes qui peuvent rendre nos souvenirs plus durables ou nous en faciliter le rappel,
c'est-à-dire de ce qu'on nomme aujourd'hui les lois de
la mémoire. Cependant il y a peu de ces lois qui aient
échappé à son esprit investigateur. Seulement il en est
qu'il se borne à signaler en passant, d'un trait rapide,
tandis qu'il en est d'autres sur lesquelles il insiste davantage et qu'il met en lumière avec complaisance. Je
citerai, parmi les premières, la sensibilité, l'habitude,

[1] *De Trin.*, l. XV, c. 21, 22, 23.

l'ordre et la révision; parmi les secondes, le pouvoir volontaire et l'association des idées.

C'est bien de la sensibilité qu'il parle, quand il dit que le plaisir fixe inébranlablement dans la mémoire ce qui a rapport à ses objets passagers[1].

Ailleurs, il parle de l'habitude. C'est elle, suivant lui, qui a gravé dans sa mémoire les images lubriques qui viennent l'assaillir, soit durant la veille, soit durant le sommeil[2].

Il reconnaît l'influence de l'ordre sur nos souvenirs, quand il remarque qu'apprendre n'est autre chose que grouper nos idées, de manière qu'elles soient comme sous notre main et nous reviennent au premier signal[3].

Enfin, l'influence de la révision n'est pas moins nettement caractérisée dans l'endroit des *Confessions* où il dit que, s'il cesse quelque temps de s'occuper de ses souvenirs, ceux-ci s'enfoncent et s'écoulent derechef dans les abîmes les plus profonds de son âme, de sorte que, quand ils reparaissent, c'est à titre d'idées nouvelles[4]. Locke n'est pas plus explicite, lorsqu'il fait ob-

---

[1] *Talis enim delectatio vehementer infigit memoriæ quod trahit a lubricis sensibus.* (*De Mus.*, l. VI, c. 11.)

[2] *Sed adhuc vivunt in memoria mea, de qua multa locutus sum, talium rerum imagines, quas ibi consuetudo mea fixit; et occursant mihi vigilanti etc.* (*Conf.*, l. X, c. 30.)

[3] *...Ut tanquam ad manum posita in ipsa memoria, ubi sparsa priùs et neglecta latitabant, jam familiari intentione facile occurrant.* (*Conf.*, l. X, c. 11).

[4] *Quæ si modestis temporum intervallis recolere desivero, ita rursus demerguntur, et quasi in remotiora penetralia dilabuntur, ut denuo velut nova excogitanda sint indidem iterum* (*Id. id.*).

server que les idées gravées dans notre esprit sont comme des tableaux dont les couleurs doivent être de temps en temps rafraîchies, sans quoi elles vont peu à peu s'effaçant[1].

Une condition du souvenir plus importante encore que les précédentes, c'est l'acte volontaire. Sans la volonté, la mémoire est aussi incapable de se souvenir des perceptions des sens que les sens de percevoir les objets sensibles. Il m'arrive souvent de lire une page d'un bout à l'autre et de ne pas savoir ce que j'ai lu, au point que je suis obligé d'en recommencer la lecture. Quand je me suis promené avec distraction, je ne sais pas par où j'ai passé. Pourtant j'ai vu où je passais, autrement je n'aurais pas pu me diriger ou j'aurais tâté le terrain avec une attention insolite. Mais non, je ne me suis point égaré, et je me suis promené sans plus d'attention qu'à l'ordinaire. Il faut donc que j'aie vu; mais ma volonté n'ayant pas appliqué ma mémoire aux perceptions reçues comme mes sens aux lieux parcourus, je ne me souviens de rien[2].

Il est impossible, on en conviendra, de porter plus loin la finesse et la profondeur de l'observation psychologique. A chaque phrase de cette pénétrante analyse, on est tenté de s'écrier: Comme c'est vrai! Où va-t-il chercher cela?

Cependant l'influence de la volonté sur la mémoire n'est pas illimitée. Augustin a très-bien vu et dit très-

[1] *Essai sur l'ent. hum.*, l. II, c. 10.
[2] *De Trin.*, l. XI, c. 8.

nettement, avant les philosophes écossais, que nous ne
pouvons nous souvenir d'une chose qu'à la condition
d'avoir déjà dans les profondeurs de notre mémoire ou
l'idée de cette chose en général, ou l'idée de quelqu'un
de ses détails en particulier. Ce qu'on a oublié de tout
point et de toute manière, on ne saurait vouloir se le
rappeler, car on ne veut pas sans savoir plus ou moins
ce que l'on veut. Pour que je me souvienne de ce que
j'ai mangé à mon souper, il faut que je me souvienne
ou de mon souper ou au moins de quelque circonstance qui s'y rapporte, ne serait-ce que de l'heure où je
soupe d'ordinaire. La réminiscence ne peut donc pas
s'opérer par la volonté toute seule, il faut que cette dernière ait pour point d'appui une idée dont nous nous
souvenons déjà et qui avait été liée dans notre mémoire
à celle que nous voulons évoquer. C'est dire que l'association des idées joue dans la réminiscence un rôle
considérable [1].

La réminiscence tient tant de place dans les théories
psychologiques des anciens, et l'association des idées
dans celles des modernes, qu'on nous permettra d'insister sur ces deux faits et de montrer plus en détail
comment saint Augustin se sert du second pour expliquer le premier.

De tous les philosophes qui se sont occupés de l'association des idées, depuis Platon, qui remarque avec
tant de grâce que la vue d'une lyre réveille en nous
l'idée de la personne aimée qui a coutume de s'en ser-

[1] *De Trin.*, l. XI, c. 7.

vir, jusqu'à Dugald Stewart, qui abonde là-dessus en observations ingénieuses, aucun n'a mieux vu ce phénomène que saint Augustin, et ne l'a décrit d'une manière plus expressive.

Quand je retrouve, dit-il, un objet que j'avais perdu, et que je le reconnais comme mien, c'est qu'il était perdu pour mes yeux sans l'être pour ma mémoire, et que je pouvais rapprocher les objets qui s'offraient à mes yeux de l'image que l'objet perdu avait laissée dans ma mémoire.

Mais il y a des circonstances où l'objet est perdu, non-seulement pour les yeux, mais pour la mémoire elle-même : c'est ce qu'on appelle l'oubli. Eh bien ! même alors nous cherchons à retrouver l'objet perdu. Où? dans notre mémoire. « Et si, par hasard, une chose s'offre à notre esprit à la place d'une autre, nous la rejetons jusqu'à ce que celle que nous cherchons se présente, et, quand elle se présente, nous disons : la voilà. Or nous ne pouvons dire cela sans la reconnaître, ni la reconnaître sans nous en souvenir. Ainsi, nous l'avions oubliée, cela est bien certain; mais n'est-il pas à croire qu'elle n'était pas sortie tout entière de notre esprit, et que la partie qui y restait nous faisait chercher l'autre, parce que la mémoire sentait qu'elle ne roulait pas en elle-même l'objet tout entier, suivant sa coutume, et que boiteuse, mutilée, elle demandait qu'on lui rendît ce qui lui manquait[1]? »

---

[1] *Conf.*, l. X, c. 19.

On ne saurait asssurément ni mieux observer ni mieux dire.

« Qu'un homme que je connais, ajoute Augustin, s'offre à mes regards ou à ma pensée, et que, ne me souvenant pas de son nom, je me mette à le chercher, tout autre nom qui se présente à mon esprit se lie mal au souvenir que j'ai de cet homme, parce que je n'ai pas coutume de l'y joindre ; c'est pourquoi je le rejette jusqu'à ce que je rencontre le nom auquel j'ai coutume de penser en même temps qu'à cet homme, et que mon esprit s'y repose. Et où est-ce que je le rencontre, si ce n'est dans ma mémoire ? En effet, alors même que nous le reconnaissons sur l'indication d'un autre, c'est dans notre mémoire que nous le trouvons. Car nous ne le regardons pas comme un nom nouveau pour nous, mais nous jugeons, parce que nous nous le rappelons, que c'est bien celui qu'on vient de nous dire. Mais, s'il était totalement effacé de notre esprit, nous ne pourrions nous le rappeler, même quand on nous le dirait. Car il faut n'avoir pas encore oublié une chose de tout point pour s'en souvenir après l'avoir oubliée. Donc nous ne pourrons pas même chercher ce que nous avons perdu, si nous l'avons oublié tout à fait[1]. »

Pour éclaircir ce point, Augustin se sert d'un exemple : « Quelqu'un, dit-il, que vous ne vous remettez pas vous dit : Vous me connaissez ; et, pour réveiller vos souvenirs, il vous dit où, quand, comment vous l'avez connu. Si, malgré toutes les indications qu'il vous donne pour se rappeler à votre mémoire, vous conti-

---

[1] *Conf.*, l. X, c. 19.

nuez à ne point le reconnaître, c'est que toute idée de
cet homme est complétement effacée de votre âme....
Mais, si vous le reconnaissez, c'est que vous rentrez
dans votre mémoire, et que vous y trouvez quelques
traces que l'oubli n'avait pas entièrement détruites[1].»

Saint Augustin ne se borne pas à décrire, on voit
avec quelle exactitude et quel charme, le phénomène de
l'association des idées, et à montrer combien la liaison
qui s'opère entre les idées au moment de leur acquisition et qui se maintient ensuite plus ou moins longtemps dans l'esprit, a d'influence sur leur rappel. Il fait
plus, il signale avec une rare sagacité les principaux
rapports d'après lesquels les idées s'associent : les rapports de signe à chose signifiée (c'est ainsi que la vue
d'un homme nous rappelle son nom); les rapports de
lieu, de temps, de manière (*ubi, quando, quomodo*);
enfin les rapports de ressemblance. Il est positif, en
effet, dit-il avec une admirable précision, que l'état
mental où nous avons été en présence d'un objet se
reproduit à l'aspect d'un autre objet qui lui ressemble[2],
c'est-à-dire que l'idée de l'un est réveillée dans notre
esprit par l'idée de l'autre.

C'est là ce qu'on appelle la réminiscence. Or la réminiscence a été comprise par saint Augustin à peu
près comme par Aristote. Pour lui, comme pour le
Stagirite, elle est le pouvoir que nous possédons de

---

[1] *De Trin.*, l. XIV, c. 13.

[2] *Recurrit autem in cogitationem occasione similium motus
animi non extinctus, et hæc est quæ recordatio dicitur.* (*De Mus.*,
l. VI, c. 8).

retrouver nos idées perdues, de ranimer nos sensations
évanouies, et de passer de l'oubli au ressouvenir. La
réminiscence est encore la mémoire, mais une mémoire
qui, au lieu de conserver, recouvre, et qui a, par cela
même, quelque chose de plus volontaire et de plus
agissant que la mémoire proprement dite.

La réminiscence est constamment accompagnée de
la reconnaissance. C'est un fait que notre auteur a
parfaitement vu, et qu'il a exprimé aussi nettement
qu'Aristote et les philosophes écossais ont pu le faire.
Quand nous nous souvenons d'une chose, dit-il, nous
nous en souvenons, non comme d'une chose nouvelle,
mais comme d'une chose ancienne et déjà vue. Une
sourde perception nous avertit, ajoute-t-il très-bien,
que l'idée que nous avons alors ne nous *vient* pas, mais
nous *revient (non venisse, sed redisse in cogitationém)*[1].
Elle nous est plus familière, nous offre moins de difficulté, nous n'avons pas besoin qu'on nous l'enseigne;
nous ne la *connaissons* pas, nous la *reconnaissons*. Nous
sentons que la disposition d'esprit où nous sommes ne
se produit pas en nous pour la première fois : l'acte par
lequel nous nous souvenons, dit admirablement saint
Augustin, comparé à notre souvenir lui-même, a une
tout autre fraîcheur et une tout autre vivacité[2].

[1] *De Mus.*, l. VI, c. 8.
[2] *Est etiam aliud unde nos sentire arbitror præsentem motum
animi aliquando jam fuisse, quod est recognoscere, dum recentes
motus ejus actionis in qua sumus cum recordamur, qui certe vira-
ciores sunt, cum recordabilibus jam sedatioribus quodam inte-
riore lumine comparamus; et talis agnitio, recognitio est et recordatio.* (De Mus., l. VI, c. 8).

VI.

Nous avons tâché en exposant, d'après saint Augustin, cette large théorie de la mémoire, de lui conserver sa physionomie originale et son caractère historique. Nous avons reproduit, avec la plus scrupuleuse fidélité, non-seulement les vues universelles et durables qu'elle contient, mais encore quelques-uns des traits particuliers et transitoires qui en font l'œuvre d'une certaine époque, d'un certain pays et d'un personnage déterminé : nous voulons dire cet étonnement profond d'un esprit vraiment philosophique au spectacle des phénomènes intérieurs ; ces mystiques mouvements d'une âme naturellement religieuse en présence de tant de merveilles ; cette subtilité africaine qui s'ingénie à tout expliquer, et qui se joue avec les difficultés réelles ou verbales ; cette brillante imagination qui colore les abstractions elles-mêmes, et prête aux idées la vie, le mouvement et la parole.

Nous aurions pu resserrer en un petit nombre de pages la théorie que nous avons si amplement développée ; mais nous aurions cru manquer à la première loi de l'histoire, qui est l'exactitude, si nous avions condensé en quelques formules froides et obscures des faits qui sont décrits par Augustin d'une plume si animée et si lumineuse. Le premier mérite d'un moraliste est de mettre dans un beau jour des vérités que tout le

monde aperçoit confusément. Pour y parvenir, il est
obligé de recourir à l'analyse, c'est-à-dire de présenter
d'une manière successive et claire ce qui n'apparaissait
d'abord que vaguement et par grandes masses. Supprimer les analyses quand on rend compte de son travail,
c'est replonger les phénomènes décrits dans leur primitive obscurité, et ôter au moraliste lui-même presque tout ce qui peut le faire connaître et admirer des
lecteurs. Cela est particulièrement vrai de saint Augustin et de sa théorie de la mémoire. D'autres auteurs,
Aristote chez les anciens, Dugald Stewart chez les
modernes, ont pu creuser ce sujet aussi profondément
que lui, mais ils n'ont pas donné à leurs observations
la même vivacité et le même relief; ils ont peut-être
pensé aussi bien que lui sur la mémoire; ils en ont,
suivant moi, moins bien parlé.

Le reproche le plus grave que nous ayons à faire à
notre auteur touchant cette admirable théorie, c'est
d'avoir presque entièrement négligé le côté physiologique de son sujet. Il se borne à dire que la mémoire a
son siége dans un des trois ventricules du cerveau,
entre celui qui est affecté au sentiment et celui qui
préside à la locomotion, de sorte qu'elle relie entre
elles ces deux fonctions importantes[1]. Mais il ne signale
même pas les rapports qu'elle soutient avec l'état de
santé ou de maladie, de jeunesse ou de vieillesse,
d'ivresse ou de sobriété. Cependant les anciens n'ignoraient pas plus que nous la réalité de ces rapports.

De Gen. ad litt., l. VII, c. 18.

Aristote remarquait déjà de son temps combien la mémoire varie avec l'âge, et cherchait même à se rendre
compte de ces variations. Il attribuait le peu de mémoire des vieillards et des enfants à l'état de dureté
que la matière organique affecte dans les premiers,
et à l'état de fluidité où elle est encore dans les seconds. Plus tard, Pline citait un grand nombre de
faits tendant à montrer qu'une lésion cérébrale peut
déterminer un notable affaiblissement, quelquefois
même la destruction radicale de la mémoire. Il est à
regretter que l'hypothèse hasardée par Aristote et les
faits mentionnés par Pline n'aient pas appelé l'attention
d'Augustin sur cette question capitale, et qu'il n'ait
pas vu que ces modifications spirituelles, qu'on nomme
des souvenirs, ont souvent, sinon leur cause, au moins
leur condition dans des modifications purement corporelles.

Un autre reproche que nous adresserons à Augustin,
c'est d'avoir montré, sur certains points de cette théorie, une assez grande indécision.

Il prétend que la mémoire est dans l'être humain ce
que le Père est dans la Trinité divine, et qu'elle contient
primitivement, à l'état latent, les idées que l'intelligence
se bornera plus tard à produire à la lumière. C'est dire
que la mémoire n'est pas seulement le dépôt, mais la
source de nos connaissances, et en faire la première de
nos facultés. Cela est évident.

Cependant il dit positivement ailleurs que Dieu n'a
pas toujours été dans sa mémoire, et qu'avant de le
connaître dans sa mémoire, il l'a connu en lui-même

dans sa vérité immuable[1]. De plus, il reconnaît que les
idées nécessaires sont passagères, bien que leurs objets
ne le soient pas, et que si quelqu'une d'elles échappe
à notre mémoire, nous pouvons la retrouver là où
nous l'avions trouvée d'abord, au sein de la vérité
incorporelle qui nous éclaire[2].

Ainsi Augustin fait de la mémoire tantôt une faculté
d'où tout part et où tout aboutit, tantôt une faculté qui
se borne à conserver les connaissances précédemment
acquises. La première de ces deux conceptions est empreinte d'un caractère d'exagération si marqué qu'elle
est tout à fait inacceptable. Il ne reste qu'à se demander comment saint Augustin a pu être amené à
l'admettre.

L'explication la plus naturelle qui s'offre à l'esprit,
c'est que l'étude approfondie qu'il avait faite de cette
faculté l'a porté à en étendre démesurément le domaine. Quand un esprit distingué se met à creuser un
sujet quel qu'il soit, il finit toujours par s'en exagérer
l'importance. Comme il y découvre une foule d'aspects
qu'il ne saurait apercevoir dans les sujets qui n'ont
point préoccupé son attention au même degré, il se
laisse aller à croire qu'il y a réellement plus de choses
là où il en a vu un plus grand nombre, et à expliquer

---

[1] *Ubi ergo te inveni ut discerem te? neque enim jam eras in
memoria mea prius quam te discerem. Ubi ergo inveni te, nisi
in te supra me?* (*Conf.*, l. X, c. 26).

[2] *...Idque inveniret ubi primum invenerat, in illa scilicet incor-
porea veritate, unde rursus quasi descriptum in memoria figere-
tur.* (*De Trin.*, l. XII, c. 14.)

une foule de phénomènes, non pas pas leur principe véritable, mais par le principe qui lui est le plus familier. Malebranche rapporte à l'imagination une multitude de faits qui n'en dépendent qu'indirectement, quand toutefois ils en dépendent. Adam Smith voit dans la sympathie la raison dernière de la plupart des jugements et des actes qui composent la vie humaine. Enfin, de nos jours, un brillant écrivain, versé dans l'étude de la philologie, a proposé de ramener à la linguistique la philosophie tout entière. Ce n'est qu'au prix de ces illusions d'optique qu'on acquiert la faculté de voir plus loin que les autres sur un point donné. Saint Augustin n'aurait-il pas subi la loi commune? N'aurait-il pas trop accordé à la mémoire, parce qu'il l'avait observée avec une sorte de complaisance et de prédilection?

Si cette explication *a priori* ne paraît pas satisfaisante, en voici une que nous suggère l'examen des faits, et qu'on trouvera peut-être plus plausible.

Saint Augustin, ayant subi profondément l'influence de la philosophie néoplatonicienne, n'en répudia que fort tard certaines doctrines peu conciliables avec le dogme chrétien, et surtout celle de la réminiscence. Dans sa lettre à Nébride, il fait un grand éloge de cette doctrine, et dans ses *Confessions* mêmes, nous l'avons vu, il se demande si l'idée de Dieu ne nous vient pas d'une vie antérieure que nous aurions vécue, ou chacun en particulier, ou tous ensemble dans le premier homme. Or on comprend que, même après avoir rejeté cette théorie, il n'ait pas rejeté tout à fait le langage dont il s'était servi jusque-là pour l'exprimer, et que, devenu chrétien par la pensée, il soit resté un peu alexandrin par la manière de la rendre.

La mémoire qu'il compare au Père dans la Trinité divine, n'est-elle pas celle à laquelle Plotin rapporte les idées des choses intelligibles, et dont il dit : « Les anciens semblent avoir appelé mémoire et réminiscence (μνήμη, ἀνάμνησις) l'acte par lequel l'âme pense aux choses qu'elle possède : c'est là une espèce particulière de mémoire tout à fait indépendante du temps [1].»

Quant aux passages où saint Augustin fait de la mémoire la simple faculté de conserver les vérités déjà découvertes, et attribue à l'intuition la connaissance des vérités absolues, j'y vois un effort de sa pensée pour s'élever au-dessus des doctrines de la philosophie ancienne, et pour répudier jusqu'à son langage. Il est alors beaucoup plus dans la vérité et dans la logique; car il y a de l'inconséquence à admettre le dogme de la réminiscence quand on rejette celui des existences antérieures, et il n'y en a pas moins, quand on rejette le dogme de la réminiscence, à tout faire dériver de la mémoire. Ici, comme sur d'autres points, Augustin est un philosophe de transition. Il combat la réminiscence de Platon, et prépare les idées innées de Descartes, sans rejeter assez positivement la première, et sans admettre assez nettement les secondes. Cependant ce n'est pas pour lui une médiocre gloire d'avoir dégagé, même imparfaitement, ce qu'on nomme aujourd'hui

_____
[1] *Enn.* 4, l. III, c. 25. Trad. de M. Bouillet.

le rationalisme des hypothèses par lesquelles le platonisme l'avait compromis, et d'avoir épuré une doctrine
qui devait avoir de si hautes destinées dans les âges
modernes. Cette gloire serait plus grande encore, si
Plotin n'avait pas précédé saint Augustin dans cette
voie par sa théorie de l'union de l'âme avec les intelligibles, théorie qui aurait dû, comme le remarque le
Père Thomassin, le conduire tout droit à la négation
de la réminiscence.

Rien, d'ailleurs, de plus approfondi et de plus fouillé,
comme on dit aujourd'hui, que cette théorie de la
mémoire dont nous venons d'essayer l'exposition. — On
a prétendu quelquefois que le souvenir n'est qu'une
sensation continuée. Or il y a, suivant saint Augustin,
entre la sensation et le souvenir que nous en avons une
différence essentielle; car l'un de ces phénomènes est
affectif, tandis que l'autre est cognitif; et, si celui-ci
nous révèle celui-là, c'est un fait que l'on peut constater, mais dont le comment et le pourquoi nous échappent. — On a souvent voulu voir dans la perception la
représentation fidèle de l'objet, et dans le souvenir
la persistance de cette représentation. Augustin, après
avoir remarqué, en traitant des sens, que la perception
n'est qu'un rapport entre l'objet perçu et le sujet percevant, où ce dernier met beaucoup du sien, et qui varie
avec les circonstances soit organiques, soit psychologiques, Augustin fait voir que le souvenir lui-même
n'est pas une représentation exacte, fixée une fois pour
toutes dans l'esprit, et n'y éprouvant aucune altération
jusqu'au moment où l'oubli l'efface à jamais, mais que

F.   13

c'est une image qui va se modifiant en nous avec le temps, et qui n'y reste pas un seul instant la même. — On croit encore communément que la matière du souvenir, si je puis employer ces termes techniques, est fournie par les sens, et sa forme par l'esprit; que la première est externe, et la seconde interne. Augustin prouve admirablement que dans le souvenir tout est interne, la matière comme la forme, et que ce n'est pas des objets que nous nous souvenons, mais des impressions qu'ils ont laissées au dedans de nous. — On se figure généralement que la conscience et les sens saisissent à la fois un ensemble plus ou moins considérable, et l'on ne fait intervenir la mémoire qu'après coup pour conserver leurs diverses acquisitions. Augustin démontre très-bien que, sans la mémoire, ces deux facultés seraient réduites à l'inaction, parce qu'elles ne pourraient opérer que sur des indiscernables, de sorte que, si la perception est la condition de la mémoire, celle-ci est, à son tour, la condition de la perception. — Enfin, beaucoup de personnes s'imaginent encore, à l'exemple de Locke, qu'une idée ne peut être dans l'esprit sans être connue, et qu'une idée que l'on a sans le savoir n'est rien. Augustin réfute d'avance cette opinion. Il remarque, avant Leibniz, qu'entre l'idée actuellement apparente et l'idée anéantie il y a l'idée latente, la perception sourde, qui offre des nuances infinies, et qui explique la plupart de nos croyances irréfléchies, de nos subites résolutions et de nos brusques réminiscences.

Quand Augustin n'aurait mis en lumière que ces

différents points, avec la clarté, la vivacité, la profondeur qui le caractérisent, cela suffirait pour que son nom restât à jamais attaché à la théorie de la mémoire, et fût inscrit parmi ceux des plus grands psychologues de l'antiquité.

CHAPITRE VIII.

DE L'IMAGINATION.

Malgré le rôle important et hautement avoué de l'imagination dans la vie humaine, et malgré les travaux remarquables dont elle a été l'objet à diverses époques, il est peu de facultés dont la nature soit restée plus indéterminée et plus indécise. Les uns en ont fait le pouvoir de reproduire purement et simplement les données des sens, d'autres celui de les combiner d'une manière capricieuse et fantastique, d'autres enfin celui de les coordonner conformément aux lois du goût et aux exigences de la raison. Il semble que le caractère divers et ondoyant des productions dans lesquelles cette faculté se joue, se retrouve jusque dans les théories auxquelles elle a donné lieu.

Saint Augustin essaya, non sans succès, de bien comprendre cette faculté et d'en fixer la notion. Avant lui, on la regardait uniquement comme une faculté intermédiaire entre les sens et la mémoire, et qu'on aurait pu définir, la mémoire moins la reconnaissance et moins la notion du temps. Que fit saint Augustin ?

Tout en laissant à l'imagination la fonction de conserver les idées, il lui attribua celle de combiner de
mille manières ces idées et les autres phénomènes de
l'âme, et d'enfanter des créations sans modèles dans la
réalité. Il plaça l'imagination, non plus seulement entre
les sens et la mémoire, mais entre la mémoire et l'entendement. Il comprit qu'au-dessus des facultés qui
acquièrent ou conservent, il en est une qui s'empare
des matériaux acquis et conservés pour en former des
composés nouveaux. A la théorie de l'imagination représentative, telle qu'Aristote l'avait établie, il ajouta celle
de l'imagination créatrice, telle qu'on la comprend
aujourd'hui. C'est à lui et non pas à Descartes, comme
on le croit généralement, qu'il faut faire honneur de
cette innovation ; et c'est là une des vues vraiment ori-
ginales de la psychologie augustinienne.

Que saint Augustin considère l'imagination comme
représentative ou comme créatrice, il la distingue profondément des sens, de la mémoire et de l'entendement.

I.

L'exercice des sens implique trois choses : un objet
à percevoir, des sens pour le percevoir et une volonté
qui applique ces sens à leur objet, de manière à produire la perception. L'objet, nous l'avons dit ailleurs,
est corporel, les sens mixtes et la volonté spirituelle.
L'exercice de l'imagination suppose également trois

principes distincts, mais d'une distinction moins profonde, puisqu'ils ont pour sujet commun l'âme elle-
même. Ces principes sont l'image de l'objet sensible,
telle qu'elle a été conservée dans la mémoire; l'imagination par laquelle cette image est saisie, et la volonté
qui tient l'imagination fixée sur l'image. Ainsi, ce qu'un
corps situé dans un lieu est au sens corporel, l'image
contenue dans la mémoire l'est à l'imagination ; et ce
que la modification éprouvée par celui qui regarde est
au corps regardé, la modification éprouvée par celui
qui imagine l'est à l'image que la mémoire contient.
De même que le corps est distinct de l'idée que les
sens nous en donnent et pourrait exister sans elle, de
même l'idée sensible est distincte de celle qu'en tire
notre imagination, et pourrait exister dans notre mémoire, lors même que notre imagination n'opérerait
point sur elle[1].

On entrevoit déjà la différence que saint Augustin
établit entre l'imagination et la mémoire; mais le point
capital de sa doctrine est plus nettement développé
dans la page suivante, où il montre admirablement que
la mémoire représente les choses telles qu'elles nous
sont apparues, soit pour la quantité, soit pour la qualité, et que l'imagination les modifie et les multiplie de
mille manières : « Nous ne pouvons nous rappeler les
formes des corps, sans nous rappeler leur nombre,
leur grandeur et la manière dont elles ont affecté nos
sens; car c'est par le moyen des sens que notre âme

[1] *De Trin.*, l. XI, c. 2 *et suiv.*

les a imprimées dans notre mémoire. Quant aux représentations de l'imagination, il est vrai qu'elles sont
formées des éléments qui sont dans la mémoire ; mais
elles se multiplient et varient à l'infini. Ainsi, je me
souviens d'un seul soleil, parce que je n'en ai vu
qu'un seul, et qu'il n'y en a qu'un en réalité ; cependant, si je veux, j'en imagine deux, trois, le nombre
qu'il me plaît ; mais c'est cette même mémoire par
laquelle je me souviens d'un seul, qui informe le regard de mon esprit quand j'en imagine plusieurs [1].
En outre, je me le rappelle aussi grand que je l'ai
vu.... Cependant je l'imagine à volonté plus grand ou
plus petit. Ainsi, je me le rappelle dans l'état où je
l'ai vu ; mais je l'imagine courant comme je veux et
s'arrêtant où je veux, venant d'où je veux et allant où je
veux. Il m'est, en outre, facile de l'imaginer carré, bien
que je me le rappelle rond ; de n'importe quelle couleur, bien que je n'aie jamais vu le soleil vert, et que,
par conséquent, je ne me le rappelle pas ainsi : et ce
que je dis du soleil, il faut le dire de tout le reste [2].»

Quant à l'entendement, il se distingue à la fois des
sens, qui perçoivent les corps situés dans l'espace, et
de l'imagination, qui saisit leurs images au fond de
l'esprit. C'est une faculté souveraine qui juge, non-
seulement des corps, mais de leurs simulacres eux-
mêmes, et qui leur dit : Vous n'êtes pas ce que je

---

[1] *Sed ex eadem memoria qua unum memini formatur acies mul-
tos cogitantis.*

[2] *De Trin.*, l. XI, c. 8.

cherche ; vous n'êtes pas ce principe de coordination
par lequel je mets chacun de vous à sa place, par
lequel je juge de votre beauté et de votre laideur,
principe plus beau, sans comparaison, que les choses
auxquelles il sert de règle et de mesure, et que je
place au-dessus de vous et de tous les corps dont je
vous ai tirés [1].

Jamais peut-être, avant saint Augustin, on n'avait
aussi bien caractérisé l'imagination, ni montré aussi
clairement comment elle se distingue, soit des sens et
de la mémoire qui lui fournissent ses matériaux, soit
de l'entendement qui lui fournit son idéal et sa règle,
et avec lequel on la confond encore quelquefois aujourd'hui.

Un des penseurs les plus éminents de notre époque [2]
lui attribue, en effet, la connaissance du beau, sans
réfléchir que nos facultés se mêlent d'ordinaire, dans
leur jeu multiple et varié, et se pénètrent réciproquement, si bien qu'il faut savoir faire le départ, dans les
phénomènes complexes qui en découlent, de ce qui
appartient à l'une et de ce qui est du domaine de
l'autre. Les conceptions de la raison, pour gouverner
telle ou telle de nos facultés, n'en sont pas les produits. De ce que la sensibilité a pour objet tantôt l'idée
du bien, tantôt celle du beau, tantôt celle du vrai en
général, on n'en conclut pas qu'elle les engendre ; de
ce que la volonté a l'idée du bien pour terme et pour
règle dans ses actes divers, on n'en infère pas qu'elle

[1] *De ver. relig.*, c. 39.
[2] M. Vacherot. *Dict. des sc. philos.*, art. *Imagination*.

est la faculté de connaître le bien. Il faut raisonner de
la même manière sur l'imagination. L'idée du beau
l'éclaire et la dirige ; mais cette idée n'en vient pas plus
que celle de l'utile ou du vrai, qui parfois aussi servent
de but à son action : autrement il y aurait deux facultés
de connaître au lieu d'une.

La sensibilité, la volonté, l'imagination existent dans
l'animal comme dans l'homme. Si elles affectent dans
ce dernier un caractère à part, cela tient évidemment
à ce qu'elles sont modifiées en lui par une autre faculté
que l'animal ne possède pas, et qui imprime sa forme à
la matière qu'elles lui fournissent. C'est parce que l'a-
nimal possède l'imagination sans la raison, la matière
sans la forme, des représentations flottantes sans un
principe régulateur qui les coordonne en vue d'un but
déterminé, que l'animal ne fait pas de progrès et reste
constamment stationnaire. L'homme, au contraire,
ayant la raison qui lui fournit les conceptions d'utilité,
de vérité, de beauté et d'autres semblables, peut faire
servir à leur réalisation de plus en plus complète les
données que l'imagination lui offre, et travailler, avec
un succès croissant, à l'amélioration de son sort, au
développement de la science et au perfectionnement
des arts. Ce rôle de la raison dans les productions de
l'imagination est si réel et si incontestable que si, pour
une cause ou pour une autre, elle vient à s'éclipser,
comme cela arrive dans l'ivresse, dans le rêve, dans le
délire, durant cet interrègne du pouvoir régulateur,
l'imagination n'enfante que des créations informes et
monstrueuses — *ægri somnia.* — Ce n'est pas qu'elle

ait rien perdu de sa puissance : elle en a autant, et
quelquefois plus qu'à l'ordinaire ; mais c'est qu'elle
agit seule et sans avoir pour règle ces idées du beau,
du vrai ou du bien qui lui venaient d'ailleurs.

Des sens, de l'imagination et de l'entendement dérivent, suivant saint Augustin, trois espèces de représentations ou visions qu'il importe de ne pas confondre,
et dont la réunion constitue l'ensemble de la connaissance humaine : les représentations corporelles, les
représentations spirituelles et les représentations intellectuelles. Augustin identifie l'esprit avec l'imagination,
et en fait la cause et le sujet des images qui ont été
tirées des images sensibles. Il réserve le nom d'intellect
ou d'entendement à cette partie de l'âme qui n'a rien
de commun avec les sens [1]. Quant à la mémoire, les
phénomènes qui en découlent ne sont pas, à proprement parler, des visions, et ce n'est point le nom qu'on
leur donne dans la langue ordinaire [2].

Voici un exemple dans lequel ces trois sortes de représentations sont réunies. « Quand on lit ces mots : —
Tu aimeras ton prochain comme toi-même —, on voit
corporellement les lettres ; on se représente spirituellement (c'est-à-dire en imagination) le prochain, et on
aperçoit intellectuellement l'amour. On peut aussi se
représenter spirituellement les lettres absentes et voir

---

[1] *Istum spiritum, qui modo quodam proprio vocatur spiritus,
vis animæ quædam mente inferior, ubi corporalium rerum simili-
tudines exprimuntur.* (De Gen. ad litt., l. XII, c. 9.)

[2] *Ibi non solet visio dici, cùm memoriæ commendatur forma,
quæ fit in sensu cernentis.* (De Trin., l. XI, c. 9.)

corporellement le prochain présent; mais l'amour ne
peut ni être vu en lui-même avec les yeux, ni être représenté dans l'esprit par une image semblable au
corps; il ne peut être connu et perçu que par l'âme
raisonnable, c'est-à-dire par l'entendement[1]. »

Les premières représentations sont celles par lesquelles nous percevons le ciel, la terre, la mer et les
autres objets extérieurs quand ils sont en notre présence; les secondes, celles par lesquelles nous nous
figurons les mêmes objets, soit tels que nous les avons
vus, soit en les modifiant à volonté quand nous en
sommes éloignés ou que nous sommes dans les ténèbres; les troisièmes ne sont pas proprement des représentations, elles sont les choses que nous saisissons,
non dans leurs images, mais en elles-mêmes[2].

Ce qui a été perçu dans la vision corporelle est
transmis à la partie spirituelle ou imaginative de l'âme.
C'est là, remarque très-bien saint Augustin, que s'arrête la connaissance dans les animaux; mais dans
l'homme elle va plus loin. Ce que les sens ont transmis
à l'imagination, l'imagination le transmet ensuite à
l'entendement[3], pour lequel les images, soit corporelles, soit spirituelles, ne sont autre chose que des
signes dont il s'agit de pénétrer le sens. Saint Augustin
éclaircit cette idée par un exemple remarquable. Bal-

---

[1] *De Gen. ad litt.* l. XII, c. 11.

[2] *De Gen. ad litt.*, l. XII, c. 6.

[3] *Et si quidem spiritus irrationalis est, veluti pecoris, hoc usque
oculi nuntiant. Si autem anima rationalis est, etiam intellectui
nuntiatur, qui et spiritui præsit.* (*De Gen. ad litt.*, l. XII, c. 11.)

thazar voit avec les yeux du corps une main tracer des caractères sur le mur de la salle du festin : voilà la vision corporelle. Cette main se retire et ces caractères s'effacent, mais Balthazar continue à les voir en esprit : voilà la vision spirituelle. Enfin, Daniel comprend quelle idée est exprimée par ces caractères mystérieux : voilà la vision intellectuelle [1].

Sans doute, en distinguant ainsi l'imagination des autres facultés qui concourent à la connaissance, et en distinguant les idées qui en dérivent de celles qui se rapportent aux sens et à l'entendement, saint Augustin n'a point fait une distinction entièrement nouvelle. Avant lui, Aristote avait montré admirablement comment l'imagination s'appuie sur la sensibilité, et l'entendement sur l'imaginative, bien qu'il eût un peu diminué le rôle de cette dernière. Mais on ne saurait nier que saint Augustin n'ait heureusement modifié cette théorie, et qu'il ne l'ait exposée d'une manière à la fois précise et intéressante. D'un autre côté, il est probable que la lecture de ses ouvrages n'a pas moins contribué que celle des ouvrages du Stagirite, à vulgariser cette doctrine au dix-septième siècle. Car enfin, la division des idées en idées adventices, en idées factices et en idées innées, telle qu'on la trouve dans Descartes, ressemble singulièrement à celle que nous venons de voir. Qu'est-ce que les idées adventices, sinon les représentations corporelles? Qu'est-ce que les idées factices, sinon celles qu'Augustin nomme spirituelles et qu'il

[1] *De Gen.*, *ad litt.*, l. XII, c. 11.

fait dériver de l'imagination? Qu'est-ce que les idées innées, si ce n'est les idées intellectuelles? Descartes comprend, en effet, sous la dénomination d'idées innées, comme saint Augustin sous celle d'idées intellectuelles, les idées qu'on rapporte aujourd'hui à deux facultés distinctes, au sens intime et à la raison, de sorte que les deux théories se ressemblent jusque dans leurs défauts. Malebranche, à son tour, admet, dans sa théorie de la connaissance, les trois facultés décrites par saint Augustin, et reproduit ses expressions elles-mêmes. Sens, imagination, entendement pur, ce sont là les noms que leur donne le philosophe de l'Oratoire, comme l'évêque d'Hippone.

II.

Mais l'imagination est-elle seulement distincte des sens? N'en serait-elle pas indépendante? — Nébride, qui était, à ce qu'il paraît, un esprit très-curieux et très-subtil, se préoccupait fort de cette question et consultait là-dessus son ami Augustin à peu près en ces termes : Au lieu de prétendre que l'imagination tire toutes ses représentations des sens, pourquoi ne pas dire qu'elle les tire d'elle-même? Quel est le rôle des sens dans les opérations de l'entendement? Celui de simples moniteurs. Ils l'avertissent de considérer en lui-même les intelligibles; mais ils ne les lui fournissent pas. N'en serait-il pas ainsi en ce qui concerne l'imagination? Les sens ne se borneraient-ils pas à la

mettre en éveil, et à l'avertir de contempler les images
qu'elle produit de son propre fonds et qu'ils ne sauraient lui donner? De là vient peut-être que l'imagination saisit des choses qui échappent aux sens : ce qui
n'arriverait pas, si elle n'avait pas comme un fonds
d'images qui lui fût propre [1].

Augustin se refuse absolument à admettre cette opinion, et combat vivement les raisons par lesquelles son
ami cherchait à la faire prévaloir. Si l'âme, dit-il, peut
imaginer les corps sans les avoir perçus, comme les
modifications propres à l'âme sont supérieures à celles
qui lui viennent de ses sens trompeurs, les pensées
d'un homme qui dort ou qui délire, doivent être mises
au-dessus des pensées d'un homme éveillé et bien portant. Ainsi, le soleil qu'on voit dans le rêve et dans la
folie, sera plus vrai que celui qu'on voit dans l'état de
veille et de santé. Ces conséquences étant absurdes, il
faut rejeter le principe dont elles découlent [2].

Ailleurs, Augustin revient sur cette question de l'indépendance de l'imagination, et établit d'une manière
admirable que l'exercice de l'imagination présuppose
celui de la mémoire. Qu'on lise ce remarquable morceau, et qu'on dise si l'imagination a jamais été mieux
décrite, et si ses rapports avec la mémoire ont jamais
été mis dans un plus beau jour:

« Si nos souvenirs, dit-il, n'ont pour objets que nos
sensations, et si nos imaginations n'ont pour objets
que nos souvenirs, d'où vient que nos imaginations

[1] *Epist.* VI.
[2] *Epist.* VII.

sont si souvent fausses, quand nos souvenirs, se rapportant à nos sensations, ne sauraient être entachés d'erreur ? C'est que la volonté, qui unit et sépare les phénomènes de ce genre, comme j'ai tâché, autant que j'ai pu, de le faire voir, conduit à son gré l'imagination dans les champs les plus reculés de la mémoire, et la pousse à imaginer ce qui échappe au souvenir, à l'aide de ce qu'il lui fournit, et en prenant çà et là les éléments dont elle se sert. Ces éléments s'unissent en une seule représentation, et forment une conception qu'on peut appeler fausse, puisqu'elle n'a point au dehors, dans la nature des choses corporelles, de réalité qui lui corresponde, et qu'elle ne paraît point tirée de la mémoire ; car nous ne nous souvenons pas d'avoir rien senti de tel. Qui a jamais vu un cygne noir ? Qui, par conséquent, s'en souvient ? Et cependant, qui ne peut en imaginer un ? Il nous est facile, en effet, de recouvrir cette forme que nous avons perçue par la vue, d'une couleur noire que nous avons vue aussi, mais dans d'autres corps ; car cette forme et cette couleur ayant toutes deux frappé nos sens, nous nous souvenons de l'une et de l'autre. Je n'ai pas de souvenir d'un oiseau à quatre pieds, parce que je n'en ai jamais vu ; mais je n'éprouve pas la moindre peine à me mettre devant les yeux une image de ce genre. Je n'ai besoin pour cela que d'ajouter à un volatile quelconque, tel que je l'ai vu, deux autres pieds, tels que ceux que j'ai également vus. C'est pourquoi, quand nous imaginons réunies les choses dont nous nous souvenons pour les avoir vues séparées, nous avons l'air de ne pas imaginer au moyen de nos souvenirs, bien que ce soit notre mémoire qui préside à cet acte, et que nous lui empruntions les matériaux que nous combinons de mille manières différentes et à notre fantaisie [1].»

Pour mieux apprécier cette belle analyse de l'imagination et de ses lois essentielles, qu'on la rapproche de ce que les modernes ont écrit de plus remarquable sur ce sujet. Qu'on relise, par exemple, le morceau justement admiré [2], où Locke fait si bien voir que notre empire sur le petit monde de l'entendement ressemble à notre empire sur le grand monde qui nous environne, en ce qu'il nous est bien plus facile de combiner les éléments qui nous sont offerts que d'en créer de nouveaux. On verra que le philosophe anglais reste inférieur au philosophe africain pour la richesse des détails, sans le surpasser pour l'exactitude de la doctrine.

Saint Augustin ajoute au tableau précédent quelques traits qui valent la peine d'être reproduits :

«Nous ne pouvons pas, dit-il, imaginer, sans le secours de la mémoire, les grandeurs corporelles que nous n'avons jamais vues. En effet, tout l'espace que peut embrasser notre regard dans l'immensité du monde, nous y déroulons la masse des corps, quand nous voulons les imaginer avec toute l'étendue possible. La raison va encore plus loin, mais l'imagination ne la suit pas [3]; car la raison nous révèle l'infinité des nombres, et aucune représentation de l'imagination,

---

[1] *De Trin.*, l. XI, c. 10.

[2] *Essai sur l'ent.*, l. II, c. 2.

[3] *Et ratio quidem pergit in ampliora, sed phantasia non sequitur.*

appliquée aux choses corporelles, ne saurait la saisir. La même raison nous enseigne que les corps, même les plus exigus, se divisent à l'infini ; cependant, lorsque nous sommes arrivés aux corpuscules les plus petits, les plus imperceptibles que nous nous souvenions d'avoir vus, nous ne pouvons nous représenter des images plus subtiles et plus délicates, bien que la raison ne cesse de poursuivre le cours de ses subdivisions. Ainsi, nous ne pouvons rien imaginer de corporel que les choses dont nous nous souvenons, ou d'après les choses dont nous nous souvenons [1].»

N'y a-t-il pas quelque chose d'extrêmement ingénieux dans cette espèce d'équation que saint Augustin établit entre les représentations de l'imagination et les perceptions des sens ? N'y a-t-il pas quelque chose de profondément vrai dans la supériorité qu'il accorde aux conceptions de l'entendement pur sur les données de cette même imagination, en ce qui concerne leur portée et leur étendue respectives ? Cette idée ne contient-elle pas en germe la doctrine si clairement exposée par Descartes et les solitaires de Port-Royal à l'encontre de Hobbes ? Que l'on se souvienne des passages bien connus où ces philosophes montrent que nous ne saurions imaginer une figure de mille côtés, et que, si nous cherchions à le faire, la figure que nous imaginerions serait tellement vague et confuse qu'elle pourrait avoir dix mille côtés aussi bien que mille, tandis

---

[1] *Ita nulla corporalia, nisi aut eā quæ meminimus, aut ex iis quæ meminimus, cogitamus.* (*De Trin.*, l. XI, c. 10.)

que nous concevons très-facilement une figure de ce genre, c'est-à-dire que nous en déterminons très-nettement les propriétés. N'est-ce pas là abonder dans le sens de saint Augustin, et admettre avec lui que l'imagination va moins loin que la raison?

L'inspiration augustinienne n'est pas moins sensible dans certaines pages de Malebranche. On n'a qu'à relire, pour s'en convaincre, son étrange et admirable chapitre sur les erreurs de la vue et sur la divisibilité à l'infini. Il y parle plusieurs fois de l'imagination comme d'une faculté qui ne peut suivre la raison dans ses conceptions les plus claires et les plus positives, et qui est toujours prompte à s'en effaroucher :

« L'imagination, dit-il, se perd et s'étonne à la vue d'une si étrange petitesse; elle ne peut atteindre ni se prendre à des parties qui n'ont point de prise pour elle; et, quoique la raison nous convainque de ce qu'on vient de dire, les sens et l'imagination s'y opposent, et nous obligent souvent d'en douter.... On n'y voit qu'infinités partout, dit-il plus loin, et non-seulement nos sens et notre imagination sont trop limités pour les comprendre, mais l'esprit même, tout pur et tout dégagé qu'il est de la matière, est trop faible et trop grossier pour pénétrer le plus petit des ouvrages de Dieu; il se perd, il se dissipe, il s'éblouit, il s'effraye à la vue de ce qu'on appelle un atome selon le langage des sens [1].»

Saint Augustin reproduit dans plusieurs de ses ouvrages cette brillante peinture de l'imagination et de

---

[1] *Rech. de la vér.*, l. I, c. 6.

ses rapports avec la mémoire. Il ne varie pas sensiblement le fond de ses idées ; mais il les exprime chaque
fois sous une forme différente, les ornant sans effort de
quelques vives images, de quelques traits inattendus
que lui fournit libéralement cette même imagination
dont il retrace le tableau.

Imaginer, dit-il dans une de ses lettres à Nébride,
c'est donc tout simplement diminuer, agrandir, modifier enfin d'une manière quelconque les images fournies
par les sens et conservées dans la mémoire. Étant donnée l'idée d'un corbeau, qui me représente ce volatile
comme s'il était là devant mes yeux, je puis, par une
série d'additions et de retranchements, en faire une
idée qui ne corresponde à rien de ce que j'ai vu. C'est
ainsi que l'imagination arrive, en supprimant ceci, en
ajoutant cela, à créer au dedans de nous des objets que
nous n'avons vus nulle part dans leur totalité, mais
dont nous retrouvons partout au dehors les éléments
constitutifs et comme les membres épars. Bien que nous
soyons nés et que nous ayons été nourris dans l'intérieur des terres, nous pouvions dès nos jeunes années
et à l'aspect d'une simple coupe pleine d'eau, nous
représenter le vaste sein des mers. Nous n'avions besoin
pour cela que d'agrandir une image déjà présente à
notre esprit. Mais nous n'aurions pu, avec la meilleure
volonté du monde, imaginer le goût des fraises avant
d'être venus en Italie, parce qu'on ne peut imaginer
que d'après ce que l'on a senti et d'après ce que l'on
se rappelle. Voilà pourquoi ceux qui ont été aveugles
dès leur enfance, quand on les interroge sur la lumière

et sur les couleurs, ne savent que répondre ; ils ne peuvent se représenter des images qu'ils n'ont jamais perçues[1].

Saint Augustin s'adresse à ce sujet une objection qu'on ne trouvera peut-être pas fort spécieuse, mais dans la solution de laquelle il déploie un rare talent d'observation psychologique.

Quand, dit-il, on me raconte une histoire véritable, et que je m'en représente les différents détails, il semble que ce n'est pas dans ma mémoire, mais dans le récit du narrateur que mon imagination puise les matériaux qu'elle met en œuvre. Or c'est là une erreur que la moindre réflexion suffit à dissiper. Je ne pourrais pas même comprendre le narrateur, si je ne me souvenais pas du genre de chacun des objets dont il parle, bien qu'ils ne se soient jamais offerts à mes yeux groupés comme ils le sont dans son récit. Quand on me parle d'une montagne dépouillée de forêts et couverte d'oliviers, je ne puis savoir ce que l'on me dit, qu'à la condition d'avoir dans ma mémoire, d'une manière générale, l'idée de montagne, l'idée de forêt et l'idée d'olivier : sans cela, ces mots seraient de vains sons, qui n'éveilleraient dans mon esprit aucune image. Je ne puis rien lire ni rien entendre, je ne puis ni raconter ce que j'ai fait, ni exposer ce que je me propose de faire, sans recourir à ma mémoire, et sans y puiser les images qui se succèdent alors dans mon esprit[2].

---

[1] *Non enim coloratas ullas patiuntur imagines, qui senserunt nullas.* (*Ep.* VII.)

[2] *De Trin.*, l. XI, c. 8, 9.

Est-il rien de plus juste, de plus ingénieux, de plus fin que les observations qui précèdent? Augustin met parfaitement en lumière une chose trop peu remarquée, c'est que l'imagination n'agit pas seulement dans les grandes créations de la poésie et de l'art, mais encore dans les faits les plus humbles de la vie ordinaire. Nous ne pouvons rien dire ni rien faire, rien lire ni rien entendre, sans que notre imagination entre en jeu et emprunte à la mémoire les couleurs dont elle a besoin pour composer ses tableaux. Ce n'est pas seulement Homère qui a imaginé Achille, tous ses lecteurs en ont fait autant; et de tant d'images, il n'en est peut-être pas une qui ressemble à l'autre, ou qui reproduise exactement les traits de l'Achille réel.

Augustin continue et établit très-bien le rapport de dépendance qui existe entre l'imagination et la mémoire, la mémoire et les sens, les sens et les objets sensibles. Je ne saurais, dit-il, imaginer un son, une forme, une couleur, une odeur ou une saveur, sans me les rappeler, de même que je saurais me les rappeler sans les avoir auparavant senties. Si, en matière de choses corporelles, il n'y a rien dans la mémoire qui n'ait été d'abord dans les sens, il n'y a rien dans l'imagination qui n'ait été d'abord dans la mémoire. Ainsi, la forme du corps engendre, pour ainsi dire, celle des sens; la forme des sens, celle de la mémoire; la forme de la mémoire, celle de l'imagination; et chaque fois la volonté intervient pour unir la forme génératrice à la forme engendrée [2].

[1] *Idem.*

III.

On le voit, l'imagination créatrice, la grande et véritable imagination, qui avait été presque entièrement négligée par les philosophes anciens, est celle dont saint Augustin s'occupe de préférence, et à laquelle il rapporte la plupart de ses observations. Cependant il ne méconnaît pas pour cela, on a pu déjà le remarquer, cette forme plus humble de l'imagination qu'on nomme imagination représentative, et il lui conserve sa place dans la science.

En effet, il admet dans l'esprit deux espèces d'images, qui tirent leur source de l'imagination, les unes conformes à leurs objets et qu'il nomme φαντασίαι, les autres formées de la combinaison de ces dernières et qu'il appelle φαντάσματα. Or il est facile de voir que les premières correspondent exactement à ce que Dugald Stewart nomme *conceptions*, et les secondes à ce qu'il appelle *imaginations*, et que, si celles-ci relèvent de l'imagination créatrice, celles-là dépendent de l'imagination représentative. Les termes de saint Augustin sont d'une remarquable précision : « Autre chose, dit-il, est l'image de mon père que j'ai vu ; autre chose, celle de mon aïeul que je n'ai jamais vu. La première est une *phantasia*, la seconde un *phantasma*. Je trouve l'une dans ma mémoire, l'autre dans un mouvement de l'âme provoqué par les mouvements qui sont déjà dans ma mémoire [1].»

Saint Augustin va plus loin : non content d'avoir fait cette division si exacte, mais si simple, de l'imagination, il propose une division un peu plus compliquée, qui me paraît avoir aussi une assez grande valeur, et qui me semble contenir en germe ce qu'on a dit depuis de plus remarquable sur l'imagination considérée comme principe de la fiction et comme principe de l'idéal. Dans une de ses lettres à Nébride, il fait dériver de l'imagination trois espèces d'images, qui s'appliquent, les unes aux objets des sens, les autres à ceux de l'opinion, les autres à ceux de la raison : ce qui revient à reconnaître une imagination représentative, une imagination fantastique et une imagination rationnelle, si l'on veut bien me passer ces deux dernières dénominations. Seulement, il faut bien le dire, il s'exprime de manière à faire croire qu'il emprunte à un autre auteur cette division ingénieuse [2].

J'ai vu, ajoute Augustin, la figure d'un ami ou l'extérieur d'une ville, une chose qui existe encore, ou une chose qui n'existe plus, n'importe : l'image que je m'en forme est une image de la première catégorie. La seconde comprend les créations des poëtes : c'est ainsi que je me représente Chrémès ou Parménon, Enée ou

---

[1] *Aliter enim cogito patrem meum quem sæpe vidi, aliter avum quem nunquam vidi. Horum primum phantasia est, alterum phantasma. Illud in memoria invenio, hoc in eo motu animi, qui ex iis ortus est quos habet memoria.* (De Mus., l. VI, c. 11.)

[2] *Ep.* VII.

Médée avec les serpents ailés attelés à son char. Elle comprend encore les allégories ingénieuses des philosophes et les sottes rêveries des fondateurs de religions, tels que le Phlégéthon et les sept cavernes de la race de ténèbres. Elle comprend enfin les hypothèses des savants. C'est ainsi qu'ils disent : Supposez que la terre ait une forme carrée —, et d'autres choses semblables. La troisième catégorie comprend les images qui réalisent les conceptions de notre entendement relatives aux nombres et aux proportions. Si mon entendement a trouvé la vraie figure du monde, immédiatement mon imagination m'en offre une représentation plus ou moins fidèle. Si j'ai conçu dans mon esprit l'idée d'une figure de géométrie, aussitôt cette même imagination me l'offre réalisée dans une image. Mais, bien que les conceptions de l'esprit soient vraies, les images que l'on s'en fait ne laissent pas d'être fausses : ce qui revient à dire, si j'interprète bien la pensée d'Augustin, que l'idée de perfection conçue par la raison ne peut jamais être réalisée parfaitement, non-seulement par les sens, mais encore par l'imagination elle-même. C'est là une proposition qui n'est pas moins incontestable dans le domaine des mathématiques que dans celui de l'art[1].

Si la division que saint Augustin établit entre les images est par elle-même digne de remarque, les détails dont il se sert pour la développer méritent aussi une sérieuse considération. Que de pensées, pour qui

[1] *Ep.* VII.

sait lire, dans les quelques lignes où il rattache à l'imagination, non-seulement les œuvres de la poésie, mais encore les fables des diverses religions et les hypothèses de la science ! C'est un programme auquel aujourd'hui même il y aurait peu de chose à changer, et dont il suffirait d'étendre et de varier les développements. Le rôle de l'imagination dans les sciences mathématiques n'est pas moins finement saisi, et les philosophes du dix-septième siècle n'ont eu qu'à s'inspirer des vues d'Augustin à ce sujet, pour s'élever aux idées ingénieuses dont ils ont souvent enrichi leurs ouvrages.

IV.

Malgré le soin avec lequel saint Augustin analyse l'imagination, il n'est pas de ceux qui exaltent outre mesure cette faculté, et qui nous vantent sans cesse ses productions merveilleuses : il cherche bien plutôt à la rabaisser, elle et ses œuvres, et à nous prémunir contre elle. Il a cela de commun avec tous les philosophes idéalistes. Tous voient en elle la fille et l'auxiliaire des sens, et s'en défient à l'égal des sens eux-mêmes. On se souvient que Platon, un admirable artiste cependant, accable en toute circonstance les artistes de ses dédains, et qu'Homère lui-même, en qui la Grèce saluait le chantre de ses héros et son maître d'héroïsme, ne trouve point grâce devant lui. Parmi les modernes, Descartes oppose sans cesse aux vaines images de la fantaisie les solides conceptions de l'entendement; et Malebranche, dans ses attaques contre la connaissance sensible, prend surtout à partie l'imagination, et dirige contre elle ses traits les mieux aiguisés et les plus perçants. Sur cette question, comme sur beaucoup d'autres, Augustin s'est inspiré des doctrines platoniciennes, et a inspiré, à son tour, Descartes peut-être, mais certainement Malebranche.

Parmi les œuvres où l'imagination joue le principal rôle, et qui relèvent plus particulièrement de cette faculté, il faut citer en première ligne les œuvres littéraires. Or tout le monde sait de quelle manière saint Augustin les traite dans ses *Confessions*. Il s'étonne qu'il y ait dans un État des hommes qui puissent impunément enseigner les fictions des poëtes, et qui soient même rétribués aux frais du public pour cela [1]. Ces fictions sont, à ses yeux, tantôt des bagatelles qu'on a grand tort de prendre au sérieux, tantôt des productions coupables dont on devrait réprimer la licence. Il reproche durement au vieil Homère, suivant d'ailleurs en cela l'exemple de Platon et de Cicéron, de rabaisser la majesté divine au niveau de notre humanité, au lieu d'élever l'humanité au niveau de la majesté divine. Avec une sévérité, où l'on sent, il est vrai, les restes d'une passion mal éteinte, il blâme Virgile de faire pleurer sur les malheurs de Didon des lecteurs auxquels leurs propres misères offrent assez de sujets de larmes. Il accuse, avec plus de raison peut-être,

[1] *Conf.*, l. I, c. 13, 16.

Térence d'encourager le dérèglement des mœurs, en mettant sur la scène un jeune homme qui s'excite au vice par l'exemple du roi de l'Olympe, du père et du maître des dieux. Nous ne saurions souscrire à tant de rigueur. Condamner la poésie en général, et en particulier celle du grand et chaste Homère, et celle des deux poëtes romains qui ont fait parler à la passion émue le plus pur et le plus expressif langage, c'est vouloir mutiler l'âme humaine et lui retrancher le noble sentiment de la beauté et de la grâce. Cependant Augustin nous plaît jusque dans ses exagérations mêmes. C'est que ce qui perce dans ses paroles, ce n'est point l'aigreur d'un dévot vulgaire qui s'irrite contre ce qu'il ne comprend pas, ni la répulsion d'une âme froide qui ne peut souffrir ce qu'elle ne sent pas : non, c'est bien plutôt la délicatesse d'un cœur encore tout blessé des passions et qui s'alarme à leur seul souvenir; c'est quelque chose comme les pleurs pénitents de Racine regrettant d'avoir composé *Phèdre* et *Andromaque,* ou comme les gémissements contenus de La Vallière s'accusant de pleurer la mort d'un fils dont elle n'a point encore assez pleuré la naissance.

L'influence de l'imagination n'est guère moins funeste, suivant saint Augustin, dans la vie et dans la science que dans la littérature; car c'est d'elle que proviennent la plus grande partie de nos erreurs. Errer, dit-il, c'est prendre ce qu'on imagine pour ce qui est. J'ai dans l'esprit l'image de Rome; mais cette image n'est pas Rome elle-même. Je me représente intérieurement le soleil; mais cette représentation et le soleil

sont deux choses bien différentes. Les erreurs où l'on
tombe sont d'autant plus grandes que les images qu'on
se représente s'éloignent plus de la réalité. Si l'on se
trompe en prenant les images qui ressemblent aux objets et qu'on nomme *phantasiæ*, pour les objets eux-
mêmes, que sera-ce quand on confondra avec les objets les images nommées *phantasmata*, qui ne leur
ressemblent nullement et qui sont nées des combinaisons les plus capricieuses? Les choses corporelles sont
réelles, les *phantasiæ* le sont moins, les *phantasmata*
sont moins réels encore. Nous repaître l'esprit des représentations que l'imagination nous offre, c'est donc
nous repaître de mets somptueux, mais creux et sans
substance. Ces aliments n'ont pas plus de réalité que
ceux que l'on mange en rêve, et ne nourrissent pas
plus l'esprit que ces derniers ne nourrissent le corps.
Nous pensons, par leur moyen, soutenir et réparer nos
forces, et nous ne nous apercevons pas que nous nous
épuisons et que nous tombons en langueur.

Puisque c'est s'égarer que de regarder les images
des corps comme des corps véritables, n'est-ce pas
s'égarer bien davantage que de les considérer comme
des représentations de l'âme, dont les corps reçoivent
la vie, et de Dieu à qui l'âme emprunte tout son être?
Dans le premier cas, on demande à l'imagination ce
que les sens seuls peuvent donner ; dans le second, on
substitue son témoignage à celui de la raison. Les
hommes, suivant saint Augustin, ne savent pas faire
la différence qu'il faut entre l'acte d'imaginer et celui
de concevoir. Un objet qu'ils conçoivent, sans pouvoir

se le représenter par aucune image, leur semble un pur
néant. De là toutes ces doctrines qui assimilent l'âme
au corps, et en font, les unes du feu, les autres de l'air,
les autres un mélange des quatre éléments, comme si
ce qui n'est pas corporel n'était pas [1].

Que dire de l'idée de Dieu et de la manière dont
l'imagination s'est plu à l'altérer et à la corrompre? Il
faut lire, dans les *Confessions*, le curieux chapitre où
saint Augustin raconte comment son esprit, d'abord
obscurci par les nuages de l'imagination, s'en dégagea
peu à peu et s'éleva jusqu'à la pure lumière de la raison. Il ne pouvait comprendre d'autre substance que
celle qui frappe les yeux; cependant l'idée d'une substance corporelle lui paraissait peu conciliable avec
l'idée d'un être parfait, immuable, inaltérable, tel qu'il
concevait l'être divin. Il écartait quelquefois les fantômes de son imagination, et chassait leur tumultueux
essaim voltigeant de toutes parts autour de lui; mais
celui-ci, écarté un instant, revenait bientôt plus serré
et plus compact que jamais et projetait de nouveau son
ombre sur son entendement [2].

Augustin avait beau faire, il ne pouvait s'empêcher
d'imaginer Dieu, non pas comme un être ayant l'exté-

---

[1] *De Trin.*, l. IX, c. 11; l. XI, c. 4; *De Ver. Rel.*, c. 34; *De Mus.*,
l. VI, c. 11; *Conf.*, l. III, c. 6 et suiv.

[2] *Clamabat violenter cor meum adversus omnia phantasmata
mea, et hoc uno ictu conabar abigere circumvolantem turbam im-
munditiæ ab acie mentis meæ; et vix dimota in ictu oculi, ecce
conglobata rursus aderat, et irruebat in adspectum meum, et ob-
nubilabat eum.* (*Conf.*, l. VII, c. 1.)

rieur d'un homme, — il répugna toujours à cette pensée, — mais comme une substance corporelle placée
dans l'espace immense, contenant en elle tous les
corps de l'univers et s'étendant infiniment au delà;
car une existence purement incorporelle était, à ses
yeux, moins réelle que le vide, et lui semblait identique au néant même de l'existence. Comme si, remar-
quait-il plus tard, l'activité par laquelle il pensait les
corps n'était pas bien différente des corps pensés, et
néanmoins bien réelle! Quelquefois il se représentait
Dieu comme la lumière. De même que la lumière pénètre, sans la rompre, la masse de l'air et la remplit
tout entière, de même, pensait-il, Dieu pénètre et remplit l'eau, la terre, le ciel, tout le vaste corps de l'univers, et c'est ainsi qu'il est présent partout et qu'il régit
toutes choses. D'autres fois, il se figurait la substance
divine enveloppant et pénétrant le monde, à peu près
comme une mer infinie dans tous les sens qui enve-
lopperait et pénétrerait une éponge immense, mais
d'une étendue bornée[1]. C'est, à peu de chose près,
l'image dont se sert Plotin quand il compare l'univers
à un vaste filet et Dieu à un océan sans limites où ce
filet serait plongé.

Augustin ne songeait pas, ainsi qu'il se le reproche
dans ses *Confessions*, que donner à Dieu une étendue
effective, c'était diviser sa substance par morceaux, en
attribuer, suivant ses expressions, au moineau une
moindre partie qu'à l'éléphant, et contredire les plus

[1] *Conf.*, l. VII, c. 5.

claires notions de la raison. Dieu, dit-il, c'est la lumière, celle qui éclaire non les yeux, mais le cœur, c'est-à-dire la vérité. Si vous concevez la vérité, tenez-vous en là, écartez les images qui pourraient obscurcir l'idée que vous vous en faites; car concevoir la vérité, c'est concevoir Dieu [1].

Pour éviter l'erreur, il importe donc de se prémunir contre l'imagination et ses fantômes, de ne prendre ses représentations que pour ce qu'elles sont, c'est-à-dire pour de vaines ombres. Autrement on ne s'élèvera jamais de l'opinion à la science, du monde des apparences à celui des réalités.

Telles sont les idées que suggère à saint Augustin l'étude de l'imagination considérée dans son action sur la connaissance humaine. Il classe très-bien, je ne dis pas les causes de nos erreurs, mais nos erreurs elles-mêmes. Prendre les images de la fantaisie soit pour les réalités sensibles, soit pour les réalités intelligibles, c'est, en effet, à ces deux points que la plupart des illusions de notre esprit se ramènent, et il en est peu qui ne rentrent dans l'une ou dans l'autre de ces deux catégories. Mais Augustin ne se borne pas à classer nos erreurs; il cherche, nous l'avons vu, à en saisir les nuances. Il est certain, en effet, que l'erreur a des degrés, et qu'il y a quelque différence entre croire, sur l'autorité de l'imagination, à la présence d'un objet possible et même réel, et croire, sur la foi de cette même faculté, à la présence d'un objet chimé-

---

[1] *De Trin.*, l. VIII, c. 2.

rique et impossible. Un autre point à remarquer, dans les développements qui précèdent, c'est la pénétration avec laquelle saint Augustin reconnaît le fondement solide, inébranlable, sur lequel il faut asseoir et le dogme du Dieu-Esprit, et le spiritualisme tout entier : je veux dire le sentiment de notre activité interne, de notre force spirituelle[1].

V.

Les modernes ont rattaché, avec raison, à la théorie de l'imagination, l'explication de la rêverie, du rêve, de l'hallucination, de l'extase et des autres phénomènes psychologiques et physiologiques, qui sont en apparence réfractaires à toute espèce de loi. Ils avaient été devancés sur ce point, non-seulement par Aristote, mais encore et surtout par saint Augustin. Ce philosophe décrit d'abord, et cela avec une netteté et une exactitude parfaites, l'état normal de l'âme, celui où elle prend les représentations de son imagination pour ce qu'elles sont et ne les confond pas avec les perceptions des sens, convaincue que les premières ne sont que de simples modifications du sujet pensant, et que les secondes ont au dehors un objet présent et actuel...

[1] *Nec videbam hanc eamdem intentionem qua illas ipsas imagines formabam, non esse tale aliquid : quæ tamen ipsas non formaret, nisi esset magnum aliquid.* (*Conf.*, l. VII, c. 1.)

« Quand nous sommes éveillés, dit-il, et que notre esprit, ne cherchant pas à s'abstraire des sens, a une vision corporelle, nous distinguons parfaitement de cette vision la vision spirituelle par laquelle nous pensons en imagination aux corps absents, soit en nous souvenant de ceux que nous connaissons, soit en nous représentant tant bien que mal, par le mouvement de notre esprit, ceux que nous ne connaissons pas et qui existent cependant, soit en imaginant au gré de notre opinion et de notre fantaisie ceux qui n'existent absolument nulle part. Nous distinguons si bien de toutes ces visions les choses corporelles que nous voyons et qui sont présentes à nos sens, que nous n'hésitons pas à regarder celles-ci comme des corps, celles-là comme de simples images des corps eux-mêmes [1]. »

Mais il n'en est pas toujours ainsi, même dans l'état de veille et de santé. La méditation, la rêverie, la passion peuvent quelquefois nous absorber au point de nous faire croire à ce que nous imaginons. Lorsque, dit saint Augustin, la volonté détourne notre esprit des sens et des objets sensibles et le concentre sur les représentations que nous portons au dedans de nous, il nous arrive de prendre ces représentations si semblables aux objets représentés, pour ces objets eux-mêmes. Ce sont des images si vives, qu'elles nous effrayent ou nous charment quelquefois, comme pourraient le faire leurs modèles extérieurs, et qu'elles nous arrachent même des paroles soudaines. Si notre imagi-

---

[1] *De Gen. ad litt.*, l. XII, c. 12.

nation est enflammée de quelque passion ardente, elle
prête aux images qu'elle nous offre la même netteté
et le même relief que les choses mêmes pourraient
avoir. Dans le paroxysme du désir et de la crainte, ce
que nous imaginons, nous croyons le voir et le sentir.
Saint Augustin parle d'un homme qui se représentait
d'une manière si vive, et sous une forme en quelque
sorte si solide, le corps d'une femme, que l'imagination produisait en lui les mêmes effets que la réalité.
Ce n'est point encore là le rêve, l'hallucination, ni l'extase; mais on conviendra que c'est un état intermédiaire entre l'état normal et ces états extraordinaires,
et qu'il peut servir à les expliquer.

Ce rapport n'a point échappé à saint Augustin, et on
doit lui savoir gré d'avoir réussi à le saisir et d'avoir
rattaché entre eux des phénomènes sans lien apparent
et visible. Il faut, dit-il, placer parmi les modifications
du même genre, les illusions que l'imagination produit
en nous durant notre sommeil[1]. Les visions des fous,
des devins, des prophètes, *furentium, divinantium,
prophetantium*, de tous ceux qui ne se possèdent pas,
pour une raison ou pour une autre, rentrent dans la
même catégorie.

En quoi, en effet, le rêve, le délire, l'extase diffèrent-
ils de la distraction provoquée par la rêverie ou la passion? En ce que, dans ce dernier état, l'âme ne
confond qu'imparfaitement et par intervalles, ses per-

---

[1] *Ex eodem genere affectionis etiam illud est, quod in somnis
per imagines ludimur.* (*De Trin.*, l. II, c. 4.)

F.   15

ceptions et ses conceptions, tandis que, dans les premiers, la confusion est à peu près complète et constante. C'est une vérité que saint Augustin ne s'est pas borné à pressentir : il l'a expliquée et développée aussi nettement que devait le faire un jour Dugald Stewart.

« Quand les images des corps, dit-il, se produisent en nous durant le sommeil ou l'extase, nous ne les distinguons nullement des corps eux-mêmes. C'est seulement quand l'homme recouvre ses sens, qu'il reconnaît qu'il a roulé dans son esprit des images que ses sens ne lui fournissaient pas. Quel est, en effet, celui qui, en s'éveillant, ne s'aperçoit pas tout de suite que les objets qu'il voyait en songe étaient imaginaires, bien qu'il ne pût, quand il les voyait en dormant, les discerner des représentations corporelles d'un homme éveillé [1] ? »

Augustin ajoute à cette peinture une observation curieuse et qui montre avec quel intérêt et quelle finesse il s'étudiait lui-même. Il lui est arrivé, dit-il, plus d'une fois, lorsqu'il était livré à un demi-sommeil, de voir des corps en rêve, et de penser que c'était en rêve qu'il les voyait. Il était bien persuadé qu'il n'avait devant les yeux que des images trompeuses, et non des corps véritables. Il rêvait même qu'il s'entretenait avec un ami et qu'il lui disait que c'étaient là de vains songes; mais, dans le même instant où il croyait à l'inanité de ces représentations illusoires, il croyait à la pré-

---

[1] *De Gen. ad litt.*, l. XII, c. 2.

sence réelle de cet ami auquel il pensait parler; de sorte que le vrai et le faux, le réel et le chimérique se mêlaient-confusément dans son esprit[1].

Qu'on nous permette, pour achever ce remarquable tableau du rêve, de traduire un passage des *Confessions*, où les observations du psychologue se mêlent de la manière la plus heureuse à l'examen de conscience du pénitent, et où saint Augustin se demande curieusement quelles sont les facultés qui sont endormies et quelles sont celles qui restent éveillées durant nos songes :

« .....Elles sont, dit-il, encore vivantes dans ma mémoire, dont j'ai parlé si longuement, les impures images que l'habitude y a gravées. Elles se présentent à moi, quand je veille, dépourvues de force ; quand je dors, au contraire, non-seulement elles me causent du plaisir, mais elles me portent à une sorte de consentement et d'action. Ces images décevantes ont tant de pouvoir et sur mon âme et sur mon corps, que de vains fantômes obtiennent de moi quand je dors, ce que je refuse aux réalités quand je veille. Ne suis-je donc plus alors le même homme, Seigneur mon Dieu? Quelle différence cependant entre moi et moi-même, suivant que je suis endormi ou éveillé! Où est alors ma raison, qui résiste durant la veille à toutes les tentations, et fait que sous l'action des objets eux-mêmes je reste inébranlable? Se ferme-t-elle avec mes yeux? S'assoupit-elle avec mes sens corporels? D'où vient donc que, durant le som-

---

[1] *De Gen. ad litt.*, l. XII, c. 2.

meil, il nous arrive souvent de résister, de demeurer
fidèles à nos résolutions de chasteté, et de refuser
notre consentement aux séductions du plaisir? Et cependant, nous sommes si différents de nous-mêmes
que, si nous venons à faillir, une fois éveillés nous
retrouvons le calme de notre conscience, persuadés
que ce n'est point nous qui avons fait ce qui s'est
fait en nous et dont nous éprouvons un regret sin-
cère [1]. »

Combien, je le demande, y a-t-il de personnes
pieuses que leurs scrupules religieux et le noble souci
de leur perfectionnement moral aient amenées à s'étudier aussi profondément elles-mêmes? En quoi diffèrent
l'état de veille et l'état de sommeil? L'homme conserve-
t-il, dans ce dernier état, son identité et sa personnalité? La sensibilité et l'imagination exercent-elles alors
sur lui un empire absolu? Sa volonté et sa raison sont-
elles momentanément inactives et dorment-elles comme
les organes? Si oui, comment tenons-nous en dormant
certaines résolutions? Si non, comment manquons-
nous à d'autres, sans en éprouver aucun remords? Ces
questions, savamment agitées pour la plupart par la
philosophie de notre temps, avaient, comme on le voit,
été entrevues et même assez nettement posées par la
théologie du quatrième siècle.

Augustin décrit encore, mais plus brièvement, le
délire et l'extase, et ne voit dans ces phénomènes,
comme dans celui du rêve, qu'un simple tissu d'ima-

---

[1] *Conf.*, l. X, c. 30.

ginations. Si un homme est atteint d'un accès de délire
ou de fièvre chaude, les représentations qu'il se forme
en lui-même sont alors si vives, qu'il les prend pour
des réalités, et que ce qu'il imagine dans son esprit, il
croit le voir avec les yeux de son corps. Si, pendant
qu'il est dans cet état, ses sens continuent à fonctionner, il pourra se faire qu'il parle à la fois à un homme
qui est devant ses yeux, et à un homme qui n'est présent qu'à son imagination. Saint Augustin en a vu des
exemples. [1]

L'ingénieux observateur aurait pu remarquer que c'est
là un trait de ressemblance entre le délire et le rêve; car
un homme qui rêve répond quelquefois aux questions
qu'on lui adresse, et continue néanmoins à dormir et
à rêver, de sorte que son imagination et ses sens agissent à la fois. Mais une autre analogie entre ces deux
états qui ne lui a pas échappé, c'est qu'à la fin de l'accès de délire, comme à la fin du rêve, tantôt on se
souvient, tantôt on ne se souvient pas de ce qu'on a
fait ou éprouvé.

Si tout commerce est rompu entre l'esprit et les
sens, ce n'est plus simplement le délire, c'est l'extase.
Les corps sont présents, les yeux sont ouverts, et cependant les yeux ne perçoivent point les corps. L'esprit
est absorbé par les images purement intellectuelles,
ou par les images spirituelles que les corps ont précédemment gravées au dedans de lui. Les idées que
l'on a alors ne sont pas d'une autre nature que celles

---

[1] *De Gen. ad litt.*, l. XII, c. 12.

que l'on a dans l'état de veille et de santé; toute la différence est que, dans ces derniers états, on distingue parfaitement les images des corps, des corps eux-mêmes par la manière dont on est modifié[1].

A l'appui de cette théorie, saint Augustin cite un fait dont il a été témoin et qui ne manque pas d'analogie avec ceux dont le magnétisme contemporain a fait tant de bruit. Il a connu un paysan qui savait très-bien qu'il ne dormait pas et qu'il voyait quelque chose sans le secours des yeux du corps. «C'est mon âme qui voit, disait-il, et non pas mes yeux.» Quant à savoir s'il voyait un corps réel ou une simple image, il n'était pas assez éclairé pour faire cette distinction. Tout ce que saint Augustin peut dire, c'est que ce paysan était d'une bonne foi parfaite et qu'il croyait ce qu'il disait, comme s'il l'avait vu lui-même[2].

Mais il ne suffit pas à l'homme de savoir en quoi consistent le délire et l'extase, il veut encore connaître les causes d'où ces phénomènes dérivent; car il recherche volontiers la raison des faits extraordinaires, tandis que les faits journaliers n'éveillent nullement son attention. Que je prononce en présence de quelqu'un, dit admirablement saint Augustin, le mot *catus*, comme il n'y est pas habitué, il me demande sa signification et son étymologie. Si je réponds que son sens est le même que celui d'*acutus*, le voilà satisfait. Mais j'ai coutume, pour le secouer dans ses habitudes de

---

[1] *Verum hoc interest, quod eas a præsentibus verisque corporibus constanti affectione discernunt.* (*De Gen. ad litt.*, l. XII, c. 12.)

[2] *De Gen. ad litt.*, l. XII, c. 2.

routine, de lui demander à mon tour le sens et l'étymologie d'*acutus* lui-même. Il ne les sait pas et cependant il ne me les demandait pas, parce que c'est un
mot qui lui est familier. Il en est des choses comme des
mots. On cherche la nature et la cause des visions qui
se produisent dans l'extase, et on ne cherche pas
celles des visions, bien plus nombreuses, qui viennent
nous assaillir pendant notre sommeil. On s'inquiète
bien moins encore d'expliquer celles qui nous assié-
gent constamment durant la veille et que notre esprit
forme avec une facilité et une rapidité merveilleuses,
et qui ne sont pas moins incompréhensibles que les visions de l'extase et des songes. Toutes ces représentations, si différentes qu'elles paraissent au premier
abord, sont au fond de la même nature : elles sont spirituelles les unes et les autres et ne doivent point être
regardées comme des corps. La seule chose qui les
distingue, c'est leur cause. Elles viennent tantôt du
corps, tantôt de l'âme : du corps, quand les organes
sont engourdis par le sommeil, troublés par la frénésie,
obstrués par une maladie quelconque ; de l'âme, quand
les organes étant en bon état, le sujet croit voir, par
les sens, des corps qu'il ne voit point ou que, se repliant sur lui-même, il prend pour des réalités les fantômes qui remplissent son imagination.

Toutefois, et saint Augustin a grand soin de le faire
remarquer, lors même que le corps est l'occasion de
ces divers états et donne lieu à ces représentations diverses, il n'en est point la véritable cause. Pourquoi ?
Parce que ce serait le renversement d'un principe que

notre auteur tient pour inébranlable, à savoir, que le corporel ne saurait engendrer le spirituel. Voici donc, suivant lui, comment les choses se passent. La voie que l'attention avait coutume de parcourir à partir du cerveau et par laquelle s'opérait la sensation, étant dans un état d'engourdissement, de perturbation ou d'obstruction, l'âme, qui éprouve sans cesse le besoin d'agir et qui ne peut alors agir par le corps et sur le corps, agit en elle-même et sur elle-même, ou en considérant simplement les images qu'elle y trouve tracées, ou en les combinant de mille manières. Quand les yeux sont malades ou éteints, et que l'organe cérébral est dans son état ordinaire, ces phénomènes ne se produisent point ; l'attention se porte instinctivement vers le dehors, par cela seul qu'elle ne rencontre pas d'abord un obstacle qui la force à se réfléchir vers le dedans. Aussi les aveugles se font-ils des représentations plus nettes des objets durant le sommeil que durant la veille : tant le point où l'obstacle se fait sentir a d'importance ! Si l'obstacle ne se rencontre qu'aux yeux, aux oreilles, aux portes, pour ainsi dire, de nos différents sens, il en résulte seulement que la perception n'a pas lieu ; mais si l'obstacle se produit dans le cerveau, d'où partent tous les chemins qui aboutissent aux objets extérieurs, l'âme dévoyée, mais toujours agissante, revient sur elle-même, s'agite parmi les vains simulacres qu'elle enfante et les prend pour les corps dont ils lui offrent l'exacte représentation [1].

---

[1] *De Gen. ad litt.*, l. XII, c. 18, 19, 20, 25.

Saint Augustin ne s'en tient pas à ces explications moitié psychologiques, moitié physiologiques, auxquelles on ne saurait s'empêcher de reconnaître un caractère extrêmement ingénieux ; il y ajoute des explications théologiques et démonologiques qui seront sans doute moins du goût de la science contemporaine. Cependant, si l'on réfléchit à la place que ce genre de considérations occupait dans la philosophie alexandrine à laquelle saint Augustin a demandé tant d'inspirations, si l'on se rappelle tant de passages de l'Écriture où les songes sont représentés comme des avertissements de Dieu même, on ne s'étonnera pas que le grand docteur ait admis l'élément surnaturel à côté de l'élément naturel dans la théorie qu'il fait de ces phénomènes extraordinaires.

Comment s'y prennent les puissances célestes, lui écrivait son ami Nébride, pour nous faire avoir des songes ? A quels moyens ont-elles recours pour produire dans notre âme l'impression de leurs propres pensées et nous faire imaginer les mêmes choses qu'elles ? Est-ce qu'elles nous les montrent exprimées sur leurs propres corps ou gravées dans leur imagination ? La première hypothèse n'est pas admissible, car nos yeux étant fermés pendant notre sommeil, ne sauraient voir leurs corps. La seconde ne l'est pas davantage. En effet, si les puissances célestes peuvent, par leur seule imagination, frapper la nôtre de manière à lui faire prendre pour une vision ce qui est réellement un songe, pourquoi ne puis-je pas, avec mon imagination à moi, agir sur la tienne, de manière à y engendrer les représentations que j'ai d'abord formées en moi-même ?

Ce sont là des objections qui révèlent un esprit peu enclin au mysticisme et que, si j'en juge par le dernier trait, le magnétisme de notre temps aurait eu de la peine à séduire. A ces objections, Nébride ajoute les réflexions suivantes qu'un médecin du dix-neuvième siècle ne désavouerait pas. Qu'est-ce donc, dit-il, qui produit les songes ? Rien autre chose que notre corps. Une fois qu'il a éprouvé certaines modifications, nous sommes forcés, à cause de l'union qui existe entre lui et notre âme, de les représenter à notre imagination. Il nous arrive quelquefois, durant notre sommeil, d'avoir soif: nous songeons alors que nous buvons; d'avoir faim : nous songeons alors que nous mangeons. Il en est de même des autres impressions du corps : elles ont presque toutes leur retentissement dans l'âme[1].

Dans la réponse qu'il fait à cette lettre remarquable, saint Augustin admet, avec son ami, le rapport constant du physique et du moral; mais, au lieu d'en conclure l'inutilité du surnaturel pour expliquer le phénomène du rêve, il se fonde sur ce rapport même pour rendre le surnaturel plus acceptable. Tous les mouvements de l'âme ont, suivant lui, leur contre-coup dans le corps, et quand ces mouvements ont une certaine intensité, ils arrivent jusqu'aux sens. Or les esprits aériens et éthérés, ayant des sens incomparablement plus subtils et plus pénétrants que les nôtres, démêlent

---

[1] *Ep.* VIII.

dans notre corps des dispositions insensibles à nos organes grossiers et qui leur révèlent exactement nos
dispositions morales. Mais, si l'âme agit sur le corps, le
corps, à son tour, agit sur l'âme, de telle sorte qu'il n'y
aurait qu'à changer les modifications de l'un pour changer celles de l'autre et pour produire en elle à volonté
certains rêves. Les génies bons ou mauvais, connaissant
parfaitement notre corps, peuvent donc y exciter, à
notre insu, les mouvements qu'il leur plaît, de manière à faire naître dans notre âme les différents états
que ces mouvements ont coutume d'y déterminer.
Ainsi, qu'est-ce qui les empêche, par exemple, d'exciter notre colère en remuant notre bile, puisque la
bile, qui est engendrée par la colère, l'engendre à son
tour[1] ?

Que l'on veuille bien se placer pour un instant, si
l'on n'y est pas, au point de vue de saint Augustin,
admettre avec lui la vérité des récits bibliques, accepter avec lui comme positifs les faits qui y sont consi-
gnés, et on verra qu'il est difficile de rendre compte de
ces faits d'une manière plus satisfaisante et plus plausible. Ce n'est point ici un esprit d'une crédulité naïve
qui a recours au surnaturel, parce qu'il est peu habitué à saisir les liaisons des choses et à remonter d'un
anneau à l'autre dans la vaste chaîne des phénomènes.
Ce n'est point un poëte qui attribue à des causes merveilleuses les faits de l'ordre moral, comme ceux de
l'ordre physique, et fait sortir l'essaim des songes du

[1] *Ep.* IX.

fond des enfers par une porte de corne ou par une
porte d'ivoire, comme il épanche l'eau des fontaines de
l'urne des nymphes et fait partir la foudre de la main
de Jupiter. Non, c'est un théologien, c'est-à-dire un
esprit réfléchi et sérieux qui s'est convaincu de certains
faits et qui n'a pas de repos qu'il n'ait trouvé une théorie pour les expliquer. Il ne les discute peut-être pas
tous avec l'exactitude scrupuleuse d'un savant moderne;
mais il ne les accepte pas non plus avec la simplicité
enfantine d'une âme crédule. La raison lui sert, sinon
à fonder sa foi, du moins à la légitimer. C'est déjà le
procédé de saint Anselme et du moyen âge : *Fides quæ-
rens intellectum*[1].

Non content d'admettre et d'expliquer le rêve pro-
phétique, Augustin admet encore et explique la divination de l'avenir dans l'état de veille, et a recours à l'intervention du surnaturel pour rendre compte du second
de ces phénomènes comme du premier. Partant de
l'idée que la divination de l'avenir est un fait incontestable, il ne comprend pas que l'homme la tire de lui-
même, puisque, avec le désir qu'il a de connaître l'a-
venir, s'il dépendait de lui de le connaître, il le connaîtrait toujours. Il ne comprend pas davantage qu'un
pur néant ou qu'un simple corps puissent nous le révéler. Il reste donc que la connaissance nous en soit
donnée par un esprit. Cet esprit appelle notre attention
sur certaines images qui sont déjà en nous, ou bien il

---

[1] Voir le bel ouvrage de M. Ch. de Rémusat, intitulé : *Saint Anselme de Cantorbéry.*

en trace en nous de nouvelles, ou bien il nous en montre qui sont en lui, ou bien enfin il s'unit à nous si intimement qu'il y a comme une identification passagère entre lui et nous, et que c'est lui qui parle par notre bouche. C'est le cas des possédés du démon[1].

Un philosophe très-judicieux et très-distingué a remarqué qu'Aristote et saint Augustin, en expliquant le fait de l'esclavage, avaient puissamment contribué à le maintenir dans les âges suivants[2]. N'est-il pas permis de croire aussi qu'en rendant le fait de la possession du diable plus ou moins plausible, Augustin a contribué, sans le vouloir, à perpétuer cette croyance à une époque où tout le monde conviendra qu'elle était sans objet?

Du reste, cette théorie de l'imagination est, comme celle de la mémoire, extrêmement remarquable. Elle égale peut-être cette dernière pour l'étendue, la variété, la profondeur, et lui est certainement supérieure pour l'exactitude. C'est une étude où il y aurait plus à éclaircir et à développer, qu'à critiquer et à reprendre.

Le premier mérite d'Augustin dans ce curieux travail est d'avoir bien saisi la nature de l'imagination. Il n'en fait ni la faculté de reproduire, ni celle d'idéaliser, mais celle de combiner. Il ne la met ni si bas que les anciens ni si haut que certains modernes : il la laisse à sa véritable place.

---

[1] *Nescio qua occulta mixtura ejusdem spiritus fit, ut tanquam unus sit patientis et vexantis.* (*De Gen. ad litt.*, l. XII, c. 13.)

[2] M. Janet. *Histoire de la philosophie morale et politique*, t. Ier, l. II, c. 1.

Un autre mérite de ce Père, c'est d'avoir distingué avec une netteté admirable les représentations des sens, celles de l'imagination et celles de la raison, sous la triple dénomination de visions sensibles, de visions spirituelles et de visions intellectuelles. Il ne lui a manqué que d'avoir montré, comme le fit plus tard Malebranche, qu'il y a progression descendante dans la force avec laquelle ces visions nous frappent. Je vois un meurtre : j'en suis bouleversé pendant huit jours. J'en lis une vive description : je m'en préoccupe jusqu'au soir. J'en vois quelque part l'indication sommaire et rapide : au bout de quelques minutes, je n'y pense plus. De là, la nécessité pour qui veut entraîner ses semblables par l'éloquence, de ne pas se borner à parler à leur entendement, mais de s'adresser aussi à leur imagination et même, si cela est possible, à leurs yeux. Antoine souleva les Romains en étalant devant eux la robe de César.

Il faut aussi savoir gré à saint Augustin d'avoir bien vu le côté intellectuel de l'imagination, mais il est à regretter qu'il l'ait un peu trop laissé dans l'ombre. Il n'a pas assez montré que ce n'est pas seulement aux sens extérieurs, mais encore au sens intime, que cette faculté emprunte les matériaux qu'elle met en œuvre. Le poëte qui a créé les figures d'Achille et d'Agamemnon, d'Andromaque et de Pénélope, n'a pas seulement opéré sur la réalité physique, mais encore et surtout sur la réalité morale ; ce ne sont pas seulement des formes, des couleurs, des vêtements d'or et de pourpre qu'il s'est plu à associer mentalement, d'une manière

plus ou moins heureuse : ce sont, avant tout, des passions violentes et héroïques, des sentiments purs et
délicats qu'il a fondus ensemble, de manière à former
des caractères. Or qui lui révélait ces sentiments et ces
passions, sinon le sens intime ?

Enfin, il faut louer principalement notre auteur d'a-
voir expliqué, par le jeu de l'imagination, le rêve, le
délire, l'extase, la plupart des séries d'idées anormales,
et d'avoir fait ressortir leur analogie avec les idées normales et ordinaires, en comparant tour à tour ces deux
espèces d'idées à celles qui sont provoquées par la passion et qui tiennent à la fois des unes et des autres.
Dugald Stewart n'a pas procédé plus habilement de nos
jours : quand il a voulu se rendre compte du rêve, il l'a
rapproché de la rêverie.

CHAPITRE IX.

DE LA RAISON.

I.

Nous voici parvenu à la partie la plus élevée de
notre travail, au point culminant, pour ainsi dire, de
cette psychologie augustinienne dont nous esquissons
le tableau.

L'homme n'est pas seulement un être qui se nourrit, qui se reproduit comme les végétaux attachés à la
terre ; il n'est pas seulement un être qui perçoit les

objets du dehors et en conserve en lui-même les vives images, comme font les animaux les plus stupides; c'est une créature capable de connaître l'invisible et d'entrevoir, durant sa vie d'un jour, l'éternel et l'immuable. Pendant que par les degrés inférieurs de son être, il plonge dans le monde des animaux et des plantes, par le degré le plus haut il atteint jusqu'à la région des esprits purs, et entre en communication avec Dieu lui-même. Il vit, non-seulement de la vie végétative et de la vie sensitive, mais encore de la vie intellectuelle [1]. C'est ce qui ressort de la théorie de la raison telle que, après Platon, après Plotin et d'autres illustres philosophes, saint Augustin l'a conçue et développée.

La raison (*mens, ratio, intellectus,* comme l'appelle tour à tour saint Augustin) [2] offre des caractères qui la distinguent plus ou moins profondément de toutes les autres facultés.

On connaît ce passage des *Confessions,* où l'auteur raconte par quelles démarches son esprit s'est élevé de la vue des choses corporelles à la conception des choses invisibles, et a découvert cette vérité souveraine, qui, semblable au souverain Bien de Platon, n'apparaît qu'à peine à nos regards, et éclaire cependant tout le reste de sa lumière. On y voit quelle hiérarchie le saint docteur établissait entre les diverses puissances de notre nature, et quelle place éminente il accordait parmi elles à la raison.

---

[1] *De lib. arb.,* l. I, c. 3; *De quant. anim.,* c. 33.
[2] *De lib. arb.,* l. I, c. 8.

« Je m'étais, dit-il, élevé graduellement des corps à la partie de l'âme qui sent par le moyen des organes ; de là, à cette force plus intime, à laquelle les sens viennent rendre compte des choses extérieures, et qui se rencontre également dans les animaux ; de là, enfin, à cette puissance raisonnante qui forme des jugements avec les matériaux que lui fournissent les sens. Mais cette puissance, à son tour, se sentant encore sujette au changement, s'était élevée jusqu'à l'intelligence pure, et, s'affranchissant de l'habitude, s'arrachant à la foule des fantômes contradictoires qui l'envahissaient, elle avait cherché d'où lui venait cette lumière qui l'illuminait lorsqu'elle déclarait tout haut et sans aucune hésitation que l'immuable vaut mieux que le changeant. Elle connaissait donc cet immuable ? Car si elle ne l'eût pas connu, elle n'eût pu le préférer avec tant de certitude à sa propre mobilité, et parvenir à cet objet que l'on ne contemple qu'un instant et avec des regards tremblants [1]. »

Il résulte de ce morceau que la raison diffère, aux yeux de saint Augustin, non-seulement des sens extérieurs et du sens intérieur qui forme le plus haut degré de la vie sensitive, mais encore du raisonnement qui appartient déjà à la vie intellectuelle. Ce qui constitue l'homme extérieur, l'homme animal (saint Augustin l'a remarqué avant Bossuet, et Aristote l'avait remarqué avant saint Augustin), ce n'est pas seulement

---

[1] *Conf.*, l. VII, c. 17. Trad. de M. Janet.

le corps, mais encore l'ensemble des opérations enga-
gées dans le corps, et qui ne peuvent s'accomplir sans
son concours; tandis que l'homme intérieur, l'homme
raisonnable est tout entier dans les opérations de l'intelligence pure [1].

Les sens nous font connaître des choses changeantes,
passagères, qui n'ont de stable que leur instabilité, et
d'invariable que leur variabilité même, choses si fluides
qu'elles s'écoulent sans cesse, si éphémères qu'elles
traversent le présent sans s'y arrêter, et que leur être
fugitif est moins un être réel qu'un perpétuel *devenir*;
la raison nous découvre derrière l'apparence la réalité,
derrière le changement la permanence, derrière les
fluctuations du temps l'éternité immobile. Les sens
n'atteignent que la surface des êtres, et se bornent à
saisir les phénomènes; la raison va au fond des choses,
et rattache ces phénomènes aux causes qui les ont produits. Elle comprend, elle explique ce que les sens se
contentent de sentir et de percevoir [2].

Il est vrai que la raison offre des différences moins
nombreuses avec le sens intérieur qu'avec les sens extérieurs, puisque ces deux facultés concentrent l'une et
l'autre les matériaux que les sens proprement dits leur
fournissent. Cependant il n'y a pas lieu de les confondre, car elles opèrent sur ces matériaux d'une manière fort dissemblable. Le sens intérieur nous avertit
des propriétés des corps, de l'impression qu'elles pro-

[1] *De Trin.*, l. XII, c. 4.
[2] *De div. quæst.*, 83, *qu.* 9.

duisent sur nos organes, et des modifications qui s'en suivent dans l'âme ; mais il n'est pas admissible qu'il juge nettement de ces trois choses, et qu'il les distingue les unes des autres. Qui oserait dire que l'animal, qui est étranger à la raison et dont le sens intérieur est la faculté la plus haute, se fasse une idée claire de la distinction à établir entre la couleur et la sensation de couleur, et qu'il juge positivement que nous ne saurions voir avec les oreilles, ni entendre avec les yeux ? Il n'y a que la raison à laquelle il soit donné de juger et de se prononcer sur quoi que ce soit. Aussi tout ce qui appartient au monde extérieur et à l'homme animal, les corps, les sens corporels, le sens intérieur lui-même, est soumis à ses jugements et relève d'elle. Quand nous prononçons que l'une de ces choses vaut mieux que l'autre, et que la raison l'emporte sur tout le reste, c'est la raison elle-même qui nous le dit. Elle est la partie maîtresse et dirigeante de notre nature, la tête, l'œil de l'âme[1].

Il est encore plus difficile de distinguer la raison du raisonnement que du sens intérieur ; car, si celui-ci est le degré le plus haut de la vie sensitive, celui-là est déjà un degré de la vie rationnelle.

La raison est aussi essentielle à l'âme que la santé au corps : c'est pourquoi on définit l'âme une substance douée de raison. La raison est, en effet, l'essence même de l'homme adulte, à l'état régulier et normal. Le raisonnement est une modification purement acci-

---

[1] *De lib. arb.*, l. II, c. 3, 5, 6.

dentelle de l'âme, à peu près comme se promener, s'asseoir sont des modifications accidentelles du corps. J'ai toujours ma raison, mais je ne raisonne pas toujours; car je ne vais pas toujours d'une chose accordée et manifeste à une autre qui est contestée ou obscure; or c'est précisément en cela que le raisonnement consiste. La raison est, suivant Augustin, la vue de l'âme, et le raisonnement est son regard se promenant parmi les choses à la recherche de son objet. En langage moderne, cela veut dire que la raison a un caractère intuitif, et le raisonnement un caractère discursif[1].

Il faut, selon saint Augustin, se défier des sens extérieurs comme des ennemis naturels de la raison, et bien se persuader que tout ce qu'on donne à la vie sensitive est retranché à la vie rationnelle.

« Je n'ai qu'une loi à te prescrire, fait-il dire à la raison. Je n'en connais pas d'autres : nous devons fuir sans réserve tous les objets sensibles, et nous en garder avec le plus grand soin pendant que nous animons ce corps, de peur d'y engluer les ailes de notre âme; car il faut qu'elles soient libres et en bon état, si nous voulons nous envoler du sein de nos ténèbres vers la lumière. Cette lumière ne daigne pas se montrer à nous dans la caverne qui nous sert de prison, si nous ne savons pas briser nos liens, et nous élever, comme dans notre domaine, dans les libres régions de l'air.

---

[1] De quant. an., c. 27; De imm. an., c. 1 ; De ord., l. II, c. 11. — On reconnaît là la distinction platonicienne et alexandrine du νοῦς et de la διάνοια.

C'est pourquoi, quand tu seras capable de n'aimer, absolument rien de terrestre, dans ce même moment, dans cet instant précis tu verras l'objet que tu désires [1]. »

A ce dédain pour les choses corporelles, à ce mépris pour les connaissances qui s'y rapportent, on reconnaît, je ne dis pas le disciple du Christ, mais celui de Platon et surtout celui des Alexandrins. Le christianisme ne maudit pas la chair; car il enseigne que le Verbe s'est fait chair, et que nos corps ressusciteront au dernier jour. Le platonisme, au contraire, regarde le corps comme un lien qu'il faut briser, comme une prison dont il faut sortir, et si la vie du sage lui paraît une excellente préparation à la mort, c'est que le sage s'efforce constamment de s'isoler et de s'abstraire, dès cette vie, des choses corporelles.

Saint Augustin et les nobles penseurs dont il a suivi les traces eussent bien fait, s'il m'est permis de le dire, de moins dédaigner le monde, et de mieux chercher à le connaître. Ils soutenaient eux-mêmes que l'âme et l'intelligence ne sont pas tout entières dans l'homme, mais que l'univers est un vaste ensemble qu'un esprit agite et qu'une intelligence règle. Comment donc ont-ils pu proscrire l'étude de ce tout vivant et bien ordonné, où la force et la raison se manifestent en caractères si éclatants, et révèlent, à qui sait le voir, leur principe éternel?

Il n'en est pas du sens intérieur et du raisonnement

---

[1] *Solil.*, l. I, c. 14.

comme des sens extérieurs. Ils ont avec la raison une plus grande affinité, et nous préparent utilement à recevoir sa lumière. C'est assez dire que saint Augustin est plus favorable à ce qu'on appelle aujourd'hui la psychologie et les mathématiques, qu'aux sciences physiques et naturelles. Leur importance comme introduction à la théodicée est, en effet, incontestable, et je ne crois pas que personne ose la révoquer en doute. Nous replier sur nous-mêmes pour considérer les images qui peuplent notre esprit et le mettent en relation avec les corps, bien qu'elles soient elles-mêmes incorporelles et en quelque sorte vides de matière ; nous sentir dans cet acte pur de notre intelligence, comme une force qui peut fonctionner indépendamment des organes, et qui n'a pas besoin de leur concours ; opérer, par le raisonnement, sur les notions de figure et de nombre qui n'ont rien à démêler avec les corps, et que les sens extérieurs ne sauraient nous fournir ; en dégager des vérités qui ne sont pas vraies seulement ici ou là, aujourd'hui ou demain, mais qui le sont dans tous les temps et dans tous les lieux, c'est là la meilleure initiation à laquelle nous puissions avoir recours, si nous voulons entrer en communication avec les réalités éternelles et invisibles. Voilà sans doute pourquoi le retour de l'âme sur elle-même et la marche dialectique ont paru à saint Augustin, comme à Platon, les meilleurs moyens d'épurer notre raison, et de l'élever jusqu'à la connaissance de Dieu.

N'est-ce pas l'exercice du raisonnement comme apprentissage de celui de la raison, n'est-ce pas l'étude des figures et des nombres comme préparation à celle des idées elles-mêmes, que saint Augustin recommande dans le passage suivant, où il emprunte à Platon non-seulement sa pensée, mais encore son langage?

« Que la lumière vulgaire, dit-il, nous apprenne, autant que possible, la nature de cette lumière supérieure! Il est des yeux si sains et si fermes qu'à peine ouverts ils se tournent, sans baisser la paupière, vers le soleil lui-même.... Mais d'autres sont blessés par cette même lumière qu'ils désirent vivement apercevoir, et souvent retournent avec plaisir, sans l'avoir vue, dans leurs ténèbres. Il y a du danger pour eux, bien qu'on puisse dire qu'ils jouissent de la santé, à vouloir leur montrer ce qu'ils ne peuvent voir encore. Il faut donc auparavant les exercer, nourrir leur amour et différer, dans leur intérêt, de le satisfaire. Car on doit commencer par leur montrer certains objets qui ne sont pas lumineux par eux-mêmes, mais que la lumière rend visibles, comme un vêtement, un mur et d'autres choses de ce genre. On leur montrera ensuite ceux qui, sans briller par eux-mêmes, reçoivent de la lumière un éclat plus vif, comme l'or, l'argent et les autres choses semblables, dont les rayons pourtant ne blessent pas la vue. Alors peut-être on pourra leur faire voir avec précaution le feu terrestre, puis les étoiles, puis la lune, puis l'éclat de l'aurore quand elle commence à blanchir le ciel de ses clartés [1]. »

---

[1] *Solil.*, l. I, c. 13. — Rapprocher de ce morceau et du précédent les passages bien connus du *Phèdre* et de la *République*. — Platon, t. VI, p. 48, t. X, p. 64, de la trad. de M. Cousin.

II.

Non content d'avoir distingué la raison des autres
facultés de l'âme, et d'en avoir déterminé les conditions
d'exercice et de développement, saint Augustin se demande quels en sont les caractères et la nature.
Qu'est-ce que cette vérité qui récrée les yeux sains par
sa pureté et son éclat? Qu'est-ce que cette sagesse que
les yeux malades ne peuvent contempler sans une sorte
d'éblouissement? Chaque homme a-t-il une sagesse
qui lui soit particulière, ou bien n'y a-t-il qu'une seule
sagesse commune à tous les hommes, et sont-ils plus
ou moins sages suivant qu'ils participent plus ou moins
à sa lumière [1]?

Il semble d'abord que la première opinion soit seule
soutenable; car les hommes s'entendent fort peu sur
les actions et les paroles auxquelles il convient d'appliquer la qualification de sages. Le soldat met la sagesse
à faire la guerre; le laboureur, à cultiver, loin du
bruit des armes, son petit champ; l'homme d'argent,
à faire des spéculations lucratives; l'homme d'étude,
à poursuivre la vérité avec une ardeur inquiète et à dédaigner les biens que convoite le vulgaire; l'homme
d'État, à négliger la contemplation pour la vie active

---

[1] « ....Il y a un certain nombre de sages; mais la sagesse, où
ils puisent comme dans la source, et qui les fait ce qu'ils sont, est
unique. » (Fénelon. *Traité de l'Exist. de Dieu*, 1re part., ch. 2.)

et à faire triompher la justice dans les sociétés humaines. S'il n'y avait qu'une seule sagesse commune à tous les hommes, comment leur ferait-elle voir les choses sous des aspects si différents et porter des jugements si opposés?

L'objection, comme on voit, ne manque ni de gravité, ni de force. Saint Augustin y répond de la manière la plus ingénieuse et de façon à prouver une fois de plus la merveilleuse souplesse de son esprit. Il s'explique cette divergence dans nos opinions par la diversité des esprits que la sagesse éclaire et des objets qu'elle leur montre. De ce que la lumière du soleil découvre à nos regards les spectacles les plus variés, des plaines, des vallées, de vastes forêts, la mer avec sa surface mobile, et que l'un prend plaisir à contempler une de ces grandes scènes; l'autre, une autre, il ne s'ensuit pas qu'il y ait plusieurs lumières : il n'y en a qu'une seule qui inonde de ses clartés ce panorama aux faces multiples et changeantes. Il en est de même dans l'ordre moral. Malgré la variété des biens que la sagesse nous découvre, malgré la diversité des sentiments que ces biens nous inspirent, il peut se faire que ce soit la même sagesse qui brille pour tous les hommes.

Augustin va plus loin. Suivant lui, non-seulement cela peut être, mais cela est réellement. Quand j'affirme que tous les hommes veulent être sages et heureux; qu'il faut pratiquer la justice et rendre à chacun le sien; que ce qui n'est point corrompu vaut mieux que ce qui l'est; que l'éternel est supérieur au passager, en est-il de ces vérités générales comme des idées particulières que j'ai dans l'esprit, et que vous ne pouvez connaître qu'à la condition que je vous les révèle? Non, vous les voyez, ces vérités, vous pouvez les savoir sans que je vous les dise. Or ce que nous voyons chacun avec notre raison, nous est commun à l'un et à l'autre, et ce que chacun des hommes voit avec sa raison propre leur est commun à tous. C'est précisément le cas des vérités citées plus haut, et de la sagesse à laquelle elles se rapportent et qui les contient. Il y a donc une vérité immuable, une sagesse éclatante, qui éclaire toutes les raisons, comme la lumière éclaire tous les yeux, comme le son frappe toutes les oreilles. Ce que voient les yeux de deux personnes ne peut être les yeux ni de l'une, ni de l'autre, mais une troisième chose sur laquelle leurs regards se fixent également. La vérité qui éclaire toutes les intelligences ne peut être non plus aucune de ces intelligences; elle est une lumière dont toutes, les unes plus, les autres moins, sont constamment éclairées [1].

Après avoir établi avec une grande élévation de pensée et une grande richesse de langage, l'universalité des vérités rationnelles, comme nous dirions aujourd'hui, Augustin se pose une autre question qui n'est

---

[1] «Nous recevons sans cesse et à tout moment une raison supérieure à nous, comme nous respirons sans cesse l'air, qui est un corps étranger, ou comme nous voyons sans cesse tous les objets voisins de nous à la lumière du soleil, dont les rayons sont des corps étrangers à nos yeux.» (Fénel. *Traité de l'Exist. de Dieu*, 1re part., ch. 2.)

rien moins, sous des formes antiques, que celle de savoir si la vérité est éternelle et immuable, absolue et
divine.

La vérité, se demande-t-il, est-elle inférieure à notre esprit? Lui est-elle égale? Lui est-elle supérieure
Si elle lui était inférieure, nous ne jugerions pas d'a-
près elle, nous jugerions d'elle, comme nous jugeons
des corps, et souvent des âmes elles-mêmes. Nous jugeons, en effet, non-seulement de ce que ces substances sont, mais de ce qu'elles doivent être. Nous
prononçons que tel corps est moins rond ou moins
carré qu'il ne faut, telle âme moins douce ou moins
forte qu'il ne convient. Au contraire, nous ne jugeons
point de ces vérités, que les choses éternelles sont pré-
férables aux temporelles, que sept et trois font dix;
nous nous bornons à les apercevoir, et c'est à leur lumière que nous jugeons d'une foule d'autres choses. La
vérité est-elle égale à notre esprit? Mais nos esprits
voyant tantôt plus, tantôt moins, la vérité serait changeante, ce qui est contraire à sa nature; car elle peut
bien être aperçue plus ou moins, mais elle reste toujours la même, réjouissant les yeux qui la voient, frappant d'aveuglement ceux qui se détachent d'elle. Il
reste donc que la vérité soit au-dessus de l'âme humaine et la surpasse [1].

Doute-t-on que la vérité soit absolue et immuable?
On n'a, pour s'en convaincre, qu'à examiner les propositions suivantes : — S'il y a quatre éléments, il n'y

---

[1] *De lib. arb.*, l. II, c. 9, 10, 12.

en a pas cinq; — s'il y a un seul soleil, il n'y en a pas deux; — une âme ne peut à la fois mourir et être immortelle; — ou nous veillons ou nous dormons. — Dans les premières, qui sont des propositions conditionnelles, en posant l'antécédent on pose le conséquent; dans les dernières, qui sont des propositions disjonctives, en affirmant le premier membre on nie le second, et, dans ce cas comme dans l'autre, le jugement qu'on porte est vrai, absolu, nécessaire. Il en est de même de toutes les propositions dont s'occupe la dialectique. Ce sont des vérités supérieures aux sens et indépendantes du monde réel, que nulle objection ne saurait ni atteindre ni infirmer [1].

Le sensible est passager, fluide, éphémère, et ne peut être saisi d'une manière ferme et inébranlable, à cause de la mobilité qui le caractèrise. Le rationnel, au contraire, est su d'une science fixe et certaine, parce qu'il est invariable et éternel. Si le monde périssait, il serait vrai qu'il a péri; s'il était vrai qu'il a péri, il y aurait encore quelque chose de vrai; s'il y avait encore quelque chose de vrai, il y aurait encore de la vérité. Donc la vérité est indépendante du monde, puisque, sur les débris du monde, elle subsisterait encore [2].

Une preuve que la vérité a quelque chose d'absolu, c'est qu'elle s'impose à ceux-là mêmes qui la nient, et qu'ils ne sauraient contester son existence sans l'ad-

---

[1] *Contr. Acad.*, l. III, c. 13.
[2] *De div. qu.*, 83, qu. 9; *Solil.*, l. II, c. 2.

mettre implicitement. Dire qu'on ne possède pas la vérité et que nul ne peut la posséder, c'est dire que l'on
connaît la vérité, que l'on connaît les facultés de
l'homme et que l'on voit clairement la disproportion
qu'il y a entre les facultés de l'homme et la vérité; c'est
dire, en un mot, que l'on connaît ce dont on regarde
la connaissance comme impossible [1].

On trouvera peut-être que tous ces raisonnements
d'Augustin sur la raison et sur la vérité, qui en est
l'objet naturel, n'ont pas une égale valeur; mais on
conviendra qu'il y a quelque chose d'ingénieux et de
solide tout ensemble dans la démonstration par laquelle il tâche d'établir que la négation de la vérité
suppose la connaissance de la vérité même. Le *novit
insipiens sapientiam*, que je lis dans le traité du *Libre
arbitre*, est le pendant du *si fallor, sum* de la *Cité
de Dieu*. Ce sont les deux fondements sur lesquels est
édifié, aux yeux d'Augustin, tout le système de nos
connaissances.

Mais cette vérité que notre raison saisit, où la saisit-
elle? Réside-t-elle dans notre âme comme une réminiscence lointaine d'une vie antérieure, comme une
connaissance sourde que la rencontre des objets réveille, mais ne produit pas? Avons-nous vu, dans la
région des essences immuables, de splendides réalités dont nous n'entrevoyons ici-bas que les ombres
fugitives? Hôtes de la caverne, reconnaissons-nous à

---

[1] *Contr. Acad.*, l. III, c. 14; *De lib. arb.*, l. II, c. 15; *De Trin.*,
l. X, c. 1.

leurs pâles simulacres des objets que nous avons con-
templés jadis inondés de tous les feux du jour? Augustin avait commencé par admettre cette poétique
hypothèse par laquelle le génie de Platon avait cherché à se rendre compte de la connaissance rationnelle,
et il l'appelait avec respect la magnifique découverte
de Socrate[1].

Plus tard, dans son *Traité de la Trinité* et dans ses
Rétractations[2], il rejeta cette théorie qui lui paraissait
aussi difficile à concilier avec le bon sens qu'avec le
dogme chrétien. Si je réponds pertinemment, disait-il,
aux questions que l'on m'adresse soit sur les mathématiques, soit sur d'autres sciences, il ne s'ensuit pas que
j'aie connu la solution de ces questions dans une vie
antérieure. Ce phénomène peut s'expliquer tout aussi
bien et plus raisonnablement par une mystérieuse participation à la vérité éternelle, par une illumination
actuelle du Verbe divin constamment présent dans nos
âmes. Car, de même que le soleil est, qu'il est visible
et qu'il rend visibles tous les corps, Dieu est, il est intelligible et il rend intelligible tout le reste [3].

Si Augustin rejette cette partie de la théorie des idées
qu'on appelle la réminiscence, il est loin, nous le voyons,
de rejeter cette théorie en elle-même. Il cherche, au
contraire, à la fondre avec la doctrine chrétienne, et la
donne, comme Platon, pour l'explication de toute connaissance en même temps que de toute existence.

---

[1] *Socraticum illud nobilissimum inventum.* — *Ep.* VII.
[2] *De Trin.*, l. XII, c. 15; *Retr.*, l. I, c. 4, 8.
[3] *Solil.*, l. I, c. 8; *De lib. arb.*, l. II, c. 14.

« Les idées, dit-il, sont, pour ainsi dire, les formes primordiales, les raisons stables et immuables des choses. Elles n'ont point été formées, et subsistent par conséquent éternelles et toujours les mêmes, dans l'intelligence divine qui les contient. Étrangères à la naissance et à la mort, elles sont néanmoins les types d'après lesquels se forme tout ce qui peut naître et mourir, et tout ce qui naît et meurt réellement[1]. »

C'est bien là la doctrine platonicienne, à une seule différence près, c'est que saint Augustin rattache nettement et sans hésitation à la substance divine ce monde des idées que Platon laissait flotter d'une manière un peu indécise entre l'unité absolue et les êtres particuliers.

Cette heureuse correction que le philosophe de Tagaste fait subir à la théorie de son maître, en croyant se borner à l'exposer et à la reproduire, est fortement motivée dans le passage suivant : « ..... Qui oserait dire que Dieu a fait les choses d'une manière irraisonnable? Que si on aurait tort de le croire ou de le dire, il reste que chaque chose ait eu sa raison. Et la raison de l'homme n'est pas la même que celle du cheval : il serait absurde de le penser. Donc chaque créature a sa raison propre. Mais ces raisons, où faut-il penser qu'elles existent, sinon dans l'intelligence même du Créateur? Car ce n'était pas sur un modèle placé au dehors de lui qu'il fixait ses regards en créant ce qu'il créait: le penser serait un sacrilége[2]. »

[1] *De div. qu.*, 83, *qu.* 46.
[2] *Id.*

Ici encore, Augustin perfectionne, en l'exposant, la doctrine de Platon. Ce dernier admet que la plupart des choses du monde sensible ont leurs types dans le monde intelligible; mais parmi les objets de cette terre il en est de si vils et de si bas, que, suivant lui, il est difficile de croire qu'ils aient là-haut leurs exemplaires éternels. Saint Augustin montre plus de décision et de logique et assigne à chaque créature, quelle qu'elle soit, son idée propre : — « *Singula propriis sunt creata rationibus.* »

« Mais, ajoute-t-il, parmi les choses que Dieu a créées, il en est une qui surpasse toutes les autres : c'est l'âme raisonnable. Elle est près de Dieu quand elle est pure; et plus elle s'attache à lui par l'amour, plus elle est éclairée et inondée par lui de cette lumière intelligible, non pas par les yeux du corps, mais par cette partie principale d'elle-même qui constitue son excellence, je veux dire par son intelligence, et mieux elle voit ces raisons dont la vue la comble de félicité[1] : »

S'exprimer ainsi, c'est reconnaître que l'âme est, sur cette terre, unie à Dieu, et qu'elle puise directement la vérité dans la contemplation de cette vérité suprême; c'est admettre son union actuelle avec l'intelligible, et rendre inutile l'hypothèse de son union avec lui dans une vie antérieure, ainsi que celle de la réminiscence.

Ainsi, union immédiate de l'âme avec l'intelligible et négation de la réminiscence, participation de toutes

[1] *Id.*

les créatures aux idées, identification du monde intelligible et de la pensée divine, voilà trois points d'une
importance considérable sur lesquels saint Augustin se
sépare de Platon et modifie heureusement sa doctrine.

Il y a donc une sagesse, et c'est la sagesse de Dieu,
qui contient en elle toute la richesse de la vie intelligible, toutes les idées invisibles et immuables dont les
choses visibles et changeantes offrent à nos yeux la merveilleuse réalisation. Pourquoi? Parce que Dieu fait
tout, et qu'il ne peut rien faire sans en avoir l'idée :
autrement il serait au-dessous de l'artisan le plus vulgaire. Pour que nous connaissions le monde, il faut
qu'il soit; mais pour qu'il soit, il faut que Dieu le connaisse. Non-seulement toutes les idées de toutes les
choses de ce monde sont en Dieu, mais elles y sont
éternelles et immuables, parce que tout ce qui est en
Dieu participe à l'éternité et à l'immutabilité divines[1].

Parmi les intelligences créées, les plus hautes, telles
que les intelligences angéliques, connaissent les choses,
non-seulement en elles-mêmes, mais encore dans
leurs modèles. Au lieu de s'arrêter aux corps qui frappent leurs regards, elles remontent jusqu'aux idées
qui résident dans le Verbe divin et dont ces corps sont
d'imparfaites imitations. Il y a bien de la différence
entre connaître par les yeux une figure tracée sur le
sable, et connaître son idée par une vision purement
rationnelle. La première de ces deux connaissances
ressemble à la lumière douteuse du soir; la seconde,

---

[1] *De Civ. D.*, l. XI, c. 10; *De div. qu.* 83, *qu.* 46.

F.   17

à la pleine lumière du jour. Quiconque veut parvenir à
la connaissance véritable doit donc laisser les ouvrages
de l'art qui remplissent le monde, pour s'élever jusqu'à l'art qui les a produits; il doit se détourner des
corps pour se tourner vers Dieu qui en est le principe;
car on ne connaît parfaitement les objets qu'autant
qu'on les connaît dans leurs causes [1].

Si nous voulons nous instruire, il ne faut pas écouter les hommes qui se disent nos maîtres, et qui nous
parlent extérieurement; mais le Verbe divin qui réside
au plus profond de notre âme, et qui juge souverainement de tout ce que les hommes peuvent nous dire.
Ceux-ci nous révèlent seulement les pensées qui sont
dans leur esprit; mais, pour savoir si elles sont vraies
ou fausses, nous sommes obligés de consulter ce maître intérieur que nous portons toujours en nous-mêmes
et dont les réponses ne sont jamais trompeuses [2]. Si
parfois nous nous égarons, ce n'est pas la faute de
cette lumière indéfectible qui luit constamment à nos
regards, mais celle de nos yeux qui se ferment à ses
clartés divines, ou qui ne peuvent les contempler sans
une sorte d'éblouissement [3].

Ainsi, suivant saint Augustin, la raison éternelle est
constamment présente dans nos esprits, et les éclaire

---

[1] *De Civ. D.*, l. XI, c. 29.

[2] « ....A proprement parler, il n'y a qu'un seul véritable maître qui
enseigne tout et sans lequel on n'apprend rien. Les autres maîtres
nous ramènent toujours dans cette école intime, où il parle seul. »
(Fén., *Traité de l'Exist. de Dieu*, 1ʳᵉ part., ch. 2.)

[3] *De Magistro*, c. 11, 14.

par son rayonnement dans les pensées qu'ils conçoivent et dans les jugements qu'ils portent : c'est la
lumière illuminante ; ils ne sont que des lumières illu-
minées. L'illustre Père va plus loin : il prétend que
toutes les fois que nous pensons bien, c'est l'être divin
qui pense en nous, et que par le fond de notre être
nous ne sommes que ténèbres. « Ceux qui voient par
ton esprit, dit-il, c'est toi qui vois en eux.... Ainsi, tout
ce que l'Esprit de Dieu leur fait voir comme bon, ce
n'est pas eux, c'est Dieu qui le voit comme tel [1]. »

On serait tenté de croire, en lisant ces lignes, que
saint Augustin absorbe la raison humaine dans la raison divine, et qu'il se laisse séduire aux doctrines décevantes du panthéisme. Mais pour qui connaît l'ensemble de sa philosophie, ce sont là des expressions
qui excèdent sa pensée, et qui lui sont arrachées par
sa piété ardente et par son vif désir de rehausser Dieu
aux dépens de l'homme. Dans maint autre endroit, il
distingue avec le soin le plus sévère la raison humaine
de la raison divine, et attribue à la première des caractères qui ne sauraient convenir à la seconde.

Considère-t-il la raison humaine comme immuable,
universelle et infaillible? Nullement. Ce sont là des
attributs qu'il reconnaît à la vérité, c'est-à-dire à l'objet de la raison, mais non à la raison elle-même; ce
sont des caractères qu'il accorde au Verbe divin, mais
qu'il dénie à l'intelligence de l'homme. Immuable, elle
ne peut pas l'être. Tantôt elle se porte vers le vrai,

[1] *Conf.*, l. XIII, c. 31.

tantôt elle ne s'y porte pas; tantôt elle l'atteint, tantôt
elle ne l'atteint pas, et se trouve par là même convaincue de mutabilité[1]. Universelle, elle ne l'est pas davantage. Chacun voit la vérité avec sa raison à lui, non
avec celle d'un autre, et sa raison fait partie intégrante
de lui-même[2]. « L'intelligence n'est pas autre chose
que l'âme, mais elle est quelque chose de l'âme : c'est
ainsi que l'œil n'est pas autre chose que le corps, mais
quelque chose du corps. Bien que l'œil soit quelque
chose du corps, il est seul cependant à jouir de la lumière : les autres organes corporels peuvent la recevoir
et ne peuvent pas en jouir, tandis que l'œil la reçoit et
en jouit tout ensemble. De même, il y a dans notre
âme quelque chose qu'on nomme intelligence. Cette
partie de l'âme, qu'on appelle intelligence et raison,
est éclairée par une lumière supérieure. Cette lumière
supérieure qui éclaire l'intelligence humaine, c'est
Dieu[3]. »

La raison n'étant ni immuable, ni universelle, saint
Augustin devait en conclure qu'elle n'est pas infaillible. Pourquoi, en effet, serait-elle plus infaillible que
la volonté n'est impeccable? Si la vérité, qui est l'objet de l'une, et la justice, qui est l'objet de l'autre,
sont absolues, ces deux facultés ne le sont pas pour

---

[1] *Ipsa ratio, cum modo ad verum pervenire nititur, et aliquando
pervenit, aliquando non pervenit, mutabilis esse profecto convin-
citur. (De lib. arb.,* l. II, c. 6.)

[2] *Unusquisque id nec mea, nec tua, nec cujusquam alterius, sed
sua mente conspiciat. (De lib. arb.,* l. II, c. 10.)

[3] *In Joan. Ev. Tract.,* l. XV, c. 14.

cela. La vérité, dit Augustin, a beau n'être susceptible
ni de diminution, ni d'accroissement : la raison la saisit tantôt plus, tantôt moins, tantôt bien, tantôt mal,
et participe, par conséquent, à l'instabilité et à l'im-
perfection des autres éléments de notre nature [1].

Si ces distinctions ne paraissent pas suffisantes, et
si l'on doute encore de la différence profonde que saint
Augustin établit entre la raison humaine et la raison
divine, on n'a qu'à lire les hautes considérations qu'il
développe à ce sujet dans son *Traité de la Trinité* et
dans sa *Cité de Dieu*, et où l'on reconnaîtra à la fois
l'inspiration de Platon et celle d'Aristote.

Le Verbe humain, dit-il, diffère du Verbe divin en
ce qu'il n'est pas, comme lui, permanent et sans inter-
mittence. Mon âme vit toujours et elle sait toujours
qu'elle vit ; mais elle ne pense pas toujours à sa vie et
à la science qu'elle en a ; car elle cesse d'y penser du
moment qu'elle pense à autre chose. Ainsi, lors même
que sa science serait éternelle, sa pensée ne le serait
pas. Or c'est cette pensée, par laquelle elle s'entretient
avec elle-même et connaît son être et son savoir, qui
est, à proprement parler, son Verbe. On dira peut-être
que son Verbe n'est pas la pensée en acte, mais la faculté de penser, et que cette faculté est permanente
comme la science elle-même. Mais comment appeler
Verbe une faculté nue, une simple possibilité, une vir-

---

[1] *Mentes nostræ aliquando eam plus vident, aliquando minus,
et ex hoc fatentur se esse mutabiles, cum illa in se manens nec
proficiat, cum plus a nobis videtur, nec deficiat, cum minus. (De
lib. arb., l. II, c. 12.)*

tualité inerte et endormie? Autant vaudrait appeler
parole le simple pouvoir d'articuler des sons. Il n'y a
véritablement Verbe que du moment où la matière encore informe et flottante de la pensée reçoit sa forme et
sa détermination, et où la puissance passe à l'acte. En
admettant même que le Verbe humain soit, non pas
simplement la pensée actuelle, mais encore la pensée
possible, qui ne voit quelle différence il y a entre le
Verbe ainsi considéré et ce Verbe divin qui n'est jamais
simple matière et pure possibilité, mais qui est toujours acte pur et forme simple, égale et coéternelle à
Dieu lui-même[1]? Quel rapport y a-t-il entre une raison
qui saisit les choses d'une manière partielle, fragmentaire, successive, et une raison qui les embrasse toutes
à la fois dans un présent immobile? Quelle ressemblance peut-on apercevoir entre la sagesse humaine
qui se distingue de l'être humain, comme la qualité de
la substance, et la sagesse divine qui se confond avec
l'être divin, au point d'en être indiscernable? Dieu ne
possède ni la sagesse, ni aucun autre attribut; mais il
est la sagesse et chacun de ses attributs; et ces attributs divers et multiples se fondent, pour ainsi dire,
dans l'unité et la simplicité de son être ineffable:
« *Quæ habet, et hæc est, et ea omnia unus est*[2]. »

---

[1] *Quis non videt quanta hic sit dissimilitudo ab illo Dei Verbo,
quod in forma Dei sic est, ut non antea fuerit formabile prius-
quam formatum, nec aliquando esse possit informe, sed sit forma
simplex et simpliciter æqualis ei de quo est, et cui mirabiliter
coæterna est?* (De Trin., l. XV, c. 15.)

[2] *De Trin.*, l. XV, c. 15; *De Civ. D.*, l. XI, c. 10.

Il est impossible, en présence des textes que nous venons de citer, de prétendre, comme on l'a fait quelquefois, que saint Augustin identifie la raison divine et la raison humaine. Il maintient entre elles la même distinction qu'entre le Créateur et la créature, et n'a garde de confondre les attributs, quand il ne confond pas les substances. Il nous semble qu'il est, en cela, parfaitement conséquent, et qu'une telle confusion n'a de sens que dans le panthéisme.

III.

La raison qui nous fait connaître Dieu, nous fait connaître aussi le beau, le bien et le vrai ; elle nous découvre, en même temps que les fondements de la religion, ceux de l'art, de la morale, de la science et, en particulier, des sciences mathématiques. Quel rapport y a-t-il entre la divinité et la quantité, pour que les idées relatives à l'une et les idées relatives à l'autre soient rapportées à une seule et même faculté ? Il m'est assez indifférent de connaître tout ce qui concerne les diverses grandeurs, tandis que la connaissance de Dieu me remplirait de joie. Saint Augustin, qui se pose cette question, y répond lui-même. La ligne, dit-il, et la sphère ne se ressemblent pas, et cependant les notions que l'on s'en fait se ressemblent, au moins quant à leur certitude ; le ciel et la terre nous causent, quand nous les regardons, des émotions différentes, et ce sont

néanmoins les sens qui nous donnent également connaissance de l'un et de l'autre. Il n'est donc pas extraordinaire que la notion de Dieu et les notions mathématiques, malgré la différence de leurs objets et des
sentiments qu'elles éveillent au dedans de nous, dérivent de la même source.

Les notions mathématiques ne peuvent provenir que
de la raison ; car elles sont claires, éternelles, immuables, et les sens et l'imagination sont dans une égale
impuissance de les expliquer.

Quand j'affirme qu'une ligne ne saurait être partagée
en deux dans le sens de sa largeur, mais que dans le
sens de sa longueur elle est susceptible d'être divisée à
l'infini, j'énonce des vérités évidentes, inébranlables, et
qui n'ont rien à démêler avec les sens ; car je prononce
sur des lignes idéales et non sur des lignes réelles [1].

J'ai vu des lignes d'une ténuité et d'une délicatesse
extrêmes, tracées par les mains les plus habiles et aussi
déliées que les fils de l'araignée peuvent l'être. Malgré
cela, mes affirmations n'auraient aucune valeur, si elles
portaient sur ces lignes qui ont frappé mes yeux et non
sur celles qui sont présentes à ma raison [2].

Tout nombre est un assemblage d'unités. Qui dit un,
deux, trois, quatre, dit l'unité prise deux, trois, quatre
fois. Or d'où me vient l'idée de l'unité ? Ce n'est pas des
sens corporels ; car tout objet sensible est, non pas un,
mais multiple et composé d'un nombre infini de parties.

[1] *Solil.*, l. I, c. 4, 5.
[2] *Conf.*, l. X, c. 12.

Prenez un corps aussi petit qu'il vous plaira, vous y distinguerez un côté droit et un côté gauche, un dessus et un dessous, c'est-à-dire une multiplicité véritable. Les corps ne peuvent donc pas vous donner l'idée de l'unité, et pour chercher si les corps la réalisent, il faut que vous l'ayez déjà. Où l'avez-vous prise, si ce n'est dans votre raison? Mais l'idée de l'unité ne venant pas des sens, l'idée du nombre ne saurait en venir, puisque le nombre n'est autre chose que l'unité prise plusieurs fois [1].

Cette même raison qui nous fait connaître les nombres en eux-mêmes, nous les fait connaître encore dans les sons qu'ils mesurent, dans les mouvements qu'ils règlent, dans les figures qu'ils déterminent et auxquelles ils impriment le caractère de la beauté; car le beau consiste essentiellement dans l'ordre, et il n'y a d'ordre que dans ce qui est fait avec nombre, poids et mesure [2].

Saint Augustin s'était posé de bonne heure, et du sein même des plaisirs où il consuma sa jeunesse, la question de la nature du beau [3]. C'étaient — chose singulière! — les objets de ses plus profanes attachements, qui avaient donné lieu à son esprit investigateur de se demander en quoi consiste le beau, et comment il se fait qu'il maîtrise les âmes avec tant d'empire. On comprend, en effet, que le beau agissant avec une force souveraine sur les cœurs encore jeunes, les hom-

---

[1] *De lib. arb.*, l. II, c. 8.
[2] *De ver. relig.*, c. 41.
[3] *Conf.*, l. IV, c. 13, 15.

mes en qui la curiosité philosophique s'allie à une vive
sensibilité, soient tout d'abord attirés par cette question
qui plaît à leur cœur par les brillantes images qu'elle
éveille, en même temps qu'elle captive leur esprit par
sa complexité et sa profondeur. Le premier ouvrage de
Platon fut, dit-on, le *Phèdre,* où il traite de la beauté;
le premier écrit d'Augustin fut un livre, aujourd'hui
perdu, sur le Beau et le Convenable, et ce fut aussi
par un travail sur le Beau que s'ouvrit naguère la carrière philosophique, trop tôt déterminée, d'un illustre
penseur contemporain.

L'essence du beau, suivant saint Augustin, réside
dans l'unité; — «*omnis.... pulchritudinis forma uni-
tas*[1].» — Qu'est-ce qui fait la beauté du corps humain?
Ce n'est pas seulement la perfection de chacune des
parties qui le composent, mais encore et surtout l'ordre
qui préside à leur arrangement et à leur distribution,
les parties doubles étant conformées et disposées exactement de la même manière et se répondant entre
elles, tandis que celles qui sont uniques dans leur
genre sont placées à égale distance des autres, et satis-
font aux exigences de la symétrie la plus sévère. Un pied
considéré seul peut être beau; une main considérée seule
peut être belle. Cependant combien ces membres ne
perdent-ils pas de leur beauté à être séparés du tronc,
et combien leur convenance avec le tout dont ils font
partie n'ajoute-t-elle pas à leur grâce[2]!

D'où vient la beauté qui éclate dans la plupart des

[1] *Epist.* XVIII.
[2] *De Gen. contra Man.,* l. I, c. 24.

êtres vivants? Ceux-ci sont remarquables par les proportions exactes et les contours harmonieux de leurs formes; ceux-là, par les teintes habilement nuancées et artistement fondues de leur plumage; les uns se distinguent par les mouvements aisés et rhythmiques de leurs membres; les autres, par les notes cadencées et pénétrantes de leur voix. Qu'est-ce que tout cela, sinon l'unité, l'harmonie, la convenance? Qu'est-ce que la vie réalise dans ces êtres sans raison, sinon une idée qu'elle ignore, un type qui la surpasse, un exemplaire qui réside dans la raison de Dieu, et que nous trouvons aussi dans la nôtre [1]?

Si nous considérons ces mêmes êtres, non plus en eux-mêmes, mais dans leurs rapports les uns avec les autres, et dans les actions diverses auxquelles ils se livrent, nous verrons que là encore toute beauté a pour conditions essentielles la convenance et l'unité. Pour expliquer sa pensée, saint Augustin a recours, comme le fait souvent Platon, son maître, à un exemple familier, mais caractéristique : il décrit un combat de coqs, dont il a été témoin. Les deux champions sont en présence. Les voilà, la tête en avant, la chevelure hérissée autour du cou! Quels vigoureux coups de bec; mais aussi quelle prestesse pour les éviter! Comme tout se fait avec convenance dans ces êtres dépourvus de raison, grâce à la direction d'une raison plus haute! Et, à la fin, quel chant de triomphe entonne le vainqueur! Comme il fait la roue, et comme tout son extérieur res-

---

[1] *De ver. rel.*, c. 31, 42.

pire l'enivrement de la victoire! Son adversaire, de son
côté, le cou déplumé, la voix timide et comme honteuse, la contenance embarrassée, a aussi de la beauté
à sa manière, la beauté qui résulte de la convenance
entre l'expression et les sentiments exprimés. Tant il est
vrai qu'il n'est pas de fait si vulgaire qui n'ait sa loi,
pas de désordre où l'ordre n'ait laissé sa trace, pas de
laideur qui n'offre un reflet de la beauté[1]!

Ces considérations suffisent pour montrer que le
beau, et particulièrement le beau sensible, comme on
dirait aujourd'hui, consiste, suivant saint Augustin,
dans l'unité. Il s'agit maintenant de faire voir que le
beau sensible n'est pas saisi et apprécié par les sens,
comme on serait tenté de le croire au premier abord,
mais que la seule raison le connaît et en juge. Cicéron
avait bien compris cette vérité, car il dit en parlant de
l'homme que c'est le seul animal qui connaisse l'ordre
et la beauté, parce que c'est avec sa raison qu'il saisit
la beauté, et que la raison est l'attribut distinctif de
l'homme[2]. Bossuet, s'inspirant sans doute de saint
Augustin, exprime la même pensée d'une manière tout
aussi explicite et aussi nette. «....Il appartient à l'esprit,
dit-il, c'est-à-dire à l'entendement, de juger de la
beauté, parce que juger de la beauté, c'est juger de
l'ordre, de la proportion et de la justesse, choses que
l'esprit seul peut apercevoir[3].»

[1] *Ubi non lex?.... Ubi non umbra constantiæ? Ubi non imitatio verissimæ illius pulchritudinis?* (De Ord., l. I, c. 8.)

[2] *De Offic.*, l. I, c. 4.

[3] *Conn. de Dieu et de soi-même*, c. 1, § 8.

Mais ce n'est ni Cicéron ni Bossuet, c'est saint Augustin qu'il faut lire, si l'on veut voir cette pensée développée avec ampleur et mise dans tout son jour. Il y a dans le *Traité de la vraie religion* un morceau remarquable et souvent cité, qui montre clairement, d'une part, quelle est la nature du beau; de l'autre, quel est le rôle de la raison dans nos jugements esthétiques. Si je demande, dit Augustin, à un architecte d'un esprit ordinaire, qui vient de construire une arcade d'un côté d'un édifice, pourquoi il en construit une autre du côté opposé, il me répondra que cela plaît : il ne pourra m'en dire davantage. Mais si je m'adresse à un homme qui soit doué de la vue intérieure, du sens de l'invisible (*virum intrinsecus oculatum et invisibiliter videntem,* dit ingénieusement saint Augustin), il remontera plus haut dans la série des explications, et s'instituera juge du plaisir que le beau lui procure, au lieu de se borner à prendre ce plaisir pour règle de ses jugements. Il ne se contentera pas de dire : Je fais ainsi parce que cela plaît. Ce serait s'en tenir au fait; ce serait ne consulter que les sens et l'expérience. Il ajoutera : Cela plaît parce que cela est beau, et cela est beau à cause de la similitude des parties et de la symétrie qui résulte de leur arrangement; en d'autres termes, il consultera la raison; car cette vue de la raison des choses ne peut être attribuée qu'à la raison seule. Il ira plus loin. Que je lui demande si un corps peut réaliser complétement l'unité qu'il imite, il me répondra que cela est impossible. Un corps n'offre jamais qu'une image trompeuse de l'unité, parce que toutes ses parties sont séparables. Cependant nous avons dans l'esprit l'idée de l'unité parfaite, sans quoi nous ne pourrions pas juger si les corps possèdent ou ne possèdent pas l'unité. Où l'avons-nous prise cette idée de l'unité, sinon dans la raison à laquelle elle est partout et toujours présente; car en même temps que je juge que tel objet est un, un autre homme porte le même jugement, au fond de l'Orient, sur un objet semblable. Saint Augustin place donc le Beau, comme Platon, comme Plotin et plusieurs autres philosophes, dans l'unité; et pour lui, comme pour eux, l'unité typique et primordiale est en Dieu, est Dieu lui-même [1].

C'est donc parce que nous sommes raisonnables que nous connaissons ce qu'il y a de rationnel dans les corps, et que nous dégageons le beau du milieu des éléments avec lesquels il était confondu. Mais de tous les sens, l'ouïe et la vue sont ceux qui nous fournissent le plus souvent l'occasion de saisir le caractère rationnel des choses. Quand je vois un objet dont la figure offre de la proportion et de la symétrie, je dis qu'il y a de la raison, et, par conséquent, de la beauté dans sa composition. Quand j'entends un concert où toutes les voix s'accordent à ravir, ce concert me paraît avoué de la raison, et je le trouve délicieux : l'usage réserve le nom de beau aux seuls objets sensibles qui frappent la vue. Quant à l'odeur, à la saveur, à la dureté, à la mollesse, au chaud, au froid, qui n'ont absolument

[1] *De ver. rel.*, c. 32, 36.

rien de rationnel, il est clair que nulle qualification esthétique ne saurait leur convenir.

Jusqu'ici tout est pour le mieux. Mais comment se fait-il que saint Augustin, qui a si bien montré que la seule raison connaît le beau sensible, et qui a si nettement distingué le beau de l'agréable, se contredise un peu plus loin?

Qu'un danseur, dit-il, joue devant moi le rôle de Vénus, avec des ailes au dos, ou celui de Cupidon, avec un manteau sur les épaules, et qu'il déploie dans son rôle une grâce parfaite et une souplesse merveilleuse, ma raison sera choquée; mais mes sens seront ravis. Pourquoi? Parce qu'il y a là, d'une part, une disconvenance et une laideur qu'il appartient à la raison d'apprécier, et, de l'autre, une convenance et une beauté dont les sens sont les véritables juges. — N'est-ce pas là, je le demande, admettre que le beau sensible n'est pas tout entier du ressort de la raison, et que les sens peuvent en juger comme elle [1]?

Ailleurs il étend de telle sorte l'idée de la convenance, qui est, suivant lui, l'essence de la beauté, qu'il n'est pas de choses agréables auxquelles cette idée ne s'applique, depuis celles qui flattent la vue et le toucher, jusqu'à celles qui chatouillent le goût et l'odorat [2]. Que recherchons-nous, dit-il, dans la lumière et les couleurs, sinon leur convenance avec nos yeux? Que recherchons-nous dans les odeurs et les saveurs, sinon

[1] *De Ord.*, l. II, c. 11.
[2] *De Mus.*, l. VI, c. 13.

leur convenance avec les organes de l'odorat et du
goût ? C'est bien là, si je ne me trompe, confondre
l'accord de l'objet et de l'organe avec l'accord des
parties constitutives de l'objet, et identifier l'agréable
avec le beau. Pouvons-nous, ajoute-t-il, aimer autre
chose que le beau ? *Num possumus amare nisi pulchra ?*
Oui, pourrait-on lui répondre, on peut aimer une foule
d'objets fort agréables au goût et à l'odorat, mais où il
n'y a pas trace de beauté.

Il en est, suivant saint Augustin, de la beauté morale
comme de la beauté physique : elle réside également
dans l'unité, et c'est également la raison qui nous en
procure la connaissance. Qu'est-ce, en effet, que la
beauté de l'homme intérieur, sinon la justice ; et en
quoi consiste la justice, sinon dans une vie bien ordonnée, c'est-à-dire conforme à la raison ? Or qui juge de
cet ordre de la vie et de sa conformité avec la raison,
si ce n'est la raison elle-même ? Les stoïciens tombent
dans une contradiction manifeste quand ils prétendent,
d'une part, que le sage seul est beau ; de l'autre, qu'il
n'y a de réel que ce qui est perçu par les sens. Car cette
beauté du sage qui leur paraît non-seulement une
beauté réelle, mais la seule beauté réelle, échappe à
tous nos organes, et la raison est seule capable de la
saisir [1].

C'est aussi la raison qui nous fait connaître la beauté
divine, cette unité première et ineffable que les corps
imitent sans pouvoir l'égaler, et que nos esprits pren-

---

[1] *De Civ. D.*, l. VIII, c. 7.

nent pour règle de leurs jugements quand ils prononcent sur la beauté et sur la laideur des choses corporelles. Mais cette même raison nous révèle un principe si semblable à cette suprême unité, qu'il la réalise de tout point, tandis que les créatures ne la réalisent qu'imparfaitement; et qu'il en est la véritable image, tandis que celles-ci n'en sont que des images mensongères : c'est la vérité immuable, c'est le Verbe éternel qui réside dans l'Être premier, qui est en Dieu, qui est Dieu lui-même. Le Dieu de saint Augustin est, en effet, une unité parfaite, toujours et partout semblable à elle-même, et cependant il n'est pas une unité vide et morte comme celui de Plotin. Crainte de rabaisser l'Être divin en lui laissant quelque chose de commun avec les créatures, Plotin le dépouille successivement des plus beaux attributs de notre humanité. Il lui dénie non-seulement la bonté et l'intelligence, mais encore la vie et l'être, et en fait une unité inconcevable, innommable, véritable néant d'où l'être ne peut sortir, et qui ne possède pas plus la beauté qu'aucune autre perfection. Le Dieu d'Augustin, au contraire, renferme en lui-même, dans l'ineffable simplicité de son essence pure, les éternelles raisons des choses passagères, et toute la création est contenue éminemment dans son ample sein. Les choses sensibles et périssables ne peuvent avoir la perfection qui convient à leur nature qu'à la condition d'être informées par cette forme intelligible et immuable qui façonne les créatures intérieurement et suivant des lois éternelles. C'est en elle que subsiste cet ordre vivant qui ne s'étend point dans l'espace, qui ne se développe point dans la durée, et qui domine, du sein de son immutabilité et de son immensité, tous les temps et de tous les lieux. C'est elle qui est l'artiste par excellence et le principe de toute beauté ; car il n'est pas d'artiste qui soit égal à Dieu, pas d'art qui approche de son Verbe[1].

Loin de posséder seulement les attributs qu'on a appelés métaphysiques, il possède encore la bonté, l'intelligence, la justice et les autres attributs moraux. Sa beauté n'est incomparablement supérieure à celle des hommes que parce que sa justice est incomparablement supérieure à la leur[2]. Le Dieu de saint Augustin est le même dont Leibniz dira un jour : « Les perfections de Dieu sont celles de nos âmes, mais il les possède sans bornes : il est un océan dont nous n'avons reçu que des gouttes ; il y a en nous quelque puissance, quelque connaissance, quelque bonté, mais elles sont tout entières en Dieu. L'ordre, les proportions, l'harmonie nous enchantent : la peinture et la musique en sont des échantillons. Dieu est tout ordre ; il garde toujours la justesse des proportions, il fait l'harmonie universelle : toute la beauté est un épanchement de ses rayons[3]. »

Nous ferons quelques remarques sur cette théorie de la connaissance esthétique telle que saint Augustin l'a exposée.

---

[1] *De ver. rel.*, c. 36, 55 ; *De Civ. D.*, l. XI, c. 24 ; l. XII, c. 2.

[2] *Eoque justorum mentibus credendus est incomparabiliter pulchrior, quo est incomparabiliter justior* (*Epist.* 120).

[3] Leibniz. *Théodicée*, Préface.

Avouons d'abord que notre auteur y montre à un rare degré le caractère qui distingue l'esthéticien éminent du critique vulgaire. Tandis que la critique se borne à noter, dans leur mobilité infinie et leur capricieuse variété, les émotions que produisent en nous les merveilles de la nature et les chefs-d'œuvre de l'art, l'esthétique recherche les raisons dernières de ces émotions délicieuses et leurs lois les plus générales. Elle répond à un des besoins les plus élevés de notre esprit, que la connaissance des phénomènes ne satisfait qu'à moitié, et qui ne s'arrête que quand il en a saisi les causes. Trouver une formule qui explique les beautés gracieuses et terribles de la mer, celles de la terre avec ses forêts et ses montagnes, celles du ciel parsemé d'étoiles ou étincelant des feux du jour, celles de l'âme humaine, soit qu'elle déchaîne ses passions, soit qu'elle les soumette au frein du devoir, celles qui brillent également dans les pages inspirées d'Homère ou de Bossuet et dans les grandes œuvres de Raphaël ou de Michel-Ange : tel est le but suprême que poursuit la science du Beau. Saint Augustin a eu le mérite, après Platon, il est vrai, après Aristote, après Plotin, d'entrevoir ce but et d'essayer de l'atteindre.

Reconnaissons, en second lieu, que la conception générale à laquelle il cherche à ramener toutes les beautés particulières, était une des plus fécondes et des plus compréhensives qu'il pût choisir. Platon et Aristote, parmi les philosophes, Cicéron et Horace, Fénelon et Buffon, parmi les littérateurs, ont attaché avec raison une importance capitale à la coordination et à l'agencement des parties, à ce qu'on appelle d'un seul mot, la composition. Fénelon veut que les différentes parties d'un discours aient entre elles une telle adhérence et concourent si nécessairement au même but, qu'on ne puisse rien retrancher sans couper dans le vif. Aristote s'exprime d'une manière encore plus précise et plus heureuse : Un ouvrage, dit-il, doit être un, comme un animal est un. — A qui n'est-il pas arrivé d'entendre un discours animé des mouvements les plus aisés et les plus naturels, relevé par les pensées les plus fines et les plus ingénieuses, paré des couleurs les plus fraîches et les plus brillantes, et de n'être cependant qu'à demi satisfait? Pourquoi? Parce que toutes ses parties ne tendaient pas vers une même fin, qu'elles ne formaient pas un véritable ensemble et en quelque sorte un tout organique. Saint Augustin est donc dans le vrai en faisant de l'unité une condition essentielle de la beauté. Il est dans le vrai en expliquant par l'unité, non-seulement les beautés de la nature et de l'art, mais encore celles de la vie morale, et j'ai vraiment de la peine à comprendre qu'on ait si souvent rejeté sa définition de la beauté par l'unité, en se fondant sur ce que l'unité ne saurait rendre raison de la beauté qui brille dans les actions humaines. Qu'est-ce donc qu'une belle vie, sinon une vie bien ordonnée? Qu'est-ce qu'une action laide et honteuse, sinon une action contraire à l'ordre et qui nous choque, suivant la remarque de Platon, comme une note fausse dans un concert harmonieux?

L'erreur de saint Augustin n'est pas là. Elle consiste,

suivant moi, en ce qu'il a fait de l'unité non-seulement une condition, mais la seule condition de la beauté.

N'est-il pas vrai que la figure la plus régulière n'est point belle, si elle est froide? N'est-il pas vrai que le poëme le mieux ordonné ne produit aucune émotion esthétique, si le cœur du poëte ne palpite point sous le tissu uniforme de sa composition? N'est-il pas vrai qu'une vie qui nous offre le tableau d'une suite de devoirs exactement, mais sèchement accomplis, ne nous touche pas comme une vie moins régulière, mais où éclatent de loin en loin les saillies d'une grande âme? Qu'est-ce à dire, sinon que le Beau n'est pas seulement l'unité, mais l'unité vivante, la force disciplinée, l'union harmonieuse de la vie et de l'ordre [1]?

C'est parce que la force est, comme l'ordre, un élément de la beauté, que la force, même quand elle est séparée de l'ordre, n'est pas d'une entière laideur et conserve un certain prestige. Cléopâtre, dans Corneille, Lady Macbeth, dans Shakespeare, ne sont-elles pas de magnifiques créations toutes resplendissantes d'une beauté sinistre? Pourquoi quelques types du dérèglement et du libertinage exercent-ils une telle fascination sur la jeunesse de notre temps, sinon parce qu'ils semblent avoir un certain caractère de grandeur et d'indépendance, qui tranche avec ce qu'on nomme dédaigneusement la vulgarité des vertus bourgeoises? D'une

---

[1] Consulter sur ce point le brillant et remarquable ouvrage de M. Charles Lévêque, intitulé : *Science du Beau*, qui a été récemment couronné par l'Académie des sciences morales, par l'Académie française et par l'Académie des beaux-arts.

part, c'est la force ou son apparence, sans l'ordre; de l'autre, c'est l'ordre sans la force, et c'est à la force qu'on donne la préférence. Prenons des exemples plus élevés et plus nobles. Le héros d'Utique et le fondateur de l'Union américaine étaient sans doute des âmes mieux ordonnées que le vainqueur de Pharsale et que le capitaine qui a rempli notre siècle de sa gloire. D'où vient donc que ces derniers balancent les premiers, si même ils ne les surpassent, dans l'admiration des hommes? Qu'on y réfléchisse, et on verra que cela doit venir de ce qu'ils ont eu une vie plus riche et plus puissante.

Du reste, il ne faudrait pas croire que saint Augustin méconnaisse entièrement la vie comme principe de perfection et de beauté. Il déclare positivement, nous l'avons vu plus haut[1], qu'un cheval qui s'égare est au-dessus de la pierre qui ne peut pas s'égarer; qu'un homme dans l'ivresse reste supérieur, malgré son état de dégradation, à un corps sans âme. Pourquoi cela? Évidemment parce que l'homme et le cheval, lors même qu'ils transgressent les lois de l'ordre, conservent une vie plus élevée que celle des corps bruts. Ailleurs, il met la lumière, le plus brillant de tous les corps, au-dessous du dernier des insectes, parce que celui-ci est mu par une force vivante. Ailleurs enfin, il s'élève énergiquement contre les âmes tièdes que rien ne saurait émouvoir, et réserve toute son admiration pour les âmes ardentes que l'amour, c'est-à-dire la vo-

---

[1] Page 90.

lonté enflammée par la passion, anime et vivifie. Que
conclure de tout cela, sinon que saint Augustin a bien
compris la nature du beau, et qu'il ne lui a manqué
que de se rendre compte un peu plus nettement de ce
qu'il pensait lui-même pour en donner la véritable définition?

L'idée du bien se résout, suivant lui, comme celle
du beau, dans l'idée de l'ordre, du nombre, de l'unité
et finalement de l'unité suprême, dont toutes les autres
unités ne sont que d'imparfaites imitations. Suivant
lui, le bien, comme le beau, dépend de la raison et
quant à son existence et quant à la connaissance que
nous en avons, de sorte que cette faculté ne domine
pas moins souverainement dans la sphère des notions
morales que dans celle des notions esthétiques et mathématiques.

Qu'est-ce que la vertu, sinon le cours harmonieux
d'une vie qui est en plein accord avec la raison[1]? Si la
vie d'un homme offre la dissonnance la plus légère, je
n'en suis pas moins choqué que de voir une circonférence dont tous les points ne sont pas également éloignés du centre. Il importe donc que les principes inférieurs de notre nature, ceux qui nous sont communs
avec les végétaux et les animaux, tels que le besoin de
se nourrir et celui de se reproduire, et ceux qui paraissent particuliers à l'homme, tels que l'amour du pouvoir et l'amour de la gloire, soient assujettis à un principe supérieur de coordination et d'harmonie. Les élé-

---

[1] *De qu. an.*, c. 16.

ments les meilleurs doivent prévaloir sur les moins
bons; la raison, l'entendement, l'esprit, comme on
voudra l'appeler, doit gouverner les penchants irration-
nels et aveugles de l'âme. A cette condition seulement,
l'homme sera un être convenablement ordonné et mé-
ritera le nom de *sage*.

La raison ne règle pas seulement par ses décisions la
vie des individus, mais encore celle des sociétés, et la
morale publique, comme la morale privée, rentre dans
son domaine. Si un peuple est plein de sagesse et si
chacun des membres qui le composent est disposé à
sacrifier son intérêt propre à l'intérêt général, ce sera
une bonne loi que celle qui permettra aux citoyens de
nommer les chefs qui doivent gérer les affaires de l'État.
Mais si ce même peuple se déprave, si, peu soucieux de
l'utilité publique, il vend ses suffrages au plus offrant
et livre le gouvernement de la société aux plus vils et
aux plus scélérats des hommes, ne sera-ce pas une loi
équitable que celle qui lui enlèvera le droit d'élire ses
magistrats et qui fera plier toutes ces volontés perverses
sous la volonté d'un ou de plusieurs hommes sages?
Quelle est la loi immuable et toujours identique à elle-
même où ces deux lois essentiellement passagères et
en apparence contradictoires ont leur principe et leur
unité, sinon la raison souveraine? C'est elle qui pro-
clame invariablement la justice de ces variations
mêmes, et toutes les lois particulières ne sont que des
applications à des circonstances transitoires de cette
loi générale et éternelle. C'est elle qui déclare qu'il est
juste qu'un peuple s'appartienne, quand il sait se ré-

gler, mais qu'il doit être réglé par d'autres, quand il ne sait pas se régler lui-même ; car il faut, avant tout, que la raison règne et que l'ordre se réalise[1].

N'est-il pas curieux de voir saint Augustin, à une époque où la philosophie politique était tombée dans le plus complet discrédit, reprendre les grandes thèses que Platon et Cicéron avaient soutenues, et incorporer aux doctrines chrétiennes les idées de ces illustres maîtres ? Pendant que la littérature profane épuisée ne s'inquiète plus que de philologie et d'érudition, et que ses derniers représentants ne cherchent plus dans le *De republicâ* que des exemples à l'appui de leurs considérations grammaticales, n'est-il pas intéressant, comme l'a remarqué un écrivain célèbre[2], de voir la littérature sacrée, plus soucieuse des pensées que des mots, essayer de faire revivre, au milieu d'un siècle abâtardi et impuissant, les hautes théories de l'ancien monde ?

Non-seulement la loi morale est immuable et universelle, mais encore elle est connue de tous les hommes, et il n'y a pas de peuple qui puisse arguer de son ignorance pour se dispenser d'en suivre les prescriptions. Qui ne sait, par exemple, qu'il faut pratiquer la justice ; que le plus parfait doit être préféré au moins parfait ; que le crime doit être puni et la vertu récompensée ; qu'une âme que les plus grands malheurs ne peuvent faire dévier de la ligne du devoir, vaut mieux

---

[1] *De lib. arb.*, l. I, c. 6, 7, 8, 9.
[2] M. Villemain, *Traduct. de la Républ. de Cicéron*, Introduction.

que celle que les accidents les plus légers découragent et jettent dans l'abattement? Ce sont là des vérités évidentes pour tous les hommes sans exception, parce que la raison les révèle à tous indistinctement. Les impies mêmes jugent, et souvent jugent bien, des actions humaines[1]. Par quelles règles en jugent-ils, sinon par celles dans lesquelles ils voient comment chacun doit vivre, quoique eux-mêmes vivent mal? Où les voient-ils? Ce n'est pas dans leurs esprits, car ces règles sont justes et immuables, et leurs esprits sont injustes et changeants.

« Où sont-elles donc écrites ces règles, pour que l'injuste même puisse connaître ce qui est juste, pour qu'il puisse voir quelles qualités il devrait avoir, lors même qu'il ne les possède point? Où donc sont-elles écrites, sinon dans le livre de cette lumière qu'on nomme vérité, d'où toute loi juste est tirée et passe dans le cœur de l'homme qui accomplit la justice, non par voie de migration, mais par voie d'impression, comme la forme passe de l'anneau à la cire sans quitter l'anneau? Mais celui qui ne la pratique point et qui voit cependant qu'il faudrait la pratiquer, celui-là se détourne de la lumière, et néanmoins elle le frappe[2]. »

La raison est donc la véritable maîtresse de la vie humaine, et il s'agit ici de cette droite et parfaite raison qui atteint son objet comme l'œil atteint le sien, quand aucune maladie, aucune lésion ne l'altère. Or cet objet

[1] *De lib. arb.*, l. II, c. 10.
[2] *De Trin.*, l. XIV, c. 15.

que la raison nous découvre et qu'elle nous montre
comme la fin naturelle de notre existence, c'est le souverain bien. Mais ce souverain bien ne peut être ni en
nous, comme le veulent les Stoïciens, ni au-dessous de
nous, comme les Epicuriens le prétendent; il ne peut
être qu'au-dessus de nous, comme l'ont compris les disciples de Platon. Aspirer à ce bien supérieur, c'est s'é-
lever; tendre vers les biens inférieurs, c'est se rabaisser
soi-même. Quel peut être ce bien souverain qui est si
fort au-dessus de tous les autres et qui doit être la vie
de l'âme, comme l'âme est la vie du corps, sinon ce
Dieu qui n'est pas seulement le principe de l'être, mais
encore celui du connaître et du vouloir, et dont toute
existence, toute lumière, toute félicité découlent[1]?

Ainsi, de quelque manière qu'Augustin considère
l'objet de la raison, comme vérité, comme beauté,
comme bien absolu, il voit toujours dans cet objet une
face de Dieu ou plutôt Dieu lui-même. La logique,
l'esthétique, la morale, toutes les sciences particulières aboutissent dans ses écrits, comme dans ceux de
Platon, à la théologie; elles forment comme une pyra-
mide immense dont les diverses parties, fort éloignées
les unes des autres à la base, se rejoignent au sommet
et ont l'idée de Dieu pour centre et pour couronnement.

[1] *Ep.* CXVIII, c. 3.

IV.

Voilà certes une des plus belles théories de la raison que la philosophie spiritualiste, si riche en travaux
de ce genre, ait jamais conçues.

Sans doute Platon avait fourni à Augustin la plupart
des matériaux de son œuvre, et il n'entre pas dans ma
pensée de comparer à celui qui créa de toutes pièces,
avec une force et une puissance qu'on n'a point égalées,
la grande doctrine de l'idéal, l'esprit heureux et brillant qui essaya, souvent avec succès, de la concilier
avec la doctrine chrétienne. Cependant on peut dire,
sans chercher à diminuer le philosophe athénien, que
s'il est resté incontestablement supérieur à l'évêque
d'Hippone pour la fécondité et le génie, celui-ci l'a
quelquefois surpassé pour la justesse et l'exactitude, et
qu'en purifiant sa théorie de la raison des hypothèses
qui l'altéraient, il lui a rendu une autorité qu'elle avait
perdue, et lui a donné, dans le monde chrétien, une
influence à laquelle elle ne pouvait prétendre.

Parmi les modernes, Malebranche, qui s'appuie du
reste si volontiers sur saint Augustin, a montré peut-
être plus d'originalité que lui en traitant le même sujet, mais on sait à quel prix. Soutenir, ainsi qu'il le
fait, que nous ne connaissons pas les corps directement, mais dans les idées, qu'il appelle de petits êtres
nullement méprisables, ou dans l'étendue intelligible,
qui le paraissait si peu au grand Arnauld, c'est professer

sur la raison une doctrine fort peu raisonnable. Quant
à Bossuet et à Fénelon, ils se sont contentés de reproduire, presque dans les mêmes termes, les idées d'Augustin, et d'en condenser la substance dans leurs ouvrages, en hommes qui s'en étaient nourris et pénétrés.
Citer, comme on le fait souvent, les belles pages que
ces deux écrivains illustres nous ont laissées sur la raison, sans rien dire des pages éclatantes d'Augustin dont
ils se sont inspirés, c'est commettre envers ce dernier
une véritable injustice. Ajouter, comme on le fait quelquefois, que dans les œuvres d'Augustin la philosophie
chrétienne nous apparaît encore débile et pour ainsi
dire dans les langes, tandis que les écrits de Bossuet et
de Fénelon nous la montrent dans toute la vigueur de
sa maturité, c'est être plus injuste encore et donner à
ces grands hommes un éloge dont ils n'auraient pas
voulu. En s'appropriant la théorie de Platon et des
Alexandrins, Augustin la modifie, sinon dans son ensemble, du moins dans quelques détails. En s'appropriant celle d'Augustin, Bossuet et Fénelon ne lui font
subir aucun changement, aucune amélioration; bien
plus, il leur arrive parfois de l'affaiblir ou de la mutiler: c'est ainsi que Bossuet se borne à effleurer la question du beau, et que Fénelon la supprime. Je ne crains
donc pas de le dire, la théorie de la raison est à la fois
plus originale, plus complète et plus richement développée dans saint Augustin que dans ses deux éminents
disciples.

Il est une autre théorie de laquelle on pourrait rapprocher celle de l'évêque d'Hippone : c'est celle qui a été

exposée parmi nous, avec un éclat incomparable, par
le plus glorieux représentant de la philosophie contemporaine, et qui, pendant quarante ans, a entretenu
dans les âmes, en morale, en politique, en littérature,
à travers des vicissitudes de toute sorte, le culte de
l'idéal. Ces deux théories offrent des ressemblances
nombreuses et ont entre elles comme un air de famille
qui trahit une origine commune. Dans l'une et l'autre,
le Vrai, le Beau, le Bien sont identifiés avec Dieu et con-
sidérés comme la fin suprême de l'âme; dans l'une et
l'autre, le sens est regardé comme l'occasion et non
comme la cause de la connaissance intellectuelle; dans
l'une et l'autre, le Logos est représenté comme le pré-
cepteur et le maître de chacun de nous[1]. Seulement il
existe entre elles quelques dissemblances déterminées
par les circonstances sociales au milieu desquelles elles
se sont produites, et par les besoins intellectuels qui
ont provoqué leur apparition. En face des hérésies qui
confondaient la nature divine et la nature humaine,
saint Augustin dut s'attacher à distinguer soigneusement la raison de l'homme et la raison de Dieu, tout
en maintenant le rapport qui les unit et en affirmant
que l'une est sans cesse éclairée par l'autre. En présence
du scepticisme de Kant, qui se fondait sur la personnalité et la subjectivité de la raison, pour lui refuser
toute autorité en dehors du sujet pensant, M. Cousin a
dû s'efforcer, avant tout, de faire ressortir son carac-

[1] Voir surtout le livre si justement célèbre, *Du Vrai, du Beau et
du Bien*, où M. Cousin développe sa théorie dans toute la variété de
ses applications et dans toute la richesse de ses conséquences.

tère absolu, impersonnel, et quelques-uns de ses disciples sont allés encore plus loin que lui dans cette voie.
C'est ainsi que je m'explique ce phénomène étrange, au
premier abord, d'un prêtre du cinquième siècle, d'un
Père de l'Église, d'un saint, naturellement enclin à tout
rapporter à Dieu, lui donnant peut-être moins de part
dans la connaissance que nous avons des premiers
principes, que les héritiers immédiats du dix-huitième
siècle, que des raisonneurs nourris au milieu des préoccupations toutes profanes de notre société positive.

Si j'avais à considérer la théorie de saint Augustin au
point de vue ontologique, et non au point de vue psychologique, j'adresserais à cet illustre Père un reproche
qui a dû se présenter à l'esprit de plus d'un lecteur en
parcourant ce travail: c'est d'affirmer, sans l'établir par
des preuves assez concluantes, que l'objet de la raison
est Dieu, c'est-à-dire un être réel, aperçu sous plusieurs
faces différentes, et non pas simplement telle ou telle
conception générale. Avancer que l'Unité est un être,
que le Beau est un être, que le Bien est un être, ce sont
là des assertions assez extraordinaires pour qu'on tâche
de les démontrer, et de les démontrer deux fois plutôt
qu'une. C'est la question de la portée objective des notions rationnelles qui devait plus tard tant préoccuper
Kant et s'emparer si puissamment de ce vigoureux esprit. Je m'étonne qu'Augustin n'ait pas vu les difficultés auxquelles elle pouvait donner lieu, et n'ait institué
à ce sujet aucune discussion sérieuse[1].

---

[1] Nous sommes heureux de nous rencontrer ici avec un des esprits
les plus éminents du clergé contemporain. L'illustre évêque de Sura

Quant à la distinction qu'il établit, avec la plupart des philosophes anciens, entre les sens et la raison, elle me paraît aussi remarquable par son exactitude que par sa profondeur. Loin d'avoir quelque chose d'arbitraire et d'artificiel, elle est indiquée par la nature même, qui nous montre les sens fonctionnant sans la raison dans l'animal, et concurremment avec elle dans l'homme. Or si, pour distinguer deux facultés l'une de l'autre, il suffit de s'assurer qu'elles sont séparables entre elles[1], comment trouver des facultés plus évidemment distinctes que celles qui non-seulement sont séparables, mais qui sont, dans certains sujets, réellement séparées? C'est là une distinction qui repose sur la nature des choses et que l'on peut (point capital) constater expérimentalement.

La raison est donc une faculté originale, *sui generis,* qui s'ajoute aux sens, qui est en quelque sorte greffée sur eux, mais qui n'en vient pas. Comprendrait-on sans cela que l'animal, ayant des sens comme nous, percevant comme nous les objets, ne pût s'élever comme nous à des connaissances véritables et transformer en idées ses diverses perceptions? C'est ce qu'Augustin exprime, à sa manière, en disant que notre âme est à la fois sensitive et raisonnable, tandis que celle de l'animal est purement sensitive.

dit, en parlant de la doctrine de saint Augustin sur ce point : «...Les raisonnements ne sont pas poussés à leur dernier terme; on sent que toutes ces idées pourraient être soumises à une analyse plus profonde, et présentées sous une forme plus exacte. » (*Théodicée chrétienne*, par M. Maret, professeur à la Faculté de théologie de Paris, 2° édit., p. 172.)

[1] Voir M. Garnier, *Traité des facultés de l'âme*, l. II, c. 1er.

La raison de l'homme est pour notre auteur la faculté de connaître la raison des choses. Elle se meut sans cesse des principes aux conséquences et des conséquences aux principes[1], allant toujours de raison en raison dans le domaine du connaître et dans celui de l'être, jusqu'à ce qu'elle arrive à une raison inconditionnelle qui explique tout et n'ait besoin de rien pour l'expliquer. Mais cette opération, par laquelle la raison saisit l'absolu, se rattache, comme les autres opérations rationnelles, à notre substance propre et non à la substance divine : elle diffère des autres par la dignité de son objet et non par celle de son sujet. Augustin ne fait pas plus de l'homme un Dieu qu'une bête : il le prend pour ce qu'il est et le laisse à sa véritable place.

Parmi nos diverses conceptions, il a principalement approfondi celle du Vrai, celle du Beau et celle du Bien. Il a parfaitement vu qu'elles ne dérivent point des sens, mais de la raison, et que l'animal, qui est purement sensitif, reste étranger à des conceptions si hautes. Il a compris qu'elles interviennent dans tous les jugements que nous portons sur les pensées, les paroles, les actions de nos semblables; qu'elles embrassent la science, l'art, la vie humaine tout entière, et que, quand elles changent dans les esprits, tout change; car chacune d'elles est comme le centre où une foule de questions de détail viennent aboutir.

On dit tous les jours que l'homme est un animal et

---

[1] *Ratio est mentis motio, ea quæ discuntur distinguendi et connectendi potens.* (De Ord., l. II, c. 11.)

qu'il faut uniquement le considérer comme tel. — Il est un animal sans doute, mais il est autre chose encore: il est un être doué de raison. Voilà pourquoi il a, de plus que l'animal, des sciences, des arts, des devoirs, des droits; voilà pourqnoi il combat et se fait tuer pour des principes. Ce sont là des faits de l'ordre purement humain, des faits aussi certains, aussi positifs qu'on puisse les désirer, qu'il est permis d'opposer à ceux de l'ordre purement animal, pour mettre notre espèce hors de pair. Or c'est précisément tout ce monde supérieur que saint Augustin et les anciens philosophes ont admis implicitement, en distinguant l'homme intérieur de l'homme extérieur, et en ajoutant à la vie sensitive la vie rationnelle.

Il faut donc laisser la raison au sommet de la psychologie, comme elle est au sommet de la vie humaine, et l'étudier non-seulement comme une partie réelle, mais comme la partie la plus haute de notre nature, comme le principe de tout progrès et de toute civilisation. Supprimez-la, et notre activité s'agite impuissante et stérile dans le cercle où se meut sans avancer l'instinct des animaux; supprimez-la, et le penseur, l'artiste, le citoyen, l'homme moral s'évanouissent en chacun de nous: il n'y reste plus que le mammifère.

CHAPITRE X.

DE L'AMOUR.

Augustin ne se borne pas à décrire — on a vu avec quelle exactitude et quelle profondeur — les diverses opérations de notre esprit, pour résoudre les grands problèmes que toute philosophie se pose : il est encore amené, tantôt par une question, tantôt par une autre, à retracer les mouvements variés de notre cœur. Il embrasse donc, dans ses recherches, tous les phénomènes dont la réunion constitue ce qu'on appelle de nos jours la vie psychologique. Étudier l'esprit et le cœur de l'homme, n'est-ce pas, en effet, étudier l'homme tout entier, sans laisser en dehors de la science aucun des éléments dont il se compose ? N'est-ce pas remonter au double principe d'où découlent toutes ses pensées et tous ses actes, et essayer de surprendre, en même temps que le secret de leur nature, celui de leur origine et de leur formation ?

Mais le cœur est encore plus difficile à connaître que l'esprit. Si les principes du raisonnement sont fixes et invariables, ceux du sentiment, Pascal l'a remarqué, sont ce qu'il y a au monde de plus ondoyant et de plus mobile. L'âge, le sexe, le tempérament, le régime, une foule de circonstances qu'il est presque impossible de déterminer, les modifient de mille manières, et déconcertent à chaque instant la sagacité de l'observateur.

Il en résulte qu'il ne trouve que des phénomènes changeants et capricieux là où il cherchait des lois stables et rationnelles, et qu'il est obligé de se borner à décrire, quand il espérait pouvoir généraliser. En outre, le philosophe, en étudiant l'intelligence, étudie une faculté qui fonctionne constamment en lui-même de la manière la plus variée et la plus énergique : pour la connaître, il n'a en quelque sorte qu'à la regarder. Mais, en étudiant ce qu'on nomme aujourd'hui la sensibilité, il étudie une faculté qui agit rarement en lui avec autant de puissance, et qui, par conséquent, se se révèle rarement avec autant de netteté. Il peut se faire que les phénomènes de sa vie affective soient obscurcis et comme étouffés par ceux de sa vie intellectuelle, de sorte qu'il lui soit difficile de faire, en se prenant pour sujet de ses propres observations, une théorie lumineuse et complète de cette partie de notre constitution morale. Il faut avoir pratiqué l'art d'écrire, pour parler pertinemment de style et de littérature; il faut avoir pratiqué la science, pour parler des diverses méthodes autrement que d'une manière banale; de même, il faut avoir pratiqué la vie et avoir une certaine expérience des passions, pour en faire des peintures où l'on sente l'impression directe et toute vive de la réalité, et qui ne soient point de pâles reflets des peintures des autres.

Cet avantage, qui fait quelquefois défaut aux philosophes, le fils de Monique le possédait à un degré remarquable. Son âme saignait encore des blessures que les passions lui avaient faites et en conservait la trace profonde, si bien que l'intensité des phénomènes à observer, les rendant plus apparents et en quelque sorte plus visibles, garantissait la sûreté et la netteté de l'observation. C'est ce qui explique comment on trouve dans un évêque, dans un saint, dans un Père de l'Église des peintures, je ne dirai pas si larges et si systématiques, mais si vraies et si vivantes des passions humaines. Là est la partie vraiment originale de sa psychologie; là il n'emprunte rien à personne : il est lui-même.

C'est, du reste, un travail assez difficile et assez délicat que celui de résumer et de coordonner les idées d'Augustin sur cet important sujet, et cela pour plusieurs raisons. D'abord, il brille plus par la richesse des détails que par les vues d'ensemble; ensuite il ne groupe pas toujours les passions de la même manière et passe volontiers d'une classification à une autre; en outre, tout en s'attachant à connaître l'homme, il cherche constamment à le corriger, de sorte que sa psychologie est ordinairement engagée dans sa morale; enfin, ses observations sont souvent mêlées au récit de certains faits particuliers : or il faut bien dégager de ces faits les observations en question, si l'on veut faire de la science; mais pourtant on ne peut pas omettre entièrement ces faits eux-mêmes, si l'on tient à conserver à la psychologie augustinienne sa physionomie véritable.

Toutes les passions de l'homme, malgré la diversité de leur nature et de leurs objets, peuvent se ramener à un seul et même principe que saint Augustin appelle indifféremment volonté ou amour, comme le feront plus tard saint Thomas et Malebranche, volonté quand il

n'a qu'un certain degré d'énergie, amour quand il a
une intensité plus grande[1]. Étudier l'amour, c'est donc
étudier à la fois les passions dans lesquelles il se diver-
sifie et la volonté dont il n'est qu'une modification.

« Les différents mouvements de cet amour, dit saint
Augustin, font toutes les passions. S'il se porte vers
quelque objet, c'est le désir; s'il en jouit, c'est la joie;
s'il s'en détourne, c'est la crainte; s'il le sent malgré
lui, c'est la tristesse[2]. »

Saint Thomas a emprunté cette idée à saint Augustin, et Bossuet l'a empruntée ou à saint Augustin ou à
saint Thomas.

« Tous les autres mouvements de l'appétit, dit le docteur angélique, ont leur commune racine dans l'amour.
Nul ne peut désirer que le bien qu'il aime; nul ne peut
se réjouir d'autre chose. La haine aussi n'a d'autre objet que le contraire de la chose aimée. Il en est de même
de la tristesse et des autres passions. Toutes ont leur
principe dans l'amour et peuvent se ramener à l'a-
mour[3]. »

« Otez l'amour, dit Bossuet, il n'y a plus de passions,
et posez l'amour, vous les faites naître toutes[4]. »

Ainsi saint Augustin, saint Thomas et Bossuet s'accordent à dire que tous les sentiments de l'âme naissent

---

[1] ....Amorem seu dilectionem, quæ valentior voluntas est. (De
Trin., l. XV, c. 21.)

[2] Cité de Dieu, l. XIV, c. 7. Trad. de M. Saisset.

[3] L. 1, s. q. XX, art. 1. Trad. de M. Jourdain. Philos. de saint
Thomas, t. 1er, p. 330.

[4] Bossuet. Connaissance de Dieu et de soi-même, c. 1er, § 6.

de l'amour. Telle ne semble point, au premier abord, l'opinion d'un illustre philosophe contemporain. M. Jouffroy nous montre, dans un morceau de ses *Mélanges*[1], d'une part, le plaisir engendrant la joie, l'amour et le désir; de l'autre, la peine engendrant la tristesse, la haine et l'aversion, de sorte que tous les mouvements de l'âme auraient, suivant lui, leur principe dans la sensation soit agréable, soit désagréable. Il y a entre ces deux manières de voir une contradiction qui n'est peut-être qu'apparente, mais dont il est bon de se rendre compte. Est-ce la sensation qui engendre l'amour, ou l'amour qui engendre la sensation? Aime-t-on parce qu'on jouit, ou jouit-on parce qu'on aime?

La première opinion paraît d'abord extrêmement plausible. Pour qu'un objet excite en moi un mouvement d'amour, il faut qu'il m'ait modifié agréablement. Je ne puis dire que j'aime un fruit que quand je l'ai goûté et qu'il m'a fait plaisir; je ne puis affirmer que j'aime une personne qu'autant que son extérieur, ses manières, sa conversation, ses qualités physiques ou morales ont fait sur moi une impression agréable. C'est donc soit la jouissance, soit la joie, ou, plus généralement, le plaisir qui est ici, à ce qu'il semble, le sentiment générateur; l'amour n'est qu'un sentiment engendré.

Mais le mot *amour* ne signifie pas seulement une émotion, c'est-à-dire un mode instable et passager de l'âme; il désigne encore une inclination, c'est-à-dire une tendance persistante et fixe. Or toute émotion suppose une

[1] *Mélanges philos.*, 3ᵉ édit., p. 202.

inclination dont elle n'est, en quelque sorte, qu'une modification particulière. Ainsi la joie et la tristesse ne sont, l'une qu'une inclination satisfaite, l'autre qu'une inclination froissée; l'une qu'un amour qui possède son objet, l'autre qu'un amour auquel son objet échappe. Il est vrai de dire, dans ce dernier sens, qui est celui de saint Augustin, que toutes nos émotions ou passions naissent de l'amour. Seulement cet amour n'est pas considéré comme en acte, mais comme en puissance; ce n'est pas un fait qui en précède un autre; c'est une prédisposition qui peut donner naissance à tel ou tel fait, suivant que l'être qui la possède subira telle ou telle action et se trouvera en rapport avec des objets conformes ou contraires à sa nature.

Il en est des phénomènes sensibles comme des phénomènes intellectuels : la sensation les précède, mais elle ne les produit pas; elle en est la condition, mais non la cause. Leur cause est dans cette possibilité sourde, dans cette virtualité subjective qu'on appelle la faculté de sentir et d'aimer, et qui contient en elle en puissance la série des actes que le contact des objets sensibles en fait jaillir. A ceux qui prétendaient qu'il n'y a rien dans l'entendement qui n'ait été auparavant dans les sens, Leibniz répondait par la célèbre restriction : excepté l'entendement lui-même. On pourrait répondre à ceux qui soutiendraient qu'il n'y a rien dans le cœur qui ne vienne de la sensation : excepté le cœur, *nisi ipsum pectus*[1].

---

[1] Voir sur cette question subtile et délicate le *Traité des facultés de l'âme* de M. Garnier, l. IV, c. 4.

Puisque l'amour remplit une fonction si importante dans la vie psychologique, il convient d'en étudier la nature, les lois, les effets, les variétés, et de signaler les principaux faits sociaux qui trouvent leur explication dans les mouvements divers de cette tendance fondamentale.

L'idée que saint Augustin se fait de l'amour est pleine de grandeur et trahit un vif sentiment de l'analogie universelle. Il commence à apercevoir, sinon l'amour, au moins quelque chose qui lui ressemble et qui joue un rôle fort approchant, dans le règne animal, dans le règne végétal et jusque dans le monde des corps bruts. Si nous étions des bêtes, dit-il, nous aimerions la vie charnelle avec tout ce qui s'y rapporte, et nous ne songerions pas à désirer autre chose. Si nous étions des arbres, nous ne pourrions rien aimer d'un amour véritable, mais nous aurions sans doute comme une sourde appétence pour tout ce qui serait propre à nous donner une riche et libérale fécondité. Si nous étions des pierres, des flots, du vent, de la flamme, nous aurions encore un certain penchant vers tel ou tel endroit déterminé. Car ce que les amours sont à l'âme, les poids le sont au corps : ils le font tour à tour descendre et monter, et l'emportent dans les directions les plus différentes[1].

On reconnaît dans cette dernière pensée une idée chère à Malebranche et que l'illustre oratorien a sans doute puisée dans la lecture de saint Augustin, son maître. « La différence des inclinations, dit-il, fait dans

---

[1] *De Civ. Dei*, l. XI, c. 28.

les esprits un effet assez semblable à celui que la différence des mouvements produit dans les corps, et les
inclinations des esprits et le mouvement des corps font
ensemble toute la beauté des êtres créés[1]. »

Cette doctrine, qui n'est qu'indiquée ici, a été reproduite, avec de plus riches développements et un caractère plus systématique, par un auteur contemporain
sous le nom de *doctrine de l'attraction passionnelle*,
doctrine grandiose malgré la singularité des détails,
parce qu'elle ramène à un seul principe l'infinie variété
des phénomènes de l'univers et qu'elle explique le
monde physique et le monde moral par une seule et
même formule! Doctrine séduisante, parce qu'elle satisfait ce besoin d'unité qui tourmente notre espèce dans
l'ordre de la science encore plus que dans celui de l'art,
et que l'homme qui la possède croit tenir, en quelque
sorte, dans sa main la clef de la création!

Si l'on considère l'amour d'une manière plus particulière et dans l'homme seulement, on verra que l'une
de ses premières conditions, l'une de ses lois essentielles, c'est la connaissance de l'objet auquel il se rapporte. L'homme ne saurait s'attacher à ce qu'il ignore.
C'est là un point que saint Augustin traite avec une subtilité excessive peut-être, mais extrêmement ingénieuse.

On objectera sans doute, dit-il, que l'homme se prend
quelquefois de belle passion pour une science dont il
ne sait pas le premier mot, et se promet de l'étudier
avec ardeur. Or n'est-ce pas là aimer une chose incon-

---

[1] Malebr., *Rech. de la vér.*, l. IV, c. 1. Voir aussi l. I c. 1.

nue? Augustin répond qu'on ne saurait s'éprendre d'une science dont on ne saurait absolument rien, et que, si on brûle de la cultiver, c'est que l'on sait déjà, ne serait-ce que d'une manière générale, en quoi elle consiste. Qui s'aviserait, par exemple, de se passionner pour la rhétorique, sans savoir au moins qu'elle est l'art de bien parler? Ce que l'on aime dans la rhétorique, quand on commence à l'aimer, ce ne sont donc pas les particularités que l'on ignore encore, mais c'est cet art lui-même pris d'une manière générale, parce qu'ainsi considéré, il paraît réellement beau et digne de l'homme. Quelqu'un qui ne sait ni lire ni écrire peut, en songeant combien il est utile d'être en état de communiquer ses pensées à de grandes distances et en peu de temps par le moyen de certaines combinaisons de lettres, désirer vivement de connaître les caractères qui lui serviront à atteindre son but. Qu'est-ce qu'il aime alors? Ce ne sont pas les lettres qu'il ne connaît pas et dont il ignore le sens, mais l'utilité de l'écriture, et c'est le sentiment de cette utilité qui le pousse à apprendre à écrire. Quand j'apprends une langue inconnue, ce n'est pas cette langue que j'aime, mais la beauté, l'utilité qu'il y a à la savoir de manière à pouvoir m'entretenir avec ceux qui la parlent et lire les ouvrages qu'ils ont composés.

Il est question devant moi d'une personne que je n'ai jamais vue; on vante beaucoup sa beauté et sa grâce. Bref, je brûle de la voir et de l'entretenir. Pourquoi cela, puisque je ne la connais pas? Dire que je ne la connais pas, ce n'est pas s'exprimer exactement. Je connais d'elle

au moins ceci, qu'elle est belle, et, comme j'aime la
beauté, c'est par là que cette personne m'attire. Si elle
ne répond point à l'idée que je m'en suis faite, je cesse-
rai de l'aimer; si elle y répond, je pourrai lui dire : je
t'aimais déjà; tu n'es pas pour moi une inconnue.

Ceux-là mêmes qui se livrent à l'étude de la manière
la plus désintéressée et sans penser aux avantages qu'on
en retire, n'aiment pas pour cela les choses inconnues
qu'ils recherchent, mais la connaissance de ces mêmes
choses, ce qui est bien différent. Ils aiment si peu des
choses inconnues qu'ils désirent, avant tout, qu'elles
cessent de l'être et qu'elles leur deviennent connues.
Qu'aiment-ils donc? Ils aiment le savoir. Or le savoir
n'est inconnu ni de celui qui sait, ni même de celui
qui ignore; car, même pour dire : j'ignore, il faut bien
savoir ce que c'est que savoir et distinguer le savoir de
l'ignorance[1].

Cependant si nous n'aimons que ce que nous connaissons, nous connaissons mieux une chose — l'illustre
docteur en tombe d'accord — à mesure que nous l'aimons davantage. L'amour et la connaissance sont deux
fonctions faites pour s'entr'aider et se compléter mutuellement plutôt que pour s'entraver et se nuire[2].

Une autre loi de l'amour, suivant saint Augustin,
c'est qu'il ne se détourne d'un objet que pour se porter
vers un autre, et que, si une de nos tendances s'affaiblit
ou disparaît, une autre se fortifie ou prend sa place[3].

[1] *De Trin.*, l. X, c. 1, 2.
[2] *In Joann. Tract.*, XCVI, c. 4.
[3] *De bono viduit.*, c. 21.

C'est là, je crois, une opinion qu'on ne saurait admettre à la rigueur; car il y a bien de l'apparence que la vieillesse, en énervant quelques-uns de nos principes d'action, ne donne pas à ceux qui restent une énergie proportionnelle; mais, telle qu'elle est et à n'y voir qu'une vérité approximative, cette pensée me paraît encore digne de remarque. Je m'étonne que les Augustiniens, comme Malebranche, qui comparaient volontiers l'amour au mouvement et qui prétendaient qu'aucun mouvement ne se perd, n'aient pas dit la même chose de l'amour, et rapproché ainsi les lois du monde moral de celles du monde physique.

C'est par cette loi de l'amour que je m'explique les prodiges que l'esprit de corps a enfantés dans l'ordre politique et dans l'ordre religieux, toutes les fois que le corps est parvenu à absorber plus ou moins complétement l'individu et à confisquer à son profit ses diverses inclinations naturelles. Le Spartiate n'aimait tant son pays que parce que c'était la seule chose qu'il pût aimer, et que toutes ses affections, venant se perdre dans la seule qui lui fût permise, ajoutaient à sa force celle de chacune d'elles. Il en était de même du moine. Ne pouvant avoir de l'orgueil et de l'ambition pour son propre compte, il en avait pour l'ordre auquel il appartenait et dépensait pour cet être collectif l'activité qu'il s'était interdit de dépenser pour lui-même. La puissance et les richesses auxquelles l'homme avait renoncé, le moine les retrouvait avec usure : le diable n'y perdait rien.

Augustin ne se livre point à ces considérations sociales; mais pour être renfermées dans la sphère de la vie privée, ses observations n'ont pas moins de prix. Il remarque que les veuves chrétiennes ne cessent guère de rechercher le plaisir que pour convoiter l'argent, et que c'est d'ordinaire ce vil métal qui prend dans leur cœur la place laissée vide par leur mari. Il en est à cet égard, dit-il très-bien, de l'amour comme de la connaissance. Quand un homme devient aveugle, il acquiert bientôt un tact plus subtil. La faculté de connaître, repoussée sur un point, semble se porter plus vive et plus pénétrante sur un autre et cherche à ressaisir par l'organe du toucher ce qui échappe à celui de la vue. De même, l'amour détourné des jouissances du mariage demande à l'argent des jouissances d'une autre sorte, et tend vers lui avec un redoublement de force et d'ardeur[1].

De nos jours, on a remarqué que l'homme se porte souvent vers certaines fins qui le repoussent pour arriver à des fins ultérieures qui l'attirent: c'est ce qu'on appelle l'*attraction indirecte*, par opposition à l'attraction directe par laquelle nous recherchons un objet comme fin dernière et non plus comme fin subordonnée. Augustin avait déjà reconnu cette loi de l'amour et l'avait nettement mise en lumière. Que fait-il, en effet, autre chose, quand il montre que l'amour adoucit toutes les peines, facilite tous les travaux et fait braver tous les périls? — «Celui qui aime, dit-il, a beau avoir en perspective les souffrances les plus

[1] *Idem.*

amères, son imagination l'emporte au delà : au bout
du chemin, il voit briller le but. Comme c'est avec un
grand amour qu'il songe au but, c'est avec un grand
courage qu'il marche dans le chemin qui y conduit.»

Les personnes pieuses et enflammées de l'amour divin ont-elles de la répugnance à prier, à jeûner, à veil-
ler, à chanter des psaumes, pour plaire au Dieu qu'elles
aiment? En aucune sorte. Ce sont là des peines qui,
non-seulement deviennent légères, mais qui se changent en plaisirs sous l'influence merveilleuse de l'a-
mour, à peu près comme celles qu'endurent les chas-
seurs, les commerçants, les vendangeurs et ceux qui se
livrent au divertissement du jeu. Il serait, en effet,
honteux que l'amour fît prendre plaisir à la peine qu'on
se donne pour s'emparer d'une bête, pour remplir une
cuve de vin, pour entasser des piles d'écus ou pour
faire sauter une paume en l'air, et qu'il n'adoucît point
les pratiques pénibles que l'on s'impose en vue de la
divinité[1].

A ces lois qui régissent les développements de l'a-
mour en général, ajoutons-en quelques autres qui se
rapportent uniquement à l'amour des êtres animés et
que Smith a retrouvées plus tard dans sa *Théorie des
sentiments moraux*. Le meilleur moyen de se faire aimer, dit Augustin, c'est d'aimer soi-même. Les âmes
les moins disposées à prévenir l'affection d'autrui, ne
sont pas assez dures pour ne pas y répondre. «Aussi
voyons-nous, ajoute-t-il avec cette expérience des pas-

---

[1] *De bono viduit.*, c. 21. *Serm.* LXX, c. 2.

sions qui fait, on l'a remarqué[1], le charme de ses ouvrages, aussi voyons-nous que, dans les amours profanes, ceux qui veulent se faire payer de retour, se
bornent à découvrir et à prouver par tous les moyens
qui sont en leur pouvoir, la vivacité de leur tendresse,
et qu'invoquant ensuite un simulacre de justice, ils
supplient ceux qu'ils veulent fléchir de leur rendre
amour pour amour. Dès qu'ils sentent qu'ils ont com-
muniqué à ceux qu'ils aiment le feu qui les consume,
eux-mêmes brûlent plus ardemment. Si donc l'âme en-
gourdie se réveille en se sentant aimée, et si l'âme
déjà brûlante s'enflamme davantage en se sentant payée
de retour, il faut convenir que rien ne fait naître et
grandir l'amour comme la persuasion que l'on est
aimé, quand on n'aime pas encore, et l'espoir ou la
certitude qu'on est payé de retour, quand on aime déjà.
Ce qui a lieu quand il s'agit des amours illicites arrive,
à plus forte raison, dans l'amitié. Pourquoi nous gar-
dons-nous si fort d'offenser un ami? Parce que nous
craignons qu'il ne s'imagine que nous ne l'aimons pas
ou que nous l'aimons moins qu'il ne nous aime. Car
une telle croyance une fois établie dans son esprit, ne
manquerait pas de refroidir cette affection qui rend
l'intimité si délicieuse[2].»

Si un impudique aime une belle femme, il est, à la
vérité, touché des charmes extérieurs de sa personne,
mais il l'est aussi des sentiments de son âme et éprouve
un vif désir de ne pas lui être indifférent. «Qu'il vienne,

---

[1] M. S. Marc Girardin, *Cours de littérature dramatique.*
[2] *De catech. rud.*, c. 4.

en effet, à apprendre que cette femme le hait, est-ce que
la chaleur qu'excitait en lui cette belle personne n'est
pas sur-le-champ refroidie? Est-ce que l'impétuosité
qui l'emportait vers elle ne s'en détourne pas et n'est
pas comme repoussée en arrière? Que dis-je? Il commence à haïr celle qu'il aimait. Sa beauté est-elle donc
changée? Tous les charmes qui l'avaient séduit ne sont-
ils pas là[1]?» Oui, tous, excepté les charmes intérieurs,
excepté les sentiments de l'âme. Tant il est vrai que,
même dans les relations criminelles, l'amour ne s'adresse
pas uniquement à la beauté du corps, et qu'il a comme
des élancements vers une beauté supérieure et plus
parfaite!

Je ne voudrais pas avoir l'air d'instituer une discussion solennelle sur ces matières délicates, qui étaient
autrefois du ressort des cours d'amour plutôt que du
domaine de la philosophie. Me sera-t-il toutefois permis de remarquer que les observations d'Augustin,
malgré un grand fonds de justesse, ne peuvent guère
se généraliser sans restriction et n'ont que cette universalité incertaine que les anciens logiciens appelaient
très-bien universalité morale? La nature humaine est
si complexe qu'il est presque impossible, en ce qui la
concerne, de formuler une loi qui ne soit pas limitée
par une autre. L'amour augmente quand il se sent partagé. Cela est vrai, je le veux bien, dans la plupart des
cas; mais n'arrive-t-il pas quelquefois qu'un triomphe
trop facile refroidit ce sentiment et le fait tomber en

[1] *Serm.* XXXIV, c. 2.

F. 20

langueur? — On cesse d'aimer quand on se sent haï.
— Encore une de ces vérités qui ne sont vraies qu'à
demi, car il peut arriver que l'amour-propre piqué fasse
tourner en passion sérieuse et durable un sentiment
frivole qui, sans cela, se serait, en peu de temps, éva-
noui de lui-même.

Une autre loi de l'amour, qui n'est pas moins remarquable que les précédentes, c'est celle qui résulte
de l'influence de l'habitude. « L'habitude a, en effet, dit
saint Augustin, tant de puissance sur notre âme, qu'on
a pu l'appeler, sans trop d'exagération, une seconde
nature, faite, en quelque sorte, après-coup, et s'ajoutant
à la première[1]. »

Quelle espèce d'influence l'habitude exerce-t-elle sur
l'amour? Est-ce qu'elle l'affaiblit? Est-ce qu'elle le fortifie? Parmi les auteurs qui se sont récemment occupés
de cette question, plusieurs admettent que l'habitude
affaiblit la sensibilité et que tout ce qui est passion s'é-
mousse par la répétition. Cela peut être vrai jusqu'à un
certain point, si par ce mot *sensibilité* on entend, non
pas la faculté générale d'aimer, mais simplement celle
d'éprouver du plaisir ou de la peine, et si l'on désigne
par ce mot *passion*, non pas une tendance qui nous
porte vers les objets et nous y attache, mais une modification qu'ils produisent au dedans de nous. Cela est
faux dans le cas contraire. Même en admettant qu'un
plaisir plusieurs fois renouvelé nous devienne moins
agréable, il faut convenir qu'il nous devient en même

---

[1] *Non enim frustra consuetudo quasi secunda et quasi affabri-
nata natura dicitur.* (*De Mus.*, l. VI, c. 7.)

temps plus nécessaire. Par cela seul que nous y sommes
habitués, nous avons plus de peine à nous en passer,
nous y tenons plus fortement, nous l'aimons davantage; il est devenu pour nous un véritable besoin et
comme un complément de notre nature. C'est ainsi
qu'Augustin l'entend. Il croit qu'une des lois de l'a-
mour, c'est qu'il se fortifie par l'habitude, et il met parfaitement en lumière cette vérité un peu trop négligée
peut-être par quelques psychologues contemporains.

Quand un homme jouit d'un objet qu'il aime, les
plaisirs que cet objet lui cause enfoncent dans tout son
être des impressions si vives et si profondes qu'il ne
soupire plus qu'après le moment où il les sentira se renouveler, et qu'il les renouvelle le plus souvent possible.
Avec le renouvellement de ces impressions, le besoin
de les renouveler augmente encore et finit par être irrésistible et, pour ainsi dire, fatal. C'est ainsi que l'a-
mour devient passion, la passion habitude, l'habitude
nécessité, et que l'homme se trouve comme enlacé dans
les anneaux d'une chaîne qu'il ne peut rompre[1].

Nul n'a décrit plus vivement que saint Augustin cet
état d'une âme qui voit le bien, qui l'aime et qui se
laisse entraîner au mal par la force d'une habitude devenue invincible. La raison a beau lui faire envisager
toute la beauté d'une vie pure, consacrée sans réserve
à la recherche de la vérité et à la pratique du bien, il
ne peut résister à la fatalité de la chair et du sang. Les
sens et l'habitude lui crient : Quoi ! tu ne pourras plus

---

[1] *De Mus.*, l. VI, c. 11 ; *Conf.*, l. VIII, c. 5.

faire ceci! tu ne pourras plus faire cela! tu vas renoncer pour jamais à tous ces plaisirs où tu as trouvé jusqu'ici tant de délices! Il ferme l'oreille à la voix de la
raison pour écouter des paroles si douces, et se laisse
séduire à ces discours de sirène.

Descartes, luttant contre l'influence de l'habitude
pour s'élever à la lumière de la vérité, se compare
à un homme qui lutte contre le sommeil, mais qui
n'en triomphe un instant que pour céder de nouveau
à sa douceur[1]. Cette image par laquelle le philosophe
moderne exprime ses élans et ses défaillances dans la
poursuite du vrai, Augustin l'emploie pour caractériser
ses victoires et ses défaites dans ses aspirations vers le
bien. Il était persuadé qu'il valait mieux se livrer à l'a-
mour divin que de céder à l'amour des choses périssables; mais à la voix qui lui criait: — Réveille-toi!
lève-toi d'entre les morts et Dieu va t'éclairer de sa
lumière, — il n'avait que la force de répondre d'une
voix somnolente: — Bientôt! Encore un moment! —
Mais ce moment n'avait pas de fin, tant l'habitude do-
minait dans son âme avec empire[2]!

L'influence de l'habitude sur le développement des
passions n'avait pas échappé à Aristote. Dans le quatrième livre de sa *Politique*[3], ce philosophe blâme les
unions prématurées comme peu favorables à la continence future des époux, et croit que les femmes ont
peu de retenue quand elles ont connu les hommes de

[1] Descartes, 1re Médit.
[2] *Conf.*, l. VIII, c. 5.
[3] Arist., *Polit.*, l. IV, c. 14.

trop bonne heure. Saint Augustin exprime à peu près
la même opinion. Il remarque que la veuve a plus d'efforts à faire pour être chaste que la jeune vierge ; la
courtisane, que la veuve. Car les efforts doivent être
proportionnés à la force de la passion, qui est elle-
même déterminée par celle de l'habitude[1].

Si nous ne voulons pas nous laisser tyranniser par
nos habitudes, il importe de les surveiller à leur naissance et d'épier leurs plus humbles commencements.
Pour le faire voir, Augustin emprunte à ses souvenirs
de famille et aux récits de sainte Monique, sa mère,
un exemple plein d'intérêt et de naïveté.

Celle-ci avait été élevée avec ses sœurs par une vieille
domestique qui avait autrefois, comme il arrive aux
filles déjà grandelettes, porté sur son dos le père de ses
jeunes maîtresses, quand il était encore tout enfant.
Avec une sagesse bien au-dessus de sa condition, elle
s'attachait à prémunir ces jeunes personnes contre
toutes les habitudes vicieuses qu'elles auraient pu contracter. Elle allait jusqu'à leur interdire de boire, même
de l'eau, dans l'intervalle des repas : « Si je vous le permets, disait-elle, vous ne boirez que de l'eau quant à
présent, parce que vous n'avez pas d'autre boisson à
votre disposition ; mais une fois mariées et maîtresses
de la cave, l'eau vous paraîtra fade et l'habitude de
boire restera. »

Malgré ces sages avis, un peu plus tard, la jeune Monique, qu'eu égard à sa sobriété, on envoyait souvent

---

[1] *Contr. Jul. Pelag.*, l. VI, c. 18.

à la cave, se mit un jour à effleurer du bout des lèvres, par passe-temps et par caprice de jeune fille, les bords du vase qu'elle avait rempli de vin, non sans faire une petite moue en goûtant à ce liquide. Bientôt elle en but sans répugnance, puis avec plaisir, puis avec une passion véritable, si bien qu'au lieu de quelques gouttes dont elle s'était contentée dans le principe, ce furent des coupes entières qu'elle absorba à l'insu de ses parents. Sans une dispute qu'elle eut avec une servante, dans laquelle celle-ci, emportée par son humeur, se permit de l'appeler ivrognesse, il est à croire que, cette habitude s'enracinant en elle, elle eût toute sa vie mérité cette ignoble qualification [1].

Le meilleur moyen de rompre les habitudes vicieuses est d'en contracter de bonnes. Que l'esprit s'applique aux choses spirituelles, et s'y applique d'une manière suivie, l'habitude charnelle s'usera peu à peu et fera place à une habitude contraire. Elle ne sera pas annulée du premier coup, mais elle sera amoindrie; car elle n'a d'autre force que celle que nous lui avons donnée, et, dès que notre concours lui fera défaut, elle ne pourra manquer d'aller s'affaiblissant [2]. C'est ainsi que nous arriverons graduellement à concilier notre amour avec notre raison, le principe qui meut notre vie avec celui qui la règle, et que nous substituerons à la lutte et aux déchirements que produisent toujours la dualité et la discorde, la paix et le bonheur que l'unité et l'harmonie engendrent. Qu'est-ce que la vertu, sinon

---

[1] *Conf.*, l. IX, c. 8.
[2] *De Mus.*, l. VI, c. 11.

l'accord de la vie avec la raison? Qu'est-ce qui peut troubler cet accord, sinon les passions, qu'on nomme pour cela perturbations (*perturbationes*), et qui ne sont propres qu'à nous rendre malheureux, en brisant l'unité de notre être[1]?

II.

Non content d'exposer la nature de l'amour et d'en déterminer les principales lois, Augustin recherche encore les diverses modifications dont son développement est susceptible; en d'autres termes, il analyse ce qu'on appelle ordinairement les passions de l'âme, et ce qu'il vaudrait peut-être mieux nommer ses mouvements ou ses émotions.

A l'exemple des stoïciens, il ne reconnaît dans l'âme que quatre passions principales : la joie et la tristesse, le désir et la crainte. C'est la classification de Cicéron dans les *Tusculanes*, et aussi celle d'Horace et de Virgile, s'il est permis de citer ces poëtes, qui n'ont eu sans doute, en l'adoptant, aucune intention scientifique. Horace dit dans ses *Épîtres:*

> *Gaudeat an doleat, cupiat metuatve, quid ad rem*[2]?

et Virgile, faisant l'énumération des sentiments qui ont leur principe dans la chair, dit à son tour dans l'*Énéide:*

> *Hinc metuunt cupiuntque, dolent gaudentque*[3].

---

[1] *Conscindunt et dissipant animum, et faciunt vitam miserrimam.* (*De Gen. contr. Man.*, l. I, c. 20.)

[2] Hor., *Epist.*, l. 1, ép. 6, v. 12.

[3] Virg., *Æn.*, l. VI, v. 733.

Quoi qu'il en soit, tous ces phénomènes ne sont que les modes divers d'une faculté unique, qui est la faculté d'aimer. Augustin définit chacun d'eux de la manière la plus heureuse. Il trouve pour les caractériser des termes expressifs que M. Jouffroy (qui sans doute avait peu lu notre auteur) semble reproduire et commenter dans un des morceaux les plus célèbres de la psychologie moderne. Quand M. Jouffroy appelle la joie *dilatation* de l'âme, la tristesse *contraction*, l'amour *expansion*, ne répète-t-il pas presque littéralement les expressions suivantes de saint Augustin : « *Lætitia, animi diffusio ; tristitia, animi contractio ; cupiditas, animi progressio* [1] ? » Il est vrai que le dernier se borne à jeter en passant ces indications rapides et sans y attacher une grande importance, tandis que le premier les développe, les systématise et en fait un tout savant et bien ordonné.

Nous n'avons pas dessein de suivre saint Augustin dans l'analyse détaillée de chacune de nos passions : ce serait un travail qui n'offrirait qu'un intérêt médiocre. Qu'il nous suffise de relever, parmi les observations que ce sujet lui suggère, quelques-unes de celles qui offrent le plus de finesse et de profondeur.

Tout le monde a lu ce curieux passage du *Phédon*, où Socrate, délivré de ses fers et remarquant qu'il éprouve un soulagement très-agréable, se demande si le plaisir n'a pas pour condition invariable la peine, et regrette qu'il ne soit pas venu à l'esprit d'Ésope de faire quelque

---

[1] *In Joan. Evang.*, c. X. *Tract.* 46.

fable gracieuse sur ces deux compagnons si différents et pourtant inséparables.

Augustin développe, dans ses *Confessions*, une idée analogue, et l'éclaircit par quelques exemples familiers qui la mettent dans le plus beau jour. Après avoir raconté avec quels transports fut accueillie parmi les chrétiens la conversion du rhéteur Victorinus, qui s'était rendu célèbre par ses travaux sur l'école d'Alexandrie et par son attachement aux doctrines néoplatoniciennes, il cherche la cause d'une allégresse si vive. Il la trouve dans une loi de notre nature morale que je n'admettrais pas sans restriction, mais dont la généralité ne paraît pas douteuse au philosophe de Tagaste, c'est que la grandeur de nos joies est en raison de celle de nos peines précédentes, — *ubique majus gaudium molestia majori præceditur.* — Qu'un général livre bataille à l'ennemi; plus le danger aura été pressant et la victoire disputée, plus sera grand l'enivrement du triomphe. Voilà des navigateurs qui sont tout à coup surpris par la tempête; les vents et les eaux se déchaînent avec furie et semblent conjurés pour les engloutir. Les malheureux pâlissent et frissonnent à la pensée de leur mort prochaine. Mais bientôt le vent tombe, le ciel sourit à travers les nuages déchirés, le calme renaît sur la mer. Quel sentiment peuvent-ils éprouver, sinon une allégresse immense, comme l'avait été leur frayeur?

«Non content, ajoute Augustin, des plaisirs que lui causent les maux imprévus et involontaires qui viennent l'assaillir, l'homme cherche à s'en procurer d'autres en se faisant souffrir volontairement et de propos délibéré. L'on n'a point de plaisir à manger et à boire, si l'on n'a point souffert auparavant de la faim et de la soif. Aussi les buveurs mangent-ils salé, pour allumer en eux une ardeur désagréable et se donner ensuite le plaisir de l'éteindre. Enfin, la coutume veut que la jeune fiancée ne soit pas livrée sur-le-champ à son époux, dans la crainte qu'il ne l'apprécie pas suffisamment, si on ne la lui a pas fait attendre et s'il n'a pas soupiré longtemps pour elle[1]. »

Pour compléter cette analyse délicate du plaisir et de la joie, citons encore un morceau beaucoup moins connu où saint Augustin réussit, en enseignant à un prêtre la manière de faire le catéchisme, à dérober d'avance à Adam Smith ses observations les plus fines sur le caractère contagieux de la sympathie :

« On nous écoute, dit-il, avec plus de plaisir, quand nous prenons plaisir nous-mêmes à ce que nous disons ; car alors la trame de notre discours est comme pénétrée de notre joie et se déroule avec plus de facilité et d'agrément[2]. »

Il nous est difficile, ajoute-il, d'éprouver ce sentiment de plaisir et cette chaleur communicative, quand nous enseignons des choses communes et qui nous sont depuis longtemps familières. Cependant, si nous aimons véritablement nos auditeurs, l'intérêt que nous prendrons aux personnes nous en fera prendre aux choses. « La sympathie, en effet, a tant de force que,

---

[1] *Conf.*, l. VIII, c. 3.
[2] *De Catech. rud.*, c. 2.

les auditeurs sympathisant avec nous et nous avec eux, nous vivons en quelque sorte les uns dans les autres. Ainsi, les auditeurs disent, pour ainsi parler, en nous ce qu'ils écoutent, et nous écoutons en eux ce que nous leur apprenons[1]. La même chose n'arrive-t-elle pas quand nous faisons voir de belles villes, de vastes campagnes, devant lesquelles nous passions sans plaisir pour les avoir vues trop souvent, à des personnes qui ne les avaient jamais vues? N'est-il pas vrai que notre émotion se renouvelle au contact de la leur[2]. »

Écoutons maintenant Adam Smith, et nous verrons que l'économiste s'exprime exactement comme le Père de l'Église:

« Nous pouvons, dit-il, avoir lu un poëme assez souvent pour y trouver peu d'intérêt, et prendre cependant beaucoup de plaisir à le lire à un autre. S'il a pour cet autre les charmes de la nouveauté, nous partageons la curiosité qu'il lui inspire, quoique nous n'en soyons plus capables nous-mêmes; nous envisageons l'ouvrage sous tous les rapports qu'il lui présente, de préférence à ceux sous lesquels nous sommes parvenus à le voir, et nous jouissons de l'intérêt qu'il ressent et qui ranime le nôtre[3]. »

---

[1] « On se voit soi-même dans ceux qui nous paraissent comme transportés par de semblables objets. On devient bientôt un acteur secret dans la tragédie : on y joue sa propre passion; et la fiction au dehors est froide et sans agrément, si elle ne trouve au dedans une vérité qui lui réponde. » (Boss., *Lettre au P. Caffaro.*)

[2] *De Catech. rud.*, c. 12.

[3] *Théorie des sent. moraux*, sect. 1re, ch. 2. Trad. de Mme Condorcet.

Augustin n'apporte pas dans l'étude de la douleur et de la tristesse moins de précision que dans celle du plaisir et de la joie. Est-ce un ancien, est-ce un moderne qui s'exprime ainsi?

« Les douleurs dites corporelles sont des douleurs de l'âme qui ont leur siége et leur principe dans le corps. Car quelle douleur ou quel désir le corps peut-il éprouver par lui-même et sans l'âme?... La douleur du corps n'est qu'un froissement de l'âme provenant du corps et une sorte de répulsion pour ce qu'il éprouve: comme la douleur de l'âme, qu'on nomme tristesse, n'est qu'une répulsion pour ce qui arrive malgré nous[1]. »

On voit que la distinction de la tristesse et de la douleur, ou plus généralement du sentiment et de la sensation, n'est pas aussi récente qu'on pourrait le croire, et que les deux caractères sur lesquels elle repose, ont été parfaitement saisis par saint Augustin. Bossuet ne fait guère que le commenter, quand il dit :

« Le plaisir et la douleur naissent à la présence effective d'un corps qui touche et affecte les organes; ils sont aussi ressentis en un certain endroit déterminé.... Il n'en est pas ainsi de la joie et de la tristesse, à qui nous n'attribuons aucune place certaine. Elles peuvent être excitées en l'absence des objets sensibles, par la seule imagination ou par la réflexion de l'esprit[2]. »

Augustin signale un troisième caractère assez curieux qui distingue la tristesse de la douleur, et fait d'autres remarques qui ne manquent pas d'originalité. « La tris-

---

[1] *De Civ. D.*, l. XIV, c. 15.
[2] *Conn. de Dieu et de soi-même.*, ch. 1er, § 2.

tesse, dit-il, est ordinairement précédée de la crainte qui réside, comme elle, dans l'âme et non dans le corps. Quant à la douleur corporelle, elle n'est point précédée d'une sorte de crainte corporelle qui soit ressentie par le corps avant la douleur. Le plaisir, au contraire, est précédé d'un appétit éprouvé dans le corps et qui en est comme le désir, tel que la faim, la soif et le prurit des parties génitales, qu'on appelle plus particulièrement *concupiscence*, bien que ce soit là un terme générique qui sert à désigner toutes les passions [1].»

Aristote, qui a défini et dépeint les passions humaines avec tant de supériorité, avait dit dans sa *Rhétorique:* «La colère est le désir d'une vengeance éclatante pour l'injuste mépris qu'on a montré envers quelqu'un des nôtres [2].» C'était supposer que le mépris est seul capable d'exciter notre colère. Or, si l'on veut se donner la peine d'y penser, on verra que ce n'est pas seulement en nous méprisant, c'est-à-dire en froissant en nous le désir de l'estime, mais encore en heurtant en nous l'amour de la vie, l'amour de la propriété, l'amour proprement dit, en un mot, l'un de nos principes d'action quel qu'il soit, qu'on provoque en nous ce sentiment de réaction énergique qui se nomme la colère. Aussi Augustin me paraît avoir donné une définition de ce sentiment qui a sur celle d'Aristote l'avantage d'être plus générale et plus profonde. Après avoir remarqué que toute opposition mise à notre activité et

[1] *De Civ. D.*, l. XIV, c. 15
[2] *Rhét.*, l. II, c. 2; *De la psychologie d'Aristote*, par M. Waddington, p. 164.

à l'accomplissement de nos désirs allume notre colère, il ajoute : « La colère est, d'après moi, le désir violent de renverser les obstacles qui gênent notre action. Aussi nous nous irritons d'ordinaire, non-seulement contre les hommes, mais encore contre la plume qui nous sert à écrire, nous la brisons et la mettons en morceaux ; le joueur s'emporte contre ses dés, le peintre contre son pinceau, le premier venu contre tout instrument qui paraît lui faire obstacle[1]. »

Augustin joint à ces considérations sur la nature de la colère quelques détails physiologiques sur ses causes et ses effets. Je les cite, parce que les détails de ce genre se rencontrent rarement sous sa plume : « Comment, dit-il, le fiel nous pousse-t-il à la colère quand il surabonde ? Nous n'en savons rien ; cependant il est positif qu'il nous y pousse.... Quand notre fiel augmente, nous nous emportons facilement et presque sans raison. Ainsi ce que les mouvements de l'âme ont produit dans le corps peut réagir à son tour sur les mouvements de l'âme[2]. »

La colère n'a pas seulement des effets physiologiques, elle a encore des effets moraux considérables. Les principaux sont le plaisir qu'elle procure ordinairement et la haine que, pour peu qu'on la caresse, elle ne manque pas de produire. Aristote exprime avec une rare énergie le plaisir qu'on trouve à s'irriter : « La colère, dit-il, est accompagnée de plaisir, parce que nous nous vengeons déjà par la pensée. Or nous nous délectons à

[1] *Ep.*, IX.
[2] *Id.*

cette image comme à celles de nos songes. Elle s'é-
lève, on l'a dit, mille fois plus douce que le miel dans
le cœur de l'homme[1].» Augustin n'est guère moins expressif quand il explique comment nous nous complai-
sons dans la colère et la faisons tourner en haine. «La
haine, dit-il, se glisse dans le cœur, parce qu'un
homme qui s'irrite ne s'avoue jamais qu'il a tort.
Ainsi la colère, en vieillissant, devient de la haine,
parce que la douceur d'un juste ressentiment qui s'y
mêle la retient trop longtemps dans le vase, jusqu'à ce
qu'elle s'aigrisse tout à fait et infecte le vase lui-même[2].»

CHAPITRE XI.

DE L'AMOUR DU MONDE.

Il en est de l'amour comme de l'intelligence: pour
bien le connaître, il ne suffit pas d'étudier sa nature,
les lois qui le gouvernent, les modifications dont il est
susceptible; il faut encore l'envisager dans ses rapports avec les objets auxquels il tend. Or l'amour,
comme l'intelligence, nous porte vers les choses passagères ou vers les choses éternelles, vers les créatures
ou vers le Créateur; il nous rabaisse au-dessous de
nous-mêmes ou nous élève au-dessus. Plus nous des-
cendons vers les choses inférieures à nous, non d'un
mouvement physique, mais d'un mouvement moral,
plus nous nous enfonçons dans l'ignorance et la mi-

[1] Arist., *Rhét.*, l. II, c. 2.
[2] *Ep.* XXXVIII.

sère; plus nous montons vers les choses supérieures à nous et vers Dieu, qui en est le centre éternel, plus nous nous rapprochons des sources de la lumière et des régions de la béatitude. Nous attacher au corps, c'est nous attacher à un être placé entre nous et le non-être, à un être amoindri et appauvri, puisqu'il est étranger à la pensée et à la vie; c'est, par conséquent, nous amoindrir et nous appauvrir nous-mêmes, c'est rétrograder vers le néant d'où nous sommes sortis. Nous attacher à Dieu, c'est nous attacher au principe de l'être et du connaître; c'est nous agrandir et nous enrichir en nous unissant à celui qui possède la pensée et la vie dans leur plénitude et les communique sans s'épuiser jamais. De là, la distinction capitale dans la philosophie augustinienne, de la concupiscence ou amour du monde et de la charité ou amour de Dieu. C'est ainsi que, dans l'ordre intellectuel, Augustin oppose aux sens, par lesquels nous connaissons le monde, la raison par laquelle nous connaissons Dieu, et que, dans l'ordre social, il creuse un abîme entre les hommes de chair et sang qui forment la cité terrestre, et les hommes avides du vrai et du bien qui composent la cité divine[1].

En sa double qualité de platonicien et de chrétien, l'évêque d'Hippone est grand partisan de l'amour et regarde comme des âmes inertes et mortes, misérables et haïssables, celles que ce sentiment ne remue jamais. Mais l'amour répand autour de lui la fécondité ou la

---

[1] *De ver. relig.*, c. 11; *De mor. Eccl. cath.*, l. I, c. 12; *Epist.* III.

désolation, suivant la direction qu'on lui donne et le but qu'on lui assigne : il est fécond, quand il se porte vers le Créateur ; subversif, quand il tend vers la créature. Or on ne peut aimer le Créateur et la créature tout ensemble : l'amour de l'un nuit à celui de l'autre.

De nos jours, des penseurs ingénieux se sont efforcés d'établir que ces deux amours doivent être placés sur la même ligne, et que, depuis l'avénement de la religion chrétienne, on a trop complétement sacrifié le monde à Dieu, la chair à l'esprit. Quelques-uns sont même entrés, pour soutenir leur thèse, dans des détails qui font sourire et qui montrent à quel point ils se sont préoccupés des choses corporelles. En retraçant l'image de l'humanité future et en dépeignant l'idéal de bonheur et de perfection que l'avenir lui réserve, ils n'oublient pas de nous promettre plusieurs espèces de fruits encore inconnues et de nous faire espérer que nous écrirons un jour avec les pieds comme avec les mains ; car l'homme ne sera point tout ce qu'il doit être, tant qu'il n'éprouvera pas plus de sensations qu'aujourd'hui, et que quelqu'un de ses organes demeurera imparfait ou inutile.

Le saint docteur n'a garde de donner dans des idées aussi charnelles. Il sait qu'il en est du cœur comme de l'esprit ; qu'il n'a qu'une certaine capacité, et que, si on le remplit de petites choses, il n'y reste pas de place pour les grandes. Se partager entre plusieurs sentiments, c'est se condamner à n'en éprouver aucun avec force. Il est rare que l'on soit à la fois très-amoureux et

F.   21

très-ambitieux, et que l'on soit également passionné pour la vérité et pour les bons morceaux.

Aussi entretenir la concupiscence c'est, suivant Augustin, empoisonner la charité; diminuer la concupiscence, c'est augmenter la charité; détruire la concupiscence, c'est donner à la charité son achèvement et sa perfection. L'âme, embarrassée dans les liens des amours terrestres, a comme de la glu aux ailes et ne peut voler. Mais une fois qu'elle est dégagée de l'amour du monde, elle prend son essor, et l'amour de Dieu et celui du prochain la portent comme deux ailes dans le pur espace du ciel [1].

Augustin divise la concupiscence, comme saint Jean, en concupiscence de la chair, concupiscence des yeux et orgueil de la vie. C'est ce que les modernes appellent l'amour du plaisir, l'amour de la science et l'amour de la supériorité. Il ne laisse pas toutefois de décrire aussi d'autres sentiments, tels que l'amour de la vie et l'amitié, qu'il serait assez difficile de ramener à l'un des trois précédents et dont il ne précise pas bien la place au sein de sa classification. Nous allons le suivre dans l'étude qu'il fait de ces diverses tendances.

Nous sommes obligés, remarque-t-il, de réparer les pertes de notre corps par une alimentation journalière. Nous avons faim et soif, et nous prenons plaisir à manger et à boire. Mais il ne faut pas confondre l'appétit avec le plaisir qui l'accompagne. Nous devons sa-

_____
[1] *De div. qu.* 83, *qu.* 36; *Enarr. in Psal.* 121.

tisfaire l'un sans rechercher l'autre. Virgile les a parfaitement distingués. Quand il nous montre les compagnons d'Énée échappés à la tempête et à la mort, et
trop heureux de trouver de quoi apaiser leur faim et
ranimer leurs membres languissants, il dit: *Postquam
exempta fames epulis, mensæque remotæ.* — Mais, quand
Énée est accueilli par Évandre avec une somptuosité
royale dans un festin où les mets surabondent, le poëte
ne se borne pas à dire: *Postquam exempta fames;* il
ajoute: *et amor compressus edendi.*

La faim et la soif sont des douleurs semblables à la
fièvre: elles tuent, si on n'y porte pas remède en temps
opportun. C'est donc pour l'homme un droit et un devoir tout ensemble de prendre des aliments, pourvu
toutefois qu'il les prenne comme des médicaments.
Mais, quand il veut passer de la faim qui le tourmente
à la satiété qui le calme, la concupiscence est là au
passage qui lui tend ses filets. Il s'écoute, il cherche la
volupté sous ombre de santé, et passe tout doucement
les bornes du nécessaire, alléché qu'il est par l'appât
de l'agréable.

Au point de vue psychologique, on ne saurait mieux
dire; mais, au point de vue moral, notre auteur se
montre peut-être d'une austérité excessive. Que la
santé doive être le but principal de l'alimentation, cela
est incontestable, mais qu'il faille éviter avec une sorte
d'horreur religieuse le plaisir qui l'accompagne et se
frapper la poitrine toutes les fois qu'on a dîné avec ses
amis, c'est ce que peu de personnes, même parmi les
plus religieuses, seront disposées à admettre.

Des plaisirs du goût, Augustin passe, par une transition assez naturelle, à ceux de l'odorat. Il avoue que
le plaisir des odeurs n'exerce pas sur lui une séduction
irrésistible, et il n'y a pas lieu de s'en étonner beaucoup. C'est généralement une passion fort modérée que
celle dont le nez peut être le siége[1].

Quant aux plaisirs de l'ouïe, ils ont sur lui plus d'empire; mais il ne les traite pas avec moins de rigueur
que ceux du goût. Il se reproche d'entendre, je ne dis
pas les chants licencieux, mais les chants sacrés, avec
trop d'émotion. Il remarque avec cette finesse d'observation qui se mêle constamment à son austérité morale, que le chant finit par se faire aimer pour lui-
même, au lieu de se faire aimer pour les choses qu'il
est destiné à rendre plus touchantes. Faut-il voir ici
une inspiration platonicienne, ou bien serait-ce que
des doctrines également sévères ont fait naître dans des
esprits divers des scrupules également exagérés? Quoi
qu'il en soit, Augustin serait peu éloigné de bannir les
musiciens de l'Église, comme Platon bannissait les
poëtes de la République, en les couronnant de fleurs.

On devrait, suivant lui, être touché plus vivement
des choses chantées que des chants eux-mêmes. Malheureusement les chants suffisent, à eux seuls, pour
imprimer à tout notre être un ébranlement incroyable.
A chaque mouvement de l'âme, correspond dans les
sons une modulation propre à l'exciter, en vertu d'une
affinité mystérieuse. «Ce plaisir tout charnel, dit le

. [1] *Conf.*, l. X, c. 31, 32; *Contr. Jul. Pelag.*, l. IV, c. 14.

saint évêque, auquel je ne devrais pas me laisser corrompre, usurpe trop de place en moi à mon insu. Le
sentiment accompagne la raison, mais il ne se résigne
pas facilement à la suivre. Admis par égard pour celle-
ci, il s'efforce de prendre le pas sur elle et de se mettre
au premier rang. Ainsi, je pèche sans m'en apercevoir,
et ne m'aperçois de mon péché que quand il est commis[1].»

Augustin n'exprime pas avec moins de vivacité le
plaisir que nous procurent les objets qui frappent la
vue, et ne le condamne pas moins sévèrement.

«Les formes belles et variées, dit-il, les couleurs
brillantes et agréables plaisent à mes yeux.... Elles
m'affectent durant tout le jour, quand je veille, et ne
me donnent point de relâche, comme font les sons
harmonieux qui parfois cessent tous et laissent régner
le silence. Car la lumière elle-même, cette reine des
couleurs qui inonde tous les objets que nous voyons,
m'enveloppe de toutes parts pendant le jour, en quelque lieu que je sois, et me flatte délicieusement, lors
même que je suis occupé d'autre chose et que je ne
fais nulle attention à elle. Mais elle s'insinue si bien
que, si elle m'est tout à coup ravie, je la regrette et la
redemande, et que son absence trop prolongée attriste
mon âme[2].»

La seconde espèce de concupiscence est celle des
yeux ou curiosité. On l'appelle concupiscence des yeux,
parce que la vue est le premier des sens, et que, bien

[1] *Conf.*, l. X, c. 33.
[1] *Id.*, c. 34.

qu'elle ne soit qu'un moyen particulier de connaître, elle se prend souvent pour la connaissance en général. C'est ainsi qu'on dit : Vois comme cela résonne ! Vois comme cela sent ! Vois comme cela est dur ! bien que ni les sons, ni les odeurs, ni la dureté ne soient saisissables à la vue.

Elle diffère de la concupiscence de la chair en ce qu'elle n'a pas pour but la volupté des sens, mais celle de l'esprit par le moyen des sens, et qu'elle s'ingénie à le remplir de connaissances futiles et vaines en se parant du nom et en se drapant dans le manteau de la science. Le voluptueux ne cherche dans les choses que la beauté, la douceur, le plaisir ; le curieux les y cherche si peu, qu'il y cherche parfois leurs contraires quand ils sont utiles à ses fins, et passe par-dessus mille sensations désagréables pour contenter son envie de savoir. Quel plaisir y a-t-il à considérer un cadavre blême, hideux, avec ses chairs déchirées ? Et cependant qu'il y en ait un quelque part, on s'y portera en foule et avec avidité, on s'étouffera pour le voir.

Que de fois ne nous arrive-t-il pas d'écouter des billevesées ! D'abord c'est pour ne pas offenser les faibles qui nous les racontent, puis insensiblement nous y prenons un véritable plaisir. Si j'apprends, dit Augustin, qu'un chien doit courir un lièvre dans le cirque, je ne me dérangerai certes pas pour l'aller voir ; mais, si le même spectacle s'offre à moi dans les champs, j'aurai peine à en détacher ma vue. Un lézard qui poursuit des mouches, une araignée qui en prend dans ses filets, l'incident le plus futile, la plus insigni-

fiante bagatelle suffiront pour captiver ma pensée; et
cet esprit fait pour s'élever jusqu'au créateur de toutes
choses s'abaissera jusqu'aux plus viles créatures. Que
de gens ne songent qu'aux corps, au lieu de songer au
Dieu qui les a faits! Ils ignorent Dieu, sa nature immuable, sa majesté souveraine, et croient faire merveille, s'ils étudient avec une attention curieuse cette
masse corporelle que nous appelons le monde. Aussi
sont-ils enflés d'un tel orgueil qu'on dirait qu'ils s'imaginent habiter ce ciel sur lequel roulent la plupart de
leurs discussions. Il en résulte deux maux également
graves : le premier, c'est que leur pensée n'a pas un
objet digne d'elle, puisqu'au lieu de s'attacher à Dieu,
elle s'attache aux corps; le second, c'est que, quand
elle cherche à concevoir Dieu même, elle est incapable
de le faire autrement qu'avec des images corporelles,
et qu'elle finit par croire qu'il n'y a que des corps [1].

Augustin est bien près, on le voit, de condamner
d'une manière absolue l'astronomie et l'histoire naturelle, et il a de la peine à admettre qu'on puisse être
chrétien et physicien tout ensemble. Cela nous explique
les paroles dédaigneuses que, du haut de leur dogmatisme théologique, les solitaires de Port-Royal et Malebranche [2] laissent tomber sur les savants qui s'occupent
des corps, qui passent leur temps à tracer des lignes,
à mesurer des angles, et restent constamment pendus

---

[1] *De Mus.*, l. VI, c. 39; *Conf.*, l. X, c. 35; *De Mor. Eccl. cath.*,
l. I, c. 21.

[2] *Log. de Port-Royal*, 1re disc. prélim.; Malebr., *Rech. de la vér.*,
préface.

à une lunette ou attachés à un fourneau, comme si la
vie humaine n'était pas trop courte, l'esprit de l'homme
trop grand pour de si petits objets. Le langage de ces
penseurs illustres n'était guère, comme on en peut
juger, que l'écho de celui de saint Augustin leur maître.

Sous le nom d'orgueil, d'ambition, de désir de primer, saint Augustin réunit deux sentiments qui sont
parfaitement distincts, puisqu'ils peuvent exister l'un
sans l'autre, mais qui ont néanmoins entre eux quelque
affinité : je veux parler de l'amour de la louange et de
l'amour du pouvoir.

L'observation de nos sentiments qui est, en général,
si difficile, offre encore, remarque-t-il, des difficultés
particulières, quand il s'agit de l'amour de la louange.
Si je veux savoir quel empire exerce sur moi la concupiscence charnelle ou la curiosité, je n'ai qu'à me priver quelque temps de leurs objets. Le degré de peine
que j'éprouverai à m'en passer mesurera exactement le
degré de force de ces deux penchants. Mais, pour connaître quelle intensité possède en moi l'amour de la
louange, je ne puis pas me priver de l'estime des hon-
nêtes gens : il me faudrait pour cela mener une vie
criminelle et dont la seule pensée m'inspire de l'horreur.

L'âme devrait aimer le bien pour lui-même et sans
égard aux louanges des hommes; mais un désintéres-
sement aussi pur n'est pas compatible avec la faiblesse
de notre nature. Les meilleurs d'entre nous sont, non
pas ceux qui aiment le bien sans la louange, mais ceux
qui préfèrent le bien à la louange. Être loué est, du

reste, une si douce chose que chacun de nous trouve au fond de son cœur mille raisons, toutes plus morales les unes que les autres, de s'applaudir des louanges qu'on lui donne et de se contrister du blâme dont il est l'objet. Nous sommes contents des progrès du prochain qui nous approuve, et nous concevons de lui les meilleures espérances; quant au prochain qui nous blâme, nous plaignons son ignorance, et ses erreurs nous affligent.

A ces observations piquantes, Augustin en ajoute une autre, contestable sur quelques points, mais pleine de finesse, qu'Hume devait renouveler plus tard.

Il m'arrive quelquefois, dit-il, d'être attristé des éloges que je reçois. C'est qu'alors on loue en moi une chose qui me déplaît ou qu'on surfait en moi un avantage médiocre. Est-ce, dans ce cas, l'erreur du prochain qui me fait de la peine? N'est-ce pas plutôt qu'il m'est désagréable de voir mon jugement sur certaines de mes qualités démenti par un de mes semblables. C'est mettre des restrictions désobligeantes à l'éloge de moi-même que de ne pas approuver de tout point mon opinion sur moi-même.

La même vanité, qui nous rend si avides de louanges, trouve son aliment jusque dans le mal que nous disons d'elle; car, en se glorifiant du mépris de la gloire, on cesse par cela même de la mépriser[1].

---

[1] *Conf.*, l. X, c. 37, 38; *De Civ. Dei*, l. V, c. 19. — «....Ceux qui écrivent contre veulent avoir la gloire d'avoir bien écrit, et ceux qui le lisent veulent avoir la gloire de l'avoir lu, et moi qui écris ceci, ai peut-être cette envie; et peut-être que ceux qui le liront...» (Pascal, *Pens.*, p. 24, édit. Havet.)

Augustin ne décrit pas moins bien les enivrements de l'ambition que les satisfactions de la vanité.

Il y a dans la *Logique* de Port-Royal un passage fort remarquable où l'auteur, cherchant à s'expliquer le bonheur des puissants de la terre, le met non-seulement dans l'empire qu'ils exercent sur les corps et dans les services matériels qu'ils se font rendre par leurs semblables, mais encore dans le sentiment qu'ils agissent sur d'autres âmes et y produisent des mouvements d'estime, de respect et d'abaissement. Supposons, en effet, qu'un homme fût seul au monde, dit l'auteur de la *Logique*, et qu'il eût à sa disposition une multitude d'automates. Son amour de dominer serait-il aussi satisfait par les services qu'il pourrait tirer de ces automates et par les révérences qu'il pourrait se faire faire par eux que par les mêmes services rendus avec empressement, les mêmes révérences faites de l'air le plus respectueux par des hommes réels[1]?

Augustin avait déjà entrevu cette vérité, et ses disciples de Port-Royal n'ont eu qu'à méditer ses paroles pour en faire sortir les curieuses réflexions qui précèdent.

«L'âme, dit-il, éprouve le besoin de tenir sous elle d'autres âmes, non pas des âmes d'animaux, c'est un droit que Dieu lui a concédé, mais des âmes raisonnables, c'est-à-dire semblables à elle et vivant avec elle sous la même loi. L'âme superbe désire agir sur elles, et cette action lui paraît aussi supérieure à celle qu'elle

---

[1] *Log. de P. R.*, 1re part., c. 10.

exerce sur les corps que l'âme est elle-même supérieure
au corps[1]. »

L'amour de la louange et l'amour de la domination
ne sont, comme nous l'avons dit, aux yeux d'Augustin,
que deux formes différentes d'un même sentiment qui
est l'orgueil. — « En quoi consiste l'orgueil, dit-il, sinon à sortir du sanctuaire de sa conscience et à vouloir paraître au dehors ce qu'on n'est pas ? » — « L'orgueil, dit-il ailleurs, est le désir d'une élévation contraire à l'ordre. » — « L'orgueil, ajoute-t-il dans un autre
endroit, fait que l'âme aime mieux rivaliser avec Dieu
que de le servir. » En d'autres termes, l'orgueil est un
sentiment qui porte l'homme à se faire le centre de
toutes choses et le but de l'univers, à se mettre à la
place de Dieu au lieu de rester à la sienne. Il ne devrait
pas même oser louer Dieu, et il veut, lui, une parcelle
imperceptible de ses ouvrages, lui qui porte en tout
lieu le poids de sa mortalité, être loué lui-même. Il
veut être indépendant, et il n'est rien par lui-même :
autrement il ne serait pas changeant, et ne subirait dans
son être ni défaillance ni diminution. D'où vient tant
d'orgueil à la cendre, tant de prétention à la poussière[2] ?

Rien n'est plus funeste que le sentiment de l'orgueil.
L'orgueilleux, quand on l'offense ou qu'on le rabaisse,
est altéré de vengeance et ne songe plus qu'à punir celui qui l'a outragé, comme si on pouvait trouver un vé-

---

[1] *De Mus.*, l. VI, c. 13
[2] *De ver. relig.*, c. 52; *De Civ. Dei*, l. XIV, c. 13; *De Mus.*, l. VI,
c. 13; *Conf.*, l. I, c. 1.

ritable bien dans le mal d'autrui! L'orgueilleux abonde
dans son propre sens, et se montre disposé à défendre
une opinion, moins parce qu'elle est vraie que parce
qu'elle est sienne. De là les opinions particulières qui
divisent les hommes, les hérésies qui infectent la terre.
La même contrée ne produit pas toutes les hérésies. Il
en est qui naissent en Orient, d'autres en Afrique,
d'autres en Égypte, d'autres en Mésopotamie, mais
toutes ont également pour père l'orgueil, comme le catholicisme, qui réunit par le lien d'une même foi une
grande partie du genre humain, a pour mère la charité. Tant il est vrai que la charité est un principe d'u-
nité et de paix, et l'orgueil un principe de division et
de discorde[1]!

L'orgueil, du reste, saint Augustin l'avoue, est un
principe d'action qui a fait faire aux hommes de grandes
choses, si toutefois l'on peut appeler grandes celles qui
ne sont pas inspirées par le pur amour du bien. C'est
en obéissant à ce mobile que les anciens Romains se-
couèrent le joug de leurs tyrans et se donnèrent des
chefs incapables de porter atteinte à leur liberté et de
rabaisser leurs courages, et qu'une fois maîtres d'eux-
mêmes, ils entreprirent de se rendre maîtres des autres
et d'étendre leur domination sur toute la terre; car ils
préféraient aux arts cultivés ailleurs l'art essentiellement romain, de soumettre et de régir les nations:

«*Excudent alii spirantia mollius æra.*

.　.　.　.　.　.　.　.　.　.　.　.

Tu regere imperio populos, Romane, memento.»

[1] *Serm.* CXXVI, c. 1; *Serm.* XLVI, c. 8; *Conf.*, l. XII, c. 25.

Dédaignant les voluptés qui efféminent les âmes et les corps des hommes ordinaires, ils étaient tout entiers possédés par l'amour de la gloire et les autres passions viriles. Ce fut sous leur influence qu'ils produisirent tant d'actes d'héroïsme qui finirent par mettre le monde à leurs pieds[1].

II.

Les trois tendances que nous venons de décrire en supposent une autre qu'Augustin décrit sans la classer, et dont elles ne sont en quelque sorte que le prolongement: nous voulons parler de l'amour de la vie. N'est-il pas clair, en effet, comme le remarque Malebranche, que l'amour du plaisir, c'est-à-dire du bien-être, que l'amour de la connaissance et de la supériorité, c'est-à-dire du développement de l'être, sont comme greffés sur l'amour de l'être lui-même?

L'amour de la vie est un sentiment si naturel au cœur de l'homme que bien des poëtes, depuis Homère jusqu'à Gœthe, se sont complu à l'exprimer, et que les moralistes, tant anciens que modernes, en ont fait à l'envi la description. Qui ne connaît les plaintes d'Iphigénie regrettant la douce lumière du jour et reculant avec épouvante devant les ténèbres souterraines[2]? Qui n'a lu les vers moins poétiques, mais non moins vive-

---

[1] *De Civ. Dei*, l. V, c. 12 et suiv.
[2] Voir les délicates analyses de M. Patin (*Trag. grecs*, l. IV, ch. 1er), et de M. S. Marc Girardin (*Cours de litt. dramat.*, ch. 2).

ment sentis de Mécène? Qui ne sait par cœur les strophes ailées et harmonieuses auxquelles un poëte du dix-huitième siècle, sur le point de quitter la vie, a confié la dernière plainte, le suprême regret d'un cœur qui allait cesser de battre?

Même après ces morceaux d'une éclatante poésie, où l'expression brillante et sonore donne un charme si vif et si pénétrant aux sentiments exprimés, on ne lira pas sans intérêt la description d'Augustin. — Peut-on ne pas songer au bûcheron de Lafontaine et aux lazzaronis de Montesquieu vêtus de la moitié d'un habit de toile et tremblants à la moindre fumée du Vésuve[1], en lisant les lignes suivantes :

« Être, c'est naturellement une chose si douce que les misérables mêmes ne veulent pas mourir, et quand ils se sentent misérables, ce n'est pas de leur être, mais de leur misère qu'ils souhaitent l'anéantissement. Voici des hommes qui se croient au comble du malheur, et qui sont en effet très-malheureux;... donnez à ces hommes le choix ou de demeurer toujours dans cet état de misère sans mourir, ou d'être anéantis, vous les verrez bondir de joie et s'arrêter au premier parti... Aussi, lorsqu'ils sont près de mourir, ils regardent comme une grande faveur tout ce qu'on fait pour leur conserver la vie, c'est-à-dire pour prolonger leur misère. Par où ils montrent bien avec quelle allégresse ils recevraient l'immortalité, alors même qu'ils seraient certains d'être toujours malheureux[2]. »

---

[1] *Grand. et décad. des Romains*, ch. 14.
[2] *Cité de Dieu*, l. XI, c. 27. Trad. de M. Saisset.

La vie paraît aux hommes un si grand bien qu'ils font tout pour la conserver: — «Ils jettent quelquefois dans la mer, pendant la tempête, jusqu'à leurs aliments, et sacrifient pour vivre les choses mêmes qui entretiennent la vie... Quels tourments les médecins, avec leurs remèdes et leurs incisions, ne font-ils pas souffrir à leurs malades? Est-ce pour les empêcher de mourir? Non, mais pour qu'ils meurent un peu plus tard. Ces derniers se résignent néanmoins à mille tourments certains pour gagner quelques jours incertains, et quelquefois ils meurent sur-le-champ, brisés par les douleurs mêmes que la crainte de la mort leur fait braver... Naguère, ajoute Augustin en reportant sa pensée sur le plus grand événement de son époque, naguère, quand Rome, la capitale du plus illustre empire, était envahie et saccagée par les barbares, combien d'hommes, amoureux de cette vie temporelle, la rachetèrent, pour la prolonger misérable et nue, en sacrifiant tous les trésors qu'ils gardaient non-seulement pour la charmer et l'embellir, mais encore pour l'entretenir et la conserver [1] ! »

C'est que tous les hommes aiment la vie, et il n'y a là rien qui doive nous étonner. Tout ce qui est, les animaux, les végétaux, les corps bruts eux-mêmes, tient à persévérer dans l'être: «Quoi! s'écrie Augustin; quoi! les animaux mêmes privés de raison, à qui ces pensées sont inconnues, tous, depuis les immenses reptiles jusqu'aux plus petits vermisseaux, ne témoignent-ils pas,

[1] *Ep.* CXXVII, c. 1.

par tous les mouvements dont ils sont capables, qu'ils veulent être, et qu'ils fuient le néant? Les arbres et les plantes, quoique privés de sentiment, ne jettent-ils pas des racines en terre à proportion qu'ils s'élèvent dans l'air, afin d'assurer leur nourriture et de conserver leur être? Enfin, les corps bruts, tout privés qu'ils sont et de sentiment et même de vie, tantôt s'élancent vers les régions d'en haut, tantôt descendent vers celles d'en bas, tantôt enfin se balancent dans une région intermédiaire, pour se maintenir dans leur être et dans les conditions de leur nature[1]. »

Il est un autre sentiment qui n'occupe pas une place mieux déterminée que l'amour de la vie dans la classification un peu étroite de saint Augustin : c'est l'amitié. Toutefois, ce sentiment rentre évidemment, à ses yeux, dans le domaine de la concupiscence, qui nous attache au monde et à tout ce qui est dans le monde. Aussi le frappe-t-il d'une condamnation assez rigoureuse, mais, en revanche, il en décrit les causes, la nature, les effets avec une vérité parfaite et une grâce inexprimable.

C'est surtout à la fleur de l'adolescence, au milieu des jeux et des études du premier âge, entre jeunes gens que le même pays a vus naître, que se forment les amitiés tendres et durables. Ainsi, Augustin avait un ami du même âge que lui et du même municipe. «Nous nous étions connus tout enfants, dit-il; nous avions grandi ensemble, nous avions été ensemble à l'école et avions joué ensemble[2]. »

---

[1] *Cité de Dieu*, l. XI, c. 27. Trad. de M. Saisset.
[2] *Conf.*, l. IV, c. 4.

Qu'est-ce qui fait le charme de l'amitié? C'est un certain fonds d'idées communes que diversifient agréablement quelques dissidences légères; c'est une source intarissable de sentiments affectueux qui nous échappent
de mille manières et qui nous unissent dans une douce
et mutuelle sympathie. «Ce qui m'enchantait encore
davantage, dit saint Augustin, c'était le plaisir de causer
et de rire ensemble, de nous combler de prévenances
et d'amabilités réciproques, de lire ensemble de beaux
livres, de badiner ensemble, de nous combattre parfois sans aigreur dans nos opinions, à la manière d'un
homme qui discute avec lui-même, et d'assaisonner
par ces rares dissentiments un accord habituel. Quel
bonheur d'apprendre des autres et de leur apprendre
une foule de choses! Avec quelle tristesse on se regret-
tait dans l'absence! avec quels transports on se re-
voyait au retour! Ces signes d'une affection partagée
qui passaient du cœur sur le visage, sur les lèvres,
dans les yeux, et se manifestaient par mille mouvements aimables, étaient comme des aliments qui em-
brasaient nos âmes et les fondaient en une seule[1].»

Mais plus ces relations amicales ont de douceur,
plus, quand la mort les brise, elles nous laissent d'a-
mertume. On se souvient des pages touchantes où les
auteurs les plus divers, Euripide, Mme de Sévigné et
bien d'autres[2] se rencontrent dans l'expression des
mêmes regrets et nous montrent les objets longtemps
associés à un être chéri, nous renvoyant obstinément

---

[1] *Conf.*, l. IV, c. 8.
[2] Chateaubriand, *René*; M. de Lamartine, *Jocelyn*, 7e époque.

F.   23

son image et nous rappelant à chaque instant que nous l'avons perdu. Il y a quelque chose de cela dans les lignes où Augustin nous retrace la désolation où le plongea la mort de son ami. Son âme, nous dit-il, était comme obscurcie par une sombre douleur, et tout ce qu'il voyait lui offrait des images de mort[1]. Il était malheureux dans sa patrie, il ne pouvait souffrir sa maison, et tous les objets au milieu desquels ils avaient vécu ensemble, tous les plaisirs qu'ils avaient partagés, faisaient maintenant son supplice. Ses yeux le demandaient à tout ce qui l'environnait, et il ne s'offrait point à leur vue. Il prenait en haine tout ce qui l'entourait, parce que rien ne lui disait comme de son vivant : Le voici ! il va venir[2].

Mais enfin, chose triste à dire, on se console de tout et le temps guérit les blessures les plus cruelles. Bossuet le dit éloquemment, quand il parle de cette douleur que le temps emporte avec tout le reste; La Fontaine et Voltaire le disent aussi, chacun à sa manière, l'un dans la *Jeune veuve*, l'autre dans les *Deux consolés*. Augustin constate, comme eux, cette disposition de notre nature; mais il fait plus, il en cherche la raison et la trouve dans la succession des phénomènes qui nous traversent l'âme. «Le temps, dit-il, n'est pas sans action sur notre âme et ne roule pas en vain à travers nos sens: il y produit, au contraire, des effets merveilleux. Les jours venaient et passaient, et en venant et en passant, ils introduisaient en moi d'autres images

[1] *Quidquid aspiciebam mors erat.*
[2] *Conf.*, l. IV, c. 4.

et d'autres souvenirs, et cicatrisaient peu à peu mes
blessures avec le baume de mes anciens plaisirs. Ma
douleur se dissipait ainsi graduellement pour faire
place, non pas à de nouvelles douleurs, mais à de nouvelles causes de douleurs; car d'où vient, ajoute Augustin, que la douleur avait si facilement pénétré jusqu'à mes entrailles, sinon de ce que j'avais répandu
mon âme sur une poussière inconsistante, en aimant un
être mortel comme s'il n'avait pas dû mourir [1]?...»

III.

Du reste, l'amour du plaisir, la vaine curiosité, le
désir de la prééminence et les autres sentiments que
nous venons de décrire, ne se produisent pas dans
notre âme, suivant saint Augustin, d'une manière acci-
dentelle et sans qu'on puisse se rendre compte de leur
éclosion. Nous en apportons le germe en naissant, en
même temps que le péché de notre premier père, et ils
se manifestent, dès notre enfance, par des signes non
équivoques. L'enfant encore à la mamelle se jette sur
le sein de sa nourrice, et se gorge de son lait, avec la
même avidité déréglée qu'il se gorgera plus tard des aliments que le progrès des années lui aura rendus nécessaires [2]. Dans l'état d'ignorance et de ténèbres où il est
encore plongé, et qui fait frissonner quand on y pense,
son premier mouvement n'est pas de se replier sur lui-

---

[1] *Id.*, c. 8. — Voir M. Villemain, *Tableau de l'éloquence chrétienne
au 4e siècle*, édit. in-8o, p. 373.

[2] *Conf.*, l. I, c. 7.

même, mais de se répandre au dehors, et d'entrer en
commerce avec les choses extérieures par le moyen
des sens. Rien n'égale le plaisir qu'il éprouve à satisfaire sa curiosité, en la promenant sur tous ces objets,
qui lui sont d'autant plus agréables qu'ils sont plus
nouveaux pour lui. On a vu des enfants couchés dans
leurs berceaux, la tête et le reste du corps assujettis de
manière à ne pouvoir se tourner vers la lumière laissée
la nuit dans leur appartement, diriger vers elle leurs
regards avec tant d'avidité et de persistance que leurs
yeux ont conservé la même direction qu'ils avaient pris
l'habitude de leur donner dans un âge si tendre, et
qu'ils sont demeurés louches toute leur vie[1]. Les vices
qui tiennent au sentiment exalté de la personnalité humaine et à l'envie de primer, ne se manifestent pas
d'une manière moins précoce ni moins intense. Qu'on
refuse à un enfant un objet qui pourrait lui nuire, aussitôt il s'emporte contre sa nourrice, contre ses parents, contre tous ceux qui l'environnent, comme s'ils
étaient faits pour obéir à toutes ses volontés et pour se
plier à tous ses caprices. Il va même quelquefois jusqu'à les frapper, et s'efforce autant qu'il est en lui de
leur faire du mal. S'il ne leur en fait pas, ce n'est pas
à l'innocence de son âme, mais à la faiblesse de son
corps qu'il faut l'attribuer. Que l'on caresse un autre
enfant en sa présence et qu'on le traite, non pas mieux,
mais aussi bien que lui, il éclatera en sanglots et suf-
foquera de douleur. Augustin raconte qu'il en a vu un

---

[1] *De Trin.*, l. XIV, c. 5.

que l'envie avait rendu livide, et qui jetait sur son frère
de lait des regards pleins de haine[1].

Cet amour de la vie, qui joue un si grand rôle dans
l'homme fait, se manifeste dans l'enfant avant qu'il
sache ce que c'est que la mort. Il redoute tous les accidents capables de lui ravir un bien si cher, sans les
avoir jamais éprouvés et sans en connaître les conséquences. Qui apprend au petit enfant à s'attacher à celui qui le porte (*adhærescere bajulo suo*), quand celui-
ci menace de le jeter par terre? Il faut, il est vrai,
qu'il ait déjà un certain âge pour éprouver cette crainte,
mais il l'éprouve antérieurement à toute expérience[2].

Je ne veux pas relever la grâce familière de ces détails; mais je ne puis m'empêcher de remarquer avec
quelle sagacité l'illustre auteur démêle le véritable caractère de l'instinct de la conservation, comme de tous
les instincts, à savoir, une sagesse non acquise et qui
s'ignore. Quand les Écossais ont voulu traiter ce sujet,
ils n'ont rien trouvé de mieux à dire.

A mesure que l'enfant croît en âge et en force, ses
passions se produisent au dehors sous des formes un
peu différentes, mais le fond reste à peu près le même.
Lorsqu'Augustin adolescent volait à ses parents les
mets de leur table et les provisions de leur garde-man-
ger, quel était le mobile qui le poussait, sinon l'amour
du plaisir? Il voulait satisfaire sa gourmandise ou bien
attirer autour de lui les compagnons de ses jeux en
flattant leur sensualité. Que se proposait-il, quand il

[1] *Conf.*, l. I, c. 7.
[2] *De Gen. ad litt.*, l. VIII, c. 16.

allait, à l'insu de ses parents et de ses maîtres, et en les abusant par mille mensonges, repaître ses yeux des spectacles les plus frivoles, sinon d'assouvir une curiosité puérile? D'un autre côté, quand, en jouant avec ses camarades, il montrait tant d'ardeur pour les surpasser, s'irritait si violemment de leurs stratagèmes et souffrait si impatiemment qu'on lui reprochât les siens, qu'est-ce qui le faisait agir, sinon l'indomptable besoin de la prééminence[1]?

Platon ayant fait des reproches à un enfant qui jouait aux noix, l'enfant lui dit : Tu me tances pour peu de chose. — Ce n'est pas peu de chose que l'habitude, répondit le philosophe.

« J'ai vu, dit Rousseau, d'imprudentes gouvernantes animer la mutinerie d'un enfant, l'exciter à battre, s'en laisser battre elles-mêmes et rire de ses faibles coups, sans songer qu'ils étaient autant de meurtres dans l'intention du petit furieux, et que celui qui veut battre étant jeune, voudra tuer étant grand[2]. »

Augustin juge les jeux et les polissonneries de l'enfance avec la même sévérité que ces deux philosophes. On a commencé, dit-il, par se faire punir par ses maîtres pour des noix, des balles, des moineaux; on finit par se faire punir par les magistrats pour de l'or, des domaines, des esclaves. La matière du délit a changé, ainsi que la main qui le réprime; le délit est resté le même. C'est le même fonds de perversité qu'on punissait hier de la férule et que l'on punit aujourd'hui du

---

[1] *Conf.*, l. I, c. 19.
[2] *Emile*, l. II.

dernier supplice[1]. Ce n'était donc pas de l'ignorance
des enfants, mais de leur petitesse considérée comme
un symbole d'humilité, que voulait parler Jésus quand
il disait : «Le royaume des cieux est pour ceux qui leur
ressemblent[2].»

Augustin, on le voit, ne se fait pas plus illusion sur
les vices de l'enfance que sur ceux de l'âge mûr, et il
porte sur les uns et les autres un regard également investigateur et sévère. Ce n'est point lui qui eût dit avec
Racine :

> Cet âge est innocent : son ingénuité
> N'altère point encor la simple vérité.

Il se fût bien plutôt rangé à l'avis de cet autre grand
poëte qui remarque durement que cet âge est sans
pitié. Aussi il a beau citer l'Évangile et chercher à concilier la pensée de Jésus avec la sienne, il n'y saurait
parvenir. Son langage et celui du Sauveur ne produisent pas sur nous la même impression. Quel rapport y
a-t-il entre les observations exactes, mais chagrines,
d'un esprit pénétrant et désabusé, dont la grâce de
l'enfance ni son sourire n'ont pu désarmer la rigueur,
et les sympathiques effusions d'un cœur plein d'amour

---

[1] «Les enfants sont hautains, dédaigneux, colères, envieux, curieux, intéressés, paresseux, volages, timides, intempérants, men-
teurs, dissimulés; ils rient et pleurent facilement; ils ont des joies
immodérées et des afflictions amères sur de très-petits sujets; ils ne
veulent point souffrir de mal, et aiment à en faire. Ils sont déjà des
hommes.» (*La Bruyère*, ch. 11.)

[2] *Conf.*, l. I, c. 19.

et de tendresse, qui s'écrie : « Laissez venir à moi les petits enfants, » — et s'entoure, comme d'une couronne, de ces jeunes têtes naïves et rayonnantes d'espérance? Le langage d'Augustin me rappelle bien moins la douceur du Nouveau Testament que les colères de l'Ancien; il semble moins un écho des paroles de Jésus que de celles de Jéhovah déclarant l'homme mauvais dès le sein de sa mère.

IV.

C'est par le jeu des passions que nous venons de décrire et de celles qui s'y rattachent, qu'il faut expliquer toutes les fautes et tous les crimes qui se commettent parmi les hommes. On ne fait pas le mal simplement pour le faire : on se propose, en le faisant, un but ultérieur. Aussi, dès qu'un meurtre vient à épouvanter une ville, nul ne s'avise de penser qu'il a été commis sans raison; chacun, au contraire, se demande instinctivement à quel sentiment a obéi le meurtrier, et quel mobile a conduit son bras. Voulait-il s'emparer de l'argent de sa victime, lui enlever sa femme, se venger d'un outrage reçu? On peut n'être pas d'accord à ce sujet; on peut ignorer si c'est la cupidité, si c'est l'amour, si c'est la vengeance qui l'a fait agir; mais il y a une chose dont on est sûr, une chose sur laquelle il n'y a pas de dissentiment possible, c'est que c'est à l'une de ces passions ou à quelque autre semblable qu'il faut remonter pour se rendre compte de sa conduite. Sou-

vent même il y a des faits qui ne peuvent pas s'expliquer par l'intervention d'un seul principe, mais qui en
supposent plusieurs dont l'action combinée a seule
réussi à les produire[1]. En voici un exemple :

Tout le monde connaît le passage des *Confessions* où
saint Augustin raconte comment, dans sa jeunesse, il
vola des poires, sur l'arbre d'un voisin, avec quelques
polissons de son âge. Non content de se livrer à ce sujet à des démonstrations de repentir que beaucoup de
lecteurs trouveront peut-être hors de proportion avec
la gravité de la faute, il recherche, avec une subtilité
ingénieuse, à quel mauvais sentiment il avait cédé dans
cette circonstance. Était-ce à la gourmandise? Non; car
il avait chez lui de ces mêmes fruits en abondance, et
de meilleurs et de plus beaux, et à peine eut-il goûté
de ces fruits volés, qu'il n'eut rien de plus pressé que
de les laisser là. Ce qu'il avait recherché dans ce vol,
c'était, dit-il, le vol lui-même: il n'avait pas su résister
à l'attrait du fruit défendu.

Mais saint Augustin ne s'en tient pas à cette explication que tout le monde peut donner, et qui est aujourd'hui en possession d'expliquer la plupart des mé-
faits, grands ou petits. Avec une curiosité insatiable et
vraiment philosophique, par delà la raison prochaine
du fait, il cherche la raison de cette raison même. Il se
demande pourquoi ce qui est défendu nous plaît et nous
attire. A cette question, il répond avec profondeur que
c'est parce que nous aimons à faire acte d'indépen-

[1] *Conf.*, l. II, c. 5.

dance: il nous semble alors que nous n'avons personne
au-dessus de nous, et que nous entrons avec Dieu en
partage de sa puissance souveraine[1].

Remarquons que saint Augustin se rencontre ici
(quelque inattendue que la rencontre puisse paraître)
avec un auteur que j'ose à peine citer dans un si grave
travail, et dont le nom n'a guère été rapproché du sien
que par notre illustre fabuliste dans un moment de distraction, — avec Rabelais. Seulement l'écrivain de la
Renaissance, emporté par l'esprit audacieux et demi-
païen de son époque, exalte et glorifie cet amour de
l'indépendance que ravale et flétrit, dans son ascétisme
ardent, le Père du cinquième siècle.

« Iceulx, dit-il, quand par vile subiection et con-
traincte, sont deprimez et asserviz destournent la noble
affection par laquelle a vertu franchement tendoyent a
deposer et enfraindre ce ioug de servitude. Car nous
entreprenons touiours choses defendues, et convoitons
ce que nous est denié. » — Aussi ne donne-t-il à ses
Thelemites qu'une seule règle: — Fay ce que vouldras,
— et trouve-t-il que c'est la plus grande sottise du monde
de se gouverner au son d'une cloche et non au dicté du
bon sens et entendement[2].

Saint Augustin donne de sa peccadille une seconde
raison qui n'est pas moins juste que la précédente: c'est
qu'il péchait de compagnie avec d'autres enfants. Ils
riaient ensemble, dit-il, et avaient le cœur agréablement chatouillé de ce qu'ils prenaient pour dupes des

---

[1] *Conf.*, l. II, c. 5, 6.
[2] Rabelais. *Gargantua*, l. I, c. 57.

gens qui ne s'en doutaient guère, et qui seraient bien
vexés le lendemain. Certainement, s'il eût été seul, le
tour lui eût paru moins plaisant (car on ne rit guère
quand on est seul), et il n'eût pas pensé un seul instant à
le jouer. Mais, quand on est avec d'autres, la démangeai-
son de mal faire, l'envie de rire, le besoin de montrer
qu'on n'est pas esclave d'une sotte retenue, tout fait
qu'on s'écrie : — Allons! en avant! et qu'on ne rougit
plus que de savoir encore rougir[1].

Qu'il me soit permis de revenir sur cette peinture
des entraînements du jeune âge, et de chercher à démêler les sentiments divers dont elle est la vivante reproduction. J'y remarque d'abord l'envie de rire qu'Aristote regarde quelque part comme un des attributs de la
jeunesse[2]; puis le besoin de faire des niches au prochain et de lui jouer de mauvais tours, moitié sans
doute pour satisfaire notre sentiment du ridicule, moitié pour avoir le plaisir de faire acte de supériorité.
J'adoucis les termes d'Augustin : il parle d'avidité de
nuire (*nocendi aviditas*), de besoin de mal faire (*alieni
damni appetitus*), et je m'assure que notre fabuliste ne
l'eût point scandalisé en disant :

> Nos galants y voyaient double profit à faire :
> Leur bien premièrement, et puis le mal d'autrui.

Un autre sentiment à relever, c'est le désir de paraître
un jeune homme hardi et déniaisé, désir qui pousse tant

---

[1] *Conf.*, l. II, c. 8, 9.
[2] Arist., *Rh.*, l. II, c 12.

d'enfants sages et retenus à se faire plus mauvais qu'ils
ne sont. Enfin, le trait le plus frappant, suivant moi,
et le plus digne d'être signalé, c'est le caractère en quelque sorte contagieux qu'Augustin reconnaît à quelques-
unes de nos passions, en montrant qu'elles s'échauffent
et s'accroissent en raison du nombre de ceux qui les
éprouvent. Il semble avoir entrevu ici une des grandes
lois de la sympathie qu'Adam Smith devait formuler
plus tard avec tant de profondeur, c'est qu'en passant
d'un cœur à un autre, certaines passions fermentent,
et qu'elles transforment ceux qui en sont animés. Pris
individuellement, c'étaient des anges; pris collective-
ment, ce sont des démons. Que de faits s'expliquent
par là, depuis les plus petits et les plus vulgaires jusqu'aux plus grands et aux plus élevés, depuis les désordres d'une classe de collége jusqu'à la révolte d'une
armée, jusqu'à l'insurrection d'une nation entière!

Il est un autre phénomène qui se produit fréquemment
dans l'âme de chacun de nous, sans que nous songions
à en rechercher la cause: je veux parler du plaisir que
nous éprouvons aux représentations théâtrales. Augustin en a donné une raison extrêmement plausible. Nous
aimons le théâtre, suivant lui, parce qu'on y met sous
nos yeux les objets de nos passions les plus chères, et
que nous pouvons ainsi en jouir, sinon en réalité, du
moins en imagination. Nous nous identifions avec les
amants qui sont sur la scène; nous jouissons de leurs
joies, nous souffrons de leurs peines, et cette souffrance
elle-même est un plaisir. Nous éprouvons, à ces représentations, des émotions d'autant plus vives que nous

sommes nous-mêmes plus malades de la passion qu'on y représente[1]. Nous venons là, dit-il dans le langage familier de l'auteur du *Gorgias*, nous venons là en quelque sorte gratter les plaies qui nous rongent, et nous procurer un soulagement momentané, que nous paierons ensuite bien cher par l'aggravation du mal qui ne manque jamais d'en être la conséquence. Nous sommes tourmentés d'un tel besoin d'émotions que nous ne pouvons souffrir les acteurs qui nous laissent indifférents, et que nous n'avons pas assez d'acclamations pour ceux qui font battre notre cœur et couler nos larmes sur des périls et des infortunes imaginaires. Bien que l'homme n'aime pas la misère, il aime la miséricorde, et, comme la miséricorde ne va pas sans douleur, il en résulte qu'il prend plaisir à la douleur elle-même. Douleur stérile ! car au lieu de nous porter à venir en aide à nos semblables par des secours effectifs, elle nous pousse seulement à donner à de vains malheurs des larmes non moins vaines[2].

On reconnaît, dans cette dernière réflexion, le trait le plus fort que Rousseau, Stewart et les autres modernes aient dirigé contre la tragédie : c'est qu'elle nous émeut sans nous donner occasion de bien faire et émousse à la longue notre sensibilité[3].

---

[1] Bossuet se demande aussi pourquoi nous aimons le théâtre, et répond en résumant notre auteur avec une rare énergie : «Pourquoi, dit saint Augustin, si ce n'est qu'on y voit, qu'on y sent l'image, l'attrait, la pâture de ses passions?» (*Lettre au P. Caffaro.*)

[2] *Conf.*, l. III, c. 2.

[3] Rousseau, *Lettre à d'Alembert sur les spectacles*; Dugald Stewart, *Élém. de la phil. de l'espr. hum.*, ch. 8, sect. 6.

Nous saisissons, pour ainsi dire, sur le vif, dans les deux exemples précédents, un des procédés psychologiques les plus ordinaires à saint Augustin, celui qui consiste à aller du dehors au dedans, à partir des faits humains, tels qu'on les trouve dans le domaine de la vie extérieure, pour en chercher la raison dans le monde de la conscience. C'est un procédé excellent, particulièrement pour ceux qui commencent seulement à réfléchir sur les phénomènes internes et à se livrer à l'étude de la psychologie. Il en est de la réflexion comme des autres puissances de l'esprit, elle a besoin, pour entrer en jeu d'une manière un peu énergique, d'un stimulant et d'un stimulant placé dans l'espace : l'observation est son antécédent naturel. Bien des esprits peu disposés à réfléchir pour réfléchir, réfléchiront pour se rendre compte d'un phénomène qu'ils auront observé autour d'eux et qui les aura frappés.

CHAPITRE XII.

DE L'AMOUR DE DIEU.

I.

L'amour de Dieu est un sentiment extrêmement complexe, et qui affecte tel caractère ou tel autre, suivant la notion que l'on s'est faite de son objet. Il est des esprits qui conçoivent Dieu comme le Beau pris dans sa plus grande généralité et sa plus grande réalité tout ensemble, et qui veulent, ainsi que l'a fait Platon dans les

pages poétiques du *Banquet*, qu'on s'élève jusqu'à lui
en aimant d'abord un beau corps en particulier, puis
les beaux corps en général, puis les belles âmes, les
belles occupations, les belles connaissances, et qu'on
s'arrête enfin à la contemplation émue et ardente du
Beau suprême, abstraction faite des objets auxquels il
se communique sans s'épuiser jamais. D'autres conçoivent Dieu d'une manière moins métaphysique et plus
humaine. Il est, avant tout, pour eux un consolateur
qui les soulage dans leurs peines, un sauveur qui les a
rachetés, un juge équitable, mais généreux, qui récompensera largement leurs mérites au delà de la tombe, et
auquel ils doivent autant de reconnaissance que d'a-
mour.

Bien que parmi les docteurs chrétiens, les uns aient
incliné vers l'une de ces conceptions, les autres vers
l'autre, on peut dire qu'en général elles ne leur ont
point paru inconciliables. Saint Augustin, en particulier, s'efforce constamment d'unir ce qu'on nous permettra d'appeler le Dieu de la dialectique et celui de
l'Évangile. Cependant, quand on parcourt ses écrits,
on trouve que le premier est peut-être encore plus que
le second l'objet de ses aspirations, et que c'est vers lui
que se portent le plus ordinairement les élans de son
cœur. Dieu est, avant tout, pour cette âme avide de savoir, d'agir et d'aimer, le premier Vrai, duquel toutes
les vérités secondaires dépendent, le premier Bien dans
lequel tous les biens particuliers ont leur source, le
premier Beau duquel toutes les beautés terrestres sont
des reflets et des émanations.

Une maison, dit-il, nous paraît bonne, quand elle est ce qu'elle doit être : régulière, vaste, bien éclairée ; un animal nous paraît bon, quand il possède à un degré élevé les qualités de son espèce ; nous appelons bonne une nourriture à la fois saine et agréable ; nous appelons bon un ami plein de tendresse et de dévouement. Pour que tous ces objets soient réellement bons, il faut qu'il y ait un Bien général, essentiel, auquel chacun d'eux participe et dont il tire sa bonté. Ce Bien dont nous avons l'idée et qui communique sa bonté à tout le reste, c'est Dieu lui-même. Tandis que les autres êtres ne possèdent le bien que d'une manière empruntée et imparfaite, Dieu le possède par lui-même et dans toute sa plénitude. Il n'est pas exact de dire qu'il est bon ; il faut dire qu'il est le Bien, la Bonté même [1]. Ce qui est simplement bon peut être bon plus ou moins, suivant les temps, les lieux, les circonstances ; mais le Bien ne peut pas être le Bien plus ou moins : il n'admet pas de degrés. Aussi il ne tombe point sous la loi du changement, et le temps n'a sur lui aucune prise.

Pour que j'aime le Bien, il ne suffit pas qu'il soit, il faut que j'en aie une certaine connaissance. Or peut-on dire que je le connaisse réellement ? Augustin n'en doute pas. Quand je lis, dit-il, les épîtres de saint Paul, que je me pénètre des paroles admirables de ce grand apôtre, et que j'assiste aux combats qu'il a soutenus pour la foi,

---

[1] ....*Bonum hoc et bonum illud : tolle hoc et illud, et vide ipsum bonum, si potes : ita Deum videbis, non alio bono bonum, sed bonum omnis boni.* (*De Trin.*, l. VIII, c. 3.)

je ne puis m'empêcher d'être transporté d'amour pour lui. Or qu'est-ce que j'aime dans cet homme illustre? Ce n'est pas son corps que je n'ai jamais vu; c'est simplement son âme qui est une âme juste. Il faut donc que je sache ce que c'est qu'une âme juste. Je sais ce que c'est qu'une âme en me repliant sur moi-même, et par le sentiment que j'ai de la mienne. Je sais ce que c'est que la justice, lors même que je ne serais pas juste, parce que j'ai en moi un idéal de justice et un œil intérieur pour l'apercevoir. C'est parce que j'aime cet idéal de justice en une certaine mesure, sans l'aimer assez cependant pour être juste, que j'aime l'homme juste qui le réalise. Quant à cet idéal, je ne l'aime pas, comme j'aime cet homme, pour autre chose que lui, mais uniquement pour lui[1]. Si l'on me disait : Pourquoi aimez-vous cette personne? — Je répondrais peut-être : Parce qu'elle est juste; mais si on ajoutait : Pourquoi aimez-vous la justice? — Je dirais simplement : Parce que c'est la justice. Or la justice, c'est Dieu[2].

Il est impossible, on en conviendra, de mieux distinguer que ne le fait ici Augustin, le bien absolu du bien relatif; celui qu'on aime pour lui-même de celui qu'on aime pour un autre. Il n'est guère possible, non plus, de mieux démêler l'objet précis de notre affection

---

[1] *Homo ergo qui creditur justus, ex ea forma et veritate diligitur, quam cernit et intelligit apud se ille qui diligit : ipsa vero forma et veritas non est quomodo aliunde diligatur.* (De Trin., l. VIII, c. 6.)

[2] *Dominus autem justitia est.* (Serm. CLIX, c. 3.) — *De Trin.*, l. VIII, c. 3, 4, 5, 6; *De Mor. Man.*, l. II, c. 1. 4.

F.   23

dans le sentiment qui nous attache aux hommes vertueux, ni de montrer plus nettement que ce n'est pas
leurs corps, que ce n'est même pas leurs âmes que
nous aimons, mais la justice qui réside en elles. Ce dernier point ressortira mieux encore des considérations
suivantes, où la beauté morale est décrite avec une précision et célébrée avec une noblesse que l'on n'a point
surpassée. C'est un tableau d'un spiritualisme sévère
que les Grecs, si amoureux des belles couleurs, des
belles formes, de tout ce qui enchante et ravit les sens,
auraient eu sans doute quelque peine à admirer, à moins
d'avoir passé par l'école de Platon.

Qu'est-ce que vous aimez dans un vieillard, dit Augustin, sinon la beauté de la justice, beauté qui brille,
non pas aux yeux du corps, mais à ceux de l'esprit? A
ne consulter que les yeux du corps, il n'y a rien dans
ce vieillard qui puisse vous plaire. C'est un corps cassé,
un dos voûté par l'âge, une tête couverte de cheveux
blancs, une figure chargée de rides. Où trouver dans
tout cela le caractère de la beauté? Si vous consultez vos
oreilles, elles ne témoigneront pas davantage en sa faveur. Peut-être chantait-il agréablement autrefois; mais
ce talent s'est envolé avec la jeunesse. Peut-être parlait-il
avec grâce; mais aujourd'hui sa bouche édentée ne laisse
plus échapper que des sons inarticulés que l'oreille a
peine à saisir. Et pourtant vous trouvez quelque chose
de beau dans ce vieillard, et vous éprouvez pour lui une
affection respectueuse. Pourquoi cela? Parce que c'est
un homme inébranlablement attaché à la justice, un
cœur généreux qui se plaît à secourir l'indigence, un

esprit expérimenté qui abonde en sages conseils, parce qu'enfin il est prêt à exhaler ce qui lui reste de vie pour la défense de la vérité. Pour qui le considère des yeux du corps, qu'y a-t-il de beau en lui? Rien. Pour qui l'envisage, au contraire, des yeux de l'âme, il est tout resplendissant de cette beauté de la justice qui est faite plus que toute autre pour nous ravir d'amour. C'est elle, et pas une autre, qui nous fait aimer les martyrs jusque dans leurs membres en lambeaux. Quand ils sont souillés de sang, que leurs entrailles déchirées par la dent des bêtes se répandent sur le sol, qu'offrent-ils aux yeux de la chair sinon des objets d'horreur? Pourquoi donc les aimons-nous, si ce n'est parce que dans ces membres hideux et sanglants la beauté de la justice brille d'un éclat inaltérable[1]?

L'homme n'aime pas seulement Dieu, dit Augustin, comme le Bien suprême, mais encore comme la suprême Vérité, et cherche à le faire régner dans sa pensée comme dans ses actes. Il n'est pas de vérité particulière et changeante qui soit capable de le satisfaire. Il aspire de toutes les puissances de son être, et comme à sa fin naturelle, à la Vérité qui contient en elle toutes les autres, qui est sans progrès et sans défaillance, éternelle et incorruptible. Il se plaît à se nourrir de cet aliment divin qui se donne à tous sans se diviser, qui nous nourrit tous sans diminuer jamais[2]. Nous ne pouvons rien voir, si nous n'ouvrons les yeux de notre esprit à

---

[1] *Enarr. in Psalm.* 64. — Voir, pour plus de détails, M. Villemain, *Tabl. de l'éloq. chrét.*, p. 493.

[2] *Serm.* CCCLXII, c. 28.

cette lumière mystérieuse qui éclaire tout homme à sa
venue en ce monde; nous ne pouvons rien comprendre,
si nous ne prêtons l'oreille, dans le silence des sens et
des passions, à ce Verbe divin qui retentit au dedans
de nous; nous ne pouvons rien apprendre de personne,
si nous ne recueillons précieusement les leçons de ce
maître intérieur qui nous enseigne sans cesse. Les paroles de ceux qui nous entourent sont de vains sons, qui
frappent l'oreille sans instruire l'âme, tant que nous ne
les rapprochons pas des paroles du Christ, qui a choisi
pour sa demeure le cœur des enfants des hommes[1].

Augustin n'est pas le seul qui ait ainsi exalté la Vérité. Elle a trouvé des panégyristes ardents dans les
camps les plus hostiles. Un auteur rarement d'accord
avec le mystique africain, Voltaire, met en scène quelque part un philosophe qui vit malheureux avec toute
sa science, et une vieille femme bornée qui vit heureuse
dans l'ignorance où elle croupit. Ce philosophe déclare
néanmoins qu'il ne voudrait pas du bonheur de sa voisine, s'il fallait l'acheter au prix de son abrutissement[2].
Cela revient à dire que l'homme a naturellement tant
d'amour pour la Vérité et tant d'aversion pour l'erreur
que, si on lui donnait le choix entre la sagesse et la félicité, il préférerait la première. Telle est aussi l'opinion
d'Augustin. Que chacun, dit-il, se consulte intérieurement, et il verra, à l'honneur de la nature humaine,
qui seule est capable de cet amour désintéressé du par-

[1] *De Magistro*, c. 11, 12, 13.
[2] *Histoire d'un bon bramin.*

fait, qu'il aimerait mieux être raisonnable et malheureux qu'insensé et content. Quand vous voyez un de ces êtres dégradés en qui les ressorts de l'intelligence ne fonctionnent plus, rire d'un rire idiot, songez-vous, si malheureux que vous soyez, à préférer son sort au vôtre? Souhaitez-vous échanger votre bon sens et vos larmes contre son rire et sa folie[1]?

C'est l'amour de la Vérité qui nous conduit dans les lieux mêmes où le mensonge déploie tous ses prestiges. Qu'allons-nous chercher dans les spectacles? A défaut de la Vérité qui ne s'y trouve point, c'est son apparence et son image. En voyant un prestidigitateur, nous prenons plaisir ou à sa science ou à la nôtre: à la sienne, s'il fait des tours qui nous étonnent et dont nous ne parvenons point à nous rendre compte; à la nôtre, si nous pénétrons son secret et si nous réussissons à en faire autant que lui. Ainsi, jusque dans les exercices qui ont la tromperie pour objet, c'est la vérité qui nous plaît et nous enchante. Mais au lieu d'aller chercher la vérité dans ces jeux futiles qui n'en offrent que l'ombre, combien nous ferions mieux de chercher la vérité directement et en elle-même! Nous oublions les réalités pour les fantômes; nous essayons inutilement de satisfaire notre faim et de réparer nos forces avec des images vaines et des mets en peinture[2].

En même temps que l'homme aime Dieu comme le Bien suprême, comme la Vérité immuable, il l'aime

---

[1] *De Civ. Dei*, l. XI, c. 27. *Serm.* CL.
[2] *De ver. rel.*, c. 49, 51.

comme la Beauté parfaite et indéfectible dont les beautés imparfaites et changeantes ne sont que de grossières
imitations, des reflets éphémères. Il ne la voit pas seulement dans le cœur de l'homme juste et dans la splendeur du bien moral ; de quelque côté qu'il se tourne
dans l'univers physique, il aperçoit les empreintes que
cette Beauté première a gravées sur ses ouvrages. Ce
sont des caractères par lesquels elle lui parle, quand il
se porte au dehors, pour le rappeler en lui-même et
l'élever jusqu'à elle. Elle veut que dans ces objets qui
flattent son corps, qui chatouillent ses sens, il recon-
naisse de l'ordre et de la mesure, qu'il en juge par les
règles de beauté qu'il porte au dedans de lui, et qu'il
en recherche plus haut la source et le principe.

Si l'on considère les êtres qui volent, qui rampent,
qui nagent et qui animent de leurs mouvements variés
le ciel, la terre et la mer, on verra qu'ils sont tous beaux
d'une manière ou d'une autre. Or d'où vient leur beauté,
sinon du nombre et de la mesure qui ont présidé à leur
formation, et qui ont eux-mêmes leur raison dans la
pensée divine ? La Beauté des êtres corporels n'est que
l'expression de la beauté invisible, le langage dont elle
se sert pour nous attirer à elle. Mais il nous arrive quelquefois de nous arrêter à l'expression, au lieu de nous
élever jusqu'à la chose exprimée, semblables, dit excellemment saint Augustin, aux auditeurs d'un philosophe
éloquent, qui se laisseraient enchanter par le charme
de sa voix, par l'harmonie de ses périodes, et qui né-
gligeraient les pensées profondes qu'il cherche à leur
communiquer.

La beauté des œuvres de l'art découle, comme celle des œuvres de la nature, de la Beauté première et éternelle. Quand l'artiste fait une statue (Augustin le remarque après Cicéron), c'est un idéal de perfection conçu par sa raison qu'il s'efforce de réaliser au dehors avec sa main et son ciseau, et c'est à des esprits qui portent en eux un idéal semblable qu'il veut plaire à travers les sens. Où l'artiste a-t-il pris l'idéal qui domine ses créations? où les spectateurs ont-ils pris celui qui règle leurs jugements, sinon dans la sagesse même de Dieu, qui renferme en elle tous les types de beauté, et qui les réalise chaque jour par la formation des êtres innombrables de l'univers, et en particulier par celle des animaux, ces chefs-d'œuvre merveilleux dont les œuvres sorties des mains des hommes ne sont que de pâles copies? Aussi l'âme ne doit-elle admirer les œuvres de l'art, comme celles de la nature, qu'en attendant que son regard soit assez ferme pour envisager sans éblouissement le rayonnement immortel de la beauté invisible. Or saint Augustin pense, comme Plotin, que, pour aimer le beau, il faut être beau soi-même. Une fois que l'âme se sera réglée conformément aux lois rhythmiques de l'ordre, et qu'elle sera brillante d'harmonie et de beauté, elle aimera Dieu d'un ineffable amour et contemplera la beauté à sa source[1].

Le précepte d'aimer Dieu implique celui d'aimer ceux qu'il a voulu nous donner pour frères, et que l'on appelle communément notre prochain. Il ne faut pas

[1] *De lib. arb.*, l. II, c. 16; *De div. qu.* 83, *qu* 78; *De Ord.*, l. II, c. 49.

entendre par là ceux-là seuls qui nous sont unis par les
liens du sang et par les relations charnelles, mais tous
ceux qui entrent avec nous en partage de la raison et
qui possèdent avec nous la même nature. Quoi! des
hommes sont dits associés, s'écrie éloquemment le
saint docteur, quand ils ont en commun de l'or, de
l'argent, quelque vil métal, et ils seraient étrangers
les uns aux autres, quand la raison, quand le Verbe
même de Dieu est leur apanage commun? Un personnage de Térence ayant demandé à un autre comment
il se faisait qu'il eût le loisir de s'occuper des affaires
d'autrui, et celui-ci lui ayant fait cette réponse : « Je
suis homme, et rien d'humain ne m'est étranger[1], » —
le théâtre tout entier, bien qu'il ne fût guère rempli
que de gens grossiers et sans culture, éclata en applau-
dissements. L'idée de cette société universelle des âmes
alla droit au cœur de tous, et parmi les spectateurs il
n'y en eut pas un seul qui ne se sentît le parent, le frère
de tous les autres hommes[2].

On ne s'étonnera pas, après avoir lu ces remarquables
paroles, qu'Augustin, dans une de ses lettres, fasse un
magnifique éloge du double précepte d'aimer le Seigneur de tout notre cœur, de toute notre âme, de
toutes nos forces, et le prochain comme nous-mêmes.
Ce précepte, résumé de la Loi et des prophètes, lui
paraît supérieur à tout ce qui a jamais été écrit par les
philosophes ou ordonné par les législateurs. Toute la

[1] *Heaut.*, act. 1, sc. 1.
[2] *Ep.* CLV, c. 4.

physique, toute la morale, toute la logique, toute la
politique lui semblent renfermées dans cette brève,
mais riche formule : la physique, car en parlant du
Seigneur on désigne la cause suprême à laquelle il faut
rattacher les causes secondes de la nature ; la morale,
car la vertu tout entière consiste à aimer les choses
dans la mesure où elles doivent être aimées ; la logique,
car aimer Dieu, c'est aimer la vérité qui éclaire toute
âme raisonnable ; la politique, puisque le fondement
des États, la garantie de la prospérité publique est
dans l'amour du bien commun, qui n'est autre chose
que Dieu, et dans l'amour des citoyens entre eux en
vue de ce bien même[1].

L'amour de Dieu est une vertu si importante, qu'elle
comprend en elle toutes les autres, et que celles-ci
n'en sont que des modifications particulières. La tem-
pérance est l'amour qui se donne sans réserve à l'objet
aimé ; le courage, l'amour qui supporte tous les maux
en vue de lui ; la justice, l'amour qui n'obéit qu'à lui ;
la prudence, l'amour qui discerne avec sagacité ce qui
peut le seconder et ce qui peut lui faire obstacle[2].

Il ne suffit pas d'aimer Dieu comme le Bien suprême, comme la Vérité immuable, comme la parfaite
Beauté, il faut encore l'aimer d'un amour désintéressé
et que nulle crainte servile ne corrompe. Sur ce sujet

---

[1] *Ep.* CXXXVII, c. 5.
[2] *De Mor. Eccl. cath.*, l. I, c. 15. — Voir sur ce sujet l'estimable et
intéressant ouvrage de M. l'abbé Flottes, ancien professeur de philosophie à la Faculté des lettres de Montpellier : *Études sur saint Augustin.*

délicat, qui devait provoquer plus tard tant de luttes
ardentes et mettre aux prises des ordres aussi considérables que Port-Royal et la Société de Jésus, et des
prélats aussi illustres que Bossuet et Fénelon, Augustin exprime des sentiments pleins d'élévation et de noblesse, et émet des idées qui, sans décider la question,
l'environnent d'une vive lumière.

La crainte servile, remarque le grand évêque, si différente qu'elle soit de l'amour, lui prépare les voies et
lui ouvre l'entrée de nos cœurs. Elle consiste dans la
salutaire appréhension de mal faire pour ne pas en-
courir les peines de l'autre vie et les supplices de l'enfer. Cette crainte est comme un poids qui contreba-
lance utilement le poids de la concupiscence, car nous
voyons que les animaux eux-mêmes sont encore plus
portés à fuir la douleur qu'à rechercher le plaisir, et
qu'à force de coups et de menaces, on les détourne de
leurs brutales jouissances. L'homme qui s'abstient de
l'adultère ou de tout autre péché par la considération
des peines éternelles, n'est pas encore louable sans
doute, mais son sort est déjà moins déplorable qu'auparavant. La crainte a commencé l'œuvre de sa régé-
nération, l'amour fera le reste[1].

Qu'en partant de cette doctrine, en matière politique, on soit exposé à glisser dans l'intolérance et tenté
d'invoquer le bras séculier pour imprimer une utile
terreur aux hérétiques récalcitrants, il faut bien en

[1] *Serm.* CLXI, c. 8, 9; *De div. qu.* 83, *qu.* 36; *Serm.* CLVIII, c. 7;
Serm. CLXXVIII, c. 10

convenir, et l'histoire est là malheureusement pour l'attester. Mais il faut avouer aussi qu'à la considérer uniquement par son côté psychologique, elle est ingénieuse et profonde.

L'amour une fois entré dans une âme, continue Augustin, la crainte mercenaire et servile se retire, et une crainte noble et généreuse prend sa place ; à la peur d'être puni, succède celle d'offenser et de déplaire. Un esclave ne fait point le mal sous l'œil de son maître : il craint d'être mis aux fers, de recevoir des coups de fouet ou d'être enfermé au moulin. Mais si son maître vient à sortir, il fera ce qui lui est défendu, car il ne redoutait que la punition, et il peut mal faire impunément. Voilà la crainte mercenaire.

Au contraire, si un homme est amoureux et que ses vêtements, sa toilette ne soient point au goût de celle qu'il aime, celle-ci n'a qu'à lui dire : «Je ne veux pas que vous portiez cette casaque,» — il ne la porte pas ; «je veux que vous vous mettiez en tunique,» — il s'y met aussitôt, fût-on au cœur de l'hiver. Pourquoi ? Parce qu'il aime mieux grelotter que de déplaire. Pourtant sa maîtresse ne le mettrait pas en prison, elle ne lui infligerait aucun supplice ; elle n'a ni geôliers ni bourreaux à sa disposition. Elle lui dirait simplement : «Je ne vous aime plus, vous ne me reverrez jamais.» — Mais ce sont là des paroles toutes-puissantes sur un cœur vivement épris. Voilà la crainte noble et désintéressée.

Ce qu'une courtisane obtient de son amant, Dieu a bien le droit de l'obtenir de nous, dit Augustin, je veux dire un amour pur de tout intérêt, qui n'ait que lui pour but et qui ne soupire qu'après sa possession. Ce n'est pas la crainte de Dieu, mais son amour qui devrait être le ressort de notre vie, le principe déterminant de tous nos actes[1].

Il faut que l'amour de Dieu soit pur, non-seulement de toute crainte servile, mais encore de toute concupiscence et de tout désir charnel; il faut que rien d'étranger à lui ne vienne s'y mêler et le corrompre. On n'aimera point pour eux-mêmes les honneurs, les plaisirs, les richesses. — Si on prend une épouse, ce qui n'est point à souhaiter, dit Augustin, (car rien ne rabaisse l'âme d'un homme comme les caresses d'une femme), si on prend une épouse, il ne faut point, non plus, l'aimer pour elle-même, fût-elle parée des qualités les plus aimables. Honneurs, plaisirs, richesses, amis, femme, enfants, rien de tout cela n'est digne d'un cœur que Dieu a fait pour lui seul et ne peut être aimé qu'en vue de lui. Nous ne devons tenir à la vie elle-même que comme à un moyen d'arriver à la vérité, c'est-à-dire à Dieu, et si la mort nous permet de la découvrir plus sûrement, nous devons préférer la mort[2].

C'est là, on le voit, la doctrine de l'amour pur de Dieu, du parfait détachement de la terre, telle qu'on essaie encore de la pratiquer sous les arceaux silencieux des cloîtres, doctrine pleine à la fois d'austérité et de grandeur, dont les profanes se sont quelquefois

[1] *Idem.*
[2] *Solil.*, l. 1, c. 9, 10, 11, 12.

scandalisés, faute sans doute de la bien comprendre et d'en saisir nettement le principe.

Pour décrire cet amour exclusif, ce culte jaloux que la Vérité suprême réclame, Augustin emploie des expressions d'un mysticisme ardent et voluptueux qu'on ne rencontre pas ordinairement sous la plume sévère des philosophes et qui semblent un écho des plaintes enflammées de la Sulamite :

« Maintenant, fait-il dire à la raison, maintenant nous cherchons quel amour tu éprouves pour cette sagesse que tu désires voir d'un regard pudique, sans voile, et pour ainsi dire toute nue, faveur qu'elle n'accorde qu'à un petit nombre, qu'à l'élite de ses amants ; car la virginale beauté de la sagesse ne se montrera à toi que si tu brûles pour elle seule[1]. »

Du reste, notre union avec la vérité est une union purement mystique et incorporelle dont les unions terrestres ne peuvent donner qu'une idée grossière, de même que le mouvement qui nous porte vers elle est un pur mouvement du cœur, et n'a rien de commun avec les mouvements physiques. Nous nous rapprochons de Dieu et nous nous unissons à lui en l'aimant et en lui devenant semblables. C'était là pensée de Plotin, quand il écrivait ces paroles fameuses : « Fuyons vers notre chère patrie. Là est le Père et avec lui tous les biens. Mais quelle flotte ou quel autre moyen de transport nous y mènera ? Pour y arriver, il faut devenir semblables à Dieu. » Comment lui devenir sem-

---

[1] *Solil.*, l. I, c. 3.

blables, sinon par la continence, c'est-à-dire, comme
saint Augustin l'explique, en contenant fortement notre
âme, qui cherche à s'échapper et à se répandre sur la
multitude des objets inférieurs, et en la ramassant en
elle-même, pour la diriger tout entière vers la vérité qui
est souverainement une[1]?

L'amour de la vérité, le culte de la beauté morale
n'est pas seulement le principe de notre perfection,
mais encore celui de notre béatitude tant dans cette vie
que dans l'autre. Les âmes les plus nobles et les plus
heureuses tout ensemble sont certainement celles qui
dédaignent les beautés périssables et qui ne s'attachent
qu'à l'éternelle Beauté. Aussi regardent-elles comme
des années perdues toutes celles qu'elles ont consa-
crées aux fragiles objets de la concupiscence. « Je vous
ai aimée trop tard, s'écrie Augustin, beauté toujours
ancienne et toujours nouvelle, je vous ai aimée trop
tard! Vous étiez au dedans de moi et je vous cherchais
au dehors[2]. »

La possession de la beauté, de la vérite parfaite
n'est pas possible en ce monde; elle sera seulement le
partage des habitants de la Jérusalem sainte et sera
accompagnée du parfait bonheur qui n'est pas non
plus de ce monde. « Quoi! dit Augustin, les hommes
s'écrient qu'ils sont heureux quand ils tiennent dans
leurs bras de beaux corps ardemment désirés, leurs
épouses ou même des courtisanes, et nous, nous dou-

[1] *De Civ. Dei*, l. IX, c. 17; *Conf.*, l. X, c. 29.
[2] *Conf.*, l. X, c. 27.

terions de notre bonheur en embrassant la vérité! Les
hommes se proclament heureux, lorsque, le palais
desséché par la chaleur, ils arrivent à une fontaine
abondante et salutaire, ou que, mourant de faim, ils
trouvent un dîner ou un souper somptueusement et
copieusement servi, et nous, nous ne serions pas heureux quand la vérité nous sert et de breuvage et d'aliment[1]! »

Suivant saint Augustin, Dieu ne se borne pas à nous
éclairer de sa lumière, il nous inspire encore son
amour, et c'est de lui, comme de leur centre commun,
que rayonnent à la fois notre vie intellectuelle et notre
vie morale. Est-il possible, en effet, que Dieu nous
illumine comme principe de toute vérité, sans nous attirer à lui comme source de toute beauté? Est-il possible que l'homme tienne de Dieu la science qui est un
bien inférieur, et qu'il se donne à lui-même la charité,
qui est le premier des biens? Car il est écrit que la
science enfle et que la charité vivifie[2].

La charité, la grâce, comme l'appelle saint Augustin, agit sur la volonté sans la contraindre, sur le libre
arbitre sans l'annuler, mais elle n'en vient pas. Elle a
sa source dans le sein de Dieu; elle est une effusion
de son Esprit ou plutôt elle est son Esprit même. Celui
qui aime son frère, aime Dieu; car il ne peut pas l'aimer, sans aimer l'amour par lequel il l'aime, et cet

[1] *De lib. arb.*, l. II, c. 13.
[2] *Op. imp. contr. Jul.*, l. III, c. 106; *Lib. de grat. et lib. arb.*,
c. 19.

amour c'est Dieu. Or l'amour d'un objet nous étant
plus présent, plus intime, plus connu que son objet, il
s'ensuit que Dieu nous est plus présent, plus intime,
plus connu que notre frère même. Dieu est amour, et
celui qui demeure dans l'amour demeure en Dieu, et
Dieu demeure en lui. S'il regarde dans sa conscience,
Dieu lui apparaît. Il n'a que faire de désirer le voir assis
dans le ciel; s'il possède l'amour, il le voit dans son
propre cœur. Pour le docteur de la grâce, comme pour
le poëte du stoïcisme, le cœur vertueux et le ciel sont
également le siége de la divinité, *et cœlum et virtus*[1].

II.

On voit que saint Augustin, sans avoir composé un
livre spécial sur les sentiments de l'homme, a consigné
là-dessus, dans ses différents écrits, assez d'observations pour que leur réunion puisse être considérée
comme un traité sur cette matière. La nature de l'a-
mour, ses lois les plus importantes, les diverses modifications dont il est susceptible, les principaux objets
vers lesquels il tend, ce sont là autant de points que
son heureux génie éclaire comme en se jouant, et sur
lesquels il répand une abondante lumière.

Parmi les philosophes, les uns ont considéré surtout l'amour dans sa nature intime et dans les modes

[1] *De Trin.*, l. VIII, c. 8; *Serm.* CLVI, c. 5; *Enarr. in Psalm.* 149. —
  Estne Dei sedes, nisi terra, et pontus, et aer,
  Et cœlum et virtus? (Lucain, Phars., l. IX).

qu'il affecte au sein du sujet pensant; les autres l'ont
envisagé plus particulièrement dans ses rapports avec
les objets pensés. De là, deux classifications des passions
assez différentes entre elles, dont l'une repose sur les
caractères subjectifs, l'autre sur les caractères objectifs que les passions offrent à l'observateur. Ni l'une ni
l'autre de ces classifications n'est peut-être assez large
pour pouvoir servir de cadre au tableau des mouvements multiples et variés de notre cœur : il est bon,
quand on veut le dépeindre, de le considérer tour à
tour par le dedans et par le dehors, et de l'envisager
successivement sous toutes ses faces. C'est ce qu'a essayé de faire saint Augustin. Après avoir étudié l'amour
dans l'homme, il l'a étudié dans ses rapports avec le
monde et avec Dieu, qui sont ses deux grands objets;
puis dans l'amour du monde, il a distingué l'amour du
plaisir, celui de la connaissance sensible et celui de la
supériorité; et dans l'amour de Dieu, l'amour du bien,
celui du vrai, celui du beau, de manière à ne rien laisser de considérable en dehors de ses investigations.
C'est ainsi qu'Aristote, quand il voulait étudier à fond
les passions humaines dans sa *Rhétorique*, les envisa-
geait successivement comme inclinations et comme
modes, relativement à leurs objets et en elles-mêmes,
poussant la décomposition aussi loin qu'elle pouvait
aller, et portant le flambeau de l'analyse sur tous les
aspects de cet important sujet.

Si nous voulons trouver, dans l'histoire de la pensée
humaine, les origines de cette grande théorie de l'a-
mour, si admirablement développée par saint Augus-

tin, il nous faudra, comme nous l'avons déjà laissé pressentir, remonter jusqu'à Platon. Ce philosophe divise l'âme en deux parties, dont l'une est douée de raison et dont l'autre en est privée. Par la première elle connaît et aime tout ensemble le vrai, le beau, le bien, dont elle s'est nourrie dans une existence plus heureuse, et s'élance avec ardeur vers ces hautes demeures d'où elle est descendue. Par la seconde elle entrevoit les objets grossiers de cette terre, et, leur attribuant une réalité qui leur manque, elle s'attache à eux par des liens criminels, oublieuse tout à la fois de son origine céleste et de sa céleste destinée. Ces deux parties de l'âme sont également des principes d'amour et de connaissance ; mais dans l'une la connaissance et l'amour s'élèvent à Dieu, dans l'autre la connaissance et l'amour s'abaissent vers les corps.

Retranchez de cette théorie l'hypothèse de la préexistence des âmes, et vous aurez exactement la théorie de l'amour telle qu'elle a été conçue par saint Augustin : d'une part, l'amour charnel qui correspond à la connaissance du sensible ; de l'autre, l'amour divin qui correspond à la connaissance de l'intelligible.

Platon subdivise la partie de l'âme qui est privée de raison en deux autres parties, dont l'une est la source des désirs, des convoitises, des passions sensuelles, et dont l'autre est le principe de la colère, de l'énergie, du courage.

Ici encore saint Augustin me semble s'inspirer, quoique moins visiblement, des doctrines du philosophe athénien. Qu'est-ce que cette tendance qu'il nomme avec saint Jean concupiscence de la chair, sinon ce que Platon appelle le principe des désirs ? Qu'est-ce que la concupiscence des yeux ou curiosité, sinon la recherche de la connaissance sensible que Platon attribuait à l'âme irraisonnable ? Quant à l'orgueil, qui est la troisième des passions, d'après saint Jean et saint Augustin, n'offre-t-il pas une grande ressemblance avec ce sentiment exalté de la personnalité humaine que Platon désignait sous le nom de courage ou d'énergie ? Toute la différence c'est que, dans Platon, l'énergie fait cause commune avec la raison, tandis que dans saint Augustin elle la combat. On reconnaît à ce trait le sectateur de la doctrine qui prêche l'humilité.

Pour l'amour divin, Platon et Augustin l'ont compris d'une manière analogue, et si leurs théories offrent quelques dissemblances de détail, elles sont au fond à peu près identiques.

Un critique éminent, qui se plaît à agrandir le domaine de la littérature par des excursions fréquentes et heureuses dans le domaine de la morale et de la psychologie [1], a remarqué que les Pères de l'Église, à la différence de Platon, ne regardent point l'amour profane comme un mouvement ascensionnel qui nous élève peu à peu vers Dieu, mais plutôt comme une chute qui nous en éloigne. Si cette observation est applicable aux autres Pères, c'est ce que je ne saurais dire, mais elle l'est certainement à saint Augustin.

---

[1] M. Saint-Marc Girardin, *Cours de litt. dramatique*, t. II, c. 36.

Suivant lui, nous l'avons vu, tout ce qui nourrit la concupiscence empoisonne la charité, et de toutes les formes de la concupiscence la passion de l'amour est sans contredit la plus dangereuse. Aussi il la combat sans cesse et épuise contre elle tous ses traits.

Platon croit que l'amour est un principe de perfectionnement, et prétend qu'il n'est pas de bassesse qu'on n'évite comme le feu, pas de grande action à laquelle on ne s'élance avec ardeur quand on est sous le regard de l'objet aimé. Ce n'est pas l'opinion de saint Augustin. Il ne voit dans l'amour que les piéges qu'il sème sous nos pas, que les chaînes de fleurs dont il nous enlace et qui sont plus difficiles à rompre que si elles étaient de fer ou de diamant. Il a dit, avant le plus paradoxal des philosophes contemporains, que rien ne dégrade l'homme comme le commerce de la femme. Il est vrai qu'il ne paraît point, quoi qu'en ait dit Chateaubriand, s'être élevé sensiblement au-dessus de la conception de l'amour physique, et que le renoncement à l'amour lui paraît moins une privation du cœur qu'une privation des sens. « Quoi! dit-il dans ses *Confessions*, quand il est sur le point de se convertir à une vie nouvelle; quoi! tu ne pourras plus faire ceci, ni cela! Il faudra te l'interdire à jamais! »

Je ne veux point nier ce qu'il y a généralement d'irrationnel et de périlleux dans l'amour, ni prendre parti sans réserve pour Platon contre saint Augustin. En vouant l'homme à cette union qu'on a appelée *l'égoïsme à deux*, l'amour le soustrait à cette grande loi de la morale qui veut qu'il aime les objets dans la proportion où ils sont aimables. Son esprit, dupe de son cœur, orne la créature la plus imparfaite de toutes les perfections, si bien qu'un spectateur impartial ne saurait s'empêcher de rire de sa folie ou d'en prendre pitié. Une fois que son âme est ainsi prévenue et aveuglée, il n'est pas de sacrifice qu'il ne soit prêt à consommer pour l'idole qu'il s'est faite, jusqu'à ce que le bandeau tombe de ses yeux, et qu'il s'aperçoive avec amertume que c'est à un objet indigne qu'il a prodigué, sans compter, tous les trésors de son cœur.

Cependant il faut bien admettre, si l'on ne veut pas calomnier notre nature, que, sans sortir des limites de ce monde, le cœur humain peut trouver à quoi se prendre, et rencontrer des êtres qui ne soient point indignes d'un noble attachement. Les Alcestes, les Desdemones, les Paulines ne sont certainement pas toutes au théâtre, et, si l'on en rencontre quelqu'une dans la vie réelle, pleine de bonté et de noblesse, de pudeur et de grâce, ce n'est sans doute point déchoir que de l'aimer; car c'est alors le Bien, le Beau que l'on aime dans l'une de ses réalisations les plus charmantes.

Mais les ressemblances entre la théorie de Platon et celle de saint Augustin se font jour même à travers les caractères qui les différencient. Augustin ne regarde pas l'amour profane comme un degré entre l'amour des corps et l'amour de Dieu; mais entre ces deux sentiments il reconnaît cependant des degrés comme Platon. Le principal, suivant lui, comme suivant Platon, est le goût des sciences abstraites. Celui qui les étudie, s'habituant à considérer des vérités qui sont indépendantes de toute étendue et de toute figure particulières et qui ne varient point avec les temps et les lieux, devient ainsi capable de connaître et d'aimer la Vérité suprême et immuable.

L'illustre écrivain que nous citions tout à l'heure fait une seconde remarque qui n'est pas moins importante que la première. Suivant lui, l'amour, dans Platon, ne s'adresse qu'à une idée, tandis que, dans les Pères de l'Église, il s'adresse à un être. Par conséquent, dans le premier cas, l'objet aimé a quelque chose de plus abstrait, de moins saisissable, et risque à chaque instant de s'évaporer, tandis que, dans le second, il a plus de réalité et plus de corps pour ainsi dire; car il est le Père des hommes et leur Providence, le Rédempteur et le Sauveur de chacun d'eux. C'est pourquoi l'amour chrétien est plus populaire et plus efficace que l'amour platonique. Il n'est pas d'idée, si touchante qu'elle soit, qui puisse avoir autant de prise sur les âmes que le type de bonté, de douceur, de tendresse suspendu au bois sanglant du Golgotha.

Nous admettons parfaitement, avec M. Saint-Marc Girardin, que les idées qui se réalisent dans les faits impressionnent plus fortement les cœurs que celles qui restent à l'état de pures abstractions, et qu'un principe tout seul n'entraîne pas les masses aussi irrésistiblement que l'homme qui le personnifie. Il n'appartient qu'aux natures d'élite (Platon est le premier à le reconnaître) d'adorer le Bien en esprit et en vérité: les enfants, les femmes, les gens du commun se passionnent toujours plus pour les individus que pour les universaux.

Mais l'éminent écrivain n'interprète-t-il pas d'une manière trop peu favorable la doctrine un peu vague, il est vrai, et un peu indécise de Platon, en faisant de l'objet le plus élevé de l'amour platonique une simple idée générale, et en disant que l'objet de cet amour n'a de réalité qu'à ses degrés inférieurs? Le Beau, qui est l'objet suprême de l'amour platonique, est-il une idée au sens ordinaire du mot? N'est-il pas plutôt une essence dépendante du Bien, et qui est à son égard ce que l'attribut est à l'être? Aimer le Beau, dans le platonisme, ce ne serait donc pas simplement aimer l'idée générale de beauté, ce serait aimer la Beauté divine; ce ne serait pas s'attacher à un produit inerte de la généralisation, mais à une intuition vivante de la raison. On peut dire que le Dieu auquel s'élève le cœur du chrétien a quelque chose de plus humain que celui que le platonicien adore; on ne peut pas dire, à ce qu'il me semble, qu'il ait quelque chose de plus réel. Bien plus, si le Dieu du christianisme affecte un caractère plus humain et plus déterminé que celui du platonisme, c'est particulièrement dans les écrits des évangélistes et des auteurs qui les ont commentés; mais chaque fois que la raison des philosophes chrétiens a soumis l'idée de Dieu à une élaboration profonde, elle a abouti à une conception assez analogue à celle de Platon. Il suffit, pour s'en convaincre, de relire le *Traité de l'existence de Dieu* de Fénelon, où l'auteur identifie constamment Dieu avec l'être universel, et l'être universel lui-même avec le Bien en soi. Bossuet et Malebranche s'accordent à faire de Dieu et de la Vérité un seul et même être :

« Ces vérités, dit Bossuet, sont quelque chose de Dieu ou plutôt sont Dieu même.» — «C'est connaître Dieu, dit Malebranche, que de connaître la Vérité; et c'est aimer Dieu que d'aimer la Vertu, ou d'aimer les choses selon qu'elles sont aimables ou selon les règles de la Vertu...» «Il y en a très-peu, ajoute-t-il, qui sachent avec évidence que ce soit s'unir avec Dieu, selon les forces naturelles, que de connaître la Vérité; que ce soit une espèce de possession de Dieu même que de contempler les véritables idées des choses, et que ces vues abstraites de certaines vérités générales et immuables qui règlent toutes les vérités particulières soient des efforts d'un esprit qui s'attache à Dieu et qui quitte le corps[1].»

Ainsi, le Dieu, je ne dis pas seulement de saint Augustin, mais encore de Bossuet, de Fénelon, de Malebranche, n'est pas moins abstrait que celui de Platon, et l'amour de Dieu apparaît dans leurs écrits, aussi bien que dans les siens, moins comme l'amour d'un être individuel et particulier que comme l'amour du Bien, du Beau et du Vrai, en un mot de l'idéal en tout genre.

L'amour de Dieu étant presque tout le christianisme, et l'amour platonique étant, au fond, identique à l'amour chrétien, je ne m'étonne pas des paroles de saint Augustin, quand il dit que les platoniciens n'auraient eu que peu de chose à changer à leurs doctrines pour être chrétiens. Par conséquent je ne saurais souscrire à l'opinion de M. Saint-Marc Girardin, qui déclare que ce peu est tout, attendu, dit-il, que ce qui manquait à

---

[1] *Rech. de la vér.*, l. V, c. 5.

ces philosophes, c'était la lumière de la révélation. La révélation n'est pas la doctrine chrétienne, mais seulement l'un des moyens par lesquels elle s'est découverte et manifestée. Or des penseurs doivent être caractérisés, si je ne me trompe, par la nature de leurs doctrines plutôt que par les moyens employés pour les obtenir.

Quoi qu'il en soit, saint Augustin a compris l'amour de Dieu de la manière la plus noble et la plus élevée. Bien différent de ces prétendus chrétiens qui ne voient dans ce sentiment que l'amour d'un être comme un autre, et qui le concilient avec l'exubérance de la vie matérielle et la nullité de la vie morale, il l'a identifié avec toutes les hautes aspirations de notre nature.

Admettez, comme le fils de Monique, l'identité du Bien, du Vrai et du Beau avec Dieu, l'amour divin devient à vos yeux le principal ressort de tous les perfectionnements de la race humaine et produit les plus merveilleux résultats dans toutes les sphères où notre activité se déploie.

A le considérer dans la vie active, c'est ce délire sacré des âmes héroïques que le platonisme préfère à la raison tranquille des âmes vulgaires; c'est cette folie de la croix que le christianisme élève au-dessus de la sagesse du monde. Et n'y a-t-il pas, en effet, plus de noblesse à s'éprendre du Bien au point de lui tout sacrifier qu'à l'aimer avec calme et modération? Le moyen âge ne s'y trompait pas, quand il mettait le prêtre ou le chevalier emportés par le sentiment exalté du bien au-dessus du commerçant le plus laborieux et le plus honnête. Les temps modernes ne s'y trompent pas davantage, quand ils placent au premier rang parmi les morts illustres ceux qui ont combattu toute leur vie pour le triomphe de la justice, et qui sont tombés à la tribune ou sur le champ de bataille en servant une cause généreuse.

Dans l'ordre spéculatif ce sentiment devient, sous le nom d'amour de la vérité, le principe créateur, organisateur, vivifiant de la science, et soutient l'homme d'étude dans ses labeurs et ses veilles. Seul il donne à ses travaux une grande et féconde direction, et en fait à la fois la solidité et la profondeur. Sous l'influence de l'amour de la gloire, son esprit rechercherait peut-être les hypothèses brillantes plutôt que les théories exactes, ce qui saisit l'imagination des hommes plutôt que ce qu'approuve la raison. Sous l'influence de l'intérêt, il risquerait de se rabaisser aux applications de détail qui se traduisent immédiatement en résultats visibles et palpables ; mais, avec l'amour de la vérité pour mobile, il s'élève d'une aile puissante aux libres et vastes spéculations qui ouvrent au genre humain des routes nouvelles et lui dévoilent des horizons inconnus.

N'est-ce pas lui qui, sous le nom d'amour désintéressé du Beau, fait tressaillir le cœur du grand artiste, quand il conçoit ses œuvres immortelles ? Homère ne cherchait point à briller en homme amoureux de lui-même, mais à satisfaire son naïf sentiment de la beauté, quand il retraçait les passions de l'humanité encore jeune et héroïque dans ces larges compositions qui enchanteront la postérité la plus lointaine. Démosthène

ne songeait pas à lui, mais à la beauté morale; il était
moins désireux de faire dire: — qu'il parle bien! — que
d'inspirer aux Athéniens des résolutions viriles, quand
il enflammait ses auditeurs par son ardente parole.
Augustin lui-même négligeait ses vaines antithèses et
ses jeux de mots puérils, et ne se représentait que ce
qui était noble et beau, quand il arrachait des pleurs
aux rudes marins des petites cités africaines. Tant il
est vrai qu'il faut s'oublier, pour atteindre aux cimes
de l'art et de la science comme à celles de l'héroïsme!

On voit que l'amour de Dieu, entendu au sens d'Augustin, est ce qu'il y a au monde de plus noble et de
plus grand. L'homme n'est pas libre de se le donner à
lui-même : il lui est inspiré par son sublime objet.
Mais dè toutes les grâces d'en haut, comme disent les
théologiens, c'est certainement la plus précieuse; de
tous les les dons du ciel, c'est incontestablement le plus
magnifique. Toute la richesse de la vie morale, de la
vie intellectuelle et de la vie esthétique y est, en quelque sorte, renfermée. C'est de là que sont sorties toutes
les belles actions, toutes les hautes pensées, toutes les
œuvres immortelles qui ont éclaté dans l'histoire. Si
quelque chose peut relever l'homme, durant le peu de
jours qu'il rampe sur cette planète, c'est sans contredit ce sentiment qui l'emporte, loin de lui-même et de
la boue qu'il foule aux pieds, vers un idéal qui le surpasse, et auquel il brûle de devenir conforme.

CHAPITRE XIII.

DE LA LIBERTÉ.

Parmi les questions relatives à l'âme humaine que l'esprit curieux et investigateur de saint Augustin a successivement abordées, il n'en est pas une qu'il ait agitée avec plus de puissance que celle de la volonté et celle du libre arbitre qui s'y rattache étroitement. Élevé par la grandeur du sujet qui touche aux sources mêmes de la vie morale et religieuse, échauffé par le feu d'une double polémique où il fut aux prises d'abord avec les manichéens, ensuite avec les pélagiens, et où il dut établir tour à tour la liberté de l'homme et les influences qui la modifient, son génie déploya une remarquable vigueur et produisit des ouvrages qui ont depuis été invoqués par tout ce qu'il y a eu de plus éminent dans la théologie et la philosophie chrétiennes. Raconter ses luttes contre le pélagianisme dans la personne de Pélage, de Célestius et de Julien, et exposer l'ensemble des travaux qui lui ont mérité le surnom de *docteur de la grâce*, ce serait sans doute faire connaître la partie la plus forte et la plus originale de sa doctrine; mais ce serait quitter le terrain de la philosophie pour celui de la théologie, ce serait effleurer inutilement une matière que le siècle de Louis XIV a creusée avec tant de profondeur, et essayer de renfermer en quelques pages ce qui exigerait, non pas un chapitre, non pas une thèse, mais un ouvrage tout entier. Notre incompétence comme théologien, la nécessité de nous restreindre, la crainte d'entrer dans une carrière tant de fois et si glorieusement parcourue, tout nous fait une loi de circonscrire rigoureusement notre sujet et de demander seulement à saint Augustin la réponse aux principales questions que se pose la philosophie contemporaine. Quelles sont les preuves du libre arbitre? De quelle manière peut-on le concilier avec la prescience divine? Quelle idée faut-il se faire de sa nature? Nous bornerons prudemment nos recherches à ces trois points et nous nous garderons bien de nous aventurer dans le vaste domaine de la grâce, car c'est, comme on l'a dit, un océan qui n'a ni fond ni rives [1].

I.

Tout le monde sait que les manichéens faisaient dériver le mal d'une substance mauvaise égale et coéternelle à Dieu. Ce fut pour renverser cette doctrine, et pour établir que le mal est l'œuvre de l'homme, que saint Augustin s'efforça de démontrer l'existence de la volonté et du libre arbitre. Il s'attache à faire voir, d'une part, que la volonté est distincte de la contrainte; de l'autre, qu'elle est distincte de la nécessité.

[1] On peut consulter sur cette question le brillant travail de M. Ernest Bersot, — *Doctrine de saint Augustin sur la liberté et la Providence* —, et une thèse très-substantielle et très-forte de notre ami M. Maurial, intitulée : *Origenis de libertate arbitrii doctrina.*

Rien de plus familier et de plus populaire que les arguments qu'il emploie pour prouver ces deux vérités; rien de plus frappant et de plus irrésistible que l'évivence dont il les entoure.

Figurez-vous, dit-il, un homme qui est endormi et des gens qui, pendant son sommeil, lui prennent doucement la main et lui font tracer sur le papier des caractères criminels. Cet homme est-il coupable? Il faudrait être insensé pour le prétendre. Imaginez-en un autre qui est bien éveillé, mais dont tous les membres, excepté la main, ont été garottés, et que l'on force à commettre un acte du même genre. Peut-on raisonnablement l'accuser de cet acte, sous prétexte qu'il ne dormait pas et qu'il savait parfaitement ce qu'il faisait? En aucune sorte. Mais si le dormeur de tout à l'heure avait su à l'avance qu'on profiterait de son sommeil pour lui faire commettre un crime, s'il s'était endormi exprès pour le commettre et avait même hâté le sommeil trop lent à son gré en buvant outre mesure; si l'homme garotté s'était fait mettre dans cet état pour avoir une justification toute prête, quand on lui reprocherait sa conduite, n'est-il pas manifeste qu'ils seraient coupables l'un et l'autre, et encourraient justement la vindicte des lois? Pourquoi? Parce qu'il y aurait eu de leur part acte de volonté. Il ne faut donc pas confondre les actes qui émanent de la volonté et ceux qui sont déterminés par la contrainte, les mouvements que nous nous imprimons et ceux qui nous sont imprimés[1].

[1] Contr. Manich., De duab. anim., c. 10.

Mais de ce que nul mouvement *contraint* et venu du dehors n'est volontaire, il ne s'ensuit pas que tout mouvement qui n'est ni *contraint* ni venu du dehors soit volontaire. Quand je jette une pierre en l'air, le mouvement qui se produit ne vient pas de la pierre, mais d'ailleurs; il n'est pas naturel, mais *contraint*. Si je l'abandonne à elle-même, et qu'elle tende en bas, comme cela ne manque pas d'arriver, ce mouvement n'a pas de cause extérieure à la pierre : il lui est naturel; mais il n'est pas pour cela volontaire. Or si le mouvement de mon âme vers le mal, sans être de la même espèce que celui de la pierre qu'on lance, est de la même espèce que celui de la pierre qui tend vers le sol, c'est, à la vérité, un mouvement naturel, qui n'est pas le résultat de la contrainte, mais la volonté n'en est pas le principe. Il n'est point coupable, lors même qu'il serait subversif; car il dérive d'une nécessité inhérente à mon être et contre laquelle je ne saurais réagir. Mais un tel mouvement est coupable, — tout le monde en convient, c'est une vérité claire comme la lumière du jour; — donc il n'est pas simplement naturel, mais il est volontaire. Il ressemble au mouvement de la pierre de haut en bas en ce qu'il appartient en propre à mon âme, comme ce mouvement appartient en propre à la pierre, et que nulle cause étrangère ne le produit. Il en diffère en ce qu'il ne dépend point de la pierre d'arrêter le mouvement qui l'entraîne en bas, tandis que mon âme, si elle veut, s'arrête sur la pente qui l'incline vers les biens inférieurs. Dire que la pierre est coupable quand elle tend en bas, c'est se montrer plus stupide qu'elle;

mais dire que l'âme ne pèche point quand elle tend vers les biens inférieurs, c'est également renoncer à la raison. Donc il y a lieu de distinguer les mouvements volontaires non-seulement de ceux qui sont le résultat de la contrainte, mais encore de ceux dont une sorte de nécessité physique est la source[1].

Saint Augustin, qu'on a si souvent accusé de méconnaître le libre arbitre, ne se lasse point de le démontrer, et demande ses preuves tantôt au raisonnement, tantôt au sentiment intérieur, tantôt au consentement universel par lequel ce sentiment intérieur se traduit et se manifeste.

«Si, dit-il, le mouvement par lequel la volonté se porte tantôt d'un côté, tantôt d'un autre, n'était pas volontaire, et s'il ne dépendait pas de nous, il ne faudrait point louer ou blâmer un homme suivant qu'il dirigerait vers les biens supérieurs ou vers les biens inférieurs les ressorts de sa volonté; il serait parfaitement inutile de lui recommander de laisser là les choses périssables et de rechercher les choses éternelles, de détourner sa volonté du mal et de la tourner vers le bien. Or quiconque prétendrait qu'on ne doit pas donner à l'homme des préceptes de ce genre, devrait être banni de la société humaine[2]. »

Que deviendraient, dit-il ailleurs, le mérite et le démérite qui s'attachent à la justice accomplie ou violée; comment pourrait-on condamner le crime ou ho-

---

[1] *De lib. arb.*, l. III, c. 1.
[2] *Id. id.*

norer la vertu, si l'homme ne possédait point le libre arbitre? Il ne saurait y avoir ni crime ni vertu là où il n'y a point de volonté. Otez la volonté, et tout le système des récompenses et des châtiments croule par la base[1].

Augustin ne s'interdit même pas les arguments *ad hominem*. Ceux, dit-il, qui raisonnent contre la liberté ne s'aperçoivent pas qu'ils raisonnent contre elle librement, et que le simple fait de là nier la suppose[2]. Si tu ne veux pas savoir, ajoute-t-il, il est inutile que je t'interroge; si tu ne veux pas être heureux, tu n'as en toi rien d'humain. Tu me réponds que tu veux toutes ces choses: donc la volonté est une chose réelle[3].

En même temps que je sais que je vis, je sais que je veux vivre, et le fait de ma volonté est aussi certain à mes yeux que celui de ma vie elle-même. Je n'ai pas besoin de feuilleter des livres obscurs pour y trouver la preuve que je suis libre: je sens ma liberté au dedans de moi et ma conscience m'en rend hautement témoignage. C'est une vérité si claire, si palpable, que je la vois, pour ainsi dire, et la touche du doigt, *video et quodam modo tango*. Il n'est rien qui me paraisse plus solidement établi et dont j'aie un sentiment plus intime. Que je veuille ou que je ne veuille pas, je suis parfaitement sûr que c'est moi qui veux ou qui ne veux pas, et, si je pèche, je m'attribue mon péché à moi-même, comme à sa véritable cause.

[1] *De lib. arb.*, l. II, c. 1.
[2] *De qu. an.*, c. 36.
[3] *De lib. arb.*, l. I, c. 12.

Il en est, à cet égard, des autres hommes comme de moi-même. Les bergers (saint Augustin l'avait dit avant Fénelon) chantent la liberté sur leurs montagnes; les poëtes la représentent sur leurs théâtres; le peuple la suppose dans ses assemblées; les savants l'enseignent du haut de leurs chaires; les pontifes la prêchent dans l'enceinte de leurs temples, et le genre humain y croit sur toute la face de la terre[1].

Je n'ignore pas ce qu'une critique rigoureuse opposerait aux arguments de saint Augustin en faveur de la liberté de l'homme. Sans parler des grandes objections tirées de la prescience divine et du gouvernement de la Providence, on pourrait lui dire que, lors même que la liberté n'existerait pas et ne serait qu'un rêve de notre orgueil, il y aurait encore lieu de louer ou de blâmer certaines âmes pour la beauté ou la laideur de leurs actions, comme on loue ou on blâme certains corps pour la beauté ou la laideur de leurs traits, bien que la volonté n'ait certainement rien à y voir. On pourrait soutenir, en outre, que les conseils et les reproches, qui fournissent à l'homme des motifs d'agir ou de ne pas agir, ne seraient pas moins raisonnables dans le système de la nécessité que dans celui de la liberté. On pourrait dire la même chose des récompenses et des peines, et ajouter que rien n'empêcherait de leur reconnaître une vertu perfectionnante et curative, à défaut d'une vertu rémunératrice et expiatoire. Quant aux volontés que chacun de nous constate en

---

[1] *De lib. arb.*, l. III, c. 4 ; *Conf.*, l. VII, c. 3.

lui-même, on pourrait prétendre que ce ne sont que des désirs : désir de vivre, désir d'être heureux, désir de savoir, et que ces désirs dépendent si peu de nous que nous ne sommes pas plus libres de les détruire que nous ne serions libres de nous les donner si nous ne les avions pas.

Si Augustin n'a pas eu le mérite de prévoir et de discuter ces objections, il a eu celui de développer, à peu près aussi bien qu'on le ferait de nos jours, les deux preuves principales de la liberté humaine : celle qui se fonde sur le sentiment intérieur que nous avons, tous, tant que nous sommes, de notre liberté, pour affirmer son existence; et celle qui part des conséquences absurdes qu'entraînerait la négation de notre liberté, pour conclure à l'absurdité de cette négation même, en un mot, la preuve directe et la preuve indirecte. De plus, il a établi entre la contrainte et la nécessité une distinction qui a longtemps régné dans les écoles, et dont les philosophes de notre temps ne tiennent peut-être pas assez de compte. La manière dont il oppose successivement la volonté à l'un et à l'autre de ces faits est très-propre à faire connaître le caractère véritable de cette faculté et à éclairer cette partie mystérieuse de notre nature morale.

II.

Parmi les objections élevées de tout temps contre le libre arbitre, une des plus graves est celle qui se fonde sur l'impossibilité de le concilier avec la prescience divine. Saint Augustin la formule et la discute à peu près de la manière suivante :

Il y a de la contradiction à prétendre que Dieu prévoit tous les futurs et que nos actes futurs sont volontaires. En effet, si Dieu prévoit que je pécherai, il est nécessaire que je pèche; s'il est nécessaire que je pèche, mon péché n'est pas volontaire. Donc, ou les futurs ne sont pas tous prévus, et alors la prescience divine est en défaut; ou ils sont tous nécessaires, et alors il n'y a plus de volonté libre.

Augustin remarque ingénieusement que cette objection, si elle était valable, n'irait pas seulement à détruire la liberté de l'homme, mais encore celle de Dieu même. Dieu, en effet, n'a pas seulement prévu ce que je ferai, mais encore ce qu'il fera. Si donc la prescience marque du caractère de la nécessité les actes auxquels elle s'applique, cela sera vrai des actes de Dieu comme des miens : ils seront nécessaires et dénués de toute liberté [1].

C'est là sans doute un raisonnement vigoureux, et qui prouve très-bien le libre arbitre par l'absurde; mais je doute qu'il ait arrêté beaucoup de philosophes sur la voie du fatalisme. Ceux qui nient la liberté dans l'homme sont peu disposés à l'admettre dans Dieu, quand ils admettent un Dieu.

Voici un autre argument que Leibniz trouve un peu identique (ce sont ses propres paroles), mais qui nous paraît néanmoins digne de considération.

_____

[1] *De lib. arb.*, l. III, c. 3.

Une chose est libre quand elle est en notre pouvoir ; elle est en notre pouvoir quand nous n'avons qu'à vouloir pour qu'elle arrive. Or je n'ai qu'à vouloir pour qu'une volonté ait lieu ; donc mes volontés dépendent de moi et sont entièrement en ma puissance. Ce n'est pas par ma volonté que je vieillis, par ma volonté que je meurs ; mais c'est par ma volonté que je veux : il faudrait être insensé pour dire le contraire. Dieu a beau prévoir mes volontés futures, il ne s'ensuit pas que ce ne soit pas par ma volonté que je les veux. Dieu prévoit que je serai heureux ; heureux comment ? Volontairement ou malgré moi ? Volontairement ; car il est dans ma nature de vouloir le bonheur. De même, quand il prévoit en moi une volonté coupable, il ne lui ôte point par sa prévision son caractère de volonté.

Dieu, dit-on (c'est le troisième argument de saint Augustin et ce n'est pas le moins subtil), Dieu a prévu ce que je voudrai. Mais si la prescience détruit la volonté, cette proposition contient une contradiction dans les termes. Il n'a pas prévu ce que je voudrai, si je ne puis rien vouloir et si tout est nécessaire. Ma volonté supprimée, sa prescience est sans objet. Ainsi, loin de compromettre la volonté, la prescience la garantit et l'assure. Dès que Dieu l'a prévue, elle ne peut pas ne pas être.

Une quatrième preuve, non moins ingénieuse que les précédentes, qui s'est longtemps maintenue dans l'enseignement et que Leibniz n'a pas dédaigné de reproduire, a été développée par Augustin à peu près en ces termes.

Si la prescience divine paraît contraire au libre arbitre, évidemment ce n'est pas en tant que prescience de Dieu, mais en tant que prescience pure et simple. Or toi-même, tu ne nécessiterais pas un péché en le prévoyant, bien qu'il dût infailliblement se commettre afin que tu pusses le prévoir. Il n'y a donc pas de contradiction entre la prescience d'un acte volontaire et le caractère volontaire de cet acte. Pourquoi donc y en aurait-il entre la prescience de Dieu et un acte volontaire quelconque? Pourquoi donc sa justice ne pourrait-elle pas punir puisque sa prescience ne contraint pas? Que dis-je? Il en est de la prescience de Dieu comme de ta mémoire. De même que ta mémoire ne fait pas être ce qui n'est plus, la prescience de Dieu ne fait pas être ce qui n'est pas encore[1].

Non content de réfuter d'une manière générale l'objection tirée de la prescience divine, Augustin la considère telle qu'elle a été exposée par Cicéron en particulier, et la discute avec autant d'élévation que de vigueur. Cicéron paraît avoir un des premiers soulevé cette question qui devait tant agiter l'avenir. Esprit éminent, éclairé, préoccupé avant tout des grands intérêts sociaux, ainsi qu'Augustin le remarque, il aima mieux sacrifier la prescience de Dieu que le libre arbitre de l'homme[2].

Dieu, suivant l'orateur romain, n'a pu connaître les événements futurs, s'ils n'étaient pas prédéterminés, si

---

[1] *De lib. arb.*, l. III, c. 3, 4.

[2] *Vir magnus et doctus et vitæ humanæ plurimum ac peritissime consulens.*

leurs causes n'étaient pas prédéterminées elles-mêmes et si le destin n'avait pas tout réglé d'avance.

A cela saint Augustin répond : «De ce que la coordination de toutes les causes est déterminée aux yeux de Dieu, il ne s'ensuit pas que rien ne dépende de notre libre volonté. Nos volontés sont elles-mêmes comprises dans cet enchaînement de causes qui est déterminé aux yeux de Dieu et que sa prescience contient; car les volontés humaines sont les causes des actions humaines. Celui qui a prévu toutes les causes n'a pu ignorer celles-là, puisqu'elles lui apparaissent d'avance comme les causes de nos actions[1].»

Peut-on dire que Dieu connaît toutes les causes efficientes, excepté les volontés? Mais en fait de causes efficientes, les volontés une fois retranchées, que reste-t-il? Cicéron distingue les causes efficientes en fortuites, naturelles et volontaires. Mais qu'est-ce que les causes fortuites, sinon des causes cachées, qui ne sont autres que la volonté de Dieu et celles de certains esprits? Qu'est-ce que les causes naturelles, sinon la volonté permanente de l'auteur même de la nature? Qu'est-ce que les causes volontaires, sinon celles des hommes, des anges ou de Dieu, principe de toutes les volontés, à l'exception des volontés mauvaises? Il y a une cause qui fait et qui n'a point été faite: c'est Dieu; des causes qui font et ont été faites : ce sont les hommes et les anges; des causes qui ont été faites plutôt qu'elles ne font, et qui ne méritent point le nom de causes: ce sont

---

[1] *De Civ. Dei*, l. V, c. 9.

les causes corporelles. Dire que Dieu ne connaît point
les causes volontaires, c'est dire qu'il ne connaît rien,
puisque c'est d'elles que découle l'ensemble des choses;
c'est le mutiler, c'est l'anéantir. Donc Dieu prévoit les
faits volontaires comme tous les autres[1].

Du reste, quand saint Augustin parle de prévision,
c'est pour s'accommoder à l'infirmité du langage humain. Il sait parfaitement que Dieu voit, mais ne prévoit pas, et nul métaphysicien n'a décrit avec plus
d'exactitude et de grandeur ce sublime côté de la nature divine.

La prescience est, dit-il, un attribut qui ne saurait
convenir à l'Être suprême, et dont la notion est surpassée de beaucoup par la notion ineffable de la divinité. Dire que Dieu possède la prescience, c'est dire
qu'il connaît d'une manière fragmentaire et successive, et non d'un seul et immobile regard; c'est dire
qu'il connaît les choses en tant que passées, que présentes et que futures, au lieu de les connaître dans un
présent continuel et indivisible; c'est le faire déchoir
des hauteurs de l'éternité et le précipiter dans le temps.
Mais il est au-dessus de tous les temps, et rien n'est futur à ses yeux. Supposons que sa connaissance des
choses soit de la prescience et non de la science, qu'est-
ce qui s'ensuivra? C'est qu'après avoir connu les choses
comme futures, quand elles n'étaient pas encore arri-
vées, il les connaîtra comme présentes au moment où
elles arriveront. Donc la connaissance divine ne sera ni

---

[1] *De Civ. Dei*, l. V, c. 9, 10.

immuable, puisqu'elle cessera d'être ce qu'elle était, ni parfaite, puisqu'elle recevra chaque jour quelque nouvel accroissement[1].

Saint Augustin clôt cette discussion par de remarquables paroles qui semblent contenir en germe le célèbre morceau où Bossuet recommande de ne sacrifier ni la prescience ni la liberté, lors même qu'on ne verrait pas les vérités intermédiaires qui servent à les unir, mais de s'attacher fortement aux deux bouts de la chaîne.

« C'est pourquoi, dit Augustin, nous ne sommes nullement forcés ou de supprimer le libre arbitre en conservant la prescience de Dieu, ou de nier (ce qui serait un sacrilége) la prescience divine en conservant le libre arbitre. Nous embrassons également ces deux dogmes; nous les confessons l'un et l'autre avec la même foi et la même vérité; celui-là, pour bien croire; celui-ci, pour bien vivre[2]. »

Sans doute, ces arguments de saint Augustin ne seront pas goûtés de tout le monde, et peu de personnes partageront la confiance superbe que quelques-uns d'entre eux inspiraient à Leibniz, confiance qui lui faisait souhaiter qu'il fût aussi facile de délivrer le corps de la fièvre que l'esprit des difficultés où le jette le dogme de la prescience divine. Cependant il faut convenir que cette manière serrée et pressante de mener une discussion est plus conforme au véritable esprit

---

[1] *De div. quæst. ad Simpl.*, l. II, qu. 2.
[2] *De Civ. Dei*, l. V, c. 10.

philosophique que l'appel, par trop commode, au sens intime et au sens commun, par le moyen duquel on essaie aujourd'hui de résoudre cette question comme beaucoup d'autres. Qu'après avoir fait usage de toutes les armes du raisonnement pour forcer dans ses derniers retranchements un fatalisme redoutable, on invoque, comme une suprême ressource, l'autorité de la conscience et le témoignage du genre humain, rien de mieux ; mais commencer et finir par là, et renoncer à argumenter contre des adversaires qui argumentent, c'est livrer la place à l'ennemi et se déclarer vaincu devant la science et la logique. Parmi les travaux les plus récemment publiés sur l'accord de la liberté de l'homme et de la prescience de Dieu, combien y en a-t-il où saint Augustin soit dépassé, où l'on ajoute quelque argument considérable à ceux qu'il a fait valoir, où l'on fasse, en un mot, faire un pas à la question ? Quelques auteurs se bornent à reproduire les arguments d'Augustin et de ses sectateurs ; d'autres, comme M. Jouffroy et M. Jules Simon[1], ne les reproduisent pas, à la vérité, mais en présentent de plus faibles et semblent disposés à trancher le nœud plutôt qu'à le dénouer. L'un propose de sacrifier la prescience à la liberté, dans le cas où leur conciliation paraîtrait impossible ; l'autre, pour éluder la difficulté, s'appuie sur l'incompréhensibilité de la nature divine, sans songer que la difficulté ne vient pas tant, comme Bayle l'a très-bien remarqué, des lu-

---

[1] Jouffroy, *Cours de droit naturel*, 5e leçon. — J. Simon, *Le devoir*, 1re partie, ch. 2.

mières qui nous manquent que des lumières que nous avons.

III.

Voyons maintenant quelle est, d'après saint Augustin, l'essence de la liberté. Il semble qu'à ses yeux, la liberté n'est pas une chose et la volonté une autre, mais qu'elles se confondent de tout point, et qu'on ne peut rien affirmer de la première qu'on ne puisse également affirmer de la seconde. C'est, sans doute, sinon à saint Augustin lui-même, du moins à ceux qui l'ont suivi, que Bossuet fait allusion dans son *Traité du libre arbitre*, quand il parle de ceux qui identifient le libre et le volontaire[1]. Cette identification ne paraît pas moins nettement formulée dans le maître que dans les disciples.

« Notre volonté, dit Augustin, ne serait pas volonté si elle n'était pas en notre puissance. Or, comme elle est en notre puissance, elle est libre. » Et ailleurs : « Ou la volonté n'est pas, ou elle est libre[2]. »

Aristote et Leibniz font consister la liberté dans l'exemption de toute contrainte ou spontanéité, dans l'exemption de toute nécessité et dans l'intelligence de l'acte à faire. Saint Augustin n'a nulle part déterminé d'une manière aussi complète les conditions de la liberté. Sans nier la troisième de ces conditions, c'est

---

[1] Bossuet, *Traité du libre arbitre*, ch. 5.

[2] *Voluntas igitur nostra nec voluntas esset, nisi esset in nostra potestate. Porro, quia est in potestate, libera est nobis.* (*De lib. arb.*, l. III, c. 3.)

sur la première et la seconde qu'il insiste de préférence.

La première condition de la volonté libre est la spontanéité. Or la spontanéité réside dans le pouvoir de se mouvoir soi-même et de n'être point mu par un autre. L'âme a en elle le principe de son mouvement, puisqu'elle veut et que personne ne veut pour elle: son mouvement est spontané. Ce mouvement ne s'opère pas d'un lieu à un autre comme celui d'un corps: il est purement spirituel. Sans avoir un mouvement local, c'est pourtant (chose singulière) d'un mouvement local qu'elle meut son corps. C'est ainsi qu'un ressort, ajoute ingénieusement saint Augustin, sans quitter l'étroite place qu'il occupe, meut un autre corps dans un espace très-grand[1].

La spontanéité n'appartient pas seulement à l'homme, à Dieu, à l'ange, mais à l'animal lui-même. Les tendances qui le poussent à agir, pour rechercher son bien et éviter son mal, sont, en effet, des espèces de volontés, si toutefois on peut appeler ainsi des mouvements qui ne sont point éclairés et dirigés par la raison.

C'est en se plaçant à ce point de vue que saint Augustin a donné de la volonté une définition qui a le tort de ne pas s'appliquer à la volonté seule et de ne pas tenir compte de tous les éléments qui la constituent. «La volonté, dit-il, est un mouvement de l'âme exempt de toute contrainte, qui nous porte à ne point perdre ou à acquérir quelque bien[2].»

---

[1] *De div. qu.* 83, *qu.* 8.

[2] *Voluntas est animi motus, cogente nullo, ad aliquid vel non amittendum, vel adipiscendum. (Contr. Manich. de du. an.,* c. 10.)

Il peut arriver que la contrainte, au lieu d'anéantir la liberté, se borne à l'amoindrir. De là la distinction de la volonté imparfaite et de la volonté parfaite que saint Augustin admet après Aristote et que tous les philosophes du moyen âge, ainsi que Leibniz, admettront après saint Augustin. Il y a des choses, dit saint Augustin, que nous faisons malgré nous et que nous faisons néanmoins volontairement : malgré nous, car nous voudrions bien ne pas les faire ; volontairement, car nous nous décidons à les faire pour éviter un plus grand mal. Si nous trouvons plus de mal dans l'action qu'on nous impose que dans le châtiment dont on nous menace ou qu'on nous inflige, nous résistons à la contrainte et nous refusons d'agir. Si nous en trouvons un peu moins, nous agissons, mais à contre-cœur, et notre acte, bien qu'il soit libre en une certaine mesure, n'est pas accompli dans une pleine et entière liberté [1].

Je puis me tromper ; mais il me semble que cette manière d'envisager la volonté, en tenant compte de ses nuances et de ses dégradations, est plus conforme à l'expérience journalière et aussi à la pratique constante des tribunaux que l'opinion qui place la volonté dans un point indivisible en dehors duquel la volonté n'est pas.

A considérer seulement les développements qui précèdent et la définition de la volonté que nous avons citée plus haut, on serait porté à croire que saint Augustin, tout en affranchissant la volonté de la contrainte, la laisse entièrement soumise à la nécessité. Cherchons

---

[1] *De spir. et litt.*, c. 34.

quelle a été sur ce point sa véritable doctrine. Voici à
peu près comment il s'exprime dans un passage char-
mant de son *Traité de la trinité :*

Notre communauté de nature fait, dit-il, qu'il y a
entre nous une certaine communauté de vouloir, et que
chaque individu connaît sur certains points les volontés de l'espèce, tandis que sur d'autres il ignore celles
qu'un seul individu peut avoir. Un comédien ayant un
jour congédié son public en disant : — « Demain je vous
dirai, à tous, ce que vous voulez, » — et une grande
affluence s'étant pressée le jour suivant au spectacle,
curieuse de voir s'il devinerait juste : — « Vous voulez,
leur dit-il, acheter à bon marché et vendre cher. » — A
cette saillie, tous les spectateurs se mirent à applaudir.
Le comédien leur avait montré le miroir et chacun d'eux
s'y était reconnu. Ennius avait dit de même, sans crainte
de se tromper beaucoup, que tous les hommes veulent
être loués. — Cependant ces deux propositions ne sont
pas absolument certaines, remarque saint Augustin, et
il ne serait pas impossible de trouver des exceptions qui
en restreignissent la généralité. Mais une vérité incontestable et dont l'universalité ne saurait être révoquée
en doute, c'est que tous les hommes veulent être heureux. C'est là en quelque sorte le fond de notre volonté
et son essence même que l'on retrouve sous les formes
les plus variées et sous les accidents les plus divers. Le
Bien est le but suprême de tous nos vouloirs, la fin principale à laquelle tous les biens spéciaux sont comme
subordonnés[1].

_____

[1] *De Trin.*, l. III, c. 3.

La plupart des auteurs qui distinguent la volonté de la liberté font consister la première dans la tendance vers le bien en général, et la seconde dans le choix de tel ou tel bien particulier. Augustin, qui identifie la volonté et la liberté, regarde naturellement comme libre, quoique nécessaire en un certain sens, la tendance vers le bien général lui-même.

On pouvait lui objecter qu'une tendance nécessaire ne saurait être ni volontaire ni libre. A cela Augustin répond. «Il est absurde de dire que la volonté d'être heureux ne dépend pas de notre volonté, parce que nous ne pouvons pas ne pas l'avoir par je ne sais quelle heureuse nécessité de notre nature. Oserions-nous dire que Dieu n'est pas juste volontairement, mais nécessairement, parce qu'il ne peut vouloir le mal[1]?»

Leibniz, qui cite ce passage, l'approuve fort et s'en sert pour établir qu'outre la nécessité métaphysique, qui est incompatible avec la liberté, il y a une sorte de nécessité morale qui s'accorde parfaitement avec elle. «Ce qui porte, dit-il, la volonté au bien infailliblement ou certainement ne l'empêche point d'être libre[2].»

La troisième condition de la volonté, qui est l'intelligence, n'est qu'indiquée dans les écrits de saint Augustin, mais elle l'est de la manière la plus formelle. Il hésite, nous l'avons vu plus haut, à donner le nom de *volontés* aux appétits des animaux, pour une seule

---

[1] *De nat. et grat. cont. Pelag.*, c. 46, 47.
[2] *Théodicée*, l. III, § 287.

raison, parce qu'ils sont dépourvus d'intelligence[1]. Ailleurs il s'exprime en termes encore plus catégoriques:
« Celui qui pèche à son insu, dit-il, pèche involontairement, bien qu'il ait agi volontairement[2]. » L'acte a
été voulu, non le péché, parce qu'on ignorait que l'acte
fût un péché. C'est un péché cependant, car c'est une
violation du devoir; c'est, comme diraient les modernes,
un mal, mais non un mal moral, puisqu'il n'a pas été
accompli sciemment et volontairement. Pourquoi nos
premiers pères furent-ils répréhensibles en mangeant
du fruit défendu? Parce qu'ils agirent volontairement,
et ils agirent volontairement parce qu'ils contrevinrent
sciemment au précepte qu'ils avaient reçu. L'intelligence est tellement un élément essentiel de l'acte volontaire que, dès qu'elle nous fait défaut et que nous sommes
plongés dans une ignorance ou une erreur invincibles,
nous cessons d'être responsables de notre conduite[3].

On lit vers la fin du *Traité du libre arbitre* un passage fort caractéristique sur l'intervention de l'intelligence dans les phénomènes volontaires. En voici à peu
près le sens : pour que la volonté agisse, il faut qu'elle
soit attirée par quelque représentation. Elle peut sans
doute céder à l'attrait de l'une, résister à celui de l'autre;

---

[1] *De Civ. Dei*, l. V, c. 9.

[2] *Qui nesciens peccavit, non incongruenter nolens peccasse dici
potest : quamvis et ipse quod nesciens fecit, volens tamen fecit.*
(*Retr.*, l. I, c. 15.)

[3] *Non tibi deputatur ad culpam, quod invitus ignoras.... An
tanta fallacia est, ut caveri omnino non possit? Si ita est, nulla
peccata sunt : quis enim peccat in eo quod nullo modo caveri potest?*
(*De lib. arb.*, l. III, c. 18, 19.)

mais il ne dépend point d'elle d'être frappée par l'une plutôt que par l'autre. — Il est impossible de mieux marquer que ne le fait ici saint Augustin la part de l'intelligence dans la liberté, et aussi celle de la fatalité dans l'intelligence et, par suite, dans la liberté elle-même. Nous sommes bien libres de choisir entre les motifs présents à notre esprit; mais il ne dépend pas toujours de nous d'évoquer et de faire apparaître ceux que nous voulons. C'est souvent l'effet des circonstances.

Supposons, ajoute-t-il, que l'âme n'ait aucune idée de l'objet vers lequel elle doit se porter, et que ni les sens ni la réflexion ne lui fournissent à cet égard aucune lumière, elle demeurera immobile. Suivant qu'elle prend, parmi les représentations qu'elle se forme, les inférieures ou les supérieures pour terme de son action, elle s'achemine vers le malheur ou vers la béatitude[1].

Saint Augustin ne se borne pas à déterminer à sa manière la nature de la liberté: il examine encore les idées que d'autres auteurs, et en particulier les Pélagiens, ont émises sur ce sujet. C'est en discutant contre eux, qu'il arrive à voir clair dans sa propre intelligence, et à préciser nettement ses propres doctrines. Nous ne toucherons qu'à un ou deux points de cette polémique célèbre, où la théologie tient plus de place que la philosophie.

Un ardent disciple de Pélage, Julien, contre lequel Augustin a écrit plusieurs ouvrages considérables, de-

---

[1] *De lib. arb.*, l. III, c. 25.

.F.

mandait ironiquement à ce dernier avec quels poëtes et
dans quelle Hippocrène il s'était enivré, pour se représenter le libre arbitre comme un monstre ayant pour
corps la nécessité et se couvrant seulement le visage du
nom de liberté[1]. Selon Julien, le libre arbitre ne se tait
que le pouvoir de pécher ou de ne pas pécher, c'est-à-
dire la faculté de choisir entre le bien et le mal[2].

Cette notion superficielle du libre arbitre n'est pas
exclusivement propre au pélagianisme, et n'a pas péri
avec lui. On la retrouve dans un grand nombre d'ouvrages modernes et en particulier dans l'*Émile*. Rousseau semble admettre, dans un morceau souvent admiré, que Dieu ne pouvait pas, en créant l'homme, le
mettre dans l'impossibilité de faillir, sans le diminuer,
et sans le ravaler jusqu'à l'animal. « Quoi! s'écrie-t-il
d'un ton un peu déclamatoire, pour empêcher l'homme
d'être méchant, fallait-il le borner à l'instinct et le
faire bête[3]? » Non; mais Dieu pouvait le borner à la
raison et le faire ange; il pouvait l'éclairer plus qu'il
n'a fait, et lui inspirer pour le bien moral le même
amour qu'il a actuellement pour le bonheur. Il aurait
été alors libre et impeccable à la fois, comme les élus
le sont, suivant les croyances de l'Église, comme le
sage devait l'être, d'après la doctrine stoïcienne : « Non,
Dieu de mon âme, ajoute Rousseau, je ne te reproche-
rai jamais de l'avoir faite à ton image, afin que je pusse

---

[1] *Op. imp. contr. Jul.*, l. III, c. 147.

[2] *Liberum arbitrium non est aliud quam possibilitas peccandi et
non peccandi.* (*Id.*, l. VI, c. 10.)

[3] *Emile*, l. IV.

être libre et heureux comme toi. » Très-bien ; mais vous pourriez lui reprocher de n'avoir pas tracé de lui-même en vous une image plus ressemblante, et de ne pas vous avoir rendu ainsi plus libre, meilleur et plus heureux, comme vous souhaitez de l'être.

La réponse que nous faisons à Rousseau est, à peu de chose près, celle que saint Augustin adresse à Julien. « Définir le libre arbitre, dit-il, le pouvoir de pécher ou de ne pas pécher, c'est ôter le libre arbitre à Dieu, qui ne peut pécher ; c'est le ravir aux saints, qui ne pourront pécher dans le ciel[1]. » — « Tu prétends que l'homme, dit ailleurs Augustin, est libre de pécher ou de ne pas pécher, et qu'il est en cela l'image de Dieu, comme si la liberté de pécher faisait partie de l'essence divine[2]! » — « Si la liberté suppose le double pouvoir de vouloir le bien et le mal, Dieu n'est pas libre ; car il ne peut vouloir le mal. Tu en conviens toi-même, et tu as eu raison de dire : — Dieu ne peut être que juste. — Crois-tu donc louer Dieu en lui enlevant la liberté ? ou plutôt ne dois-tu pas comprendre qu'il y a une heureuse nécessité qui empêche Dieu d'être injuste[3] ? » — Nous retrouvons ici cette nécessité morale ou de convenance, qui est une des croyances d'Augustin comme de Leibniz.

Pourquoi donc l'homme n'a-t-il pas été créé avec un libre arbitre plus parfait et placé dans des conditions meilleures? C'est qu'il fallait (ici encore saint Augustin

[1] *Op. imp. contr. Jul.*, l. VI, c. 10.
[2] *Op. imp. contr. Jul.*, l. V, c. 38.
[3] *Op. imp. contr. Jul.*, l. I, c. 100.

devance le philosophe de Hanovre), c'est qu'il fallait qu'il y eût dans le monde des êtres de toute sorte, et qu'il n'y eût pas de solution de continuité dans la vaste chaîne de la création[1]. Entre les êtres inférieurs qui ne peuvent pas pécher, parce qu'ils ne sont ni intelligents ni libres, et les êtres supérieurs qui ne peuvent pas pécher, parce qu'ils possèdent l'intelligence et la liberté à un degré éminent, il devait y avoir des êtres qui eussent assez d'intelligence et de liberté pour pouvoir ne pas pécher, mais qui n'en eussent pas assez pour ne pas pouvoir pécher. La définition des Pélagiens convient à l'un de ces deux genres de liberté, mais non pas à l'autre ; elle se rapporte à une partie de l'objet défini, mais non pas à l'objet défini tout entier : elle est par conséquent vicieuse.

Loin de s'appliquer à toute espèce de liberté, la définition pélagienne ne s'applique même pas à la liberté dont l'homme jouit actuellement, car il est bien clair, suivant Augustin, qu'il est plus enclin au mal qu'au bien ; qu'il fait le premier, seul, sans effort, en s'abandonnant à sa pente naturelle, tandis qu'il ne peut faire le second qu'avec peine, et en s'appuyant sur la grâce divine pour résister à la concupiscence qui l'entraîne. Cet égal pouvoir de se porter vers le bien ou vers le mal, dont parle Julien, a été sans doute le partage du premier homme récemment sorti des mains de Dieu, et vivant dans l'innocence du paradis terrestre. Mais son péché l'a fait déchoir, lui et sa postérité, de cet

---

[1] *De lib. arb.*, l. III, c. 9 ; *De Ord.*, l. I, c. 7.

état supérieur, et l'a rendu esclave de ses tendances mauvaises. Il n'a d'autre plaisir, d'autre désir, d'autre volonté que de les satisfaire. Ne faisant volontiers que le mal, il n'est libre que pour le mal. C'est un esclave qui ne redevient libre qu'autant que la grâce lui inspire l'amour du bien et lui fait trouver du plaisir à le pratiquer. Ce n'est pas le libre arbitre, c'est le serf arbitre qui semble être le fond de sa volonté[1].

Nous sommes aussi libres, disait Julien, de ne pas commettre un crime que de le commettre, d'obéir aux commandements de Dieu qu'aux suggestions du diable. Augustin convient que nous possédions cette liberté dans le paradis; mais il soutient que la déchéance originelle nous l'a fait perdre. Dieu nous l'avait donnée; le diable l'a viciée; le Sauveur seul peut la rétablir[2].

Il n'y a, en effet, que la grâce divine qui donne à l'âme la liberté de faire le bien et d'éviter le mal. Ce n'est pas que la grâce entraîne l'âme de vive force, comme une esclave, vers le bien; mais elle l'y incline par la libre délectation de l'amour. Loin d'amoindrir et d'asservir le libre arbitre, elle l'augmente et le délivre de l'esclavage du péché. En opposant un contrepoids à celui de la concupiscence, elle produit en nous une demi-liberté, celle qui consiste à pouvoir ne pas pécher, en attendant que, la concupiscence étant anéantie, l'âme jouisse d'une liberté entière et ne puisse pas pécher, semblable en cela à son divin au-

---

[1] *Enchir.*, c. 30; *Contr. Jul.*, l. II, c. 8.
[2] *Op. imp. contr. Jul.*, l. III, c. 110.

teur[1]. Seulement cette heureuse liberté dont Dieu jouit et qu'il a par lui-même, nous ne la possèderons que par grâce et ne l'aurons que par voie de participation.

Tous les actes de l'âme s'expliquent par deux mouvements, dont l'un la porte vers l'être qui l'a créée; l'autre vers le non-être d'où elle est sortie. Ces deux mouvements ont, à leur tour, le même principe; car si l'être attire, le néant, qui n'est rien, ne saurait attirer. Aussi le premier mouvement, dans lequel consiste le bien, a-t-il seul une cause *efficiente* et positive; le second, qui n'est autre que le mal, n'a qu'une cause négative et en quelque sorte *déficiente*.

L'Être suprême est comme un foyer de lumière et de chaleur, de raison et de vie. En s'approchant de lui, l'âme s'éclaire et s'échauffe; en s'éloignant de lui, elle s'obscurcit et se glace. Celui qui lui a donné l'être peut seul lui donner la perfection de l'être [2].

Il est curieux de voir comment cette doctrine de saint Augustin a été appréciée par le grand Leibniz, qui en parle souvent et qui paraît s'en être pénétré.

Après avoir signalé quelques points qui lui paraissent obscurs et même rebutants, suivant ses expressions, il déclare qu'on pourrait s'accommoder du système.

« L'homme tombé et non régénéré, dit-il, est sous

---

[1] *Contr. Jul.*, l. III, c. 114; *Op. imp. contr. Jul.*, l. VI, c. 19. Pouvoir ne pas pécher est ce que saint Augustin nomme : *libertas minor*; ne pas pouvoir pécher est ce qu'il appelle : *libertas major*.

[2] *De Civ. Dei*, l. XII, c. 7; *Enarr. in Psal.*, c. 70.

la domination du péché et de Satan, parce qu'il s'y
plaît; il est esclave volontaire par sa mauvaise concupiscence. C'est ainsi que le franc arbitre et le serf arbitre sont une même chose [1]. »

« ... L'homme s'est livré au démon de la convoitise ;
le plaisir qu'il trouve au mal est l'hameçon auquel il
se laisse prendre. Platon l'a déjà dit, et Cicéron le ré-
pète : *Plato voluptatem dicebat escam malorum.* La
grâce y oppose un plaisir plus grand, comme saint
Augustin l'a remarqué [2].

« ... Il (Augustin) porte que de la substance de Dieu
il ne peut sortir qu'un Dieu, et qu'ainsi la créature est
tirée du néant. C'est ce qui la rend imparfaite, défec-
tueuse et corruptible. Le mal ne vient pas de la nature, mais de la mauvaise volonté... Le libre arbitre ne
saurait accomplir les commandements de Dieu sans le
secours de la grâce... La volonté est proportionnée au
sentiment que nous avons du bien et en suit la préva-
lence : «*Si utrumque tantumdem diligimus, nihil horum dabimus. Item, quod amplius nos delectat, secun-
dum id operemur necesse est* etc. etc. [3]. »

Touchant cette dernière question, qui est celle de
l'influence des motifs sur la volonté, Augustin et Leibniz sont en général parfaitement d'accord. L'un et l'autre proscrivent la liberté d'indifférence ou d'équilibre
que les Pélagiens admettaient et que beaucoup d'autres modernes ont admise après eux, et regardent les

[1] Leibniz, *Théodicée*, 3ᵉ partie, § 277.
[2] *Id.*, 278.
[3] *Id.*, 284, 287.

motifs comme ayant une vertu, non pas nécessitante, mais déterminante. Ainsi, suivant eux, Dieu ne peut pas faire le mal. Il en est empêché, non par une nécessité métaphysique, mais par une nécessité morale et de convenance, qui lui fait regarder le bien comme seul digne de sa nature. Pour être sage, la volonté ne cesse pas d'être libre. L'un et l'autre soutiennent aussi que la volonté humaine ne possède pas un égal pouvoir de faire le bien et le mal, mais que ce pouvoir varie indéfiniment, suivant que la concupiscence ou l'amour de Dieu prédomine en chacun de nous. Quand ce dernier sentiment est porté à un certain degré, l'homme, sans perdre sa liberté, est néanmoins nécessité moralement à faire le bien.

Mais à côté des ressemblances que nous venons de signaler entre ces deux doctrines, se trouvent des différences assez considérables. Augustin regarde la nature humaine comme tellement dégradée qu'elle n'est capable, réduite à elle seule, d'aucune action morale. Suivant lui, les vertus des païens n'étaient que des péchés éclatants, *splendida peccata*. Leibniz a une meilleure opinion de l'homme, et ce mot de saint Augustin lui paraît *une saillie peu raisonnable*. Tout en rejetant la doctrine de la liberté d'indifférence, Augustin y incline quelquefois; Leibniz, jamais. Voilà deux hommes, dit Augustin, qui voient une belle personne. Ils sont disposés au moral et au physique exactement de la même manière. D'où vient que l'un s'abandonne à ses désirs impudiques et que l'autre y résiste[1]? Leib-

---

[1] *De Civ. Dei*, l. XII, c. 6.

niz répondrait que le fait n'est pas possible : qu'ils ne
peuvent pas agir différemment, parce que la différence
de leur manière d'agir n'aurait pas de raison suffisante. Quant à Augustin, il répond que la conduite du
premier s'explique par sa volonté, qui le porte par une
pente naturelle vers le néant d'où nous sommes tirés.
Mais Leibniz répliquerait sans doute que cette pente
étant la même dans l'un que dans l'autre, il n'y a aucune raison pour que l'un agisse autrement que l'autre.

Je relèverai encore entre Augustin et Leibniz un
autre trait de dissemblance qui mérite d'être remarqué.
Augustin sépare d'une manière assez tranchée la connaissance du bien et l'amour du bien. Il faut une grâce
particulière pour posséder l'une et une grâce nouvelle
pour avoir l'autre. Il prendrait volontiers pour devise
le mot du poëte : *Video meliora proboque, deteriora
sequor.* Leibniz, au contraire, fidèle aux traditions de
la philosophie grecque, qui faisait de la sagesse le principe générateur des autres vertus, qui prétendait que
le bien, s'il était plus clairement connu, inspirerait
d'invincibles amours, Leibniz n'admet pas cette scis-
sion de notre nature intellectuelle et de notre nature
morale. Il croit, avec Platon, qu'il suffit de voir nettement le bien pour le faire et juge avec lui que les mé-
chants ne sont que des ignorants[1].

Puisque j'ai commencé à relever les analogies que
les idées d'Augustin offrent avec celle des philosophes
modernes, il me sera bien permis d'ajouter que ce

[1] Voir sur ce sujet le travail de M. Maurial que nous avons mentionné plus haut.

principe, également admis par Bossuet et par Fénelon, que Dieu ne nous a pas donné seulement la faculté
de vouloir, mais qu'il produit, en un certain sens,
chacune de nos volitions et de nos actions, est tiré des
ouvrages d'Augustin sur la liberté où il revient à toutes
les pages, et qu'il fait partie intégrante de sa doctrine.

Suivant Pélage, l'homme a reçu de Dieu la faculté
de vouloir. Il ne dépend pas de lui de l'avoir ou de ne
pas l'avoir; mais l'acte de cette faculté dépend de lui.
Augustin n'admet pas cette opinion qui rapporte à Dieu
le moins parfait, la simple possibilité, et à l'homme le
plus parfait, l'actualité [1].

Quand Bossuet et Fénelon ajoutent que Dieu ne
nous a pas seulement donné la volonté, mais encore la
bonne volonté [2], ils émettent une opinion essentiellement augustinienne. Le philosophe de Tagaste soutient, en effet, qu'il n'est pas admissible que l'homme
se donne la bonne volonté, qui est le premier des
biens, et que Dieu ne lui ait donné que la simple volonté, qui est un bien secondaire. L'homme serait
ainsi plus puissant que Dieu [3]. «Ils se confient en leur
vertu, s'écrie-t-il en parlant des Pélagiens, et disent en
quelque sorte à leur auteur : — C'est toi qui nous fis
hommes; c'est nous qui nous sommes faits justes [4]. »
Ainsi, d'après saint Augustin, Dieu produit dans

---

[1] *De nat. et grat. contr. Pel.*, c. 46, 47.

[2] Bossuet, *Traité du libre arbitre*, ch. 3; Fénelon, *Traité de l'existence de Dieu*, 1re partie, ch. II.

[3] *De lib. arb.*, l. II, c. 18, 19, 20.

[4] *Ep.*, CLXXVII.

l'homme, non-seulement le pouvoir, mais encore le vouloir et l'être. Tous les actes humains, dans leur cause, dans leur nature, dans leurs effets, s'expliquent par l'activité infinie du Créateur, raison dernière de tout ce qu'il y a dans les créatures [1].

IV.

On ne s'attend pas à nous voir ajouter, à la fin de ce chapitre, aux solutions innombrables qui ont été données à la question du libre arbitre une solution nouvelle. Comment espérer voir clair dans un sujet si obscur? Comment espérer réussir là où une multitude d'esprits éminents ont échoué? Tant que l'on se renferme dans l'étude de la liberté, comme le remarque très-bien M. Saisset [2], et que l'on fait abstraction de tout le reste, la question n'offre pas de difficultés sérieuses, et chacun est tenté de dire : — Je crois à mon libre arbitre, parce que je le sens. — C'est le point de vue des Péla-giens et de la plupart des esprits nets et positifs, mais peut-être un peu étroits et superficiels. Quand on en-visage, au contraire, la liberté dans ses rapports avec les autres parties de la nature humaine, la question se complique, et l'on rencontre un réseau de difficultés d'où l'on a de la peine à sortir [3]. Lorsqu'on la consi-

---

[1] *De grat. Christ.*, c. 4, 5.

[2] *Dict. des sciences philos.*, art. *Liberté.*

[3] C'est un point qui a été admirablement compris et développé par un grand esprit de notre temps. Voir M. Guizot, *Histoire de la civili-sation en France*, t. Ier, p. 180-189, 204-240

dère dans ses rapports avec le monde au milieu duquel elle se déploie, avec Dieu qui l'a produite et qui la règle, les objections se multiplient et prennent un tel caractère de gravité, qu'il n'est pas de génie, fût-ce celui d'Augustin ou de Leibniz, qui puisse dissiper les doutes et calmer l'inquiétude qu'elles font naître dans les âmes. Ceux qui trouvent cette question simple et facile ne prouvent qu'une chose, c'est qu'ils n'y ont jamais mûrement réfléchi : autrement ils y verraient le mystère le plus profond de notre nature, le véritable abîme de la raison humaine.

Aussi, quels débats ardents, interminables, elle a excités parmi les philosophes et les théologiens, et à quelle diversité de systèmes elle a donné lieu ! Les uns, écrasés par l'idée de cet être qui est le principe, le support et la fin de toutes choses, ne voient dans l'homme qu'un mode passager de la substance divine, et dans ses actions que les manifestations variées de la réalité infinie dans laquelle il est comme englouti. D'autres, les regards fixés sur ce monde extérieur qui nous enveloppe de toutes parts et dont les phénomènes s'engendrent les uns les autres par une série d'actions et de réactions sans terme, prétendent que les faits de l'ordre moral sont indissolublement liés à ceux de l'ordre physique, comme les anneaux de la même chaîne, comme les ondulations de la même mer, et que l'homme n'est pas une partie distincte, mais une partie intégrante de l'immense nature dans laquelle il est plongé. Les premiers absorbent l'homme dans Dieu : ils sont pan-théistes. Les seconds l'absorbent dans la nature : ils sont naturalistes. A côté de ces hardis contempteurs de notre humanité, qui ne veulent reconnaître qu'une réalité dans le monde et lui sacrifient toutes les autres, il y a des esprits plus tempérants et plus sages, qui, sans nier la toute-puissance de l'être divin et l'influence des causes extérieures, s'efforcent de sauvegarder la substantialité, la causalité, la volonté de l'homme : ce sont en général des spiritualistes. Les deux premiers systèmes ont pour auxiliaires, au fond de nos âmes, l'invincible besoin de l'unité, et, au dehors, les phéno-mènes de l'univers avec leurs lois inflexibles. Tous deux peuvent invoquer en leur faveur la grande parole de Spinoza : — Il n'y a pas d'empire dans l'empire, — et se moquer, avec quelque apparence de raison, de ceux qui rêvent pour l'homme un petit monde à part où la nécessité ne l'atteint point, pendant qu'elle promène son niveau sur tout le reste, comme s'il y avait deux mondes, l'un pour la liberté, l'autre pour la servitude.

Par contre, le système spiritualiste a pour lui le sen-timent toujours vivant de notre personnalité, de notre liberté, de notre responsabilité et de tous les faits de l'ordre moral. Si je n'admets pas que je suis libre, quand j'ai le sentiment invincible et la claire intuition de ma liberté, que pourrai-je admettre désormais? Que je pense, que je sens? je n'ai pas plus de raison d'ad-mettre ces deux derniers faits que le premier. Tous les trois me sont donnés par la même faculté, le sens in-time, avec le même caractère, l'évidence. Nul choix ne m'est permis entre eux : je dois ou les accepter ou les rejeter les uns et les autres. Il en est de même du fait de ma propre existence : j'affirme que j'existe parce que je le sens ; mais en même temps que je me sens exister, je me sens exister comme cause, comme force et comme force libre. Le fait de ma liberté est enveloppé dans celui de mon existence même. Il faut les accepter ou les rejeter simultanément.

Il est évident pour moi, comme pour tout le monde, qu'il y a des choses que je dois faire, d'autres que je dois éviter ; mais si je dois, je puis, suivant la belle parole de Kant, car à l'impossible nul n'est obligé ; et, si je puis, je suis libre. Si tous les actes de l'homme sont nécessités, pourquoi admirer les gens de bien ; pourquoi s'indigner contre les scélérats ? Je ne m'indigne pas contre un volcan, contre un incendie, contre un fleuve. Si je nie ma liberté, je dois nier le devoir, le mérite et le démérite, et reconnaître que ces idées qui entrent dans tous les jugements que je porte sur mes semblables et qui composent la trame de tous mes entretiens, sont des idées vaines et chimériques. En un mot, la négation de la liberté entraîne celle de tout l'ordre moral. Aussi personne ne la nie sérieusement.

On la nie si peu qu'on en distingue les degrés. Je me sens plus libre dans certains cas, moins dans d'autres, dans l'ivresse, dans la colère et les autres passions, et tout le monde sent à cet égard comme moi. Les tribunaux admettent des circonstances atténuantes en faveur d'un criminel qui a agi sous l'empire d'un sentiment énergique, parce qu'ils savent bien qu'il était moins libre qu'à l'ordinaire. Qu'est-ce que ces degrés que l'on distingue dans la liberté, si la liberté n'est rien ?

Ainsi voilà des faits aussi positifs que ceux de l'ordre physique qu'il faut méconnaître, si l'on méconnaît le fait de la liberté; voilà un ensemble de jugements aussi inhérents à notre nature que ceux des mathématiques elles-mêmes qu'il faudra réformer, si l'on veut réformer notre croyance à la liberté de l'homme.

De ce que la liberté est un fait essentiellement humain, et qu'on n'en retrouve dans le reste du règne animal qu'une pâle ébauche, il ne s'ensuit point qu'elle ne soit pas un fait réel. Il en est de la raison, c'est-à-dire de cette faculté qui nous fait connaître la raison des choses, exactement comme de la liberté : elle n'existe que dans l'homme, et pourtant on ne s'avise guère de prétendre qu'elle n'est pas un attribut de la nature humaine, parce qu'on ne la trouve point ailleurs. Avec cette manière de raisonner, et pour le plaisir de constituer une unité fantastique et artificielle, on arriverait à nier la sensibilité dans l'animal, sous prétexte qu'elle n'est pas dans le minéral et dans la plante, et à confondre tous les êtres dans un seul genre en méconnaissant leurs attributs spécifiques. C'est pourquoi je crois qu'on doit, je ne dis pas au nom de la vie pratique, mais au nom de la science morale, de la vérité morale qui est vérité au même titre que toute autre vérité, rejeter le fatalisme.

Ce n'est pas seulement la question de l'existence de la liberté, mais encore celle de son essence qui donne lieu à des antinomies qui paraissent inconciliables. Parmi les philosophes, les uns font consister la liberté dans le pouvoir de se décider sans motifs; les autres, dans la faculté de choisir, parmi les motifs, les plus conformes à la raison. La première de ces deux opinions a reçu le nom de *doctrine de la liberté d'indifférence*, et était professée par Pélage; la seconde, celui de *déterminisme*, et saint Augustin y inclinait visiblement.

C'est en vain qu'on chercherait un milieu entre ces deux manières de voir et qu'on essaierait de les concilier. On ne réussirait, suivant nous, qu'à ne pas s'entendre soi-même et à se perdre dans un dédale de contradictions. C'est ce qui est arrivé à beaucoup d'auteurs contemporains. La plupart attaquent de très-bonne foi la liberté d'indifférence, sans s'apercevoir que, s'ils la rejettent de nom, ils l'admettent en réalité. Que font-ils, en effet, autre chose quand ils déclarent que ce n'est pas le motif le plus fort qui nous détermine, mais que c'est nous qui, sans raison aucune et uniquement parce que nous le voulons, donnons à tel ou tel motif une force prépondérante?

Nous serions fort empêché si nous avions à nous prononcer entre ces deux systèmes, car ils offrent l'un et l'autre des difficultés extrêmement graves. Sans insister sur celles du déterminisme, qui paraissent avoir plus particulièrement frappé les penseurs de notre temps, nous nous permettrons d'indiquer quelques-unes de celles qui nous frappent dans le système de la liberté d'indifférence. Ce sera montrer ce que la doctrine d'Augustin, qui contredisait ce système, avait de plausible.

Si la liberté consistait à agir sans motifs, notre liberté serait d'autant plus parfaite que nos actes seraient

moins motivés, et elle serait parfaite quand ils ne seraient pas motivés du tout. La pleine liberté consisterait
donc à agir sans raisons, c'est-à-dire capricieusement,
follement, au hasard. Mais c'est là une conséquence
désavouée par le sens intime et le sens commun, qui
nous attestent que notre liberté est d'autant plus grande
qu'elle est accompagnée de plus de réflexion et de dé-
libération. Donc la liberté ne consiste pas à agir sans
motifs.

Être libre, c'est être en état d'agir, non pas sans motifs, mais d'après des motifs rationnels. L'animal cède à
l'impulsion des objets ou de leurs images; l'homme agit
par choix et par raison, c'est-à-dire par la considération de la liaison des choses. L'un n'a que des mobiles;
l'autre a, en outre, des motifs et peut, en s'appuyant
sur ceux-ci, résister à ceux-là. Plus les mobiles diminuent pour faire place aux motifs, plus, en d'autres
termes, la passion baisse et la raison augmente, plus
il se sent libre. Tous les grands moralistes en conviennent, obéir à la passion, c'est la servitude; obéir à
la raison, c'est la liberté.

Il ne faut pas non plus mettre l'essence de la liberté
dans le pouvoir de choisir entre le bien et le mal. Dans
ce cas, Dieu ne serait pas libre, comme le dit très-bien
saint Augustin; car il ne peut pas mal faire. Mais s'il
n'était pas libre, il ne serait pas parfait, il ne serait pas
Dieu, il serait inférieur à l'homme. Donc le pouvoir de
faire le mal n'est pas inhérent à la liberté.

Si on propose à un insensé de danser sur la place
publique, dans le costume le plus singulier, aucun

motif de convenance ni de décence ne le retenant, il y consentira peut-être et fera ce qu'on lui demande. Un homme sage n'aura garde d'agir ainsi et rejettera bien loin une telle proposition. Prétendra-t-on que, dans cette circonstance, l'insensé était libre et que le sage ne l'était pas? Cependant ce dernier ne pouvait pas, étant donnée sa sagesse, choisir de faire une folie; il ne pouvait pas avec sa raison se décider à agir déraisonnablement. Sa conduite était nécessitée, oui; mais de cette nécessité morale, de convenance, qui laisse la liberté entière, et non de cette nécessité métaphysique, absolue, qui fait que le contraire de l'acte est impossible de toute façon.

Dans le système de la liberté d'indifférence (On l'a très-justement fait remarquer)[1], Dieu ne peut agir sur la liberté humaine sans la détruire; car il ne saurait la modifier sûrement ni par les idées ni par les sentiments qu'il lui suggère. Il est, par conséquent, réduit à l'alternative de la laisser agir à son gré ou d'agir à sa place. Il ne peut pas davantage prévoir les actes humains; car il ne prévoit les choses que dans leurs raisons, et ces actes n'en ont pas : ils sont les produits arbitraires d'une force capricieuse et réfractaire à toute espèce de loi.

Enfin, si l'essence de la liberté est d'être indifférente entre tel motif et tel autre, et capable de se porter au mal comme au bien, il doit en être, à cet égard, de la liberté divine comme de la liberté humaine. Mais, si la

---

[1] M. Maurial, *Origenis de libertate arbitrii doctrina*, 1856.

liberté de Dieu n'est pas subordonnée à sa bonté, à sa sagesse et aux autres attributs qui lui fournissent des motifs d'action, qui nous assure qu'il ne punira pas l'homme de bien, qu'il ne récompensera pas le méchant, et qu'il ne fera pas triompher le mal du bien au sein de l'univers? Je m'étonne que la plupart des philosophes contemporains subordonnent la liberté de Dieu à la raison divine, quand ils ne subordonnent pas la liberté de l'homme à la raison humaine, et qu'ils bannissent la liberté d'indifférence du ciel, après l'avoir établie sur la terre.

Le système de la liberté d'indifférence offre un dernier inconvénient qu'on ne remarque pas assez, et qui n'en est pas moins, suivant moi, extrêmement grave. Il rend illégitimes et réduit à néant toutes les inductions que nous tirons de nos observations sur la nature humaine, soit pour nous guider dans la vie commune, soit pour organiser les sciences morales et politiques.

Pourquoi recommande-t-on avec tant de soin aux enfants d'éviter les mauvaises compagnies et les lectures dangereuses, sinon dans la crainte qu'ils n'y puisent des idées et des sentiments qui, agissant comme motifs sur leur volonté, la déterminent presque infailliblement au mal? Comment prévoyons-nous que, si on propose à un de nos amis, homme de cœur et d'honneur, de commettre une lâcheté, une infamie, il rejettera avec indignation une proposition de ce genre? Évidemment parce que nous savons que sa volonté n'est pas une faculté isolée, abstraite, indéterminée, mais qu'elle est liée à un certain ensemble de sentiments et de prin-

cipes qui la détermineront à agir comme elle le fait.
Quand nous nous trompons dans nos précautions avec
les enfants et dans nos prévisions à l'égard des hommes
faits, cela ne vient pas de ce que leur liberté, indifférente entre le bien et le mal, a, par ses allures capricieuses, déjoué nos calculs, mais de ce qu'un fait inopiné
est survenu, qui a donné aux choses un tour différent.
Si nous nous sommes mépris, ce n'est pas que la liberté
du sujet ne fût pas subordonnée à sa nature, c'est que
cette nature était trop complexe pour que nous ayons
pu la bien pénétrer, et placée dans un milieu trop complexe pour que nous ayons pu l'embrasser dans son ensemble, avec les milliers d'actions et de réactions apparentes ou latentes qu'il devait exercer. L'homme est un
être si richement doué qu'il est impossible de le connaître parfaitement; il offre tant de particularités in-
dividuelles, et est soumis à tant d'influences diverses,
qu'on ne saurait prévoir avec certitude chacun de ses
mouvements. Si cela est vrai au point de vue physiologique, c'est plus vrai encore au point de vue moral.
Le cœur humain, dit Pascal, est un orgue dont nous
ne connaissons pas les tuyaux.

Comment arriver à saisir les lois de la psychologie,
de la politique, de la philosophie de l'histoire, si les
motifs n'ont pas sur la volonté une action déterminante? Montesquieu prétend que l'ivrognerie augmente
graduellement de l'équateur au pôle. J'admets que cette
loi soit exacte aujourd'hui: qui m'assure qu'elle le sera
encore demain et qu'il ne faudra pas en reconnaître
une autre toute contraire? Car enfin toutes les volontés

des hommes du Nord, qui s'accordent aujourd'hui à céder au besoin des liqueurs fermentées, peuvent faire le contraire demain, puisque ce ne sont pas, dit-on, les motifs les plus forts qui déterminent la volonté, mais que c'est la volonté qui rend certains motifs plus forts que les autres, et que le propre de la volonté est de n'avoir rien de constant ni de fixe. La statistique moderne constate, à ce qu'on prétend, que le nombre des crimes qui se commettent dans un pays est en raison inverse de la diffusion des lumières. Comment ce rapport, en supposant qu'il soit réel, pourra-t-il être érigé en loi, si les lumières ne déterminent pas la volonté, et si elle peut, sans savoir pourquoi, n'en pas tenir compte et agir dans un sens opposé à leurs inspirations?

En un mot, les sciences morales et sociales étant un ensemble de lois, c'est-à-dire de rapports constants entre les faits, et la volonté étant une puissance fantasque qui se jette à travers ces faits, sans qu'on puisse attribuer ses mouvements ni aux sentiments qui la sollicitent, ni aux idées qui l'éclairent, ni à aucune autre raison déterminable, ces sciences sont à jamais impossibles.

Tant qu'on n'aura pas résolu ces objections, nous aurons de la peine à prendre parti pour le système de la liberté d'indifférence, tel qu'il a été défendu par Épicure, Pélage, Buffier, Reid, et à condamner celui que Platon, Aristote, les stoïciens, saint Augustin ont soutenu dans l'antiquité, et que Leibniz représente avec éclat dans les âges modernes.

CHAPITRE XIV.

DE L'IMMORTALITÉ DE L'AME.

Saint Augustin a discuté la question de l'immortalité de l'âme dans plusieurs de ses ouvrages, et il l'a fait quelquefois avec une émotion contenue, qui montre combien cette question lui tenait au cœur. Pascal n'a pas trouvé des paroles plus énergiques pour s'exciter à sonder les mystères de la mort, que celles qu'Augustin place en tête du deuxième livre des *Soliloques*.

La raison, avec laquelle il s'entretient l'âme altérée de vérité et les yeux en pleurs, lui demande ce qu'il désire le plus savoir. «Si je suis immortel, répond-il sans hésiter. — Et si tu ne peux pas le savoir dans cette vie, continueras-tu à gémir? — Oh! alors je gémirai sur l'inutilité de la vie [1].»

. Ainsi pour ce noble esprit vivre c'est penser, et penser aux choses éternelles; toute autre vie lui paraît indigne d'un être intelligent.

Non-seulement il veut savoir si l'âme est immortelle, mais encore il désire ardemment qu'elle le soit. S'il n'est pas de ceux qui ne songent point à la mort, il n'est pas non plus de ceux qui l'envisagent sans frémir, et qui se consolent de la caducité et de la mortalité de leur être propre, en reportant leur pensée

---

[1] *Solil.*, l. II, c. 1.

sur l'éternelle jeunesse et l'indéfectible vitalité de l'univers. Doué d'une âme à la fois profonde et humaine, il n'a ni la légèreté des uns ni le stoïcisme des autres.

« O bienheureux, s'écrie-t-il, bienheureux ceux qui ont pu se persuader, soit par leurs propres lumières, soit par celles d'autrui, qu'il ne faut point redouter la mort, dût-elle être l'anéantissement de notre âme! Quant à moi, malheureux! il n'est ni raisons ni livres qui aient pu me le persuader jusqu'à ce jour [1]! »

Lorsqu'un homme souffre à ce point de ses incertitudes sur la vie future, et qu'il ne pourrait cesser tout à fait d'y croire sans souffrir davantage encore, sa destinée intellectuelle est irrévocablement fixée; un peu plus tôt, un peu plus tard, il croit à ce qu'il désire. Son esprit ne se lasse point de fournir à son cœur des arguments en faveur du sentiment qui lui est cher, jusqu'à ce que ces deux maîtresses parties de lui-même étant également satisfaites, l'homme se repose de ses agitations passées dans le calme d'une croyance désormais inébranlable.

C'est ce qui arriva à saint Augustin. Il consacra d'abord à la question de l'immortalité de l'âme le deuxième livre des *Soliloques*, auquel il ne mit pas la dernière main; puis il reprit le même sujet, en ajoutant à ses premières preuves des preuves nouvelles dans un traité spécial, qui fut publié sans son consentement, et qui est également resté une ébauche. Il s'inspire ordinairement, dans ces deux ouvrages, des idées de

---

[1] *Solil.*, l. II, c. 13.

Platon et de celles de Plotin. Mais il donne à ses raisonnements un caractère si subtil, et les présente sous
une forme si obscure, que plus tard il avait besoin,
comme il en convient dans ses *Rétractations*, d'une
grande contention d'esprit pour se relire, et qu'il ne
se comprenait pas toujours lui-même [1].

C'est là un aveu qui honore saint Augustin, et qui
est une preuve de plus de sa sincérité et de sa candeur
philosophiques ; mais il n'est pas fait pour nous encourager dans cet aride travail. Comment espérer pénétrer
mieux que lui sa pensée, et voir plus clair que lui dans
ses propres écrits ? Cherchons pourtant, il le faut bien,
s'il y a quelque lumière derrière ces nuages, quelques
réalités solides sous ces abstractions qu'on ne peut
s'empêcher de trouver à première vue extrêmement
creuses.

Un des auteurs qui ont eu le plus d'influence sur
saint Augustin, Plotin avait dit dans ses *Ennéades :*

« Puisque notre âme pense les essences absolues, soit
par les notions qu'elle trouve en elle-même, soit par la
réminiscence, évidemment elle est antérieure au corps ;
*possédant des connaissances éternelles, elle doit être
elle-même éternelle* [2]. »

Augustin s'empare de cet argument, en laissant de
côté la double hypothèse d'une vie antérieure et de la
réminiscence, et cherche à lui donner une forme plus
rigoureuse et en quelque sorte syllogistique.

---

[1] *Retr.*, l. I, c. 5.
[2] Plotin, *Enn.* 4e, l. VII, § 12. Trad. de M. Bouillet.

Le sujet, dit-il, doit durer au moins autant que l'attribut. Or la science, qui est un attribut de l'âme, dure toujours. Donc l'âme doit aussi durer toujours.

Dire que l'attribut peut durer plus que le sujet, ce serait dire que l'attribut peut exister sans être l'attribut de rien et sans être nulle part: ce qui implique contradiction. Dire que la science n'est pas un attribut de l'âme, ce serait dire que la science peut résider dans un être inanimé: ce qui est impossible. Dire qu'elle n'est pas éternelle, ce serait prétendre que certaines vérités, telles que celle-ci: — Le diamètre est plus long que toute autre ligne menée d'un point à un autre de la circonférence, — n'ont pas toujours été et ne seront pas toujours: ce qui est une manifeste absurdité. Donc il faut bien admettre que l'âme est immortelle[1].

A travers les mailles plus ou moins serrées du syllogisme on peut reconnaître là un argument que les modernes ont mis en avant plus d'une fois, en remplaçant par des mouvements souples et aisés et par une certaine parure de langage la raideur et la sévérité scholastiques.

«Que si ces vérités éternelles, dit Bossuet, sont l'objet naturel de l'entendement humain par la convenance qui se trouve entre les objets et les puissances, on voit quelle est sa nature, et qu'étant né conforme à des choses qui ne changent point, il a en lui un principe de vie immortelle[2].»

---

[1] *Solil.*, l. II, c. 13, 19; *De imm. an.*, c. 1 *et sq.*

[2] Bossuet, *Conn. de Dieu et de soi-même*, c. 5, § 14.

Je retrouve cette preuve sous la plume brillante d'un philosophe contemporain.

«Pourquoi, dit M. Jules Simon, la science a-t-elle pour objet ce qui est général?... Nous nous disons mortels; et nous ne voulons chercher que des lois, penser que des universaux. Notre intelligence ne se nourrit que de l'éternité, et il faudra que l'éternité lui échappe! Dieu aura fait l'homme tout exprès pour lutter contre le temps et en être écrasé[1]?...»

Cette démonstration de l'immortalité de l'âme, on le voit, n'a pas joué un rôle sans importance dans l'histoire de la pensée humaine, et conserve encore aujourd'hui des adhérents distingués. Il n'est donc pas inutile de l'étudier sous la forme que lui donne saint Augustin et de la soumettre à un examen sévère.

N'est-ce pas mal raisonner et faire ce qu'on nous permettra d'appeler, avec les logiciens, un syllogisme disjonctif vicieux, que de soutenir que la science, n'étant pas un attribut d'un être inanimé, est nécessairement un attribut de l'âme? Comme si elle ne pouvait pas être un attribut d'un troisième sujet qui est Dieu! C'est d'ailleurs ce que saint Augustin lui-même reconnut plus tard dans le premier livre de ses *Rétractions*[2].

De plus, ces attributs prétendus éternels de l'âme ne sont pas toujours dans leur sujet; car enfin l'âme de l'enfant et celle de l'ignorant (c'est une remarque qui n'a pas échappé à saint Augustin) sont vides de vérités et étrangères à la science. Est-il donc possible de fon-

---

[1] J. Simon, *Rel. naturelle*, 3e partie, ch. 1er.

[2] *Rétr.*, l. I, c. 5, n° 2.

der l'immortalité des âmes de cette sorte sur la persistance d'un attribut absent? Pour lever la difficulté, il faudrait admettre que toute science n'est que réminiscence, ou au moins que toutes les âmes sont pleines d'idées à l'état latent. Or saint Augustin, qui avait d'abord emprunté au platonisme la première de ces deux opinions, finit par la rejeter; quant à la seconde, pour être une hypothèse plausible, elle n'est pourtant qu'une hypothèse, de sorte qu'on ne peut asseoir là-dessus une preuve inébranlable de notre immortalité.

Ajoutons que non-seulement le raisonnement du Père n'est pas démonstratif, mais encore que, dans le cas où il démontrerait quelque chose, il démontrerait trop. Si la science est un attribut éternel, elle suppose un sujet d'inhérence non pas immortel, mais éternel. Dès lors il ne suffit pas de dire que l'âme ne finira point, il faut dire encore qu'elle n'a point commencé. C'est ce que Plotin avait parfaitement compris. Il s'est montré plus logique, ce semble, que ceux qui l'ont suivi, en déclarant que l'âme, possédant des connaissances éternelles, existe de toute éternité.

Saint Augustin élève lui-même contre sa propre démonstration une objection sérieuse. Comment peut-on faire résider les vérités éternelles dans l'âme? N'est-ce pas mettre des attributs immuables dans un sujet changeant? Car enfin, l'âme change et change même beaucoup, puisqu'elle passe d'un état à un état contraire, de la folie, par exemple, à la sagesse, et de la sagesse à la folie? Elle éprouve des mutations qui proviennent du corps et qui sont déterminées par l'âge, la maladie, le plaisir, la douleur; elle en éprouve qui ont leur source en elle-même, telles que le désir et la joie, la crainte et la tristesse, l'attention et la connaissance qui se produisent en elle tour à tour. Mais si le sujet change, tout ce qui est dans le sujet doit nécessairement changer.

Cela est vrai, répond Augustin, dans le cas où le changement est radical et où le sujet perd jusqu'à son nom; cela est faux dans tous les autres cas. Voilà de la cire. Elle était blanche, elle est devenue noire; elle était molle, elle est devenue dure; elle était chaude, elle est devenue froide; elle était carrée, elle est devenue ronde. Malgré tous ces changements, elle est encore de la cire. Les modifications ont changé; le sujet est resté le même. Mais si le changement avait été assez complet pour que cette cire perdît sa nature et son nom, comme il arrive quand elle s'évapore sous l'action de la chaleur, le sujet aurait changé; elle ne serait plus de la cire, et on ne pourrait plus affirmer la persistance d'aucun de ses anciens attributs. — Or quand l'âme subit quelques-unes des modifications que nous avons énumérées plus haut et dont les unes proviennent du corps, les autres d'elle-même, les changements qui se produisent en elle ne sont pas de ceux qui font qu'un être n'est plus lui-même, et qui font perdre au sujet son nom en même temps que sa nature. Donc l'âme restant au fond immuable, malgré les changements qui s'opèrent dans ses modifications, il n'est pas impossible que les vérités immuables résident en elle[1].

[1] *De imm. an.*, c. 5.

On a pu reconnaître, dans un passage de cette discussion ingénieuse, une pensée que Descartes a reprise et admirablement développée dans sa 2° méditation.

«Prenons, par exemple, ce morceau de cire : il vient tout fraîchement d'être tiré de la ruche, il n'a pas encore perdu la douceur du miel qu'il contenait, il retient encore quelque chose de l'odeur des fleurs dont il a été recueilli ; sa couleur, sa figure, sa grandeur, sont apparentes ; il est dur, il est froid, il est maniable, et si vous frappez dessus, il rendra quelque son. Enfin, toutes les choses qui peuvent distinctement faire connaître un corps, se rencontrent en celui-ci. Mais voici que pendant que je parle on l'approche du feu ; ce qui y restait de saveur s'exhale, l'odeur s'évapore, sa couleur se change, sa figure se perd, sa grandeur augmente ; il devient liquide, il s'échauffe, à peine le peut-on manier, et quoique l'on frappe dessus, il ne rendra plus aucun son. La même cire demeure-t-elle encore après ce changement[1] ? »

Du reste, dit saint Augustin, bien que la mort implique le changement, et le changement le mouvement, la réciproque n'est pas vraie : tout mouvement n'entraîne pas un changement, et tout changement n'est pas suivi de la mort. Mettons les choses au pis. Supposons une série de changements tels que chacun d'eux soit une diminution de l'être, le terme de la série ne sera pas pour cela l'anéantissement de l'être. L'être d'un corps est en raison de sa masse. Qu'on diminue cette masse graduellement, on diminuera graduelle-

---

[1] *Desc.* — 2° médit.

ment son être, mais on n'arrivera jamais par cette voie
à un corpuscule sans étendue, c'est-à-dire à un pur
néant. Il en est de même pour ce qui concerne l'âme :
elle peut tendre vers le non-être; mais elle y tend avec
une éternelle impuissance d'y arriver; car il serait bien
étrange que le corps ne pût être anéanti, et que l'âme,
qui lui est supérieure, et qui le vivifie, pût cesser
d'être [1].

On objectera peut-être que ce qui fait le corps, ce
n'est pas la matière, mais la forme (car plus cette
forme est belle et parfaite, plus le corps est élevé en
dignité et en excellénce; plus elle se dégrade et se dé-
tériore, plus il s'abaisse et déchoit), et on dira qu'il
doit en être de même de l'âme. Or quand l'âme tombe
dans la folie, ne peut-il pas arriver que cette folie
augmente au point de la priver totalement de sa forme,
qui est la raison, et de la réduire ainsi au néant?

Non, car la mutabilité qui caractérise les corps ne
les modifie jamais de manière à les priver de toute
forme, mais seulement de manière à les faire passer
d'une forme à une autre. Les corps ne sauraient être
réduits au néant : ils sont maintenus dans l'être par
une force immatérielle toujours présente et toujours
agissante, qui les a faits ce qu'ils sont et qui les conserve. Mais si le corps ne peut perdre entièrement la
forme qui le constitue en tant que corps, l'âme, qui
lui est supérieure, ne peut perdre totalement la forme
qui la constitue en tant qu'âme [2].

---

[1] De imm. an., c. 3, 7.
[2] De imm. an., c. 8.

Cette preuve de l'immortalité de l'âme a ceci de commun avec la preuve discutée plus haut, qu'elle est mieux appropriée au système platonicien, qui admet l'éternité des choses, qu'au système chrétien, qui admet le dogme de la création. Les âmes ne périssent jamais, dit saint Augustin; car les corps eux-mêmes ne périssent point. Qu'en sait-il? N'ont-ils pas été créés? Qu'aucuu être ne doive finir, cela se conçoit dans le système des philosophes qui prétendent qu'aucun être n'a commencé. Mais quand on croit que tous les êtres ont été tirés du néant à une époque donnée, comment peut-on être positivement sûr qu'aucun d'eux n'y rentrera jamais? Le passage de l'être au néant est-il plus difficile à comprendre que celui du néant à l'être, et, dès que l'on admet l'idée de la création, a-t-on bien le droit de reculer devant celle de l'anéantissement?

Après avoir cherché à établir que l'âme est impérissable, en se fondant sur ce que le corps lui-même ne périt pas, Augustin se demande si elle ne peut pas être privée, sinon de l'être, au moins de la vie. Il emprunte à Platon et à Plotin la réponse à cette question, et la développe de la manière suivante [1].

Nulle chose ne peut être privée d'elle-même. Or l'âme est identique à la vie; car on dit indifféremment être animé et être vivant, rendre l'âme et perdre la vie. Donc l'âme ne saurait perdre la vie. Pour que l'âme pût mourir, c'est-à-dire être privée de la vie, il faudrait qu'elle fût, non pas la vie elle-même, mais une

---

[1] Platon, *Phédon*; Plotin, *Enn.* 4e liv. VII; § 3, al. 9, 11.

chose douée de vie : ce qui n'est pas. L'âme ne saurait craindre ce qui n'est point à craindre pour la vie, car si l'âme mourait quand la vie l'abandonne, ce ne serait pas la substance abandonnée par la vie qu'il faudrait appeler âme, mais ce qui abandonnerait cette sustance. Or cette âme, cette vie, qui abandonne ce qui meurt, ne s'abandonnant jamais elle-même, il s'ensuit qu'elle ne meurt jamais[1].

Saint Augustin n'avait pas toujours admis cette preuve de l'immortalité de l'âme. Il élève contre elle, dans le 2e livre des *Soliloques,* une objection qu'il laisse sans réponse.

N'en serait-il pas, dit-il, de la vie ou de l'âme, comme on voudra l'appeler, ainsi que de la lumière? En vertu du principe des contraires, la lumière est incompatible avec les ténèbres, et cependant les ténèbres se produisent, non-seulement quand la lumière se retire, mais encore quand elle s'éteint. Ne peut-il pas se faire aussi que la mort ait lieu, non pas par suite du départ de l'âme et de sa sortie du corps, mais par suite de son extinction[2]?

Il en est, du reste, de cet argument comme des deux arguments que nous avons déjà signalés : il s'adapte mieux aux doctrines platoniciennes qu'aux doctrines chrétiennes. Car il tend à prouver, non-seulement que l'âme vivra toujours, mais encore qu'elle a toujours vécu. L'âme ne peut pas plus n'avoir pas été elle-même,

---

[1] *De imm. an.,* c. 9.
[2] *Solil.,* l. II, c. 13.

c'est-à-dire la vie, le contraire de la mort, dans le passé, qu'elle ne peut cesser d'être elle-même dans l'avenir. En outre, pour être éternelle, l'âme devrait avoir la vie, non-seulement en elle-même, mais encore par elle-même, c'est-à-dire être Dieu.

Aussi Platon, et après lui Plotin, en cela meilleurs raisonneurs que leur illustre disciple, admettent-ils que l'âme est placée au-dessus de la sphère changeante de la génération, dans la région des essences immuables, et qu'elle n'a ni commencement ni fin.

« Ce qui se meut soi-même, dit Platon, n'est autre chose que l'âme, et l'âme n'est soumise ni à la naissance ni à la mort [1]. »

« L'âme, dit Plotin, donne la vie au corps qu'elle anime ; mais seule elle possède la vie, sans être jamais sujette à la perdre, parce qu'elle la possède par elle-même. Tous les êtres, en effet, ne vivent pas d'une vie empruntée ; sinon, il faudrait remonter à l'infini de cause en cause [2]. »

Voici encore une démonstration qui a pu être inspirée à saint Augustin par Platon. Platon avait prétendu, dans le dernier livre de la *République,* qu'une chose ne pouvant périr que de son propre mal, et non du mal d'une autre chose, et que l'âme ne périssant ni de son injustice, ni de son intempérance, ni de sa lâcheté, ni de son ignorance, ni d'aucun des vices qui la travaillent comme autant de maladies, ne saurait périr, à plus

---

[1] Platon, *Phèdre.*
[2] Plotin, *Enn.* 4, 1. 7, § 3. Trad. de M. Bouillet.

forte raison, du mal d'une autre substance qui est le corps. Saint Augustin exprime, sous une forme un peu différente, des idées analogues.

Si la vérité, dit-il, fait la vie de l'âme, de telle sorte que le sage diffère de l'insensé en ce qu'il possède la vie avec plus de plénitude, n'est-il pas à craindre que la vie, qu'elle tient de la vérité, lui soit ôtée par l'erreur qui est son contraire? Nullement. L'erreur ne peut avoir sur l'âme d'autre effet que de la faire errer; or le fait d'errer est si loin de détruire la vie de l'âme, qu'il la suppose; car pour errer, il faut vivre. Si donc la vie, que l'âme tient de la vérité, ne peut lui être ôtée par l'erreur qui est son contraire, qu'est-ce qui peut la lui ravir[1]?

Augustin considère ensuite le contraire de la vérité, non plus en tant que vérité, mais en tant que réalité, et examine s'il ne pourrait pas amener l'anéantissement de l'âme. Si une essence, dit-il, en tant qu'essence, n'a point de contraire, la vérité, qui est l'essence suprême, ne saurait en avoir. L'antécédent de cette proposition est incontestable. Le propre de l'essence, en effet, est d'être, et le contraire de l'être n'est rien. Il doit en être de même du contraire de l'essence souveraine, il n'est pas. Si donc l'âme tire son être de cette essence éternelle, ce dont on ne saurait douter, puisqu'elle ne le tire pas d'elle-même, rien ne peut le lui faire perdre; car rien ne s'oppose à cette essence[2].

---

[1] *De imm. an.*, c. 11.

[2] *De imm. an.*, c. 12.

« L'âme est donc immortelle, s'écrie Augustin ravi.
Crois-en désormais tes propres raisonnements, crois-en
la vérité : elle te crie et qu'elle habite en toi, et qu'elle
est immortelle, et que sa demeure ne saurait lui être
enlevée par la mort du corps quelle qu'elle soit[1]. »

Elle n'est point immortelle à la manière de Dieu en
qui l'immortalité, l'éternité et l'immutabilité se confondent[2]. Elle ne possède pas l'immortalité véritable,
parce qu'elle ne possède pas la véritable réalité. Elle
dure, mais elle change ; elle ne finira pas, mais elle a
commencé.

Cependant son immortalité n'est pas la simple possibilité, mais l'absolue nécessité de vivre toujours ; ce
n'est pas l'immortalité mineure, pour parler le langage
de saint Augustin, mais l'immortalité majeure. Nous ne
serons pas immortels comme Adam, qui pouvait simplement ne pas mourir ; nous, nous ne pourrons pas
mourir ; au lieu d'une immortalité conditionnelle et
problématique, nous aurons une immortalité positive et
certaine. Pourquoi ? Parce qu'à la différence du premier homme, nous ne pourrons pas pécher, et nous
ne pourrons pas pécher, parce que notre désir du bien
sera aussi grand que notre désir du bonheur et attein-
dra sûrement son objet[3].

Ce qui sera immortel en nous, ce ne sera pas seulement l'être vide et nu, mais l'être avec l'ensemble des

[1] *Solil.*, l. II, c. 19.
[2] *Serm.*, LXV, c. 2.
[3] *Op. imp. contr. Jul.*, l. VI, c. 30.

facultés qui le constituent ; ce ne sera pas seulement la substance, mais la personne tout entière. Cette immortalité muette, sourde, privée de sentiment, de conscience, de souvenir, qu'on appelle dans l'école immortalité métaphysique, et que le panthéisme d'aujourd'hui oppose à l'immortalité morale, épouvante saint Augustin et lui arrache un cri d'effroi :

« Quelle vie éternelle (et quelle mort ne lui serait préférable ?) que celle qui consisterait à vivre comme l'âme de l'enfant qui vient de naître ou qui gît encore dans *l'utérus*[1] *!* »

La question de l'immortalité de l'âme, on le voit, est une de celles qu'Augustin a traitées le plus faiblement. Les idées qu'il développe sont, pour la plupart, des emprunts et des emprunts un peu indiscrets, faits à la philosophie antérieure ; elles ont de la peine à faire corps avec l'ensemble des dogmes chrétiens, et semblent être des pièces de rapport, introduites après-coup dans l'édifice nouveau. On dirait de ces pierres travaillées par des mains savantes que les premiers artistes chrétiens dérobaient aux ruines des temples merveilleux de la Grèce, pour les faire entrer tant bien que mal dans des constructions d'un art moins achevé et d'un style différent.

[1] *Solil.*, l. II, c. 20.

CHAPITRE XV.

DE LA DESTINÉE DE L'AME APRÈS LA MORT.

Non content de croire à un autre monde dont la mort nous ouvre la porte, Augustin se demande ce que ce monde peut être ; il s'interroge sur ces royaumes inconnus, mystérieux, où, depuis l'origine des choses, toutes les générations se sont précipitées. L'âme y vivra-t-elle dans un état d'inaltérable félicité ou de misère irrémédiable, placée en dehors de toutes les conditions actuelles de l'existence et des fluctuations qui la caractérisent, ne pouvant plus ni s'élever ni déchoir, et restant éternellement immobile ? Renaîtra-t-elle à la lumière du jour, et traversera-t-elle une série de vies nouvelles, agitées comme celle-ci, pleines comme elle de joies et de peines, et ayant comme elle leurs progrès et leurs défaillances ?

Si notre pieux auteur avait été un simple philosophe, il aurait peut-être hésité entre ces deux doctrines ; car ni l'une ni l'autre — tout le monde en conviendra — ne saurait être établie d'une manière rigoureuse et par les seules forces de la raison. Mais, en sa qualité de théologien, il dut vivement embrasser la première qui avait pour elle l'autorité divine des saints livres, et se prononcer contre la seconde qui ne reposait que sur l'autorité tout humaine des Platoniciens et des disciples de Manès.

I.

Dieu, selon les Platoniciens, crée de toute éternité. Prétendre le contraire, c'est prétendre qu'il a eu une éternité de repos avant la création, et que tout à coup, sans que l'on sache pourquoi, il s'est repenti de son oisiveté, et s'est mis à l'œuvre.

Dieu, ajoutent-ils, agissant de toute éternité, s'il créait toujours des êtres nouveaux, il créerait des êtres en nombre infini, c'est-à-dire en nombre tel qu'aucune science, pas même la science divine, ne saurait les embrasser; en d'autres termes : Dieu agirait au jour le jour, produisant tantôt une chose, tantôt une autre, suivant les circonstances, au lieu de réaliser harmoniquement un plan éternel, et de faire passer à l'être, avec intelligence et discernement, les idées qu'il porte dans son sein.

Pour échapper à cette difficulté d'un Dieu créant dans le temps, et d'un Dieu créant au hasard et réalisant indistinctement tous les possibles, les Platoniciens ne voient qu'un expédient, c'est d'admettre que toutes choses se renouvellent et finissent par revenir, après un certain nombre de siècles, dans leur premier état, soit que ces révolutions s'opèrent au sein du même monde, soit que le monde lui-même périsse et renaisse successivement. L'être humain est, comme tout le reste, entraîné dans ce flux et reflux d'existences, et a, comme tout le reste, ses morts et ses renaissances alternatives. Les âmes qui ont bien vécu ne quittent leurs corps que pour s'envoler plus vives, plus heureuses, vers les régions du ciel, et se reposer de leurs fatigues terrestres au sein des étoiles ou dans quelque autre séjour fortuné. Ayant oublié dans cette haute demeure les maux d'ici-bas, elles finissent, au bout d'une longue suite d'années, par souhaiter d'y revenir, et c'est ainsi qu'elles passent tour à tour de la terre au ciel et du ciel sur la terre, et alternent entre les misères de cette vie et la béatitude de l'autre. Quant aux âmes criminelles et impures, après avoir subi dans les enfers les châtiments qu'elles méritent, elles entrent dans de nouveaux corps appropriés à leurs mœurs et à leurs habitudes, et y expient encore pendant un temps les fautes de leur vie passée.

Augustin ne se borne pas à réfuter cette théorie de la métempsycose, comme on le ferait peut-être aujourd'hui, en se fondant sur la nature morale de la peine, qui implique la notion de l'identité personnelle et le souvenir, il prend une à une toutes les parties de cette doctrine, et en démontre le peu de solidité.

Il s'indigne contre ces philosophes qui mesurent à leur sagesse bornée la sagesse de Dieu qui est sans bornes; qui ne comprennent pas que ces mots *avant*, *après*, ne s'appliquent pas à Dieu, mais à ses créatures; que Dieu a pu vouloir que la création commençât tel jour, à telle heure, tout en le voulant d'une volonté immuable, éternelle, et sans agir plus ou moins à un moment qu'à un autre.

Ces mouvements circulaires qui emportent tous les

êtres de l'univers, et qui ne manquent pas d'analogie avec les *ricorsi* auxquels un philosophe moderne a soumis les choses de l'ordre social, ne séduisent point l'imagination de l'illustre évêque d'Hippone, et révoltent à la fois sa piété et son bon sens. Comment, dit-il, les Platoniciens peuvent-ils prétendre qu'après un laps de temps déterminé, les mêmes événements se reproduisent exactement de la même manière, et tournent, pour ainsi dire, dans le même cercle? Quoi! Platon n'aurait pas seulement enseigné la philosophie à Athènes, à certains auditeurs, au quatrième siècle avant notre ère, mais il l'aurait déjà plusieurs fois enseignée, dans la même ville, aux mêmes auditeurs, des milliers d'années auparavant! Que dis-je? Il l'enseignerait encore plusieurs fois à des époques ultérieures, aux mêmes auditeurs et dans la même ville! C'est là une opinion qu'il suffit d'énoncer pour en faire sentir le ridicule.

De plus, ces philosophes qui se récrient si fort contre tout ce qui peut porter atteinte à la majesté de Dieu, le font-ils donc agir d'une manière bien sage et bien digne de lui dans la répartition des récompenses et des peines de la vie future? Quel prix tient-il en réserve, suivant eux, pour les âmes grandes et saintes qui se sont élevées vers lui sur les ailes de la pensée et de l'amour? Une félicité menteuse ou une misère véritable. Si une fois qu'elles sont parvenues dans son sein auguste, il leur laisse ignorer les épreuves nouvelles qui les attendent, il les rend heureuses, il est vrai, mais il les trompe; s'il leur dévoile, au contraire, les maux qui seront encore leur partage dans l'avenir, il ne les trompe pas, mais il altère toute la douceur de leur félicité présente.

Enfin, comment admettre que les âmes, quand elles ont été purifiées, et qu'elles ont pris possession du bien suprême, veuillent le quitter pour rentrer dans la carrière de la vie temporelle, et se débattre encore contre la douleur, l'ignorance, la corruption dont elles ont eu autrefois tant de peine à triompher? La jouissance de la félicité, de la sagesse, de la perfection, peut-elle donc avoir pour effet de nous faire aimer leurs contraires [1]?

Augustin ne se lasse pas d'attaquer cette doctrine, tantôt avec les armes d'une raison sévère, tantôt avec les traits d'une ironie piquante.

Les âmes vertueuses, s'écrie-t-il dans un de ses sermons, s'envolent dans le ciel! Je ne puis que vous applaudir de leur donner une si belle demeure. Elles habitent les étoiles et vivent dans la société des dieux immortels! — C'est très-bien à vous de les mettre en si bonne compagnie et dans un séjour si radieux. — Mais, ajoutez-vous, après un certain nombre de siècles, ayant oublié les maux de cette terre, elles éprouvent le besoin d'y redescendre et y redescendent en effet. Ici Augustin cesse de comprendre et d'applaudir. Elles redescendent sur la terre, dites-vous, parce qu'elles ont oublié les maux de la vie! — Mais, si elles les ont oubliés, elles doivent aussi en avoir oublié les plaisirs; comment donc

---

[1] *De Gen. ad litt.*, l. VII, c. 10. *De Civ. Dei*, l. X, c. 30; l. XII, c. 13, 17.

peuvent-elles éprouver le désir de revivre et d'animer de nouveaux corps?

Cette doctrine a révolté le poëte même qui en a fait l'exposition, et qui l'a mise dans la bouche d'un père parlant à son fils au fond des enfers. Dans ce morceau trop connu, dit pieusement Augustin, Anchise montre à son fils Énée les âmes des illustres Romains qui doivent un jour revêtir des corps mortels, et celui-ci s'écrie: «O mon père, est-il possible de croire que certaines âmes retournent d'ici vers la voûte du ciel et se remettent dans les chaînes pesantes du corps? Les malheureuses! d'où leur vient cet amour forcené de la lumière?» Le fils qui écoutait cette doctrine était plus sensé que le père qui l'enseignait. Il ne pouvait s'expliquer ce désir d'une vie nouvelle; il le trouvait étrange, et regardait comme malheureuses les âmes qui en étaient possédées.

Vous élevez les âmes, ô philosophes, s'écrie le grand évêque, à un état de pureté incomparable; mais comment cette pureté produit-elle l'oubli de tous les maux, et cet oubli le retour de ces maux eux-mêmes? Vous vous proposez, ô Pythagore, ô Platon, ô Porphyre, dans vos méditations philosophiques, d'arriver à la vie heureuse. Mais comment y arriverez-vous? L'âme vit ici-bas dans un état de malheur que tempère l'espoir de la félicité future, et là-haut dans une félicité que la crainte des maux à venir ne peut manquer de corrompre. Ce bien parfait que vous cherchez et que toute âme désire, où donc est-il[1]?

---

[1] *Serm.*, CCXLI, c. 4, 5, 6; *De Civ. Dei*, l. X, c. 30.

Que dire des incroyables transmigrations par lesquelles ils dégradent l'âme raisonnable jusqu'à la faire
entrer dans un corps de brute, et exaltent l'âme irraisonnable au point de l'introduire dans un corps
d'homme? Sur quel principe reposent ces métamor-
phoses singulières? Sur le principe que les ressemblances morales appellent et déterminent des ressemblances physiques correspondantes. Comme si l'âme
d'un pourceau pouvait jamais se modifier au point
d'être plus semblable à l'âme d'un homme qu'à celle
d'un autre pourceau! Comme si l'âme d'un lion, lors
même qu'elle déposerait entièrement sa férocité native,
pour prendre les mœurs les plus douces et les plus
bénignes, pouvait jamais se transformer de manière à
offrir plus de rapport avec l'âme d'un homme qu'avec
celle d'un mouton ou d'un autre animal du même
genre [1] !

Toutes ces difficultés, dit saint Augustin, avaient
tellement frappé le célèbre Porphyre qu'il soutint, contrairement à l'opinion de Platon, son maître, qu'une
fois les âmes purifiées et unies au Père, rien ne saurait plus les en séparer. Plutôt que de croire qu'elles
ne peuvent jamais arriver à un état définitif où elles
trouvent le parfait repos et le bonheur dans toute sa
plénitude, il aima mieux renoncer au grand principe
platonicien, que la mort naît toujours de la vie, et la
vie de la mort. Il ne l'admit que pour les âmes qui
n'ont point encore subi leur purification dernière, et

---

[1] *De Gen. ad litt.*, l. VII, c. 10.

qui doivent sur nouveaux frais recommencer les luttes de l'existence. Mais ici encore il rectifia la doctrine platonicienne, en répudiant la croyance qu'une âme coupable entre, à la mort, dans le corps d'un animal : une âme humaine ne doit animer, suivant lui, qu'un corps humain [1].

Ces arguments d'Augustin contre la métempsycose platonicienne nous paraissent pour la plupart pleins de force et de solidité, et nous ne savons pas trop ce qu'un disciple de Platon aurait pu y répondre. Mais, s'ils sont valables contre la métempsycose platonicienne, qui place nos existences ultérieures sur le globe que nous habitons, et les fait mouvoir dans un cercle d'où elles ne sauraient sortir, seraient-ils également concluants contre la métempsycose qui déroule la série de nos vies futures au sein de l'espace infini, et les fait tendre d'une manière régulière et progressive vers le principe de tout bien ? Nous ne le croyons pas.

Faites abstraction du dogme chrétien, tenez-vous-en à ce que Bossuet appelle le pur philosophique, il vous sera impossible d'établir que l'existence terrestre est l'unique épreuve de l'âme, et que nous ne recommençons pas, après la mort, dans d'autres corps et dans d'autres conditions, la carrière de la vie. De la croyance de ceux qui séparent entièrement l'âme du corps au jour suprême et la conçoivent à l'état d'esprit pur, et de l'opinion de ceux qui veulent qu'elle s'unisse à un organisme quelconque, la dernière n'est pas la moins

---

[1] *De Civ. Dei*, l. X, c. 30.

vraisemblable. Admettons que perdre tout organisme ce ne soit pas pour l'âme perdre deux de ses facultés, la sensibilité et la force motrice, c'est-à-dire la faculté d'être modifiée par les objets et celle de les modifier à son tour, c'est (chose plus grave et d'une importance capitale!), c'est entrer dans un état sans analogie avec l'état présent, contrairement aux lois ordinaires de la nature, qui ne procède pas ainsi par transitions brusques et heurtées, et qui brode en quelque sorte de mille manières un canevas unique.

II.

Après avoir réfuté les Platoniciens, Augustin prend à partie les Manichéens, ses anciens amis, et les combat aussi avec beaucoup de force et de vivacité. De tous ceux qui se sont occupés de l'âme et de la vie future, ce sont, dit-il, ceux qui ont donné dans les plus graves aberrations. Bien qu'ils fassent profession de christianisme, ils se sont laissé aller, sur ces deux points, à des rêveries si singulières que celles mêmes des philosophes païens n'en approchent pas. Ceux-ci distinguent au moins la nature de l'âme et la nature de Dieu, tandis que ceux-là les identifient. Ils vont plus loin. Comme ils admettent, d'un côté, que l'âme est une portion de la substance divine, et, de l'autre, que les animaux et les plantes sont vivifiés par une âme, ils en concluent qu'il n'y a pas un seul brin d'herbe, pas un seul ver-

misseau, qui ne contienne quelque parcelle de la divinité. En tuant un animal, les philosophes n'ont à craindre que d'égorger leur prochain; les Manichéens sont
sûrs d'égorger Dieu lui-même [1].

Quand l'âme humaine s'échappe de l'enveloppe corporelle où elle était renfermée, voici à peu près, suivant eux, ce qui arrive. Les âmes qui n'ont pas bien
vécu entrent dans des animaux ou dans des végétaux,
où elles continuent à exercer les fonctions de la vie, du
sentiment, de la pensée, et où elles expient les fautes
de leur existence antérieure. Chacun de ces organismes
est pour elles un lieu de purification, un purgatoire.
Les âmes vertueuses doivent aussi animer de nouveaux
corps, mais dans des conditions beaucoup meilleures.
L'âme du Manichéen, qui était simple auditeur, des-
cend, après une vie exemplaire, dans le corps d'un
élu, ou bien elle entre dans quelqu'un des légumes
dont les élus se nourrissent. Ceux-ci la séparent, dans
l'acte de la digestion, de tout alliage impur, si bien que
la matière n'a plus de prise sur elle, et que, dégagée
désormais de tout contact avec les corps, affranchie de
la nécessité cruelle de s'unir à eux, elle s'embarque sur
les navires du ciel et vogue vers la terre de lumière où
réside la parfaite et impérissable béatitude [2].

Augustin reproche aux Manichéens d'avoir agité avec
un esprit charnel ces questions obscures, et d'avoir été
conduits par là à des opinions fausses, nuisibles, mons-

---

[1] *De Gen. ad litt.*, l. VII, c. 11; *Contr. Faust.*, l. XX, c. 20.
[2] *Lib. de Hæres.*, c. 46; *Contr. Faust.*, l. V, c. 10; l. XX, c. 21.

trueuses. Il suffit, dit-il, pour les combattre, de s'attacher fortement à ce seul principe naturellement admis par toute créature raisonnable, que Dieu est immuable, incorruptible, et que sa pure substance ne saurait se partager entre tant d'êtres différents. Avec la doctrine de la mutabilité divine tombe la religion des Manichéens et la fable aux mille formes qu'ils se sont évertués à construire[1].

Toutefois Augustin ne s'en tient pas à cette réfutation sommaire. Avec la verve ardente et moqueuse d'un homme autrefois séduit par cette doctrine, et qui lui garde rancune de la fascination qu'elle avait exercée sur lui, il la suit dans les conséquences qu'on en tire, dans celles devant lesquelles on recule, et la livre sans pitié aux railleries de ses lecteurs. Cet écrivain, qui est si touchant dans l'expression de ses croyances, est extrêmement sarcastique dans l'expression de son incrédulité. Il attaque le manichéisme avec l'ironie mordante que Voltaire tournera un jour contre le christianisme lui-même. Nous allons résumer cette curieuse polémique en demandant grâce pour quelques détails familiers qui choqueront peut-être la délicatesse du goût contemporain.

En professant l'opinion que des âmes raisonnables sont emprisonnées sous l'écorce des plantes, et qu'elles sentent le mal qu'on leur fait, les Manichéens sont amenés à regarder l'agriculture, le plus innocent de tous les arts, comme un art cruel, et à mettre à sa charge

---

[1] *De Gen. ad litt.*, l. VII, c. 11.

une foule d'homicides. Les élus, qui sont parmi eux les hauts dignitaires, se garderaient bien de cueillir un fruit, d'arracher une feuille d'arbre, crainte de faire souffrir une âme. Ils attendent tranquillement que les auditeurs leur apportent de quoi subvenir à leurs besoins, et vivent des nombreux et épouvantables homicides que d'autres commettent. On voit ces auditeurs barbares s'armer d'un couteau, d'une serpe, s'élancer dans un jardin, promener le meurtre sur les melons et les citrouilles, et apporter — ô prodige! — leurs cadavres encore vivants aux pieds des élus. De deux choses l'une, ô élus, dit saint Augustin, ou vos auditeurs tuent ces cucurbitacées en les cueillant ou ils ne les tuent pas. S'ils ne les tuent pas, pourquoi craignez-vous de faire comme eux et de les cueillir vous-mêmes? S'ils les tuent, comment leur reste-t-il une âme que vous puissiez purifier en vous livrant aux fonctions de la mastication et de la digestion? Ne sont-elles pas mortes, mais seulement blessées? Que ne vous contentez-vous alors de la blessure que l'auditeur leur a faite quand il les a cueillies? Vous devriez avoir assez bon cœur pour les avaler sans leur donner un seul coup de dent, afin qu'elles arrivassent sans aucune lésion et dans toute leur intégrité au laboratoire de votre panse où vous les faites passer à l'état divin. Mais point. Avant de les broyer avec les molaires, vous les coupez en mille morceaux avec les incisives, pour peu que leur goût chatouille votre palais. Les pauvres citrouilles! vous allez jusqu'à les mettre sur le feu, et je vous laisse à penser ce qu'elles y ont à souffrir! Savez-vous quel est le plus humain d'entre vous? C'est celui qui s'est exercé à absorber le plus de légumes sans les faire cuire et sans les mâcher.

Une fois en veine de raillerie, saint Augustin ne s'arrête plus. Puisque vous vous permettez, dit-il, de manger les citrouilles et même de les faire cuire, vous devriez bien aussi les cueillir. Ce ne serait jamais qu'une blessure de plus, et de votre main elle leur serait on ne peut plus douce. Les fruits souffrent, je le veux bien, quand on les détache de leur tige; mais ils ne sont pas seulement doués de sensibilité, ils ont encore de l'intelligence, et devinent quelles sont les personnes qui viennent les prendre. Aussi, à votre approche, ils se réjouiraient au lieu de gémir, sachant bien qu'ils vont acquérir, au prix d'une douleur passagère, une félicité sans fin, et qu'ils échappent au malheur qui les aurait frappés, s'ils avaient été cueillis par d'autres mains que les vôtres.

De plus, si vous avez réellement la faculté de délivrer, en digérant, les âmes mêlées aux aliments qu'on vous sert, il semble que vous faites mal de jeûner. Vous ne devriez jamais laisser reposer la fournaise où l'or spirituel se purifie du fumier qui le souille, et où la divinité s'affranchit des nœuds qui la tenaient emprisonnée. Il est vrai que votre position est fort embarrassante. Il y a, de votre part, de la cruauté à manger, puisque vous faites tant souffrir; mais il y a aussi de la cruauté à jeûner, puisque vous cessez alors d'affranchir l'élément divin des choses[1].

---

[1] *De Hær.*, c. 46; *Contr. Faust.*, l. VI, c. 4.

F

Les Manichéens s'intéressent beaucoup aux âmes des bêtes. Ils croient qu'ils seront exclus du royaume des cieux, si les bêtes n'y entrent pas. En attendant, ils ont pour elles une rare bonté sur la terre, et évitent avec le plus grand soin de les maltraiter, de les tuer et de les manger. C'est que frapper du fouet une bête de somme pour la faire avancer, ou retourner violemment le mors dans sa bouche pour la retenir, c'est s'exposer à faire souffrir l'âme d'un père. Cependant les Manichéens ne poussent pas leur principe jusqu'au bout. Ils tuent sans scrupule les insectes qui peuvent les incommoder, sous prétexte que les âmes raisonnables n'entrent pas dans des corps si petits. Mais qu'ils veuillent bien nous dire quelle grandeur précise doit avoir un animal, pour qu'une âme raisonnable puisse s'y loger. Si elle entre dans un renard, pourquoi pas dans une belette? Si dans une belette, pourquoi pas dans un rat? Si dans un rat, pourquoi pas dans un lézard? Si dans un lézard, pourquoi pas dans une sauterelle? On voit qu'à moins de tomber dans l'arbitraire, il est impossible de s'arrêter, dans cette gradation descendante, à un degré de petitesse qui exclue l'âme raisonnable, et que, par conséquent, les Manichéens courent grand risque, en tuant leurs puces, de se mettre sur la conscience des meurtres innombrables[1].

Pourquoi, d'ailleurs, se font-ils scrupule d'ôter la vie aux animaux plutôt qu'aux végétaux, puisque les mêmes âmes les animent, suivant eux, les uns et les

[1] *Contr. Adim.*, c. 12.

autres? Cela vient sans doute de ce que les animaux ne
peuvent être mangés que quand leurs âmes se sont re-
tirées de leurs corps et ne peuvent plus être purifiées
dans l'acte de la digestion. Mais n'en est-il pas de même
des végétaux? « O bienheureux légumes! s'écrie Augustin; on a beau les arracher avec la main, les couper avec le fer, les tourmenter dans la flamme et les
broyer avec les dents, ils arrivent vivants dans vos entrailles saintes, comme sur des autels! Malheureux,
au contraire, les animaux dont les âmes s'échappent
trop vite du sein des organes et ne peuvent entrer dans
vos corps[1]! »

On trouvera peut-être que saint Augustin ne devait
pas prendre de telles rêveries au sérieux, et que ses
efforts ont été hors de proportion avec l'obstacle qu'il
voulait vaincre. C'est l'illusion où l'on tombe toujours,
quand on considère à distance les luttes de la critique
rationnelle contre l'illuminisme religieux. On ne veut
pas voir que les erreurs à combattre ont alors dans les
cœurs et dans les mœurs mille racines secrètes, qu'elles
sont défendues par le sentiment et par l'habitude tout
ensemble, et que ce sont là des forces dont on ne
triomphe qu'à la condition de revenir cent fois à la
charge et d'avoir cent fois raison.

Nous avons dû toucher en passant à ces singuliers
débats, bien que la pensée moderne y ait peu de chose
à apprendre, afin de rendre exactement la physionomie intellectuelle de notre auteur, et de reproduire

---

[1] *Contr. Faust.*, l. VI, c. 6.

non-seulement les traits qui lui sont communs avec les grands philosophes de tous les temps, mais encore quelques-uns de ceux qui en font l'homme d'une certaine époque, et qui l'individualisent. A côté de l'observateur, dont les idées n'ont pas vieilli et sont aussi jeunes aujourd'hui qu'à l'instant de leur naissance, il y a dans saint Augustin un polémiste dont les travaux ont eu le sort de tous les travaux de ce genre, c'est-à-dire qu'ils ont plus frappé les contemporains, parce qu'ils répondaient mieux aux préoccupations du moment, mais qu'ils ne peuvent intéresser autant la postérité. Cependant quand on les place dans leur véritable jour, quand on s'identifie avec les hommes auxquels ils étaient destinés et qu'on devient en imagination un africain des premiers siècles de l'Église, on ne peut s'empêcher d'y reconnaître l'œuvre d'une pensée ingénieuse servie par une plume brillante.

III.

A la suite de ces développements purement réfutatifs, où se donne carrière l'humeur vive et militante de saint Augustin, il conviendrait de résumer les passages plus dogmatiques où il expose avec calme et sérénité ses propres croyances sur l'état de l'âme après la mort. Mais comme ses doctrines sur ce point se confondent à peu près avec les doctrines chrétiennes, et qu'il invoque plus souvent pour les établir l'autorité de l'Écriture que celle de la raison, nous nous bornerons à appeler l'attention sur les plus caractéristiques d'entre elles, en dégageant, autant que faire se pourra, l'élément philosophique de l'élément théologique.

Il se pose au sujet de l'état de l'âme, à partir de l'heure de la mort jusqu'au moment de la résurrection finale, deux questions extrêmement curieuses, celle de savoir si cette substance demeure associée à un organisme subtil, et celle de savoir si elle réside dans un lieu corporel.

Doit-on penser que l'âme n'est point complétement séparée à la mort de toute espèce de matière, et qu'elle reste unie à un corpuscule éthéré, invisible, qui lui sert comme de véhicule pour se transporter d'un lieu à un autre? Cette opinion, qui était celle des néoplatoniciens et de plusieurs Pères de l'Église, et que Leibniz et Bonnet devaient professer un jour, paraissait sourire à Nébride et à Évode, amis de saint Augustin. Ils étaient portés à croire que Dieu seul existe sans être uni à aucune substance matérielle, et que l'âme de l'homme et celle même de l'ange ne sauraient se concevoir sans un corps.

L'âme étant incorporelle, disaient-ils, si elle n'a plus aucun corps, elle n'a plus rien qui l'individualise. Elle cesse d'être une réalité particulière, et se perd dans l'abîme de l'âme universelle. Mais alors, ajoutaient-ils dans leurs préoccupations théologiques et chrétiennes, où est le riche vêtu de pourpre, où est Lazare couvert de plaies? Comment peuvent-ils se distinguer par leurs mérites et leurs démérites, leurs joies et leurs souffrances, s'il n'y a qu'une âme unique

formée par la réunion de toutes les autres? Il est bien
plus raisonnable de croire que les âmes restent toujours
unies à des corps *sui generis*, sans lesquels elles seraient
entièrement indiscernables. Quant à la question de savoir
en quoi consiste cet organisme mystérieux que l'âme
emporte partout avec elle, elle n'est pas facile à résoudre. Il est seulement à présumer que le corps, qui est
composé de quatre éléments, n'en conservant que trois :
la terre, l'eau et l'air, car il se refroidit aussitôt après
la mort, — le feu s'envole avec l'âme quand elle quitte
nos organes, et constitue ainsi ce corpuscule qui lui
est inséparablement uni et que le temps ne saurait
dissoudre [1].

Augustin ne partage point l'opinion vers laquelle
penchent ses amis, et conteste vivement l'existence de
ce corps subtil et immortel, en se fondant, il est vrai,
sur des raisons qui ne paraissent pas très-concluantes.
Toutes les choses, suivant lui, qui existent et qui sont
connues, sont du ressort de l'intelligence ou du ressort
des sens, et sont dites pour cela *intelligibles* ou *sensibles*. Or dans laquelle de ces deux catégories place-
rons-nous ce corps subtil dont on fait le véhicule et
comme le char de l'âme? Dans la catégorie des choses
intelligibles? C'est impossible, puisqu'on en fait une
chose qui se meut dans l'espace comme les autres
choses corporelles. Dans la catégorie des choses sensibles? Mais il faudrait pour cela qu'il fût tombé sous
les sens de quelqu'un. S'il n'est accessible ni à l'intel-

---

[1] *Epist.* XIII, CLVIII.

ligence ni aux sens, il ne peut être ni connu ni affirmé
légitimement : il ne peut donner lieu qu'à une opinion
hasardée et puérile. On voit qu'avec cette manière de
raisonner, on arriverait à établir qu'il est impossible à
un astronome de déterminer par le seul calcul, non-
seulement la place, mais encore l'existence d'un nouveau corps céleste.

Nous ne pouvons, ajoute le Père, juger des choses
que nous ne connaissons pas que d'après celles que
nous connaissons et qui offrent avec elles une certaine
analogie. Voyons donc ce qui se passe dans le sommeil,
qui est de tous les phénomèmes de la vie celui qui ressemble le plus à la mort. Car pour l'âme, qu'est-ce que
dormir, sinon s'éloigner des organes, et en particulier
des yeux, qui sont comme les flambeaux du corps ? Et
qu'est-ce que mourir, sinon s'en éloigner d'une manière
plus complète et définitive ? Or, quand l'âme s'est ainsi
éloignée des organes, elle voit souvent en songe les
objets les plus divers. Qui oserait dire pourtant qu'elle
les voit uniquement parce qu'en s'éloignant des sens elle
a emporté avec elle un corps subtil et ayant des yeux
subtils ? Ce qu'on n'oserait pas dire de l'âme quand il
s'agit du sommeil, qui est un certain éloignement des
sens, pourquoi le dirait-on de la mort, qui n'est qu'un
éloignement des sens un peu plus grand, et qui ne
diffère du sommeil que du plus au moins ?

Quant aux lieux qu'habitent soit les âmes vertueuses,
soit les âmes criminelles, Augustin estime qu'il est
assez difficile d'en préciser la nature. Faut-il admettre
qu'une fois sorties du corps, elles sont encore conte-

nues dans des lieux corporels? On serait tenté de le
croire en lisant dans l'Évangile que le mauvais riche
suppliait Lazare de tremper dans l'eau le bout de son
doigt pour rafraîchir sa langue desséchée. Cela est peu
probable toutefois. Qui ne voit, en effet, que si l'on
prend ce récit à la lettre, il faudra interpréter les mots
langue desséchée, goutte d'eau, doigt de Lazare, dans
leur sens propre, et qu'on sera amené à regarder comme
corporelle l'âme elle-même, et non plus seulement le
lieu qui la contient? Tout au moins devra-t-on lui attribuer ce corps subtil dont il a été question plus haut,
et dont l'existence est chose si contestable.

L'âme n'ayant plus de corps, pas même un corps
éthéré, depuis que la mort a brisé son union avec les
organes, ne saurait occuper un lieu corporel. Que
reste-t-il donc, sinon qu'elle occupe soit un lieu semblable aux lieux corporels, soit un lieu incorporel
absolument et de tout point? On peut se faire une
idée de ces lieux semblables aux lieux corporels par
ceux qu'on voit des yeux de l'esprit pendant les songes,
et par ceux qui ont apparu à certains hommes qui,
ravis loin de leurs organes et étendus comme des
morts, ont eu la vision d'un autre monde.

Qu'on ne dise pas que c'est décerner à l'âme des récompenses vaines, et lui infliger des châtiments chimériques que de la placer dans des lieux purement
imaginaires. Sans doute les choses qui l'affectent lui
paraissent corporelles sans l'être; elle-même s'apparaît
comme un corps sans être un corps, elle se prend en
quelque sorte pour objet et se regarde aller et venir;

mais rien n'est plus réel que les modifications qu'elle éprouve : sa joie est une joie véritable, et sa douleur une véritable douleur. C'est ainsi que dans le rêve, bien que les images qui nous traversent l'âme soient sans objet, le plaisir ou la peine qu'elles nous font éprouver, ont quelquefois une vivacité si grande que nous désirons ou craignons extrêmement de nous rendormir.

Les images que nous roulons en nous-mêmes sont encore plus précises et plus fortement senties dans l'extase que dans le sommeil, et dans la mort que dans l'extase. Être en enfer, c'est être obsédé par des visions si intenses qu'elles produisent sur notre sensibilité un prodigieux ébranlement, et nous agitent comme pourraient le faire de véritables corps. Chacun de nous porte son enfer au dedans de lui, puisque chacun de nous objective de simples états de son âme, et prête à de pures représentations la réalité et la vie. Concevoir les enfers de cette manière, ce n'est pas les nier, dit Augustin, comme l'ont fait les poëtes, qui en ont donné des explications allégoriques, c'est seulement leur attribuer une substance spirituelle au lieu d'une substance corporelle [1].

Ce ne sera sans doute qu'après la résurrection des corps que l'homme occupera un véritable lieu et subira des peines à la fois physiques et morales.

---

[1] *Est ergo prorsus inferorum substantia, sed eam spiritalem arbitror esse, non corporalem. (De Gen. ad litt.*, l. XII, c. 32.) *Id.,* l. VIII, c. 5; *Serm.* I; *Enarr. in Psalm.* 36; *Tr. in Joann. Ev.,* c. 11, *Tr.* 49.

Mais ici se présente à la pensée de notre théologien
une objection qui aurait embarrassé un esprit moins
fécond en ressources, et à laquelle il échappe avec cette
agilité et cette souplesse qui ne devaient jamais faire
défaut à ses successeurs dans des circonstances plus
graves, et en face des transformations les plus inattendues de la science humaine.

Si les damnés pâtissent corporellement, et si le feu
qui les brûle est un feu physique, comment comprendre que les esprits de ténèbres puissent en souffrir?
Peut-être ont-ils, répond notre auteur (comme l'ont
cru de savants hommes), des corps à leur manière,
composés d'un air épais et humide, qui, étant susceptible de s'échauffer, échauffe à son tour. Mais, en admettant même qu'ils soient de purs esprits, rien n'empêche qu'ils ne souffrent d'un feu corporel. Le Père en
donne une raison curieuse, qui a été reproduite par
Arnauld[1]. Ils peuvent, dit-il, être unis au feu comme
nos esprits sont unis à nos corps, non de manière à
l'animer, mais de manière à souffrir par suite de cette
union. Il n'y aurait rien là de plus merveilleux que
dans l'union actuelle des esprits et des corps, union
qui constitue les animaux, les hommes eux-mêmes et
dont nous sommes si loin d'avoir pénétré le secret.

Quoi qu'il en soit, les damnés souffriront, soit au
moral, soit au physique, les tourments les plus affreux.
Privés de Dieu, qui est la vie de l'âme, comme l'âme
est la vie du corps, ils seront frappés de ce que l'Écri-

---

[1] *Log. de Port-Royal*, 1re part., ch. IX.

ture appelle énergiquement la seconde mort. En proie,
dans leur sensibilité, à des souffrances que leur volonté repoussera et contre lesquelles elles se raidira
en vain, ils seront à jamais divisés avec eux-mêmes,
et nourriront au fond de leur être une guerre éternelle[1].

Les hommes vertueux, au contraire, en possession
de corps désormais immortels et incorruptibles, joui-
ront d'un bonheur tel que l'œil n'a jamais rien vu, que
l'oreille n'a jamais rien entendu qui puisse lui être comparé. Chacun de nous cessera d'être en guerre avec
lui-même et avec les autres, parce que Dieu comman-
dera souverainement à l'âme comme l'âme au corps.
Trouvant autant de charme dans l'obéissance que de
félicité dans le commandement, l'âme vivra, sous les
lois salutaires de l'ordre pleinement réalisées, au sein
d'une paix ineffable encore augmentée par la certitude
qu'elle ne finira point. Ce sera vraiment et dans toute
la force du terme, à la suite des six âges laborieux et
tourmentés que la race humaine aura traversés depuis
Adam, ce sera le jour du repos éternel, le grand sabbat
qui n'aura pas de soir.

Les corps transformés et glorieux étaleront aux regards des formes harmonieuses dont les types les plus
parfaits de la terrestre beauté ne peuvent donner qu'une
idée grossière. Devenus souples et dociles aux ordres
de la volonté, ils se transporteront avec une célérité
prodigieuse sur tous les points de l'espace qu'il nous

---

[1] *De Civ. Dei*, l. XIX, c. 28; l. XXI, c. 10.

plaira de visiter, et emporteront partout avec eux les joies du paradis [1].

Du sein de leur bonheur, les élus se souviendront pourtant de leurs souffrances passées, mais ils s'en souviendront d'un souvenir purement intellectuel, qu'aucun élément sensible ne viendra altérer; ils s'en souviendront sans en souffrir. C'est ainsi que le médecin connaît les maladies lors même qu'il ne les éprouve pas. Le contraste qu'ils verront entre leurs misères antérieures et leur félicité présente, leur fera savourer cette dernière avec plus de plaisir, et les portera plus vivement encore à louer Dieu qui en sera l'objet et le principe.

Il est certain que la félicité de tous les élus ne sera pas égale, et qu'elle variera avec chacun d'eux. Cependant Dieu, qui se communique à tous pour leur servir d'aliment et pour les animer de sa vie, les unira d'une union si intime, qu'ils ne s'envieront point les uns les autres, pas plus que, dans l'économie de notre corps, le pied n'envie l'œil ou que l'œil n'envie la main. Tous les vices qui nous souillent ici-bas et qui altèrent la pureté de notre nature, seront inconnus dans cette vie nouvelle. Ils seront effacés par les effluves de la grâce que Dieu versera sur nous, et par notre union avec cet être ineffable, auquel nous participerons sans toutefois nous identifier avec lui ; car Augustin cherche à sauve-

---

[1] *Ubi volet spiritus, ibi protinus erit corpus.* (*De Civ. Dei*, l. XXII, c. 30). — *In ipso homine lætitia quædam bonæ conscientiæ paradisus est.* (*De Gen. ad litt.*, l. XII, c. 34.)

garder jusque dans le ciel la personnalité humaine,
et n'admet pas la doctrine panthéistique de l'absorp-
tion de toutes les âmes dans l'unité divine. Les élus
seront libres, et pourtant ils ne pécheront pas; car il
y a, nous l'avons vu, deux sortes de liberté: celle qui
consiste à pouvoir pécher ou ne pas pécher, et celle
qui consiste à ne pouvoir pécher. Comment serions-
nous tentés de faillir et de nous éloigner du Bien suprême, quand nous le verrons face à face et que nous
en goûterons la douce possession? Car l'Écriture nous
apprend que tous ceux qui auront le cœur pur, c'est-
à-dire tous les élus, verront Dieu[1].

Cependant nous ne pourrons pas, même alors, comprendre et embrasser dans toute sa plénitude l'essence
de l'être divin. Pourquoi? Parce qu'elle est sans limites,
et qu'elle se dérobe, par son immensité même, à la
capacité de notre esprit. Il y a bien de la différence,
Augustin l'a remarqué avant Descartes, entre connaître
une chose et la comprendre. Connaître une chose, c'est
la saisir tant bien que mal; la comprendre, c'est la saisir tout entière et de manière qu'aucune de ses parties
ne nous échappe. Je connais Dieu, mais je ne le comprends pas, parce que mon esprit borné ne saurait
égaler un esprit qui est sans bornes[2].

Les poëtes anciens n'avaient trouvé, pour décrire le
bonheur réservé à la vertu, que des traits vulgaires et
des couleurs communes. Homère et Virgile, si féconds

---

[1] *De Civ. Dei*, l. XIX, c. 27; l. XXII, c. 30.
[2] *Ep.*, CXLVII, c. 9.

quand il s'agit de dépeindre les peines des criminels, sont d'une rare stérilité quand ils parlent des récompenses destinées aux gens de bien: ils ne savent, suivant l'expression d'un écrivain illustre, que faire jouer de la flûte ces ombres heureuses[1]. Augustin, inspiré par une religion plus noble et plus sainte, conçoit une autre félicité que celle des sens et d'autres plaisirs que ceux dont ils sont la source. Il nous montre les bienheureux dans leur ciel mystique, revêtus de leurs corps glorieux, vivant par l'amour et par l'intelligence, et faisant de la lumière éternelle, de la vérité incorruptible, leur unique aliment. On dirait ces figures aériennes, éthérées, angéliques, dont la peinture du seizième siècle a si bien rendu la beauté idéale et toute spirituelle, ou ces ombres divines que l'imagination chrétienne de l'auteur du *Télémaque* fait errer dans les bocages païens de l'Élysée.

Toutefois il ne faut point s'y méprendre. Ces idées, bien qu'étrangères à la poésie des peuples anciens, n'avaient point été étrangères à leur philosophie. Platon les développe dans quelques-uns de ses dialogues avec une admirable grandeur. Il dépeint les âmes heureuses planant avec délices dans les hauteurs de l'empyrée, baignées de la lumière de ce soleil intelligible qui épanche de toutes parts la fécondité et la vie, et se nourrissant de cette vérité dont l'ambroisie n'était que le vain emblème. Je ne sais dans quel livre sacré on trouverait le séjour céleste représenté avec des teintes

---

[1] Montesquieu, *Lettres persannes*, lettre 125.

plus immatérielles, le suprême bonheur plus formellement placé dans la vie morale, Dieu et l'idéal plus complétement identifiés, que dans les pages bien connues
du *Phèdre*. Je ne sais quel auteur hébreu a mieux parlé
de Dieu que le philosophe qui le représente comme
une essence sans couleur et sans forme, invisible et
impalpable, ne pouvant être contemplée et conçue
que par l'intelligence. C'est toujours à Platon qu'il faut
remonter, en métaphysique comme en morale, quand
on cherche l'origine des grands courants d'idées qui
traversent l'histoire. C'est vraiment l'Homère de la philosophie; car c'est chez lui qu'ont puisé tous ceux qui
l'ont suivi : c'est l'Océan, comme on l'a dit, du grand
poëte grec, où les fleuves et les fontaines prennent leur
source.

Quant à la question de savoir si ces spéculations sont
aussi solides que brillantes, nous ne nous chargeons
pas de la résoudre. Sans croire avec certains auteurs à
l'impuissance absolue de la raison, nous croyons à son
impuissance actuelle touchant les matières dont il
s'agit.

Que le chrétien ferme l'Évangile, que l'homme de
sentiment calme les mouvements de son cœur, que
l'homme d'habitude se dépouille de toute idée précon-
çue, et que chacun d'eux s'interroge sincèrement lui-
même. Qu'il demande à sa seule intelligence quel sera
l'état de l'âme dans la vie future, et il verra qu'à une
question si haute toute réponse certaine est impossible.
Le monde futur est un monde scellé, dont les secrets
sont interdits à notre esprit comme à nos yeux: nous

ne saurions les surprendre sans mourir. Jusque-là
nous ne pouvons que répéter le monologue d'Hamlet,
et y répondre suivant les inspirations de notre cœur ou
suivant les enseignements de notre foi : la destinée de
l'âme après la mort est un objet de croyance et non de
science [1].

---

[1] Voir sur ce sujet les belles considérations de M. Guizot, *Méditations et études morales*, 1re médit.

CONCLUSION.

Après avoir suivi saint Augustin dans l'étude de tous les phénomènes qu'il a décrits et dans l'examen de toutes les questions qu'il a traitées, il ne nous reste plus qu'à rappeler en quelques pages les principaux résultats, soit historiques, soit dogmatiques, auxquels nous avons abouti.

Pour le lecteur qui attache plus d'importance à l'histoire des idées qu'à celle des faits, et qui tient plus à savoir ce qu'un grand esprit a pu penser que ce qu'un homme grossier, à la tête de quelques hommes encore plus grossiers, a pu accomplir, il y a dans l'exposé qui précède des observations et des vues vraiment dignes de considération, et dont il n'est pas sans intérêt de connaître l'origine, l'influence et la valeur.

Augustin avait étudié avec ardeur Platon et les philosophes d'Alexandrie. Ils firent même sur lui (c'est un point qui a été parfaitement établi de nos jours[1]) une impression si profonde qu'ils contribuèrent puissamment à le ramener au christianisme, à cause de l'analogie qu'il trouva entre leurs doctrines et les doctrines chrétiennes. Plus tard, il rejeta quelques-unes de leurs opinions qui étaient manifestement contraires à la religion; mais quant à celles, en beaucoup plus

---

[1] M. Saisset, Introduction de la *Cité de Dieu*.

F.   30

grand nombre, qui lui étaient favorables ou qui étaient
indifférentes, il les conserva toujours, et saisit toutes
les occasions de les développer comme des vérités incontestables.

Ainsi, pour nous en tenir à la psychologie, il com-
battit et dut combattre la théorie de la préexistence de
l'âme, ainsi que celle de la réminiscence qui lui sert de
fondement; car elles rendaient inutile le péché originel
sur lequel repose le christianisme tout entier. Il re-
poussa également la doctrine de la métempsycose, qui
se lie étroitement aux précédentes, et qui ne pouvait
s'accorder ni avec le dogme de la résurrection des corps,
ni avec celui des récompenses et des peines éternelles.
Quant à l'amour, que Platon érigeait en vertu et dont il
faisait le principe le plus efficace de notre perfectionnement, Augustin le regarde comme un vice, et crut y
voir la source de toutes nos misères. Sur la plupart des
autres points, le saint évêque se montre platonicien, et
semble prendre à tâche d'enrichir l'Église des dépouilles
de l'Académie.

Ce qui fait la grandeur d'un psychologue et son mérite éminent, c'est d'avoir une conception totale de la
vie, cette conception fût-elle fausse, parce qu'il importe, au point de vue de la science comme à celui de
l'art, que les observations particulières s'accordent entre
elles et se groupent comme autour d'un certain centre
commun, de manière qu'on les saisisse à la fois en elles-
mêmes et dans leurs rapports. Augustin possède une
conception de ce genre, mais il la doit, du moins en
partie, à Platon. Se plaçant à égale distance des déistes,

qui séparent l'homme de Dieu, et des panthéistes, qui l'absorbent en lui, le philosophe et le Père maintiennent l'un et l'autre la personnalité humaine en face de la personnalité divine, sans briser toutefois le lien qui les unit. Venue de Dieu, suivant eux, sans être sortie de lui, semblable à Dieu sans être identique avec lui, l'âme ne déchoit qu'en s'éloignant de lui par les sens et par la concupiscence, et ne se relève qu'en se portant vers lui par la raison et par la charité. Alors même que, délivrée des misères de sa condition présente, elle est revenue à cet Être qui est à la fois son principe et sa fin, elle s'unit plus intimement à lui sans se confondre avec lui, et conserve jusque dans le sein de l'unité absolue son caractère individuel.

Ce n'est pas seulement dans l'ensemble, mais encore dans les détails du système, que s'accuse la filiation de la psychologie augustinienne à l'égard de la psychologie platonicienne.

Comment Augustin conçoit-il l'âme humaine? Comme une substance à la fois divisible et indivisible, présente tout entière à tout le corps et à chacune de ses parties, non d'une présence de lieu, mais d'une présence d'action. Comment prouve-t-il qu'elle est distincte des organes? Par la nécessité d'un principe unique et central auquel les diverses perceptions aboutissent; par l'impossibilité de faire résider les idées sensibles et encore plus les idées morales dans un sujet matériel; par le pouvoir que l'âme possède de s'abstraire du corps, de le soustraire aux impressions qu'il éprouve, de le maîtriser et au besoin de l'immoler à une croyance. Or ces

idées et ces preuves sont précisément celles que Plotin
a développées dans ses *Ennéades.*

C'est également Plotin, si ce n'est pas Platon lui-
même, qui fournit à Augustin ses principaux arguments
en faveur de l'immortalité de l'âme, et en particulier
celui qui se fonde sur l'union de l'âme avec les vérités
éternelles, et celui qui s'appuie sur l'identité de l'âme
et de la vie. Sur cette question, nous l'avons dit, Augustin est dépourvu de toute originalité.

Ses vues sur les facultés de l'âme sont aussi empruntées, en grande partie, au philosophe alexandrin. Plotin avait dit, avant lui, que l'âme n'est pas passive, mais
active, dans la sensation; que le corps seul pâtit et que
tout le rôle de l'âme consiste à s'en apercevoir; il avait
distingué, avant lui, la mémoire spirituelle de la mémoire sensible; il avait prétendu, avant lui, que l'âme
sait sans y penser et possède des idées à l'état latent; il
avait supposé, avant lui, que la mémoire sensible pourrait bien s'évanouir dans les essences supérieures, c'est-
à-dire, comme s'exprime Augustin, dans les élus et
dans les créatures angéliques.

C'est encore Platon et Plotin qui ont enseigné à Augustin cette grande théorie des idées à laquelle il attache un si haut prix, et dont il fait le centre de toute
sa philosophie. C'est dans leurs écrits qu'il a lu la
ravissante description de l'amour pur et la mystique
identification du Bien absolu avec l'Être suprême; c'est
dans les *Ennéades* qu'il a puisé l'importante division de
la vie de l'âme en vie de l'âme dans le corps, vie de
l'âme dans l'âme, vie de l'âme dans Dieu, ainsi que

la curieuse théorie de la conversion qui en est la conséquence.

En présence de ressemblances aussi nombreuses et aussi frappantes, l'historien qui cherche à classer les hommes et les systèmes d'après leurs caractères essentiels, est bien obligé de ranger saint Augustin, considéré comme psychologue, dans la catégorie des platoniciens, ou plus exactement des plotiniens, tout en reconnaissant que son plotinianisme est modifié sur quelques points par son christianisme.

Ce n'est pas qu'Augustin soit dépourvu d'originalité, et n'ait pas d'idées qui lui soient propres. Sa polémique sur l'origine de l'âme révèle un esprit plein de fécondité et de ressources ; les preuves qui établissent son unité paraissent plus décisives et plus concluantes sous sa plume que sous celle de Porphyre ; la manière dont il maintient l'individualité de cette substance distingue avantageusement ses doctrines de celles de Plotin, qui ne sait pas envisager sans vertiges l'abîme du panthéisme, et qui finit par s'y engloutir. Ce n'est pas non plus pour lui un petit mérite d'avoir aperçu peut-être le premier le rôle créateur de l'imagination, et d'avoir décrit son action sur le rêve, l'hallucination, l'extase et les autres phénomènes anormaux. Quelle finesse et quelle nouveauté tout ensemble dans son analyse de l'association des idées, dans sa théorie des lois de la mémoire, et dans ses observations sur la dégradation insensible de nos souvenirs ! Avec quelle vérité et quelle vivacité tout ensemble il dépeint nos sentiments les plus cachés et les plus intimes ! Avec quelle justesse enfin

et quelle solidité il appuie la connaissance humaine
tout entière sur un seul fait de conscience en procla-
mant son fameux: *Si je me trompe, je suis!*

Ajoutons que les doctrines que Plotin avait revêtues
d'un style abstrait, obscur, barbare, hérissé de formules
et rebutant pour le lecteur, se déroulent pleines de netteté, de vie et de charme sous la plume souple et brillante de saint Augustin. On n'aurait qu'une idée inexacte
de la manière dont il transforme et fait valoir le philosophe d'Alexandrie, si on le comparait à Malebranche
ornant de tout l'éclat d'une imagination animée et piquante les spéculations sévères de Descartes; car, après
tout, Descartes était méthodique et clair. Pour en avoir
une idée juste, il faut redescendre jusqu'à notre époque,
et se représenter le plus illustre promoteur de la philosophie contemporaine transformant les théories abs-
truses de Maine de Biran ou de Hegel, et jetant sur
elles toutes les grâces et tous les enchantements d'un
magnifique langage.

En s'appropriant les idées de la philosophie grecque
et surtout de la philosophie platonicienne condensées
dans les *Ennéades,* en y ajoutant les vues que lui four-
nissait un génie facile et heureux, et en relevant un
fonds si abondant et si riche par tous les prestiges de
l'élocution, saint Augustin a dû exercer une grande
influence sur les penseurs qui lui ont succédé. Directement ou indirectement, Descartes lui emprunte
cette méthode d'observation intérieure que personne
n'avait ni mieux pratiquée ni aussi bien décrite que
lui; il fait sortir de son *Si fallor, sum,* le *Cogito, ergo*

sum, qui contient en germe le cartésianisme tout entier, et prouve, à son exemple, la spiritualité de l'âme
par l'idée de l'âme elle-même conçue comme une chose
qui pense. Malebranche s'appuie sur son autorité pour
établir sa grande distinction de l'union de l'âme avec
le corps et de son union avec Dieu; il lui prend, ce qui
en est la conséquence, la division de l'entendement en
sens et entendement pur, et de la volonté en passions
et inclinations; de ses principes bien ou mal interpré-
tés, que le corps ne peut pas agir sur l'âme et que l'âme
est en rapport direct avec les intelligibles, il tire sa
double hypothèse des causes occasionnelles et de la vision en Dieu, et crée tout un cartésianisme mystique
et idéaliste qu'on ne peut mieux caractériser qu'en l'ap-
pelant cartésianisme augustinien. C'est à lui qu'Arnauld
doit, indépendamment d'une foule d'aperçus de détail,
toute sa doctrine du libre arbitre; c'est d'après lui que
Bossuet[1] prouve la spiritualité et l'immortalité de l'âme;
que Fénelon décrit les merveilles de la mémoire; que
Leibniz imagine l'hypothèse des notions insensibles; que
tous ils proclament, sous des formes diverses, la théorie de la raison et des idées innées. C'est à son école
que les solitaires de Port-Royal contractent ces habitudes d'observation sagace et pénétrante, qui font si fort
goûter leurs ouvrages au dix-septième siècle et qui leur
donnent encore aujourd'hui tant de prix. C'est là peut-
être que le plus illustre d'entre eux, Pascal, puise, avec

---

[1] L'influence que saint Augustin a exercée sur Bossuet, a été admirablement caractérisée par M. Villemain, *Tabl. de l'éloq. chrét.
au quatrième siècle*, p. 504.

l'énergique sentiment de la grandeur et des misères de l'homme, ainsi que des ténèbres de sa destinée, ces traits de lumière qui en éclairent si vivement les sombres profondeurs.

D'ailleurs, à les prendre en eux-mêmes et dans leur ensemble, les travaux psychologiques d'Augustin sont de la plus haute valeur, et j'en vois bien peu qu'on puisse leur comparer. Ainsi, si je rapprochais sa psychologie de celle de Descartes, ce ne serait peut-être pas à cette dernière que je donnerais la préférence. Elle est sans doute plus neuve et plus hardie que celle de saint Augustin; mais est-elle aussi complète et aussi vraie?

Descartes a analysé les passions humaines, avec un rare talent d'observation, dans un ouvrage spécial où il mêle la physiologie à la psychologie, pour éclairer toutes les faces de cet intéressant sujet. Il a traité, avec une remarquable vigueur de génie, de la spiritualité du principe pensant dans ses *Méditations* et dans ses réponses aux objections qu'elles provoquèrent. Cependant je ne sais pas si la peinture, prise sur le vif, des divers sentiments de l'homme, telle qu'on la trouve dans saint Augustin, avec les détails familiers qui la diversifient, et parfois le souffle platonicien qui l'anime et fait éclater aux yeux les plus nobles côtés de notre nature, ne soutient pas le parallèle avec le tableau exact, mais un peu vulgaire tracé par Descartes, et les hypothèses d'une physiologie surannée qui lui servent de cadre. Quant à la spiritualité de l'âme, les preuves nombreuses que saint Augustin apporte successivement à l'appui de cette vérité avec autant de clarté que de force, produisent dans l'esprit, on en conviendra, une conviction au moins aussi ferme que l'argument unique par lequel Descartes prétend l'établir.

Voilà pour les passions et pour la spiritualité de l'âme, qui sont les deux points dont Descartes, considéré comme psychologue, s'est le plus occupé. Mais que dit-il de l'origine de l'âme? Rien. De son immortalité et de son état après cette vie? Rien ou presque rien. Il parle quelquefois de la mémoire, de l'imagination, du libre arbitre; mais qu'on cherche dans ses ouvrages les éléments d'une théorie sérieuse de chacune de ces facultés : on ne les trouvera pas. Sur l'entendement même il émet des vues incomplètes et contradictoires; sa théorie des idées innées manque à la fois d'étendue et de profondeur[1], et pâlit à côté de la théorie de la raison de l'évêque d'Hippone.

Que dire de la manière différente dont nos deux auteurs conçoivent la nature de l'âme? Pour Descartes, elle est simplement une substance; pour Augustin, elle est à la fois une substance et une force. Or c'est là une distinction si importante, si capitale, que Leibniz se vantera un jour d'avoir réformé toute la philosophie en réformant l'idée de substance. Et qu'est-ce que cette réforme de Leibniz? Un retour à l'idée de saint Augustin.

Par suite de cette fausse conception de l'âme, Des-

---

[1] C'est l'opinion de M. Bouillier qui est cependant un des plus ardents admirateurs de Descartes. Consulter son *Histoire de la philosophie cartésienne*, t. Ier, p. 101.

cartes brise l'unité de la vie anthropologique qu'Augustin avait si bien établie, et dont il avait si complaisam-
ment marqué les gradations harmonieuses. Entre l'âme
et le corps, il creuse un abîme que ses successeurs cher-
cheront plus tard à combler par d'inacceptables hypothèses. A la même conception se rattache l'idée bizarre
qu'il se fait de l'animal, niant ou expliquant mécanique-
ment les actes psychologiques les plus incontestables,
et préparant, par son hypothèse de l'animal-machine,
celle de l'homme-machine qui devait en être la conséquence.

En un mot, si j'interroge Descartes, ce fondateur de
la psychologie, comme on l'a si souvent appelé, sur les
principales questions que la psychologie se pose, il ne
répond qu'à un bien petit nombre, et parmi les réponses qu'il me fait, il en est qui sont aussi contraires
au bon sens qu'à la science, tandis qu'Augustin essaie,
non sans succès, de me satisfaire sur toutes, et que ses
solutions, même les moins heureuses, ont encore quelque chose de plausible. Aussi la pensée suivante de
Fénelon, appliquée à la psychologie de ces deux auteurs, ne me semble pas uniquement inspirée par ses
préventions d'homme d'église : je la trouve soutenable
jusqu'à un certain point : « Si un homme éclairé rassem-
blait dans les livres de saint Augustin toutes les vérités
sublimes que ce Père y a répandues comme par hasard,
cet extrait fait avec choix, serait très-supérieur aux *Méditations* de Descartes, quoique ces *Méditations* soient le
plus grand effort de l'esprit de ce philosophe [1]. »

---

[1] Fénelon, *Lett. sur la métaph.*, lett. 4e.

Il y a quelques années, avant que le vaste mouvement d'études philosophico-historiques, si puissamment
inauguré par M. Cousin, eût embrassé l'antiquité tout
entière, notre génération croyait presque avoir inventé
la psychologie, et consentait tout au plus à en faire
remonter l'origine aux philosophes écossais et à Descartes. On voit cependant qu'un théologien du quatrième siècle, sans compter les grands philosophes de la
Grèce, avait porté dans cette science, regardée naguère
comme si nouvelle, une pénétration et une profondeur
qu'aujourd'hui même peu d'auteurs ont égalées. Que
l'on considère la psychologie dite rationnelle, qui fait l'é-
ternel objet des discussions des métaphysiciens, ou que
l'on envisage la psychologie expérimentale, qui est le
propre domaine des moralistes et la solide richesse que
se transmettent les sages des diverses époques, Augustin a tout vu, tout examiné, tout scruté : rien d'important n'a échappé à son vaste et profond regard. Il
n'y a pas jusqu'aux idées qui paraissent les plus particulières à notre temps dont il n'ait eu, sinon la claire
connaissance, du moins la vague intuition. M. Cousin
et M. Jouffroy ont beaucoup insisté sur la connexité
des questions et des faits, sur la nécessité de passer par
l'étude de ceux-ci pour résoudre celles-là, et de faire
de la psychologie comme le vestibule de la métaphysique. Or cette nouvelle méthode, que ces deux illustres
maîtres indiquaient avec confiance aux penseurs de
l'avenir, saint Augustin l'avait pratiquée, sans en donner, il est vrai, la théorie. Dans quel but étudie-t-il si
profondément la sensation dans son traité *De la gran-*

deur de l'âme? Pourquoi pousse-t-il si avant, dans d'autres écrits, l'analyse des idées spirituelles et des idées intellectuelles, comme il les nomme? Ce n'est pas simplement pour connaître ces phénomènes en tant que phénomènes; c'est pour résoudre, en les étudiant, la question toute métaphysique de la spiritualité de l'âme.

Bien que la philosophie moderne ait déjà puisé fort largement dans les écrits du grand évêque d'Hippone, comme on l'a vu par les détails qui précèdent, il y a encore dans ses ouvrages bien des richesses précieuses et qu'il nous serait facile de nous approprier. De ce nombre sont les preuves de la spiritualité de l'âme par le sentiment, par les images corporelles et par les idées pures de l'esprit, preuves qu'il a exposées avec autant de vigueur que de grâce. Ses vues sur la nature de l'âme humaine et sur ses rapports avec l'âme de l'animal me paraissent aussi mériter une sérieuse attention, et seront chaque jour mieux appréciées à mesure que le leibnizianisme gagnera parmi nous plus de terrain sur un cartésianisme étroit. J'en dirai autant de sa théorie de la mémoire et de l'imagination presque tout entière. Il y a là un ensemble d'aperçus qui, sans être tout à fait nouveaux, sont présentés d'une manière si naturelle, si vive, si inattendue, qu'ils seraient très-propres à rajeunir ces parties intéressantes de la science de l'homme. Ses idées sur l'amour en général, sur l'amour du monde et sur l'amour divin en particulier ont le même caractère.

De plus, la méthode de saint Augustin, qui consiste

d'ordinaire à aller du dehors au dedans, des faits extérieurs aux faits intérieurs qui les expliquent, ne pourrait, si elle était naturalisée parmi nous, que développer dans les jeunes esprits l'heureuse disposition à
faire sur tout et à propos de tout, de la psychologie,
j'entends une psychologie libre, capricieuse, variée,
qui serait pour eux le plus aimable apprentissage de la
vie et qui les romprait utilement à l'exercice viril de la
réflexion.

Nous vivons à une époque où l'érudition tend à
prendre des développements de plus en plus considérables, et nous ne songeons pas à nous en plaindre,
car nous croyons qu'elle jettera plus tard sur notre
nature de très-vives lumières. Mais nous pensons qu'à
côté d'elle, il est bon de maintenir ce que Montaigne
appelait la sagesse, c'est-à-dire cet heureux équilibre
de nos facultés qu'il opposait, par son exemple autant
que par ses préceptes, à l'érudition intempérante de
son siècle : il faut chercher à obtenir, comme le disait
ce grand moraliste, des têtes bien faites plutôt que
bien pleines : l'éducation de l'esprit est achevée, dès
que ce résultat est atteint. Or le meilleur moyen de
l'atteindre, c'est l'étude de l'homme moral, telle que
saint Augustin l'a comprise. Elle développe mieux que
toute autre la raison et la réflexion, parce qu'elle nous
force constamment à nous replier sur nous-mêmes et
à y chercher la raison des choses. C'est là la haute culture qui convient à ceux qui ne veulent pas s'enfermer,
comme des manœuvres, dans l'horizon étroit d'une spécialité, qui aspirent à s'élever jusqu'à la région des idées

générales, et à émettre des jugements motivés sur l'ensemble des choses humaines : c'est l'étude libérale par excellence, celle des hommes libres.

D'ailleurs la psychologie, à l'envisager en elle-même, vaut bien la peine qu'on s'en occupe, et qu'on exhume, pour l'enrichir, tous les trésors du passé. On dit chaque jour que l'un des plus grands mérites de Molière et de Racine, de Tacite et de Saint-Simon, est la connaissance du cœur humain. Or la connaissance du cœur humain est-elle une chose, et la psychologie une autre? S'il y a entre elles quelque différence, elle est toute à l'avantage de cette dernière. Qui dit connaissance du cœur humain dit un certain nombre d'observations plus ou moins justes et profondes, mais qui peuvent être isolées et sans lien entre elles; qui dit psychologie dit un ensemble d'observations qui, outre le mérite des précédentes, ont encore celui d'être fortement systématisées, de s'éclairer mutuellement, et d'éclairer tout le reste.

Dans un beau travail sur le scepticisme de Kant[1], M. Maurial remarque très-bien que tout le système de ce philosophe repose non pas, comme on le croit vulgairement, sur quelques antinomies usées et sur l'argument banal, qu'il est impossible de prouver la légitimité de la raison, mais sur une certaine théorie de la connaissance. Cela revient à dire que c'est de sa psychologie que tout dépend et que sa logique tout entière y est engagée. Ainsi le sceptique le plus redoutable qui

---

[1] *Le scepticisme combattu dans ses principes.* — Paris, chez Durand, 1857.

ait jamais paru a jeté sur le terrain de la psychologie le fondement de ses spéculations, et c'est à sa psychologie qu'il faut s'attaquer, si l'on veut renverser son système.

Qu'a fait dernièrement un célèbre philosophe de notre époque[1], quand il a battu en brèche avec tant d'éclat l'empirisme, le spiritualisme et l'idéalisme, afin d'établir sur leurs ruines ce qu'il nomme la métaphysique positive ? Il a fait une analyse et une critique de la sensibilité, de l'entendement et de la raison, c'est-à-dire une étude essentiellement psychologique. Il a pensé que c'était démontrer l'inanité de ces systèmes que de démontrer l'inanité des théories qu'ils contiennent sur chacune des facultés de l'âme.

Depuis Descartes jusqu'à nos jours, la psychologie a constamment gagné du terrain. Le père de la philosophie moderne s'arrête à peine aux phénomènes de conscience : ils ne sont pour lui qu'un point d'appui qu'il repousse bien vite pour s'élever à des spéculations pleines à la fois de témérité et de grandeur. Locke s'y arrête davantage, et son ouvrage est la plus admirable tentative qui eût été faite jusqu'à lui pour asseoir la logique sur la base de la psychologie. Kant renchérit encore sur ces deux philosophes. Il regarde comme non avenus les travaux de ses prédécesseurs, parce qu'ils ont fait de l'ontologie, au lieu de faire de la psychologie, et ont pris pour centre de leurs recherches les objets pensés, et non pas le sujet pensant.

[1] M. Vacherot, La *Métaphysique et la science.*

C'est donc à tort que certains écrivains ne veulent voir dans la psychologie qu'une science étroite et stérile : c'est, suivant nous, de toutes les sciences philosophiques la plus large et la plus féconde. C'est pourquoi nous croyons qu'il importe de l'organiser d'une manière définitive en recueillant les principaux résultats du passé[1] et en préparant ceux de l'avenir. L'entreprise peut être difficile, mais ce n'est pas une raison pour y renoncer. Il serait honteux pour ceux qui s'occupent de la science de l'homme de désespérer d'elle et de la croire condamnée à l'immobilité, au milieu du mouvement de plus en plus accéléré qui emporte, autour d'eux, les sciences de la nature. L'homme est un être comme un autre. On doit pouvoir l'étudier comme un minéral, comme un végétal, comme un animal, et arriver sur ce sujet si important, puisqu'il est le plus élevé en dignité et qu'il est nous-mêmes, à un ensemble d'idées positives. Si l'on n'y réussit pas, c'est sans doute que l'on s'y prend mal. Que faire alors ? S'y prendre mieux, c'est-à-dire adopter une autre méthode ou améliorer celle que l'on a.

II.

L'observation intérieure qu'on a tant préconisée de nos jours, et qui est devenue la méthode hautement

---

[1] Consulter là-dessus les excellents *Essais de logique* de M. Waddington, p. 446. On y verra de quelle importance est l'histoire de la psychologie.

avouée de la psychologie contemporaine, offre certainement des avantages sérieux et qu'il y aurait de l'injustice à nier. C'est la seule méthode qui nous fasse connaître les phénomènes de l'âme directement et en
eux-mêmes; les autres ne nous les révèlent qu'indirectement et dans leurs signes. C'est assez dire que la première, à la considérer seulement comme un moyen de
saisir des faits particuliers, évidents et certains, se
suffit à elle-même, tandis que les secondes ont besoin
d'elle; car l'intelligence d'un signe suppose la connaissance de la chose signifiée. Cette méthode est également
d'un grand secours, pour nous faire deviner ce qui se
passe dans les autres, d'après ce qui se passe en nous.
Une émotion vive que nous éprouvons, une passion vio-
lente qui s'empare de nous, nous en apprennent plus
sur les passions et les émotions de l'espèce que les plus
belles descriptions des moralistes, et éclairent, à nos
yeux, ces descriptions elles-mêmes d'un jour tout nouveau. Le meilleur commentaire des peintures du cœur,
c'est le cœur. Aussi, quand on relit, au bout de quelques années, Montaigne ou La Bruyère, on est étonné
des découvertes qu'on y fait. Telle phrase sur laquelle
le regard avait glissé dix fois, sans s'y arrêter, se détache tout à coup à nos yeux, au milieu d'une page,
comme l'expression d'une pensée admirable de justesse
ou de profondeur. C'est que, dans l'intervalle de nos
lectures, nous avons vécu. Jeunes, nous comprenions
déjà vaguement la plupart des sentiments décrits par
le moraliste, parce que nous les avions en nous en
puissance, et que la puissance, comme Leibniz le re-

F.   31

marque, ne va jamais sans quelques effets. Plus âgés,
nous avons connu ces sentiments actualisés dans notre
cœur, et nous pouvons juger, non pas par un pressen-
timent sourd, mais par une expérience positive, de
l'exactitude des peintures que l'on nous en trace. Pour
faire ces peintures, il est encore plus nécessaire d'avoir
connu en soi les sentiments dépeints que pour en juger.
Un écrivain éminent, qui a laissé échapper plus d'une
boutade contre l'observation intérieure appliquée à la
connaissance de l'homme, rend involontairement hommage à la méthode qu'il dédaigne, quand il dit que,
pour écrire l'histoire des religions, il faut avoir été religieux[1]. Qu'est-ce à dire, sinon que les faits religieux
n'ont pas de sens pour qui n'en considère que le côté
extérieur et matériel, et n'en a point saisi en lui-même
le côté spirituel et intime?

Cependant l'observation interne, réduite à elle seule,
ne suffit pas, suivant moi, pour constituer et achever
la science de l'homme. Elle ne peut produire des résultats positifs, étendus, décisifs, qu'à la condition d'avoir
pour auxiliaires l'observation sociale et l'observation
physiologique.

L'observation intérieure porte sur un seul sujet, qui
est moi. Or, malgré les ressemblances qu'il y a entre
moi et les autres hommes, il y a aussi entre nous des
différences. Par conséquent je suis exposé, en m'obser-
vant sans les observer et sans me comparer à eux, à
généraliser des déterminations qui me sont propres, et

---

[1] M. Ernest Renan, *Etudes d'hist. religieuse*, Préface.

à étendre à l'espèce des dispositions qui n'appartiennent qu'à un individu. Si je suis poltron, je me représenterai les hommes comme incapables d'envisager la mort en face et comme prêts à fuir à la moindre apparence de péril; si je suis avare, je les peindrai attachés à leur or, au point de lui sacrifier leurs parents, leurs amis, leur santé et leur vie; si je suis intempérant, je croirai que leurs plus belles résolutions de sobriété s'évanouissent à la vue d'une table somptueusement servie. Il n'y a que le spectacle de la société qui puisse m'apprendre à ne pas faire du penchant dominant de ma nature individuelle le penchant dominant de la nature humaine.

En même temps que l'observation interne exclusivement consultée, si cette consultation exclusive était possible, nous ferait exagérer certains sentiments, il en est d'autres qu'elle nous porterait à méconnaître ou à amoindrir.

Un homme d'un esprit cultivé, mais dont l'âme n'aura jamais été remuée par le sentiment religieux, aura bien de la peine à lui faire une place, et une place considérable, dans ses théories psychologiques comme dans ses spéculations sociales. S'il ne le regarde pas comme une chimère, il le regardera comme une faiblesse, qui n'existe que par la fourberie des uns et la duperie des autres. Les enseignements de l'histoire et la vue des grandes commotions politiques peuvent seuls lui en révéler la vitalité et la grandeur.

Un observateur d'un caractère tranquille et débonnaire comprendra-t-il la passion de la vengeance, avec

ses emportements fougueux, ses fureurs impitoyables,
ses jouissances homicides? Se fera-t-il une idée juste
et complète de la jalousie avec ses frémissements con-
centrés, ses brusques éclats et ses soudains revirements?
Pourra-t-il deviner les rêves de grandeur qui tourbil-
lonnent dans une tête ambitieuse, les noirs projets
qu'elle conçoit, les actes sanglants qu'elle résout?
Roxane, Hermione, lady Macbeth représentent des
parties de l'âme humaine qu'il ne soupçonne pas; car
elles n'existent en lui qu'à l'état d'enveloppement. Il
faut que l'étude des livres et du monde lui apprenne
ce que l'étude de son propre cœur ne lui apprendrait
jamais.

Il en est des opérations de l'intelligence comme des
modifications de la sensibilité. Pour que le psychologue
les voie clairement au dedans de lui, il faut qu'elles y
soient visibles, c'est-à-dire qu'elles y aient acquis un
certain degré de développement; pour qu'il ne les diminue pas dans les autres, il faut qu'il les sente se
produire en lui avec une certaine puissance. Comment
se rendra-t-il compte de la nature du raisonnement
inductif et du raisonnement déductif, comment calcu-
lera-t-il leurs ressources et mesurera-t-il leur portée,
s'il ne les a jamais pratiqués d'une manière suivie et
rigoureuse, et s'il est étranger aux sciences physiques
et mathématiques qui en sont les applications les plus
hautes et les plus fécondes? Évidemment, s'il veut les
analyser avec quelque exactitude, il devra les étudier
dans les ouvrages des esprits éminents qui en ont fait
un usage remarquable.

Comment saura-t-il ce que c'est que l'imagination, et devinera-t-il les merveilles qu'elle peut produire, s'il ne possède cette faculté qu'à un humble degré et s'il n'a jamais été initié à la connaissance des grandes œuvres de la littérature et de l'art? En décrira-t-il bien les écarts, s'il ne connaît que son imagination à lui, qui est aussi réglée, aussi disciplinée que possible, et s'il n'a jamais lu l'histoire du merveilleux, ni entendu parler de l'influence qu'il exerce sur l'esprit des hommes? Plus il sera positif et raisonnable, moins il comprendra, j'ose le dire, cette faculté capricieuse et fantasque en ne l'étudiant qu'en lui-même.

D'où vient que le villageois est enclin à trouver les étrangers bizarres et extraordinaires dans leurs idées et dans leurs mœurs? De ce qu'ayant peu lu et peu voyagé, il se représente l'esprit de l'homme à peu près comme le sien propre, et puise soit en lui, soit autour de lui, c'est-à-dire dans l'observation intérieure et dans une observation sociale fort restreinte, l'idée qu'il a de l'humanité.

N'est-ce pas faute d'une instruction historique suffisante que le Français a si longtemps méconnu les variétés de notre nature, et qu'il a fait du type de sa nation le type de l'espèce? De là les religions mises dans la catégorie des fraudes pieuses, la poésie spontanée des premiers âges regardée comme une œuvre artificielle, l'héroïsme de ces époques reculées traité de dureté et de barbarie, et un froid vernis de politesse banale étendu uniformément sur le fond de l'histoire.

L'observation intérieure m'apprend la réalité de cer-

tains sentiments, mais que me dit-elle de leur origine
et de leur universalité? Rien. Je veux savoir si le patriotisme, si le sentiment de l'honneur, si celui de la
pudeur sont primitifs ou acquis, universels ou particuliers. Qu'est-ce que l'observation intérieure et individuelle pourra me répondre là-dessus? Pour résoudre
ces questions, c'est évidemment aux livres de voyage
et d'histoire que je devrai avoir recours. Là seulement
je pourrai apprendre si telle nation de l'Asie, par exemple, est aussi dépourvue de patriotisme qu'on le prétend; si ce point d'honneur qui fait que deux Euro-
péens s'égorgent pour un soufflet, pour un mot, est
inconnu aux autres nations; si les femmes de Taïti ou
de toute autre contrée sont complétement étrangères
au sentiment le plus délicat de leur sexe. En supposant
que ces diversités soient réelles, j'aurai à rechercher
quelles en sont les causes; quelle part il faut faire
dans tout cela à l'influence de la race, du climat, des
circonstances, de la culture morale et intellectuelle,
c'est-à-dire qu'au lieu de m'en tenir à la connaissance
du moi par le moi, je devrai acquérir des connaissances
étendues sur l'humanité en général.

Adam Smith a prétendu que l'intensité des passions
sociales est en raison directe du nombre des personnes
qui les éprouvent ensemble; un réformateur célèbre a
dit dans un langage assez insolite et assez bizarre, que,
dans une société, les séries sont unies par la papil-
lonne, rivalisées par la cabaliste, surexcitées par la
composite; d'autres ont cherché à établir un rapport
fixe entre certains vices et certaines latitudes; d'autres

enfin ont soutenu que les lumières et la moralité sont de leur nature intimement unies, et que la criminalité diminue dans une agglomération d'hommes à mesure que l'instruction y augmente. Touchant ces lois vraies ou fausses, mais à coup sûr fort importantes de la nature humaine, l'observation intérieure est tout à fait muette. Au contraire, l'observation extérieure et la statistique répondent, et sur quelques points avec une précision telle qu'il est permis d'espérer que l'on arrivera un jour, dans les sciences morales, à une exactitude voisine de celle que l'on obtient dans les sciences physiques.

L'observation interne devrait donc, suivant nous, avoir pour complément l'observation sociale, c'est-à-dire les travaux des historiens et des voyageurs, des économistes et des géographes. Ajoutons-y ceux des orateurs, des poëtes, et jusqu'aux remarques que chacun de nous peut recueillir sur les mille petits faits qui se produisent dans le cercle où il vit. Quelle manière plus intéressante à la fois et plus féconde d'étudier la nature humaine, de saisir le jeu si varié de nos opérations sensitives, que de l'étudier dans Molière et dans Racine, dans Bossuet et dans Massillon, c'est-à-dire dans les chefs-d'œuvre littéraires qui en sont le tableau animé, la reproduction vivante? Quelle meilleure école de psychologie qu'un salon, qu'une assemblée politique, qu'une réunion enfin où les hommes ont des raisons d'amour-propre ou d'intérêt de se pénétrer les uns les autres et en quelque sorte de se percer à jour? L'observation est alors d'autant plus fructueuse qu'elle

est plus active, et d'autant plus active qu'elle est solli-
citée par des mobiles plus énergiques et qu'elle est plus
conforme à notre nature; car notre nature nous pousse
à nous répandre au dehors bien plus qu'à nous replier
au dedans de nous. Aussi c'est dans les cours, dans les
salons, parmi les femmes et les gens du monde, que se
sont formés de tout temps les psychologues les plus
illustres. Socrate, qui fut le premier psychologue de la
Grèce, en était le plus grand causeur; Montaigne pra-
tiquait volontiers cet *art de conférer* dont il nous a
laissé la théorie ; La Rochefoucauld et La Bruyère vi-
vaient dans les meilleures sociétés de leur temps, et il
est probable que plus d'une précieuse observation
échappée à des lèvres féminines a été incrustée par ces
artistes éminents dans l'or pur de leur style.

Mais de tous les moyens de perfectionner et d'agrandir la psychologie, le plus fécond, le plus puissant,
celui que nous avons voulu pour cette raison signaler
en dernier lieu, c'est l'étude de la physiologie. La psychologie sans la physiologie, nous ne craignons pas de
le dire, est une science mutilée. Est-il un seul phénomène de l'âme qui soit complétement indépendant du
corps, qui n'en reçoive ou n'y produise aucune action?
La sensation, la perception, l'imagination, le sentiment sont modifiés par l'état des organes et le modifient à leur tour. Il n'est pas jusqu'aux idées les plus
abstraites, les plus supra-sensibles dont l'élaboration
ne varie avec la manière dont s'opère la vulgaire fonction de la digestion. Pourquoi donc le philosophe, qui
fait profession de chercher en tout la raison des choses,

s'arrête-t-il, dans l'étude des phénomènes psychologiques, juste au point où ils commencent et à celui où ils aboutissent, et laisse-t-il en dehors de ses investigations précisément ce monde des causes qu'il revendique comme son domaine spécial? La physiologie nous fait connaître, non-seulement la liaison des phénomènes physiologiques et des phénomènes moraux, mais encore celle des phénomènes moraux entre eux. Tel tempérament étant donné, ce n'est pas seulement telle qualité morale, mais tel groupe de qualités morales qui s'ensuit, si bien que le psychologue versé dans la physiologie, pourrait conclure du tempérament d'un homme à l'ensemble de sa nature interne et de sa vie morale, à peu près comme le naturaliste conclut de la dent d'un animal à ses intestins, à son régime et à ses mœurs. Y a-t-il beaucoup d'observations purement intérieures qui permettent d'établir entre les qualités de l'âme une telle corrélation, et d'en déterminer aussi catégoriquement la loi?

Les états psychologiques anormaux et normaux, l'ivresse et le somnambulisme, l'hallucination et la folie, la raison et la vertu même, tiennent au corps par quelque côté. Le psychologue qui néglige l'étude du corps, se prive, par conséquent, d'une source précieuse de lumières. Il se condamne à ne pouvoir ni expliquer ni modifier des phénomènes qui sont plus spécialement de sa compétence, et à rester inférieur sur ce point à des hommes qui ne s'en occupent que d'une manière accessoire. Ne semble-t-il pas que, si la science de notre nature raisonnable était ce qu'elle devrait être, ceux qui la cultivent connaîtraient mieux que personne tout ce qu'on peut savoir sur les perturbations de la raison, et que les directeurs des maisons d'aliénés seraient pris moins souvent parmi les physiologistes que parmi les psychologues?

Un penseur peu suspect, puisqu'on l'a accusé plus d'une fois d'avoir outré le spiritualisme et d'avoir séparé trop profondément le monde de l'étendue et celui de la pensée, Descartes paraît assez favorable à notre opinion : « L'esprit, dit-il, dépend si fort du tempérament et de la disposition des organes du corps que, s'il est possible de trouver quelque moyen qui rende communément les hommes plus sages et plus habiles qu'ils n'ont été jusqu'ici, je crois que c'est dans la médecine qu'il faut le chercher [1]. »

Puisque la dépendance de l'esprit à l'égard du corps est si étroite, pourquoi observer le premier sans le second? Puisque les grandes fonctions de sagesse et de raison, qui font l'honneur de notre nature, sont liées si intimement aux fonctions des organes, pourquoi étudier les unes en faisant abstraction des autres?

L'union de la psychologie avec la physiologie et les autres sciences ne profiterait pas seulement, suivant nous, à la psychologie expérimentale, mais encore à la psychologie rationnelle. Si les faits dont s'occupe la première, tiennent par mille fils déliés aux faits extérieurs, les questions que la seconde se pose, sont dans la plus étroite connexité avec celles que se posent les

---

[1] *Disc. de la Méth.*, 6e part.

sciences physiques et médicales. Toute lumière jetée sur l'origine, la nature, l'avenir de la matière et de la vie (si toutefois on peut jeter sur de tels sujets quelque lumière), se reflète nécessairement sur l'origine, la nature et l'avenir de l'âme. Qui oserait dire qu'il est indifférent de connaître le principe qui végète dans la plante et celui qui végète et sent dans l'animal, pour connaître celui qui végète, sent et pense dans l'homme? Ces principes diffèrent-ils en nature ou seulement en degré? Le premier peut-il se transformer dans le second, le second dans le troisième? Sont-ils susceptibles les uns et les autres d'un perfectionnement indéfini, ou bien ont-ils chacun une sphère d'où ils ne peuvent sortir, des bornes qu'ils ne sauraient dépasser? Ce sont là des questions philosophiques, car Augustin, Descartes, Leibniz et bien d'autres se les sont posées. Mais ce sont aussi des questions physiologiques, car les naturalistes les ont agitées avec éclat sous les noms de *questions de la génération spontanée et de la fixité des espèces.*

Si la psychologie veut faire des progrès sérieux, elle doit donc, ce me semble, tout en conservant son existence distincte, sortir de son isolement, s'unir aux autres sciences et les pénétrer toutes. Il faut que l'homme du monde, le littérateur, le médecin, le naturaliste y trouvent coordonnées, systématisées, élevées à la dignité d'une vaste synthèse toutes les observations que chacun d'eux a pu recueillir, dans sa propre sphère, sur la nature morale de l'homme. Par là elle intéressera toute la société, se mêlera au mouvement général des esprits, et entrera, pour n'en plus sortir, dans le grand courant de la pensée moderne, empruntant à tous ceux qui s'occupent de l'homme des faits, et leur rendant des lois; recevant d'eux des théories ébauchées et partielles, et leur renvoyant des théories plus larges et plus achevées.

Du reste, ce que nous demandons, ce n'est pas tant une réforme de la méthode psychologique qu'un retour, mais un retour réfléchi, voulu, systématique, à ce qui s'est pratiqué instinctivement, spontanément et sans plan bien suivi à d'autres époques. Aristote n'avait-il pas fait de la psychologie le couronnement de l'histoire naturelle, et n'éclairait-il pas constamment la science de l'homme par celle des autres espèces animales? C'était bien là unir à l'observation interne l'observation physiologique. Saint Augustin lui-même n'at-il pas fécondé l'étude des phénomènes qu'il constatait au dedans de lui, par celle des phénomènes qu'il remarquait au dehors et dont il recherchait si curieusement les causes? N'y a-t-il pas ajouté, autant que le permettait l'état des connaissances humaines dans le siècle où il vivait, une foule d'observations et de vues empruntées à la science de la nature en général et à celle du corps humain en particulier? Qu'est-ce que ses considérations sur l'âme cosmique, sur les âmes sidérales et sur les âmes végétatives? Qu'est-ce que ses hypothèses sur les esprits animaux envisagés comme des intermédiaires entre l'âme et les parties grossières du corps? Qu'est-ce que ses aperçus touchant les ventricules du cerveau dont il fait les organes de la sensation, de la mémoire et du mouvement? Qu'est-ce que ses anecdotes sur le ver de Milan, sur les poissons de *Bullenses regii*, sinon des détails d'histoire naturelle et de physiologie qui, sans éclairer la psychologie d'un jour bien vif, montrent quelle idée Augustin avait de sa méthode et des conditions à remplir pour la constituer? Aujourd'hui même, au milieu de la prédominance excessive de l'observation intérieure, l'auteur du *Traité des facultés de l'âme* et celui de la *Physiologie de la pensée* font une part considérable, bien qu'inégale, à l'observation sociale et à l'observation physiologique, et nous aimons à citer à l'appui de notre opinion des penseurs aussi autorisés.

TABLE DES MATIÈRES.

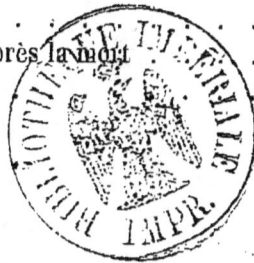

www.ingramcontent.com/pod-product-compliance
Lightning Source LLC
Chambersburg PA
CBHW050545270326
41926CB00012B/1919